U0685337

入选中央宣传部、国家新闻出版广电总局纪念中国人民抗日战争暨世界反法西斯战争胜利70周年"百种经典抗战图书"

激流勇进

毛泽东抗战理论与实践

刘益涛 著

中共党史出版社

图书在版编目(CIP)数据

激流勇进:毛泽东抗战理论与实践/刘益涛著 . —北京:
中共党史出版社,2005.8(2015.7重印)
　ISBN 978-7-80199-284-0

　Ⅰ.激… Ⅱ.刘… Ⅲ.毛泽东军事思想－抗日战争－研究
　Ⅳ.A841.65

中国版本图书馆 CIP 数据核字(2005)第 083489 号

出版发行:**中共党史出版社**
责任编辑:吕佳音
复　　审:潘　鹏
终　　审:汪晓军
责任校对:龚秀华
责任印制:谷智宇
责任监制:贺冬英
社　　址:北京市海淀区芙蓉里南街6号院1号楼
邮　　编:100080
网　　址:www.dscbs.com
经　　销:新华书店
印　　刷:北京君升印刷有限公司
开　　本:170mm×240mm　1/16
字　　数:354 千字
印　　张:25.25
印　　数:3501－8500 册
版　　次:2005 年 8 月第 1 版　　2015 年 7 月重印
印　　次:2015 年 7 月第 2 次印刷
　ISBN　978-7-80199-284-0
定　　价:39.00 元

此书如有印制质量问题,请与中共党史出版社出版业务部联系
电话:010－82517197

前　言

　　毛泽东是集军事统帅和军事理论家于一身的伟大人物。他的战争实践活动是他不平凡的一生中最光辉、最成功的部分之一；他的军事著述，在他的恢弘的著作中占有重要的地位。所以，以他的名字命名的毛泽东军事理论，是毛泽东思想的重要组成部分和基本点之一，也可以说是精髓部分。因此，学习和掌握毛泽东思想，绝对离不开学习和掌握毛泽东军事理论。

　　延安时期是毛泽东军事理论得到多方面的发展和系统总结的时期。这时毛泽东军事理论所涉及的内容已不仅仅是关于战争的个别问题和个别论点，而是形成了具有科学形态的军事理论体系。毛泽东在这一时期以很大精力用于对人民军队作战经验的系统总结和对战争理论的深入研究上，使毛泽东军事思想脱离了经验的蝉壳，上升为科学理论，呈现出飞跃式的发展。

　　延安时期的毛泽东军事理论主要是伴随着抗日民族战争的实践，逐步发展确立起来的。这一时期的毛泽东军事理论，也可以说就是毛泽东抗战理论。

　　1931年，日本帝国主义制造九一八事变，侵占中国东北三省，开始了变中国为它的殖民地的侵略战争。面对日本帝国主义的侵略行径，蒋介石采取攘外必先安内的不抵抗政策，反而向中国共产党领导的根据地红军发动多次"围剿"。中央红军在毛泽东等正确指挥下，先后取得了第一次至第四次反"围剿"战争的胜利，但由于中国共产党内王明"左"倾教条主义的错误的领导，致使第五次反"围剿"战争失败。中央红军被迫长征。在红军长征途中，1935年1月，中共中央在遵义召开政治局扩大会议，通过《中共中央关于反对敌人五次"围剿"的总结》，批判了王明"左"倾教条主义军事路线的错误，重新肯定了毛泽东正确的军事路线，并在组织上确立了毛泽东在全党全军的领导地位。这次会议使全党全军从正反两方面的经验教训中，对中国革命战争的规律有了进一步的认识，从此毛泽东的军事思想，真正成为全党军事工作的指导原则，开始了一个崭新的历史发展时期。

1935年10月，中央红军胜利完成长征到达陕北，日本帝国主义正加紧推行灭亡中国的政策，中日民族矛盾逐步上升为主要矛盾。为反对日本帝国主义的侵略和继续同国民党反动派作斗争，1935年12月，中共中央召开瓦窑堡会议，提出"把国内战争同民族战争结合起来"的基本战略方针，继而进行了抗日反蒋的东征战役。1936年12月，毛泽东总结土地革命战争的经验，写了《中国革命战争的战略问题》一书，它阐述的虽然都是土地革命战争时期的战例，但是它创造性地论述的马克思主义的战争观和对于战争问题的认识论、方法论，却有一般的指导意义，是中国共产党研究和指导战争的理论基础，无疑地它也为中国共产党和红军准备直接对日作战，开创抗日战争的新局面奠定了理论基础。

1937年7月7日，全国抗日战争爆发。在此前后毛泽东发表了《实践论》《矛盾论》等包含着丰富军事内容的重要哲学著作。在此基础上，为贯彻党的洛川会议的决定，动员一切力量争取抗战的胜利，实现正规军和运动战向游击军和游击战的转变，执行独立自主的山地游击战的战略方针，毛泽东于1938年相继发表了《抗日游击战的战略方针》《论持久战》《战争和战略问题》等一系列军事名著，阐述了抗日游击战争的重要战略地位及执行这一方针的具体作战原则，规定了抗日战争的总方针是持久战及进行人民战争的一整套战略战术原则。抗日战争进入相持阶段以后，为渡过敌后抗日根据地极端困难时期，毛泽东大力加强人民军队的建设，充分发挥军队是战斗队、生产队、工作队的职能，广泛开展大生产和精兵简政等运动，创造了一整套人民军队建设的新鲜经验。

到了抗日战争胜利前夕，毛泽东在1945年党的七大上作《论联合政府》的政治报告，在总结抗日战争经验的基础上，专门论述了人民战争和人民军队的问题，全面阐述了人民军队的建军宗旨和人民战争的基本内容。朱德在《论解放区战场》的军事报告中把毛泽东军事思想科学地概括为人民军队、人民战争、人民战争的战略战术三个基本内容。这一系列军事著述，不仅回答了当时迫切需要解决的军事理论和战争实践问题，而且全面地、系统地阐述了无产阶级的战争观和方法论，以及关于建设人民军队，进行人民战争的一整套理论原则。这标志着毛泽东军事思想作为一个科学理论体系，在延安时期已经完全形成和建立起来了。

抗日战争的实践证明，延安时期的毛泽东抗战理论是完全正确的，同时经过毛泽东的抗战实践，又丰富和发展了毛泽东抗战理论。军事理论不是从天上掉下来的，也不是人的头脑里固有的，它来自战争实践，离开战争实践就不可能有符合客观实际的军事理论。正如毛泽东所指出的："一切带原则性的军事规律，或军事理论，都是前人或今人做的关于过去战争经验的总结。"[1]1962 年，毛泽东在回顾这段历史时曾经说过："在抗日战争前夜和抗日战争时期，我写了一些论文，例如《中国革命战争的战略问题》、《论持久战》、《新民主主义论》、《〈共产党人〉发刊词》，替中央起草过一些关于政策、策略的文件，都是革命经验的总结。那些论文和文件，只有在那个时候才能产生，在以前不可能，因为没有经过大风大浪，没有两次胜利和两次失败的比较，还没有充分的经验，还不能充分认识中国革命的规律。"[2]这就表明，延安时期毛泽东抗战理论之所以能够形成比较完整系统的军事科学理论体系，是和当时的历史条件和毛泽东的抗日战争实践分不开的。

在抗日战争的历史条件下，毛泽东抗战理论与实践有如下特点：

其一，这时期的毛泽东抗战理论是在总结以往革命战争的经验基础上形成发展起来的。毛泽东说的"两次胜利和两次失败"是指从大革命到抗日战争时期，我们党已经有了两次胜利、两次失败的经验教训。这就是北伐战争胜利的经验和陈独秀右倾机会主义导致大革命失败的教训；土地革命战

---

① 《毛泽东选集》第 1 卷，人民出版社 1991 年版，第 181 页。

② 《毛泽东著作选读》下册，人民出版社 1986 年版，第 825—826 页。

争四次反"围剿"战争胜利的经验和王明"左"倾教条主义导致第五次反"围剿"战争失败,红军被迫长征的教训。经过比较,全党克服了"左"倾或右倾的错误,确立了以毛泽东为代表的党中央的正确领导。正因为有了正反两方面的经验和教训,才有可能在纠正错误,发扬成绩的基础上,总结出科学的军事理论,形成科学的军事理论体系。

其二,抗日战争是一场全民族的解放战争,民族战争同国内战争比较,敌我友发生了重大变化。这就大大拓展了战争实践的广度和深度,开阔了毛泽东军事理论创造的视野。中华民族四万万同胞长达 14 年的浴血奋战,为毛泽东抗战理论的发展提供了丰沃的实践土壤,从而使毛泽东抗战理论,不仅影响到国民党军队及全体抗战国民,成为抗击日本侵略者的科学理论指南,而且对于世界反法西斯战争也产生了重要的指导作用。

其三,在延安时期,中共中央和军队领导机关有了比较相对稳定的环境,特别是 1941 年太平洋战争爆发以后,部队有了比较多的作战空隙,这就为全党全军掀起一个学习马列主义的热潮创造了有利条件。在学习过程中,我们党独立自主地探讨马列主义理论,并把马列主义的基本原理同中国革命的具体实践相结合,取得了丰硕成果,其中就包括毛泽东抗战军事实践和理论的科学总结。

学习和研究毛泽东延安时期抗战理论与实践,不仅是就理论学理论,就战争学战争,更是为了学习和掌握其中的科学的方法论和辩证法,这些是放之四海而皆准的真理。美国前国务卿基辛格博士曾经说:"在 20 世纪 30 年代里,在抗日战争初期,毛泽东写了《论持久战》与《中国革命战争的战略问题》等两篇文章,这两篇文章的显著特点是善于作敌我情况的对比,善于将列宁主义的原理运用于中国的实际情况。这两篇文章之所以重要,不仅因为它们能够说明今天世界上一位最有权威的人士的思想,而且也因为中国共产党在内战时期与朝鲜战争时期,一贯地坚持毛泽东所制定的这套战略。"①这就是说,延安时期的毛泽东抗战理论不仅指导抗日战争赢得了胜

---

① 《毛泽东军事思想》,山东人民出版社 1993 年版,第 617 页。

利,而且指导以后的解放战争、朝鲜战争也取得了胜利。由此说明,毛泽东抗战理论所包含的一般意义的方法论和辩证法,不仅对我们在新时期的国防和军队的建设,特别是在高科技条件下建军和作战,提供了锐利的思想武器,而且对于我们今天的现代化建设也具有普遍的指导意义。从延安时期的毛泽东抗战理论与实践可以看出,毛泽东从马列主义学说中找到了中国共产党取得优势和成功的钥匙,这个意义是非常深刻的。

本书想从毛泽东抗战实践和军事理论两方面,从史与论的结合上,比较全面地反映出延安时期毛泽东深邃的军事思想和超群的军事谋略、战争指挥艺术。我是尽最大的努力去做的,但愿呈现在读者面前的这本书能够符合上述的要求。

目　录

第一章

准备直接对日作战的
军事理论与实践

　　毛泽东等率领中央红军经过二万五千里长征于1935年10月到达陕北,便开始了延安时期。到1937年七七事变发生,这一时期毛泽东经历了直罗镇战役、瓦窑堡会议、东征、巩固与扩大陕甘苏区、同东北军和西北军建立统战关系、红军三大主力会师、山城堡战役、促成西安事变和平解决等一系列重大事件,并著有《中国革命战争的战略问题》这部重要的军事著作。由于中日民族矛盾日益尖锐,日本全面侵华战争一触即发,所以这时期毛泽东的军事实践与理论全部为着"准备直接对日作战的力量"。

第一节　"把国内战争同民族战争结合起来"的基本战略方针的确立

一、九一八事变发生后的全国抗战形势

中央红军经过长征到达陕北前后,全国形势正在发生急剧的变化。当时形势的基本特点是日本帝国主义要变中国为它的殖民地,中日民族矛盾进一步发展。

1931年日本帝国主义制造发动九一八事变,侵占我国东三省,开始发动变中国为它的殖民地的侵略战争。1932年1月,为扩大侵略战争,转移国际视线,压迫国民党政府承认日本占领东北的事实,日军又在上海制造一二八事变。日本帝国主义在中国东北三省稳定阵脚后,又将魔爪逐渐伸向华北。1933年5月,日本政府又强迫国民党政府签订实际上承认日本对中国东北和热河占领丧权辱国的《塘沽协定》。1934年4月,日本外务省情报部长天羽英二发表了日本政府企图独占中国的声明。为实现这一企图,日军于1935年发动了华北事变,先后强迫国民党政府签订新的丧权辱国的《秦土协定》《何梅协定》。实际上包括把北平、天津在内的河北、察哈尔两省的大部分主权拱手送给了日本。继之,日本采取了以军事力量为后盾、政治上制造分裂的方法,策动华北五省(河北、山东、山西、绥远、察哈尔)"自治运动",企图使华北五省脱离中国,实行由它控制的所谓"特殊化"。在日本帝国主

义的唆使下,1935 年 11 月国民党行政冀东督察专员,汉奸殷汝耕在通县成立所谓"冀东防共自治委员会"(后改称"冀东防共自治政府")。12 月,国民党政府竟答应成立"冀察政务委员会",实际上使冀察两省变成名义上主权还属于中国的半自治性质的日本统治地区。

　　面对日本帝国主义咄咄逼人的侵略行径,蒋介石采取了"不抵抗主义",并在抗日和内战问题上作出了"攘外必先安内"的决策。九一八事变发生后不久,蒋介石于 1931 年 11 月在对顾维钧就任外长的训词中,首次提出"攘外必先安内,统一方能御侮"的政策。1932 年 12 月 14 日他在国民党南京政府内政会议上对这一政策给以更详尽的阐述,他说:"攘外必先安内,是古来立国的一个信条……我们自己不欺侮自己,无论哪一个外国,都不能欺侮我国,所以我们要想攘外,必先安内。""要求安内,必须看到我们内部最大的不安是什么地方:第一,是我们内部政见不一致;第二,是'赤祸'的纷扰。今天我们可以说:日本不配作我们的敌人。我们当前的敌人还是'赤匪',如果我们在内部把'赤匪'的祸乱消除了,对日是没有问题的。"①蒋介石视日本侵略为切肤之痛,视中国共产党为心腹之患,所以必先除心腹之患后治切肤之痛。由于蒋介石置民族危亡不顾,对内大肆用兵,先后对江西中央苏区以及共产党领导下的湘鄂西、鄂豫皖革命根据地发动多次"围剿",严重削弱了抗日力量,给日本帝国主义的侵略以可乘之机,使得日本侵略军得寸进尺,步步进逼,侵略气焰十分嚣张。如果不是蒋介石实行"攘外必先安内"的政策,日本侵略军绝不会轻而易举地占领整个东北并侵入关内,这一点,连日本侵略者自己也很清楚。当年驻北平的日本特务机关长松室孝良在给关东军的秘密报告中说:"中国军因依赖国联,而行无抵抗主义,故皇军得以顺调胜利。……倘彼时中国官民能一致合心而抵抗,则帝国之在满势力,行将陷于重围"。如果中国的抗日力量集结起来,"实行大规模之游击扰乱,则皇军势必苦于应付矣。"②

---

① 《毛泽东军事思想发展史》,解放军出版社 1991 年版,第 69 页。
② 《〈中国共产党历史(上卷)〉若干问题说明》,中共党史出版社 1991 年版,第 130 页。

虽然蒋介石一再强调"不抵抗主义"和"攘外必先安内"的政策,但在客观上改变不了中国社会主要矛盾的转变,即在日本帝国主义加紧扩大侵略,严重地威胁着中国人民生存的情况下,中日两国之间的民族矛盾急剧上升为主要矛盾,中国内部阶级之间的矛盾降到次要的地位,中国人民同日本帝国主义之外的英美法等帝国主义的矛盾也降到次要地位。

在民族危亡到紧急关头,国内各阶级、各政治集团的政治态度都发生了新的重要变化。中国工人阶级、农民阶级和城市小资产阶级等广大群众的反对日本侵略、反对卖国妥协的斗争更加发展。在中国共产党的领导下,1935 年 12 月 9 日北平爆发了声势浩大的爱国学生运动,反对日本帝国主义的侵略,反对蒋介石指使宋哲元成立"冀察政务委员会"。当学生游行队伍到达王府井大街时,受到军警的突然袭击,很多学生受伤或被捕。第二天,北平各校学生举行全市总罢课,这就是著名的一二九运动。一二九爱国学生运动得到了全国各界各阶层人民群众的广泛同情和大力支持,并迅速扩展为全民族的抗日救亡运动。在这一运动中使中国人民加深了对民族危机的认识,看到了自身的力量,增强了奋起救亡的信心,风暴迅速席卷全国。

在民族危亡日益严重和全国人民抗日救亡运动日益高涨的情况下,民族资产阶级以及乡村富农和小地主,一部分已经出现抗日反蒋的趋向,另一部分也在抗日和卖国、革命与反革命之间由动摇而采取中立态度。大地主大资产阶级及其代表人物,这时虽然仍坚持其"攘外必先安内"的反动政策,但他们分别代表英美日等国的利益,当日本帝国主义企图独占中国的时候,英美派同亲日派之间就加剧了明争暗斗。1931 年九一八事变后,以马占山、李杜等人为代表的东北军爱国官兵,违背蒋介石"不抵抗命令",对入侵日军进行了英勇的抵抗。同年 12 月,有中国共产党工作基础的国民党第二十六路军 1.7 万余人,在赵博生、季振同、董振堂等率领下,于江西宁都起义,宣布反蒋,加入中国工农红军行列。1933 年 5 月国民党高级将领冯玉祥、方振武等在中国共产党员吉鸿昌等的策动下,在张家口成立了察哈尔民众抗日同盟军。冯任总司令,方为前敌总司令,吉为前敌总指挥,部队迅速发展到八万人。1933 年 11 月,曾在 1932 年一二八淞沪战役中自动率部抵抗过日本进攻上海的国民党第十九路军将领蒋光鼐、蔡廷锴、陈铭枢联合国民党左派李济深和第三党等，发动了福建事变，成立了中华共和国和人民革命政府，公开宣布抗日反蒋，并同中国共产党和红军签订抗日反蒋协定。这些事件的发生，给中国共产党人和中国人民提供了同民族资产阶级以及乡村富农和小地主建立抗日民族统一战线的可能，也提供了利用大地主大资产阶级集团之间的矛盾，以便集中力量反对日本帝国主义及其走狗的可能。

在民族面临危亡的时刻，中国共产党和中国工农红军尽管处在国民党蒋介石不断"围剿"的险恶环境下，但为了民族和人民的利益，旗帜鲜明地提出抗战主张，始终站在抗日的前列，成为中华民族抗战的中坚力量。1931年9月20日，即九一八事变的第三天，中共中央发表了《中国共产党为日本帝国主义强暴占领东三省事件宣言》，"提出反对日本帝国主义强占东三省！驱逐帝国主义在华的一切陆海空军滚出中国！"①9月22日，中共中央作出《关于日本帝国主义强占满洲事变的决议》，指出"加紧领导和发动群众的反帝运动，武装群众，进行革命的民族战争，打击日本帝国主义"。②9月25日，毛泽东以红一方面军总政委的名义，同朱德、贺龙、彭德怀等发表《中国工农红军为日本帝国主义强占满洲告白军士兵兄弟书》，号召白军士兵投身革命，加入红军抗日，打倒国民党，建立工农兵苏维埃政府而战。③在中国共产党的领导和推动下，东北人民纷纷组织各种抗日组织和军队进行反侵略的斗争。中共中央迅速派出罗登贤、杨靖宇、赵尚志、周保中、李兆麟、魏拯民、冯仲云、赵一曼等去东北，加强各级党组织的领导力量并组建抗日联军，与自发组织起来抗日的东北义勇军一道，在白山黑水间展开抗日游击战争，从而拉开了中国抗日战争的序幕。

---

① 《中共中央文件选集》第7册，中共中央党校出版社1991年版，第399页。
② 《中共中央文件选集》第7册，第416—424页。
③ 参见《毛泽东年谱》上卷，中共中央文献出版社1993年版，第356页。

二、中央红军的战略转移与北上抗日

根据九一八事变后的政治军事形势和国民党的"攘外必先安内"的反动政策,当时中国共产党作了反蒋抗日的决策,即高举抗日救亡的旗帜,采取了以国内战争为主,同时积极发动群众,从政治上、军事上做好抗日准备的方针。实践证明,在当时的历史条件下,这一决策和方针是必要的,也是正确的。由于实行了反蒋抗日的决策,使蒋介石消灭工农红军的狂妄企图未能实现,从而保存了中国抗日的中坚力量。同时由于中国共产党高举抗日救亡的旗帜,使全国的抗日力量得以逐渐地聚集在中国共产党的周围,掀起一个群众性的抗日救亡运动的高潮,进一步促进了国民党统治集团内部的分化。这就为后来抗日民族统一战线的形成,把国内战争逐步转变为抗日民族战争,创造了有利的条件。

当然,由于这一阶段王明"左"倾教条主义在党内占据了统治地位,因而对政治形势的估计和军事战略指导上也犯有严重错误。这主要表现在对国际形势的估计上,认为九一八事变是帝国主义瓜分中国、直接干涉中国革命的开始,是"反苏战争的序幕",因而"提出反对一切帝国主义"和"武装保卫苏联"的口号。在国内阶级关系问题上,否认九一八事变引起国内阶级关系的变化,把中间势力当作"最危险的敌人",甚至主张以主要力量来打击那些所谓妥协的反革命派。在军事战略上,过分夸大国民党反动统治的危机和革命力量的发展,实行进攻路线,继续推行进攻敌人重兵把守或设防坚固的中心城市的冒险计划,或脱离实际地强调红军的正规化和进行所谓的正规战争。由于这些错误,延缓了抗日民族统一战线形成的历史进程,使党在白区的工作受到严重的破坏,各根据地红军的反"围剿"战争遭受了严重的挫折或失败。江西中央红军也因此被迫进行战略转移,开始了二万五千里长征。

毛泽东也由于同这些错误作斗争,受到了不应有的批评和打击。他来之实际的实事求是的反对本本主义的正确主张,被指责为"狭隘经验论";他用以争取中间势力的"抽多补少、抽肥补瘦"土地革命的原则,被指责为"富农路线";它在军事上灵活运用战略战术,被指责为"没有完全脱离游击主义的传统",忽视"阵地战""街市战"等。并被撤消了在中央苏区对红军的领导职务。直到长征途中,1935 年 1 月中共中央在遵义召开的政治局扩大会议上,才结束了王明"左"倾教条主义在中共中央的统治,毛泽东被选为中共中央政治局常委。遵义会议在最危急的关头,挽救了党,挽救了红军。从此,中国共产党能够在以毛泽东为代表的马克思主义正确路线领导下,克服重重困难,一步一步地引导中国革命走向胜利。

　　早在中央红军长征之前,中国共产党针对日本帝国主义的武装侵略和蒋介石"攘外必先安内"的反动政策,提出了北上抗日的方针。如在 1933 年 5 月 28 日,中华苏维埃共和国临时政府在《告闽粤白军士兵书》中就提出了"红军北上抗日"的口号。5 月 30 日,中共中央局发表为《"五卅"八周年纪念宣言》,也提出了"工农红军北上抗日,同日本帝国主义直接作战"的口号。为实现北上抗日的方针,1934 年 7 月中共中央和中央革命军事委员会决定派寻淮洲、乐少华、粟裕等率红七军团作为抗日先遣队北上,与方志敏领导的红十军会合,组成红十军团抗日。7 月 15 日,中华苏维埃共和国中央政府和中国工农红军革命军事委员会为此发表《为中国工农红军北上抗日宣言》,郑重表示:"决不能坐视中华民族的沦亡于日本帝国主义""苏维埃政府与工农红军不辞一切艰难,以最大决心派遣抗日先遣队,北上抗日。"但是,在当时中国共产党和中国工农红军还不能完全实现北上抗日的方针,这是因为"为了要动员全部力量,同日本帝国主义直接作战,不能不首先同进攻我们的百万以上的国民党匪军血战,保持已经脱离了帝国主义羁绊的自由的苏维埃领土。"①当中央红军要被迫进行战略转移的时候,中国共产党在长征中,正确处理长征和抗日的关系,国内革命战争和抗日民族战争的关系,继续高举北上抗日的旗帜,把中央红军被迫进行的战略转移和北上抗日的进军有机地结合起来,这就从根本上解决了红军长征军事战略和进军方

---

① 《中共中央文件选集》第 10 册,中共中央党校出版社 1991 年版,第 347 页。

向的头等重要问题。

1934年11月,正当中央红军还在长征的途中,中共鄂豫皖省委率领由程子华为军长、吴焕先为政治委员、徐海东为副军长的红二十五军共2900余人,以中国工农红军北上抗日第二先遣队的名义,从河南省罗山县出发,开始转移。并于1935年9月,到达陕西省延川县,同陕甘红军会师,成为红军长征中先期到达陕北的第一支队伍。由此可进一步说明,正是在中国共产党抗日方针的指导下,红军长征取得了伟大的胜利。美国著名记者斯诺在《西行漫记》一书中写道:"红军的西北长征,无疑是一场战略撤退,但不能说是溃退,因为红军终于到达了目的地,其核心力量仍完整无损,其军心势气和政治意志的坚强显然一如往昔。共产党人认为,而且显然也这么相信,他们是在向抗日前线进军,而这是一个非常重要的心理因素。这帮助他们把原来可能是军心涣散的溃退变成一场精神抖擞的胜利进军。进军到战略要地西北去,无疑是他们战略大转移的第二个基本原因,他们正确地预见到这个地区要对中、日、苏的当前命运将起决定性的作用。后来的历史证明,他们强调这个原因是完全对的。这种宣传上的巧妙手法必须看成是杰出的政治战略。在很大程度上,这是造成英勇长征得以胜利结束的原因。"

三、瓦窑堡会议和抗战基本战略方针的确立

1935年7月中央红军还在长征途中的时候,共产国际在莫斯科召开了第七次代表大会,向全世界共产主义运动提出建立反法西斯统一战线的问题。8月1日,中国共产党驻共产国际代表团以中华苏维埃中央政府和中共中央的名义,发表《为抗日救国告全体同胞书》(《八一宣言》),提出了抗日救国十大纲领,指出:"当今我亡国灭种大祸迫在眉睫之际",大家都应有"兄弟阋于墙外御其侮"的真诚觉悟,首先停止内战,以便集中一切国力,去为抗日救国的神圣事业而奋斗,而提出建立抗日民众统一战线的具体办法,建议组织国防政府,组织抗日联军,实行全民总动员,武装千百万群众,战胜侵略

者。同年 11 月中旬,中国共产党驻共产代表团派代表张浩(林育英)从莫斯科到陕北瓦窑堡,给中共中央带来共产国际第七次代表大会精神和《八一宣言》的内容。

1935 年 10 月,中央红军胜利完成长征,到达陕甘边区。11 月 13 日,中共中央发布《为日本帝国主义并吞华北及蒋介石出卖中国宣言》。宣言指出:中国工农红军到达陕北,"将开始以中国工农红军为主力的民族革命战争的新的历史阶段。"11 月 28 日,毛泽东以中华苏维埃共和国中央政府主席的名义与朱德联名发布《抗日救国宣言》。宣言指出:"在亡国灭种的前面,中国人民决不能束手待毙。""现在正是要求我们全国人民有力出力,有钱出钱,有枪出枪,有知识出知识,大家团结,大家奋斗,以誓死的决心以对付中国人民公敌的时候"。宣言指出:不论任何政治派别,任何武装队伍,任何社会团体,任何个人类别,只要他们愿意抗日反蒋者,我们不但愿意同他们订立抗日反蒋的作战协议,而且愿意更进一步地同他们组织抗日联军与国防政府。在这个宣言中还提出了这个抗日联军和国防政府应有的十大纲领。①

在中日矛盾上升为主要矛盾、抗日救亡成为中国全社会的主体和全民族的共同要求的情况下,中共中央于 12 月 17 日至 25 日在陕北瓦窑堡(今子长县)召开政治局扩大会议,讨论军事战略问题、全国的政治形势和党的策略方针问题。

毛泽东 12 月 6 日离开东村红一方面军司令部,8 日到王家坪,11 日到安塞,13 日到达瓦窑堡。17 日上午会议开始,由张闻天主持。毛泽东、周恩来、张闻天、秦邦宪、邓发、凯丰、李维汉、张浩、刘少奇、杨尚昆、郭洪涛等十余人出席。

会议在讨论问题时,对如何对待民族资产阶级和中间势力的问题发生激烈的争论。毛泽东认为中国民族资产阶级有两重性,是可以争取的。秦邦宪引经据典地强调:中间势力是最危险的。毛泽东进行了反驳,他认为在日本侵略造成殖民地化威胁的新环境下,民族资产阶级是会发生变化的。

---

① 参见《中共中央文件选集》第 10 册,第 580—581 页。

蔡廷锴等人领导的十九路军代表着民族资产阶级、上层小资产阶级、乡村的富农和小地主,他们不是同红军打过死仗的吗? 可是后来又同红军订立了抗日反蒋联盟。他们在江西,向红军进攻;到了上海,又抵抗日本帝国主义;到了福建便同红军达成了妥协,向蒋介石开起火来。这是国民党营垒的破裂。在日本炸弹的威力圈及于全中国的时候,在斗争改变常态而突然以汹涌的阵势向前推进的时候,连敌人的营垒都会发生破裂的。当时由于蒋介石仍坚持"攘外必先安内"的反动政策,所以毛泽东认为蒋介石是卖国贼头子,应该给予打击。但打击蒋介石只是打击他卖国的一面,毛泽东已预见当斗争是向着日本帝国主义的时候,蒋介石也可能遵照其主人的叱声的轻重,同日本帝国主义及其走狗暗斗以至明争的。

关于这次会议开头几天的情况,毛泽东在 12 月 19 日给彭德怀的电报中说:"政治局会议开了三天,关于总的政治问题(形势及任务)讨论完了。真是一次很好的讨论,可惜你没有来参加。明后天讨论军事问题。"①

23 日,毛泽东作了军事问题报告。报告分三个部分:

(一)关于战略方针:

毛泽东明确指出:在日本帝国主义变中国为殖民地的形势下,在中国红军及其他革命武装力量的现状之下,党的军事策略,及战略方针应当首先确定"把国内战争同民族战争结合起来"的方针。这一军事战略方针是建立在党的抗日反蒋的政治基础上的。首先是抗日,"有钱出钱,有力出力,有枪出枪,有智识出智识,打倒日本帝国主义","为打倒日本帝国主义战到最后一滴血",并提出"民族革命战争万岁"的口号。这里的国内战争已不是党在土地革命战争时期一般意义上的反对大地主大资产阶级统治的战争,而是指"打倒帮助日本帝国主义打中国人的汉奸卖国贼","打倒侵入抗日根据地的汉奸卖国贼"。而对于任何抗日武装,红军都愿意和他联合起来,"红军白军

_____

① 《毛泽东年谱》上卷,第 497 页。

联合起来,打倒日本帝国主义"。把这两个战争结合起来,进一步明确谁是真正的敌手,说明党的军事战略方针已经开始了根本性的变化。

为要实现上述战略方针,毛泽东提出如下战略要点:

1. 党在1936年的军事部署方面的总方针,应该是"准备直接对日作战的力量"。由于红军还没有直接与日本占领区接触,中间还隔着一块国民党统治区,所以1936年红军作战的主要目标还是汉奸卖国贼的军队。但在日本占领区,应尽量组织扩大及联合一切的抗日武装力量——抗日义勇军、抗日游击队等,同日本军队进行直接的有力的游击战争。同时还应估计到,在1936年下半年,红军第一方面军有可能和有必要在晋绥察方面同日本军队发生部分的战斗。

2. "准备直接对日作战的力量",就要猛烈地扩大红军。毛泽东当时计划1936年全国主力红军应扩大到20万人,红军第一方面军要扩大到五万人。毛泽东还提出要大量吸收革命知识分子到游击队中去;争取白军加入红军,加入游击队;主张抗日联军,称中华抗日义勇军、中华抗日人民革命军,共同反对日本帝国主义侵略;把蒙、回族等少数民族反日反中国统治者的斗争提到武装斗争的程度,并把他们的斗争同我们的斗争直接结合起来。总之,抗日行动要放在广泛的群众基础上,要从关门主义中解放出来。

3. 为坚决而有力的执行上述战略方针,毛泽东还具体提出红军第一方面军的行动部署应确定地放在"打通苏联"与"巩固扩大现有苏区"这两个任务之上,并且把这两者联系起来。具体步骤即把红军行动与苏区发展的主要方向放到东边的山西和北边的绥远等省去。

4. 毛泽东充分肯定除红军第一方面军以外的红军第二、六军团、第四方面军广大指战员的英勇斗争,指出他们的斗争对于南京军阀反共反红军的行动的削弱和牵制有极大的战略上的作用。

5. 毛泽东还指出游击战争对于战胜日本帝国主义及汉奸卖国贼的任务,有很大的战略上的作用。提出游击队要有根据地,但必须反对保守主义,要同当地革命民众密切结合起来。提高游击战术,使游击队变为正规的革命军。值得说明的,毛泽东在这里指出的具有战略作用的游击战争,是指中华抗日义勇军或中华抗日游击队或中华抗日人民革命军之类的地方革命武装的作战形式,还不是指正规红军的作战形式。地方革命武装是受地方党,即白区和苏区的党组织指导的,并要"使游击队变为正规的革命军"。而对于正规红军来说,还是"运动战是基本原则",这是要在下一个问题中说到的。

(二)关于作战指挥上的基本原则:

对于作战的战略战术,毛泽东总结了过去的"左"倾教条主义的经验教训,肯定了红军行之有效的一套战略战术原则。

在战略防御时,反对单纯防御,执行积极防御。一般情况下反对先发制人,执行后发制人。后发制人即诱敌深入,这不是"左"倾教条主义在宁都会议及其以后批评的所谓"机会主义的单纯防御路线",而是内线作战的正确原则。

在战略进攻时,既要反对右倾机会主义,又要反对"左"倾教条主义。把两个以上的苏区打成一片和消灭苏区中间及其附近的白色据点,打土围子,不是1932年党报上批评的所谓"机会主义的动摇",而是执行了正确的方针。打城市及敌人巩固了的阵地是有条件的,过去在1932年反对"上山主义"及"东北路线"是错误的。

毛泽东在谈到一般作战原则的问题时,提出如下一些重要的军事思想:

1. 战争方式的游击性,既没有固定的战线,打得赢就打,打不赢就走,这是由于技术条件落后所决定的中国红军作战的特点,也正是过去军事指导上的长处。在这里反对所谓的"游击主义"是错误的。红军在中央苏区第五次反"围剿"战争中企图建立固定战线,结果失败了。

2. 但要彻底战胜日本帝国主义及其走狗,光靠战争方式的游击性是不可能的,要迅速改变红军的技术条件,使没有固定战线的状态,改变为一般有固定战线的状态。游击战要向运动战发展,所以对于改变红军技术条件采取消极态度是不对的。

3. 红军作战的基本原则还是运动战,反对"不让寸土"的保守主义的阵地战,主力红军大踏步的进退是不可避免的、需要的。

4. 主张集中兵力于主要方向,战略上一个拳头打人,内线作战中的外线作战,消灭战;反对分兵主义,两个拳头主义,战略上的"全线出击",击溃战。

5. 战略的持久战,战役的速决战。

6. 反对无益的急,学习必要的慢。要有充分的休息训练。

7. 要有充分的战斗准备。

8. 据情况决定指挥方法。统一决心下的分割指挥,是容许的、需要的。

9. 拿战略方针去指导战役战术方针,把今天连结到明天,把小的连结到大的,把局部连结到全体,反对走一步看一步。

10. 军事委员会在军事范围内有完全的权力。

上述一般军事作战原则,是毛泽东在总结过去的经验教训的基础上提出来的,它完全适应在全国抗战前夕红军作战的实际情况,特别是重视游击战的思想,战略的持久战的思想很有预见性,对于进一步确定全国抗战的军事战略方针具有很大的实践意义。

(三)关于行动方针:

主要分三个步骤:

第一步,在陕西的南北两线给进犯之敌以打击,巩固和发展陕北苏区,从政治上、军事上和组织上作好渡黄河去山西的准备。如在北面组织红军第二十八军、南面组织第二十九军;给北面进攻着的敌人一个打击;赤化宜川、洛川两县;扩大新兵5000人,扩大游击队到原有数的二分之一,等等。

第二步,到山西去(东征),准备击破阎锡山的晋绥军主力,开辟山西西部五县以至十几县的局面,扩大红军15000人,并保证必要时返回所需的渡河船只等物质条件。

第三步,根据日军对绥远的进攻情况,适时地由山西转向绥远。是否打绥远,估计有困难。要用小的游击战争与日军周旋,总的方针是与苏联取得联系。

关于当前红军的军事行动方针,毛泽东强调,就是要在 40 天内完成东渡黄河的准备,进入接近抗日前线的山西。

与会者基本赞成毛泽东的军事问题的报告,但也提出了一些补充意见。如周恩来提出:防御应站在主动的地位,不是被动的地位,宁都会议没有解决这个问题,现在应当使全党了解,并作活的运用,集中主力于一个主要方向。

毛泽东根据大家的意见又作了结论。他说:讨论中大家补充了我报告中不足之处,这是很好的,如周恩来提出在防御问题上要"主动",这"主动"两字很好。他建议在决议中将周恩来所主张的"主动"两字加上去。

关于党在新形势下的军事路线问题,特别是红一方面军的行动方针问题,当时有过多种意见。有的主张,红军应"巩固向前发展",以巩固陕甘苏区为主,逐步向渭水以北发展;还有的主张,立即北出宁夏或五原、包头、同日军争先机;毛泽东主张,红军应利用当前蓬勃发展的抗日形势,积极向山西发展,在发展中求得苏区的巩固。会议反复讨论,接受了毛泽东的主张。

毛泽东在结论中还号召全党学习军事。他说:一切服从战争,不是问题的问题。但由老百姓变为红军,必须学习。军事理论大门是容易打开的。应熟悉十几条军事原则,加上本身作战经验,就会提高军事水平,这在战争环境中是很重要的。

会议当天通过了《中央关于军事战略问题的决议》,决议的基本内容与毛泽东的军事报告是相同的。毛泽东的军事报告和这个决议,是中国共产党准备直接对日作战的重要文献。

25 日,会议通过了由张闻天起草的《中共中央关于目前政治形势与党的任务的决议》。瓦窑堡会议就此结束。这次会议是中国共产党从土地革命战争到抗日战争的转折时期召开的一次极为重要的会议。它不失时机地制定了抗日民族统一战线的政策,确定了把国内战争同民族战争结合起来,准备直接对日作战的力量和扩大红军的军事战略方针,为全党全军和全国革命人民在新的历史时期即将到来之时指明了前进方向。从此,红军为贯彻党的抗日民族统一战线政策和把国内战争和民族战争结合起来的军事战争方针,实现由国内革命战争向民族战争的转变,进行了一系列的作战和工作。

瓦窑堡会议后,毛泽东代表中共中央于 27 日应邀到中央党校给党的活动分子作《论反对日本帝国主义的策略》报告,对瓦窑堡会议的决议又作了一次全面深刻的阐述。

第二节 东征——准备直接对日
作战的一次军事实践

瓦窑堡会议后,毛泽东即着手准备红军东征。东征战役是毛泽东亲自领导红军进行的准备直接对日作战的一次重大的军事实践。

一、东征战役之前的奠基礼

1935 年 11 月 21 日至 24 日,红军发起的直罗镇战役是毛泽东率领中央红军到达陕北后亲自指挥的一次重要战役。这次战役的胜利,为党中央把全国革命大本营放在西北的任务,举行了一个奠基礼。

中央红军经过长征到达陕甘苏区时,正碰上国民党"西北剿总"向陕甘苏区发动第三次"围剿"。国民党军以五个师首先构成葫芦河东西封锁线,并打通洛川、鄜县(今富县)与延安之间的联系,构成沿洛水的南北封锁线,尔后采取南进北堵、逐步向北压缩的方针,企图将红军消灭于洛水以西、葫芦河以北地区。

毛泽东根据这一敌情,准备打一漂亮仗,为红军立足西北打下基础。1935 年 11 月 6 日,毛泽东同彭德怀致电红军第一方面军第十五军团军团长徐海东,要他们调查直罗镇以北地区和以南地区的道路、地形、人家及葫芦河能否徒步等情况。第二天,毛泽东亲往道佐铺红十五军团部,会见徐海东等,共同商定直罗镇战役计划,确定先攻克张村驿。毛泽东还用:"落霞与孤鹜齐飞,秋水共长天一色"的词语,说明开辟革命根据地同发展红军的密切关系。9 日,红十五军团攻克张村驿,毛泽东即电徐海东等,要他们注意发动群众斗争,分配土地,建立政权。

18 日,毛泽东在张村驿召集西北革命军事委员会会议,作关于战略方针的报告。他指出:大量消灭敌人、猛烈扩大苏区和扩大红军是三位一体的任务,所以红军的战略应是攻势防御。根据攻势防御战略方针,毛泽东提出直罗镇战役的具体办法:是准备红军主力集中南城,出中部(今黄陵)、洛川、切断西安至延安的交通,相机夺取中部县城,争取攻占甘泉、延安。会议通过了毛泽东提出的战略方针。

毛泽东除了上述部署外,为了打好直罗镇战役,还专门召开了团以上干部会议。毛泽东在会上详细讲解了红军这次战役的部署和任务。他还用《水浒传》上的故事深入浅出地说明这次战役的具体打法。他说:林冲在柴进家打洪教头,不是先冲过去,而是先后退两步,这就是为了避免其锋芒,攥紧拳头,发现弱点,一下子击中对方的要害。我们现在的打法,也是如此。我们利用有利于我们的地形,集中优势兵力,打击和消灭敌人的主力。他强调这次战役一定要打歼灭战。

19 日,毛泽东率红一方面军司令部到达张村驿西端的川口子。当天,同彭德怀致电林彪、聂荣臻说,国民党军东北军第一〇九师明日有到直罗镇的可能,我军应准备后日作战。在发起直罗镇战役前,毛泽东还同彭德怀、周恩来带领红一、红十五军团的干部前往直罗镇西南面的一个小山头查看地形,研究具体部署。几十架望远镜仔细地观察周围的道路、山头、村庄和河流。直罗镇是由甘肃合水通向陕西鄜县大道上的一个较大的集镇,位于葫芦河南岸,南北群山连绵,中间是一条狭长的谷地,大部队展开比较困难,但三面环山,地形像个口袋,是歼灭敌人的好地方。20日,敌第一〇九师进至直罗镇,红军当夜将其包围。21日,毛泽东在北山关家台北端高地设指挥所,亲自到前线指挥红一、红十五军团作战,提出这一仗"要的是歼灭战"。拂晓,红一军团由北向南,红十五军团由南向北,对敌展开猛烈攻击,激战至下午2时,歼敌大部。此时,敌军援兵分两路迫近直罗镇。毛泽东决定采取围城打援的战术、各个击破敌军。23日他致电彭德怀、周恩来,要求红军以一部分兵力继续围歼残敌,主力转为打援。当日,红军在张家湾地区歼灭援敌第一〇六师的一个团。24日,直罗镇之残敌在突围中被全歼,直罗镇战役结束。这次战役共歼灭国民党东北军一个师又一个团,击毙敌师长牛元锋,俘敌5300余人,缴枪3500余支。

直罗镇战役是奠基西北的关键一仗,在整个战役中,毛泽东不顾个人安危,始终坚持在前线指挥作战。他与彭德怀分工,他随红一军团行动,彭德怀随红十五军团行动。毛泽东深知指挥员亲临前线指挥作战的重要性。他在读《三国志》一书时,在失街亭一节,写批注道:"观人观大节,略小故。亮初战,宜亲临街亭。至败,后战亮必在军中。"他认为失街亭主要责任在诸葛亮,而不是在马谡,这样重要的战役,诸葛亮作为统帅应该亲自前往指挥。后来失败了,所以诸葛亮汲取了教训,以后碰到这样重要的战役诸葛亮必在前线亲自指挥。毛泽东认为,看人主要看大的方面,略去小的错误。他赞扬诸葛亮知错就改的"不二过"的积极态度,所以觉得诸葛亮还是不错的,大家还是很喜欢他。

直罗镇战役胜利以后,部队召开祝捷大会。11月30日毛泽东出席在东村召开的红一方面军营以上干部大会,作《直罗镇战役同目前的形势与任务》的报告。毛泽东总结直罗镇战役胜利的四条原因是:(一)两个军团的会合与团结(这是基本的)。(二)战略与战役枢纽的抓住(葫芦河与直罗镇)。(三)战斗准备的充足。(四)群众与我们一致。他指出:中央与军委初步解决"围剿"的总方针,由于方面军各级首长与战斗员的坚决执行,已经完满实现。这次胜利,给了我们以打破新"围剿"的时间和地区的条件,巩固了苏区,可以去猛烈地扩大红军和扩大苏区。这次胜利,为在西北建立广大的根据地"举行了奠基礼"。

毛泽东在分析了国内外形势后,提出部队今后新的战略总任务是:"把抗日战争掀起到最高的程度"。他指出:"从现在起用极大努力争取与积蓄更加充足的力量,迎接敌人新的大举进攻而彻底粉碎之,开辟我们的苏区到晋、陕、甘、绥、宁五个省份去"。红一方面军具体任务是:(一)猛烈发展游击战争,继续消灭敌人,以求得人员武器的补充与苏区的巩固。(二)猛烈扩大自己,争取四个月扩大一倍,这是最重要最重要最重要的任务。(三)切实训练自己,提高方面军的战斗力到很高的程度。(四)猛烈扩大苏区造成有利的战斗环境。(五)猛烈破坏敌军,把破坏工作变成红军与居民的群众运动。

毛泽东最后指出:"我们拿了这些去具体地准备着同日本帝国主义的侵略军队直接作战——我们领导着用武装制止日本帝国主义进攻华北、并吞全国与进攻苏联。我们的神圣的责任,要求我们的同志们拿出异乎寻常的努力去进行自己的工作,只要我们这样做,伟大的胜利是我们的"。①

这次会议由杨尚昆主持,彭德怀、聂荣臻、左权、徐海东等都参加了,大家听了毛泽东的报告后,对今后的总任务与具体任务明确了,信心更坚定了。但是以徐海东为代表的许多同志认为,毛泽东因为谦虚,对直罗镇战役胜利的原因分析得还不够,还应该补充上一个最重要的胜利原因,那就是毛泽东军事思想的英明指挥。

二、东征战略方针的形成

直罗镇战役虽为建立陕北根据地举行了奠基礼,但当时党和红军在陕北根据地仍存在许多实际困难。此时红一方面军的实力只有万余人。根据

---

① 《毛泽东文集》第1卷,人民出版社1993年版,第363—370页。

地面积狭小、人口稀少,粮食和工业品缺乏,红军给养困难,扩军很不容易。特别是根据地周围的敌情仍较严重:国民党的西北军主力据守宜川、韩城、白水地区,阻止红军向南发展;东北军一部据守延安、甘肃、鄜县、洛川等地区阻止红军向西南发展。在红军的西面,还有宁夏军阀的步、骑兵十多个师。另外国民党军第八十六师从北面榆林、靖边、安边、定边向南袭扰,企图夺占瓦窑堡、安塞、安定等地;第八十四师据守绥德、米脂和清涧地区;还有从山西新近调来的阎锡山部五个旅(四个步兵旅、一个骑兵旅)也加紧对红军游击队进行"清剿"。东面是黄河天险,在黄河东岸虽然阎锡山以三个旅另一个团的兵力企图阻止红军东渡入晋,但兵力分布在沿黑峪口至禹门口300多公里的地段,比较分散。因此红军向外发展是必然的,问题是向何发展。

　　正在这时,大约是 1935 年 11 月中旬的时候,张浩受共产国际和中共代表团的派遣回国抵达陕北。他首先向在瓦窑堡的中共中央政治局常委、在党内负总责的张闻天传达了共产国际七大决议和《八一宣言》的内容,同时转达了斯大林和共产国际关于不反对中国红军向北发展靠近苏蒙边界以便取得技术援助的意见(向北发展,打通与国际的联系)。这对于正处于困难环境中的中国共产党人和红军来说,显然是很有吸引力的。为此,张闻天于11 月下旬致电当时在前线的毛泽东、彭德怀等,提出红军应立即北攻宁夏,进而夺取五原、包头地区,以接近外蒙。

　　毛泽东对于红军靠近外蒙的根本方针是完全同意的,但对于来电提出的红军行动的时间与经路问题,则表示了不同意见。他在 12 月 1 日复电张闻天的电报中指出其理由是:"第一,红军目前必须增加一万人。在四个月内,我们必须依据陕北苏区,用空前努力达此目的。第二,最好是走山西与绥远的道路。这是用战争、用发展、用不使陕北苏区同我们脱离的方针与外蒙靠近。为完成上述两种任务,我想有六个月左右的时间就够了。所以我们应在明年夏天或秋天与外蒙靠近。目前应立即开始组织蒙民游击队。"①

---

① 《毛泽东年谱》上卷,第 493 页。

关于经路问题,毛泽东早在长征路途中就不止一次地提出过"中央要到能够指挥全国革命的地区去"的主张。在他看来,红军接近苏蒙边界,取得技术上的援助,是极为必要的,但中央和红军无论如何不能脱离"中国"革命,并须防止国民党军切断我们与其他苏区红军与全国革命运动的联系,以致成为"瓮中之鳖"。向北进攻,径入内蒙的方针,有使中央和红军脱离中国革命、特别是脱离当时正日益高涨的抗日救亡的民众运动的危险。为此,毛泽东提出向东发展的方针,即首先向东,出山西然后折向绥远、进入内蒙。他于 11 月 30 日在致张闻天的电报中指出:"目前不宜即向宁夏,根本方针仍应是南征与东讨。东讨之利益是很大的。""为准备东进,四个月内应扩大红军一万。"①

在瓦窑堡会议期间,曾征求红军各军团领导干部对红军行动方针的意见。毛泽东接到彭德怀、林彪、叶剑英、程子华等从前方打来的电报,认为他们对于红军行动方针的意见很好。但对于林彪提出要到陕南去打游击,说比在陕北巩固和扩大根据地更重要,而且要求把红军主要干部调出,由他带领到陕南打游击的意见,认为是不妥的。于是同张闻天于 12 月 21 日给彭德怀去一电,并请他转给林彪。电报说:"在日本进占华北的形势下,陕南游击战争不能把它提到比陕北等处的游击战争还更加重要的地位,实际上后者是更重要的。尤其不能把游击战争提到似乎比主力红军还更重要的地位(如提出红军主要干部去做游击战争),这样的想法是不妥当的。"并指出:"林在某些问题上的观点是同我们有些分歧的,中央认为有当面说明之必要。现在前方军事不紧张,因此仍望林来中央一行,并在此一时期,这对于林是有好处的。"②林彪提出向南打游击的意见,说明他对瓦窑堡会议提出的"把国内战争和民族战争结合起来"的红军战略方针转变的重要意义缺乏深刻的理解,同时也可以看出,毛泽东决定东征是经过深思熟虑的。他既否定径直向北发展,也否定向南发展的意见。但他不把自己的意见强加于人,而

---

① 《毛泽东年谱》上卷,第 493 页。
② 《毛泽东年谱》上卷,第 499 页。

是通过广泛征求意见,在中央政治局会议上的反复讨论来决定红军行动方针这一重大军事问题,力争在中央领导层和红军指挥员中取得一致意见。

当时决定红军实行东征,有以下几大好处:

第一,可以把中国共产党的抗日主张直接扩大到华北、以至全国。向东可以向山西发展,通过山西向河北、绥远发展,开赴抗日前线,实现北上抗日的方针。红军人数虽少,但一到陕北就东征抗日;而蒋介石拥有重兵不但不抗日,还要将积极抗日的红军斩尽杀绝。谁爱国谁卖国,泾渭分明,人民就会拥护共产党、拥护红军。毛泽东在 12 月 29 日的中央政治局常委会议上说:我们东进及长征都是为着抗日,我们要将各种运动联系起来,各种力量、各种运动、都要总结到政权中去。①

第二,可以把国内战争与民族战争结合起来,把反对日本帝国主义的斗争与反对国民党中的卖国势力的斗争结合起来。红军东征抗日对具有爱国心和抗日愿望的张学良是一种鞭策和教育。红军东征抗日会得到张学良东北军的默许和支持。实际上红军主力东征山西后,张学良东北军没有在陕西同红军作战,没有使红军腹背受敌。而红军东征山西,对山西军阀阎锡山的不抗日是个打击,阎抵挡不住时,便会求蒋介石增援。国民党中央军与晋军始终存在尖锐的派系矛盾,如中央军赖在山西不走,势必会加剧这一矛盾冲突,从而有利于我争取阎锡山转向抗日。实践证明,红军东征促进了国民党集团内部分化,促进了抗日民族统一战线的建立。

第三,可以巩固发展陕北抗日根据地。当时阎锡山已奉蒋介石之令派遣正太路护路司令孙楚率五个旅的兵力渡河窜入陕北,策应东北军,企图消灭红军。红军若直接攻击,对于抗战大局不利,若以东征抗日旗号东渡黄河,只要能突破阎锡山的河防,进入山西境内,驻防陕北五个旅的晋军就会撤回山西回援,这样就可以把侵入陕北的晋军赶出陕北,不仅确保陕北根据地的巩固,而且可以使根据地向山西发展。

第四,可以扩充兵员,筹集红军的抗日经费。陕北根据地地域偏僻,人

① 参见《毛泽东年谱》上卷,第 501 页。

口稀少,经济落后,许多地方已进行过土改,土豪劣绅不多,而红军的经费主要不是靠征收农业税,而是靠打土豪筹集资财。而山西是阎锡山统治多年的地盘,红军进入山西可以得到兵员和一笔可观的抗日经费。

瓦窑堡会议经过会上会下的反复讨论,终于确定了红军东征的行动方针。在会议期间,12 月 24 日,毛泽东和周恩来联名致电彭德怀、杨尚昆、林彪、聂荣臻、徐向前、程子华、左权,下达了红军东征《四十天准备行动的计划》的命令。命令指出:中央讨论了战略方针、作战原则及行动计划,通过了军委的报告。关于行动方向,如东村时所定(即向东发展)。要求以 40 天为期,完成渡黄河东征的准备工作。其中包括夺取甘泉、宜川两城,赤化宜川、洛川两县,给北面进攻着的敌人以打击,前线部队用极大努力扩红,后方完成 5000 人扩红计划,并在北线与南线分别组建红二十八、红二十九军。

瓦窑堡会议后,正当红军积极准备东征的时候,一部分红军指挥员建议中央对东征作战计划重新进行考虑。因为这时统一战线工作在东北军和西北军等部队中取得了相当的进展,国民党的军事压力事实上有所削弱,红军作战条件有所改变,根据地形势也开始好转。因此相当一部分红军指战员对于离开陕北苏区,重新长途征战去取得苏联技术援助的必要性开始抱怀疑态度。他们直率地认为:东征山西应当是战略上的佯攻,即调动现在陕北根据地的晋军回援,求得运动战中消灭晋军有生力量和巩固黄河河防,而不应当实施战役上的进攻和转移。与此同时,原共产国际派来的军事顾问李德也就红军东征的问题向中共中央提交了意见书,他提出中共中央应慎重考虑敌我力量的对比,我们只有 1.3 万人,其中二分之一是新战士和 3000 人的俘虏兵,而敌人仅阎锡山的晋军就有八万人。他还出于对苏联安全的考虑提出红军没有必要到绥远去,没有必要去接近外蒙。①

应当说这些意见有一定的道理。在瓦窑堡会议通过的军事战略问题的决议中,把打通苏联取得技术援助作为战略方针的首要任务,而把保卫与扩大巩固根据地放在战略方针的第二项,是欠妥当的。但是说东征是冒进从

---

① 参见李德:《关于红军渡河后的行动方针问题的意见书》,1936 年 1 月 27 日。

而放弃东征也是不对的。为此,毛泽东从瓦窑堡经延川来到延长县城红一
方面军司令部,于1936年1月31日在延长主持召开了西北革命军事委员会
会议,进一步讨论战略方针和东征的问题。张闻天在自己的意见书中明确
提出:"长征经验证明,主力红军长期没有根据地时",将"使我们发生极大的
困难"。因此应将保卫与扩大巩固根据地作为战略方针的首要任务,而"获
得技术不能成为我们战略方针之中心"。但张闻天不同意放弃东征作战计
划,也不同意仅以东征为战略佯攻。毛泽东肯定了张闻天的意见,并在会上
反复说明东征讨伐阎锡山无论在政治上军事上都对我们有利,指出:我们执
行的是在发展中求巩固的方针,希望通过东征建立一块根据地,与陕北根据
地连接,也解决红军的给养和扩大等问题。为打消一些红军指战员的顾虑,
毛泽东在补充发言中说:一定要保证黄河各渡口在我手中,使我进退有据。①
关于红军东征作战方针问题,在会议之前,毛泽东于1月25日同张闻天致
电彭德怀,指出:常委考虑过你的意见,认为向北是没有出路的。"只有取阎
锡山为对手,基本的作战方针取稳扎稳打,依据黄河发展并调孙楚求得陕北
残敌的肃清,跃进深入敌后野战急进,有大批分派撤退无隔断危险时才行
之。同时保证第二批退回渡河船只。"②执行这个方针就可以避免彭德怀担
心的红军东征有可能脱离陕北根据地的危险性。不难看出,尽管中共中央
这时并没有放弃打通苏联坚持东征的战略方针,但巩固和扩大根据地的任
务已经被提到首要位置上来了。

经过反复讨论,中共中央、中央军委及红军主要指挥员对于红军的战略
方针和东征问题很快达成了一致的意见。这正如毛泽东在1月17日政治
局常委会上指出的:今年我们的基本任务是巩固和扩大苏区及打通苏联。
我们要把国内战争与民族战争联系起来,扩大抗日力量及主力红军。2月至
7月,我们的行动在山西。由山西到绥远的转机,要看日本对山西、绥远进攻
的程度及我们的力量如何而定。我们向南、向西、向西北,文章不好作。向

---

① 参见《毛泽东年谱》上卷,第508—509页。
② 《毛泽东年谱》上卷,第508页。

东的军事基本方针是稳打稳扎政策、背靠苏区建立根据地,争得黄河来往的自由。我们在陕北要扩大自己的力量,使它能担当保卫陕北的任务。山西的发展,对陕北有极大的帮助,我们要下大决心到山西。为实施红军东征作战方针,中共中央还作了组织分工,决定政治局随军行动;周恩来等组成中央局,负责后方工作。①

2 月 12 日,发布了由毛泽东、周恩来、彭德怀于 1 月 19 日签署的《西北革命军事委员会东进抗日及讨伐卖国贼阎锡山的命令》:命令英勇的抗日主力红军,即刻出发,打到山西去,开通抗日前进道路,同日本直接开火;命令陕甘苏区的抗日红军和游击队、赤卫队、少先队,坚决保卫陕甘苏区,扩大陕甘苏区这个抗日战争的根据地;命令黄河两岸的抗日红军,游击队和民众,奋勇过河东去,在河东发展抗日战争的根据地,配合红军主力打大胜仗。

三、东征战役的经过

毛泽东自始至终参加并指挥了红军东征战役。

1. 突破黄河防线,占领晋西有利阵地

毛泽东于红军作好一切准备工作后,同彭德怀以红一方面军司令和政治委员的名义于1936 年 2 月 18 日发布东征作战命令。命令规定第一步作战任务为:"东渡黄河,以坚决手段消灭东岸地区之敌,占领吕梁山脉各县,首先占领石楼、中阳、永和等县,粉碎沿河堡垒线,控制渡船于我手中,在东岸造成临时作战根据地。"

2 月20 日20 时,红一方面军发起东征战役,在毛泽东、彭德怀率领和指挥下,部队分别从绥德县沟口、清涧县河口等地经渡黄河,一举突破阎锡山晋绥军的防线。渡河前,毛泽东在袁家沟发布渡河时间命令,一律在 20 日

---

① 参见《毛泽东年谱》上卷,第 506 页。

20 时即夜幕降临后开始,不得先后参差,要以聂荣臻的表为准。毛泽东认为,统一的军事行动,时间必须非常准确,战场上要向军队领导人对表,道理就在这里。

2 月 21 日下午,毛泽东率第二十分队及特务连来到河口,也胜利地渡过黄河,紧接着从义牒镇向石楼进军。23 日,毛泽东到达距石楼 40 里的张家塔,他在致徐海东、程子华的电报中指出"石楼为东征战略要地,须尽一切方法夺取之"。红十五军团第七十五师第二二四团便开始围攻石楼城。至此,红军已全部控制辛关至三交镇之间的各渡口,占领了包括三交、留誉、义牒各镇在内的横宽 50 余公里、纵深 35 公里的地区。完成了东征战役的第一步任务。

阎锡山得知红军渡黄河之后,惊恐万状,急调入陕之晋绥军四个步兵旅撤回山西,会同第七十一师等部分四路向红军进攻。24 日,毛泽东提出红军东征战役的第二步任务,即在柳林、离石、中阳、孝义、汾西、隰县、永和一线内困石楼,求得打增援部队,用最大的速度争取居民群众与红军一致,集中兵力消灭敌之一路至两路,取得在山西发展抗日根据地之有利条件。鉴于阎锡山因仓促应战须从陕北及远地调兵,到战役攻击之日尚需十天左右,毛泽东又提出红军处在两个战斗之间的休整任务是:(一)使红军与居民群众相结合;(二)使红军干部了解与熟悉山西的敌情、地形、政治经验、社会情形等;(三)从政治上和军事上提高战斗力。①

根据东征战役第二步任务的部署,毛泽东等指挥红军在关上、水头镇一线打了胜仗。3 月 1 日,毛泽东等从张家塔移至石楼北端的李家塌。当天他同彭德怀致电林彪、聂荣臻、徐海东、程子华等,部署关上、水头胜利后的行动。电报说:"一军团与十五军团连日的胜利,特别是关上的胜利与水头的占领,使红军取得了在山西创立根据地的初步自由。""使我们夺取了石楼、中阳、孝义、汾西、隰县五县交界这个在军事上有极大意义的地区","对于我们的作战与创造根据地给了十分有利的条件"。电报指出,关上、水头的胜

---

① 参见《毛泽东年谱》上卷,第 515 页。

利使汾阳马路与汾水铁路完全暴露在我们面前,估计阎锡山会使用四五个师在短期内向我进攻。因此一切为着打第二个胜仗,是我们现在唯一正确的口号。"为巩固这一区域,争取打第二个胜仗,两军团主力应在以关上为中心与以水头为中心的地区,蓄养部队锐气,发动群众斗争,把英勇的红军与有利的地区结合起来。"①

面对红军的强大攻势,阎锡山只好暂时放弃历来恪守的"山西的事山西办"的信条,一方面请求蒋介石增派军队,一方面把自己能动的军队集中起来,编成四个纵队,于3月4日开始向红军反击。

3月5日,毛泽东同彭德怀在致林彪、聂荣臻、徐海东、程子华的电报中指出:阎敌东面三路已明,北面当亦有三路,南面将是两路,八路估计共有16个团至多20个团。"我军应以关上、水头为枢纽,背靠石楼,集中两军团最大主力,以连续战斗消灭其东面之两路或三路为基本作战方针。"当天,又致电徐海东、程子华,强调"我军须集中优势兵力而后作战"。3月6日,又致电林彪、聂荣臻、指出:"为准备打一仗后,又打第二仗,又打第三仗,必须以主力一部抄敌后路,把敌包围消灭,免去追击。必须免去追击,才能当日集合队伍于一处,才便于打第二仗,才便于应付意外变化。敌人战斗力虽弱,但主力数不少,我们应该集结部队好好打。"②

3月7日,毛泽东为到达石楼附近大麦郊(属交口县)。8日召开政治局扩大会议,具体研究了兑九峪(今兑镇)战斗部署,决定在这一带集中兵力重创晋绥军。10日凌晨,红一、红十五军团主力由郭家掌、大麦郊地区出动,7时向兑九峪之敌发起攻击,很快击溃敌之第一线部队。敌人主力依托阵地进行顽抗。接着,敌人第三纵队在第二纵队配合下,向郭家掌红一军团攻击,红一、红十五两军团主力奋起还击,将敌两个纵队全部击溃。这样阎锡山组织的第一次反击即被粉碎。

在兑九峪战役中,毛泽东不顾大家的劝阻,冒着极大的危险,亲自到金

---

① 《毛泽东年谱》上卷,第517—518页。
② 《毛泽东年谱》上卷,第520—521页。

斗山前线,和彭德怀一起观察阵地,指挥这场战斗。阎锡山不仅动用了步、炮兵同时向红军进攻,而且从太原派出战斗机向红军阵地进行轮番轰炸。几十里长的山沟里,到处硝烟弥漫,杀声震天。往往是敌我双方交织在一起争夺着每一个山头、每一个村庄。有时晋军传令兵因此把作战命令误传到红军手中,战斗激烈程度,由此可想而知。

2. 分兵南下北上作战,发展胜利

阎锡山的第一次反击被粉碎后,四个纵队退回原驻地,收拾残部,进行整顿,伺机卷土重来。同时蒋介石的中央军一部从 3 月上旬起,也陆续进入山西。

为进一步发展胜利,扩大战果创立河东根据地,毛泽东于 3 月 12 日主持召开红一和红十五军团领导干部会议,决定分兵三路:以总部特务团和黄河游击师组成中路军,转战隰县、交口、石楼、永和一带,牵制晋西方面的敌军;以红一军团全部及红十五军团第八十一师主力组成右路军,沿汾河和同蒲路南下作战;以红十五军团主力两个师为左路军,北上直逼太原向晋西北行动,并掩护红一军团南下。毛泽东随中路军行动。

3 月 17 日,阎锡山集中四个纵队的兵力再次向石楼方向反击,造成太原和晋南、晋西北防守减弱。18 日凌晨,毛泽东同彭德怀分别致电右路军指挥员林彪、聂荣臻和左路军指挥员徐海东、程子华,作如下部署:右路军继续南下,相机夺取赵城、洪洞、临汾,并向曲沃、闻喜、运城前进,以小部在霍县牵制中央军第二十五师。左路军乘虚北上,第一步相机占领文水、交城及其附近区域,破坏电线,扩大宣传,声言进攻太原;第二步相机占领静乐、岚县、岢岚等地,创造晋西北游击根据地。中路军由叶剑英指挥,牵制反击之敌,控制黄河渡口,维持后方交通。这样,红军就形成了中路军钳制晋绥军主力,左、右两路分别北上南下发展进攻的态势。

按照上述部署,右路军从 19 日起由霍县地区南进,占领赵城、洪洞、临汾、襄陵(今襄汾县一部分)、曲沃等现广大乡村,破坏同蒲铁路 100 余公里。左路军于 18 日由灵石以西地区北上,25 日袭击晋祠镇,威胁太原,并于 31

日进至兴县以南曹家坡地区。中路军在石楼、中阳、孝义、隰县、永和之间广大地区钳制了反击之敌四个纵队的主力,有力地支援了左右两路军在南北两线的进攻行动。同时,继续控制着黄河渡口,保障了后方交通运输,建立了地方党和政权机构,为下一步的作战准备了战场。

在红军东征部队北上南下期间,中共中央政治局于3月20日至27日在晋西地区举行了扩大会议(又称晋西会议)。会议有两项议程:一是传达和讨论执行共产国际七大决议;二是讨论和确定目前战略方针。第一天的会议是在晋西大麦郊上贤村召开的,由张闻天主持,并由他作第一项议程的报告。这时由于敌情严重,政治局会议不得不暂时停会。毛泽东等转移到石楼附近的川口镇。

3月23日,中共中央政治局在隰县石口镇复会,毛泽东作了重要发言。对于瓦窑堡会议的看法,他明确指出:中央十二月决议符合共产国际七大决议,中央的工作是与国际决议一致的,不能认为中央违反十二月会议的决议,但现在不应停留在瓦窑堡会议观点上。对于形势的看法,他认为现在世界已处在革命与战争时期,其特点是革命一天天向上,反革命一天天向下。对于东征问题,他认为东征是正确的。他指出:打日本,必须向东。我们提出抗日战争口号,影响很好,很得人心。向东不是冒险主义,在战略上我们的部队以少胜多,在战役上我们以多胜少,就不会犯冒险主义的错误。他强调指出:中国共产党处在战争中,要把革命与民族联系起来。中国共产党站在民族解放的最前列,我们的任务,是要利用每一分钟争取最大多数群众。中央提出的"国内革命战争与民族战争联系起来","停止内战,一致抗日","红军集中河北","争取迅速直接对日作战"这些口号,是布尔什维克的,不是冒险主义的。超过会冒险,不足会右。我们现在的口号是恰如其分的。①

3月24日至27日,会议在石楼城西南端四江村和县城附近继续进行。会议进一步讨论分析了国际国内形势,特别是华北的形势,讨论了政治、军事和开展抗日统一战线等三个方面的问题。关于军事战略问题,毛泽东指

---

① 参见《毛泽东年谱》上卷,第525页。

出:过去提"巩固向前发展"是对的,今天则是"以发展求巩固"。现在只有发展才能求得巩固。为此,战略上必须采取大胆的方针,因客观形势好;战役上要采取谨慎的方针,在有利地形上实行以多胜少,力求减少错误。因此会议决定"争取迅速对日作战为党与红军的重要任务","以发展求巩固"为全党全军的战略方针,党和红军当前的方针是经营山西,"在此种方针下,向河北、河南、绥远三省境内作战略的跳跃是许可的";在山西临时采取分兵原则,三个集团军采取打网式的普遍的游击战。求得敌人一般的削弱,我们自己则争取群众,扩大红军,而扩大红军为主中之主。会议决定,战略方针由毛泽东起草。①

对于经营山西和扩大红军为基本方针的问题,毛泽东在会上尖锐地批评了少数军事指挥员"认为在山西创造根据地在目前是无希望的"观点,明确认为:目前中央与军委的极重大的任务,是使第一方面军在数个月内扩大至五万红军以上,在山西与华北取得胜利。在华北,首先在山西,经过游击阶段创造比陕北更大的根据地。凡此一切联系于争取迅速对日作战的基本方针,联系于国防政府与抗日联军的形成,"放弃或忽视或减轻华北胜利这一环,将造成很大的错误"。

晋西会议是在红军东征中召开的一次重要会议,瓦窑堡会议的继续和发展,这次会议讨论了一些问题,统一了全党全军的思想,使红军准备直接对日作战,有了更加明确的奋斗目标和指导方针。

3. 回师西渡结束东征

红军东征部队分兵南下北上两路作战取得胜利后,蒋介石、阎锡山调集主力部队企图在南北两线分别围歼左右两路红军,同时蒋介石还强令在陕西的东北军、西北军向红军的后方袭击。

4月3日,红军决定逐步收缩兵力,准备集中歼敌。4日,右路军开始向西转移。6日,左路军继续南移。左右两路军在收缩集中兵力的过程中不断

---

① 参见《毛泽东年谱》上卷,第526页。

打击阻击尾追之敌。红二十八军奉命东渡黄河,协同左路军扫除罗峪口及其南北一段黄河封锁线,保证东征部队与后方的交通联系。4月14日,红二十八军在进攻三交镇的战斗中,军长刘志丹不幸牺牲。

当毛泽东接到刘志丹牺牲的消息后,十分悲痛。他在陕北与刘志丹只见过一面,但在纠正陕北肃反扩大化错误的过程中,对刘志丹的为人有所了解。特别是在领导层内对红二十八军是否东渡黄河参加东征发生分歧时,刘志丹是力主红二十八军参加东征的一个指挥员。所以刘志丹的牺牲使毛泽东深感痛惜。于是他决定将刘志丹的遗体运回瓦窑堡,并指示要开一个隆重的追悼会,后来还亲自为刘志丹墓题词。

红军东征部队中路军兵力虽然不多,但在毛泽东等指挥下,采取机智、沉着应战,吸引和钳制敌军主力,圆满地实现了左右两路红军收缩集中兵力的战略意图。

当左右两路红军靠拢后,敌军也跟踪围攻过来,企图压迫红军于黄河东岸狭小地区而消灭之。在山西方面,阎军和蒋军共51个团,采取堡垒主义推进的战法逐步向红军推进;陕西方面,蒋介石强令东北军、西北军向北进攻,企图封锁黄河;而神府、三边地区和环县、合水及其以西地区均较空虚。根据上述情况,毛泽东进一步分析了山西和陕西、甘肃的敌情之后,同彭德怀于4月28日给周恩来和各军团首长发出红军主力西渡黄河扩大陕甘苏区的命令。命令指出:"方面军在山西已无作战的顺利条件,而在陕西、甘肃则产生了顺利条件,容许我们到那边活动,以执行扩大苏区,锻炼红军,培养干部等任务。另一方面则粉碎卖国贼扰乱抗日后方计划,亦是当前的重要任务"。因此,"我军决定两渡黄河,第一步集结于延长地域。"命令还指出:"向西执行上述任务,仍然是为着争取迅速直接对日作战之基本的政治任务。华北各省仍然是战略进攻方向的主要方向。""坚持以陕甘苏区为中心,向各方面作战,而以东方各省为长时期内的主要方向,这是确定的方针。"①

毛泽东结束红军东征,除上述军事原因外,还有重大的政治原因。在红

---

① 《毛泽东年谱》上卷,第538页。

军东征时期,红军与东北军、西北军的统战工作有了进一步的发展。中共派出周恩来为全权代表到肤施(今延安)同张学良会谈,共商停止内战、一致抗战的根本大计。同时,中共和国民党南京政府派出的董健吾也接上了联系,开始了国共间的对话。3月4日,毛泽东等在东征中曾致电秦邦宪转董健吾,指出:"弟等十分欢迎南京当局觉悟与明智的表示,为联合全国力量抗日救国,弟等愿与南京当局开始具体实际之谈判。"①因此,为了保存红军抗日实力,争取国民党军早日觉悟抗日,毛泽东等决定红军主力结束东征,西渡黄河返回陕西。

5月2日,毛泽东亲自指挥红一方面军主力西渡黄河,规定部队白天休息,晚间渡河。当晚,红军分批经清水关、铁罗关西渡黄河。至5月5日,红军全部渡完,回师进至延长、延川、永坪地区。

毛泽东回到河西后,于5月5日,以中华苏维埃人民共和国中央政府主席和中国人民红军革命委员会主席朱德发表了《停战议和一致抗日》的通电。通电指出:"困难当前,双方决战,不论胜负属谁,都是中国国防力量的损失,而为日本帝国主义所称快"。"为了保存国防实力以便利于迅速执行抗日战争,为了坚决履行我们屡次向国人宣言'停止内战,一致抗日'的主张,为了促进蒋介石及其部下爱国军人们的最后觉悟,故虽在山西取得了许多胜利,然仍将人民抗日先锋军撤回黄河西岸,以此行动向南京政府、全国海陆空军、全国人民表示诚意。我们愿意在一个月内与所有一切进攻抗日红军的武装队伍实行停战议和,以达到一致抗日的目的。"

东征是毛泽东亲自指挥并参加的一次准备直接对日作战的重要战役。这次战役虽然由于国民党当局的军事进攻而不得不同国民党军交战,没能实现在抗日最前线建立根据地和直接同日军作战的战略意图,但它使经过长征,刚刚立足于陕北的红军在政治上、军事上由被动转入主动,并在一定程度上缓和了经济困难,使陕北根据地得以恢复和发展,为迎接全国抗日战争的到来打下基础。东征战役历时75天,共消灭国民党约七个团,俘敌

---

① 《毛泽东年谱》上卷,第519页。

4000 余人,缴获各种枪支 4000 余枝,炮 20 余门;取得了强渡江河作战的重要经验,提高了部队的战斗力;迫使晋绥军由陕西撤回山西,打击了蒋介石、阎锡山反共投降的气焰。在东征期间,红军扩充新兵 8000 人,筹款 30 余万,在山西 20 多个县开展了群众工作,宣传了党的抗日主张,扩大了中国共产党和红军的政治影响。这是毛泽东的"以发展求巩固",争取迅速对日作战的战略方针的重大胜利。

第三节　由国内战争向抗日民族战争
过渡时期的军事理论

　　毛泽东亲自指挥红一方面军东征回师后,蒋介石无视中共提出的《停战议和一致抗日》的通电,仍坚持以武力"剿共"。为保卫西北,巩固和发展陕甘抗日根据地,扩大抗日红军,争取和东北军、西北军停止内战,团结抗日,并向北打通与苏联、蒙古的联系,向南打通红四方面军和红二、三方面军的联系,实现红军三大主力会师,毛泽东等又决定红一方面军进行西征作战。1936 年 5 月 18 日,中共中央军委决定:红一方面军主力一部组成西方野战军,由彭德怀任司令员兼政治委员进行西征。西征战役从 1936 年 5 月下旬开始至 7 月下旬胜利结束。在西征期间,毛泽东因工作需要随中央机关留在瓦窑堡而没有随西方野战军一起行动,但整个西征战役都是在他直接指挥下进行的。

西征以后，毛泽东又指挥红军战胜国民党 30 多个师的围追堵截，实现了三大主力红军会师和取得山城堡战役的胜利，这对贯彻党的逼蒋抗日的方针，促进国内和平的实现，都具有重要意义。

12 月 12 日，国民党东北军领导人张学良和西北军领导人杨虎城，联合发动了震惊中外的西安事变，在西安扣留了部署"剿共"的蒋介石，并发表通电，提出以停止内战、一致抗日为主旨的八项主张。中国共产党为避免发生新的大规模内战和推动全国迅速实现抗日救国的局面，对这一事变确定了和平解决的方针：一方面从政治上军事上给张、杨以实际援助，协同东北军、西北军切实作好对付南京政府所谓"讨逆军"进攻准备；一方面同张学良、杨虎城等一道，与蒋介石的代表达成协议。在蒋介石表示同意改组国民党与国民政府，驱逐亲日派，容纳抗日分子，释放上海爱国领袖和一切政治犯，保证人民的自由权利，停止"剿共"并联合红军抗日，召集各党各派各界各军的救国会议并决定抗日救亡方针，与同情中国抗日的国家建立合作关系等六项条件后，将其释放。由于中共中央的正确决策，由于全国广大人民和国内外一切主张团结抗日的人们的强烈要求，也由于红军和东北军、西北军作好了对于"讨逆军"进攻的充分准备，西安事变终于获得和平解决。毛泽东高度评价和平解决西安事变，他指出："我们过去估计西安事变带有革命性是对的，如果它没有革命性便不会有这样的好结果。西安事变给国民党以大的刺激，成为它转变的关键，逼着它结束十年的错误政策，结束十年内战，而内战的结束也就是抗战的开始。西安事变促进了国共合作，是划时代的转变，是新阶段的开始。"①

西安事变和平解决后，中共中央为推动国民党进一步向抗日方向转变，实现全国和平统一、团结御侮的方针，于 1937 年 2 月 10 日致电即将举行的国民党五届三中全会，提出五项国策和四项保证。五项国策是："（一）停止一切内战，集中国力，一致对外；（二）保障言论、集会、结社之自由，释放一切政治犯；（三）召集各党各派各界各军的代表会议，集中全国人才，共同救国；

① 《毛泽东年谱》上卷，第 631—632 页。

(四)迅速完成对日抗战之一切准备工作;(五)改善人民生活。"四项保证是:"(一)在全国范围内停止推翻国民政府之武装暴动方针;(二)苏维埃政府改名为中华民国特区政府,红军改名为国民革命军,直接受南京中央政府与军事委员会之指导;(三)在特区政府区域内,实行普选的彻底民主制度;(四)停止没收地主土地之政策,坚决执行抗日民族统一战线之共同纲领。"国民党五届三中全会,由于其内部有亲日派的存在,没有表示它的政策的明确和彻底的转变,没有具体地解决问题。然而由于人民的逼迫和国民党内部的变动,国民党不能不开始转变它过去十年的错误政策,这即是由内战、独裁和对日不抵抗的政策,向着和平、民主和抗日的方向转变。这种初步的转变,在国民党三中全会上是表现出来了,所以这就说明国民党在实际上已开始接受了中国共产党抗日民族统一战线的政策,标志着全国范围的抗日民族统一战线初步形成,国内和平基本实现。

在新的形势和任务面前,中共中央为顺利实现由国内革命战争向抗日民族战争转变,进行了一系列工作。1937年5月上旬,中共中央在延安召开了党的全国代表会议,毛泽东在会上作了《中国共产党在抗日时期的任务》的报告,要求全党全军迅速完成由国内革命战争向抗日民族解放战争的历史转变,明确地提出红军和抗日根据地的任务是:"(1)使红军适合抗日战争的情况,应即改组为国民革命军,并将军事的政治的文化的教育提高一步,造成抗日战争中的模范兵团。(2)根据地改为全国的一个组成部分,实行新条件下的民主制度,重新编制保安部队,肃清汉奸和捣乱分子,造成抗日和民主的模范区。(3)在此区域内实行必要的经济建设,改善人民的生活状况。(4)实行必要的文化建设。"这次会议批准了中央自遵义会议以来的政治路线,为实现直接对日作战,迎接抗日民族解放战争新的历史阶段的到来,从思想上、政治上、组织上作了积极的准备。

为了统一全党全军的思想,更好地为即将到来的抗日战争作好准备,毛泽东充分利用国内战争向国内和平转变的有利时机,一方面,恢复建立红军大学,使红军军事的政治的文化的教育提高一步,以适应即将到来的抗日战争的情况;另一方面,为总结党的历史经验,特别是土地革命战争的经验,和提出党在抗日战争新时期的基本方针、政策和原则,以极大精力写下了许多理论文章。如1936年12月,毛泽东完成《中国革命战争的战略问题》这部光辉著作就是为此目的而写的。当时毛泽东曾用它在红军大学作过讲演。这部著作只写了五章,原计划还有战略进攻、政治工作及其他问题,因为西安事变发生,毛泽东没有功夫再写,就此搁笔了。这部著作是土地革命战争时期党内在军事问题上的一场大争论的结果,是表示一个路线反对另一个路线的意见,它对于正确分析和认识土地革命战争的经验,统一思想、教育干部、团结同志,用马克思主义的战争理论和战略战术,武装全党、全军和全国人民的头脑,为抗日战争进行思想上和军事上的准备,起了重要的指导作用。

这一时期毛泽东的军事理论,除了集中体现在上述著述中以外,还大量体现在毛泽东指挥红军进行直罗镇战役、东征战役、西征战役、山城堡战役写下的大量的电报文稿中,体现在毛泽东同中外记者如范长江、斯诺、史沫特莱等有关军事问题的谈话中。其特点是处在土地革命战争结束,全国抗日战争即将开始,即由国内战争向抗日民族战争的过渡时期,所以它阐述的一般都是土地革命战争时期的战例,但是它创造性地论述马克思主义战争理论和对于战争问题的认识论、方法论都有一般的指导意义,是中国共产党研究和指导战争的理论基础,无疑地它也为中国共产党和红军准备对日作战开创抗日战争的新局面奠定了理论基础。

一、正确认识战争的唯物主义战争观

人们对战争的根本看法和对战争所采取的态度就是人们的战争观。马克思主义在坚持无产阶级的根本立场,依照辩证唯物主义和历史唯物主义的世界观观察战争,科学地阐明了分析研究战争的根本观点,形成了马克思主义的战争观,也就是无产阶级的战争观。毛泽东结合中国革命战争的实践,坚持和发展了马克思主义的战争观,在理论上把马克思主义的战争观推进到一个新高度。

1. 战争的起源和本质

战争是怎样产生的？它的本质是什么？毛泽东指出："战争——从有私有财产和有阶级以来就开始了的、用以解决阶级和阶级、民族和民族、国家和国家、政治集团和政治集团之间，在一定发展阶段上的矛盾的一种最高的斗争形式。"这就是说，战争不是从来就有的，也不是永远存在的，而是人类社会发展到一定阶段的产物，是随着私有财产和阶级的产生而产生的，是在用一般政治手段、经济手段、文化手段等和平方式达不到目的的时候，采取暴力，强制解决阶级之间、民族之间、国家之间、政治集团之间矛盾的一种最高的斗争形式。① 这就是说，战争不是从来就有的，也不是永远存在的，而是人类社会发展到一定阶段的产物，是随着私有财产和阶级的产生而产生的，是在用一般政治手段、经济手段、文化手段等和平方式达不到目的时，采用暴力，强制解决阶级之间、民族之间、国家之间、政治集团之间矛盾的一种最高的斗争形式。

在原始社会里，由于生产力极端低下，没有剩余产品，没有私有财产，没有阶级和国家，也没有战争。随着时间的流逝，部落之间的相互交往和冲突的机会增加了。在此期间，氏族、部落之间，虽然有时也发生冲突和械斗，但只是为了争夺生存空间，或为被杀害的民族成员复仇，是一种人类本能的扩大，是一种集体防卫的自我保护行为。由于当时还没有特殊的武装组织，各种暴力冲突还没有成为经常性的职业性的活动，所以只是一种偶然性的对抗现象。同后来阶级社会的战争则有本质的不同。

到了原始社会后期，随着生产力的不断发展和社会大分工的出现，产品有了剩余，于是出现了私有财产，产生了阶级。暴力冲突由原来的自我保护和血亲复仇锐变为掠夺，随着职业军队的出现，战争也就随之产生了。恩格斯指出："古代部落对部落的战争，已经开始蜕变为在陆上和海上攫夺家畜、奴隶和财宝而不断进行的抢劫，变为一种正常的营生"。"现在进行战争，则

---

① 参见《毛泽东选集》第 1 卷，人民出版社 1991 年版，第 171 页。

纯粹是为了掠夺,战争成为经常的职业了。"①人类进入阶级社会以后,战争一直连绵不断,成为阶级社会中的一种必然现象。所以毛泽东指出:"由于阶级的出现,几千年来人类的生活中充满了战争,每一个民族不知打了多少仗,或在民族集团之内打,或在民族集团之间打。打到资本主义社会的帝国主义时期,仗就打得特别广大和特别残酷。"②仅在20世纪内就先后爆发了两次世界大战。第二次世界大战之后,虽然新的世界大战没有爆发,但局部战争从未停止过。由此,毛泽东的结论是战争的产生、发展和消灭,同私有财产和阶级的产生、发展和消灭不可分割地联系在一起的,也就是说战争起源于私有制,只要人类社会还存在私有财产和阶级就会有战争。

在战争起源问题上,还存在着种种唯心主义的观点。如"战争种族论"认为战争产生于民族之间的差别,把战争的根源归为种族的不同;如"马尔萨斯战争论"把人口过剩作为产生战争的根源,主张用战争消灭过剩的人口;如"心理战争论"说战争产生于人类的本能和欲望,而不是人所创立的那些经济的或政治的制度,等等。这些观点既是与无产阶级的战争观格格不入,也是与人类社会的战争史实不相符的。

2. 战争的目的和消灭战争的道路

列宁曾经指出:"无产阶级无论现在和将来都要始终不懈地反对战争,但它一分钟也没有忘记:只有完全消灭社会划分为阶级的现象,才可能消灭战争"③。毛泽东继承和发展了列宁的观点,他明确地指出:"战争的目的在于消灭战争"。他说:"战争——这个人类互相残杀的怪物,人类社会发展终究要把它消灭的","我们研究革命战争的规律,出发于我们要求消灭一切战争的志愿,这是区别我们共产党人和一切剥削阶级的界线。"④这就是说无产阶级对待战争的态度,从根本上讲,就是要彻底地消灭一切战争,实现人类

---

① 《马克思恩格斯军事文集》第2卷,战士出版社1981年版,第413、421页。
② 《毛泽东选集》第2卷,人民出版社1991年版,第374页。
③ 《列宁军事文集》,战士出版社1981年版,第25页。
④ 《毛泽东选集》第1卷,第174页。

的永久和平。但是,在阶级社会,阶级之间的战争产生于阶级剥削和阶级压迫,民族之间、国家之间、政治集团之间的战争,也总是与阶级斗争有着密切的联系,因此要消灭战争,就必须打起正义战争的旗帜,用战争反对战争。所以无产阶级又不笼统地反对或拥护战争,而是拥护正义的战争,反对非正义的战争。毛泽东指出:我们是战争消灭论者,"但是消灭它的方法只有一个,就是用革命战争反对反革命战争,用民族革命战争反对民族反革命战争,用阶级革命战争反对阶级反革命战争。"①

在马克思主义看来,战争按其性质,区分为正义战争和非正义战争。列宁、斯大林和毛泽东对此都有明确的论述。毛泽东指出:"历史上的战争,只有正义的和非正义的两类。我们是拥护正义战争反对非正义战争的,一切反革命战争都是非正义的,一切革命战争都是正义的。"②毛泽东考察了中外古今历史上的战争,认为古人说"春秋无义战"是很有道理的,"于今帝国主义则更加无义战,只有被压迫民族和被压迫阶级有义战。全世界一切由人民起来反对压迫者的战争,都是义战。俄国的二月革命和十月革命是义战。第一次世界大战后欧洲各国人民的革命是义战。中国的反鸦片战争,太平天国战争,义和团战争,辛亥革命战争,一九二六年至一九二七年的北伐战争,一九二七年至现在的土地革命战争,今天的抗日和讨伐卖国贼的战争,都是义战。在目前的全中国抗日高潮和全世界反法西斯高潮中,义战将遍于全中国,全世界。"③毛泽东十分强调,要消灭战争就要进行正义战争,他对于正义战争的重大历史地位和作用给予了高度评价。他说:"人类正义战争的旗帜是拯救人类的旗帜,中国正义战争的旗帜是拯救中国的旗帜。人类的大多数和中国人的大多数所举行的战争,毫无疑义地是正义的战争,是拯救人类拯救中国的至高无上的荣誉的事业,是把全世界历史转到新时代的桥梁。"④他实际上是把世界人民反法西斯战争和中国人民的抗日战争置于

---

① 《毛泽东选集》第 1 卷,第 174 页。
② 《毛泽东选集》第 1 卷,第 174 页。
③ 《毛泽东选集》第 1 卷,第 161 页。
④ 《毛泽东选集》第 1 卷,第 174 页。

最神圣的地位,号召广大革命人民投身进去,进行拯救人类拯救中国的正义的战争。

在战争未爆发前,极力阻止战争爆发,既爆发后,只要有可能,就用战争反对战争,用正义战争反对非正义战争,这就是毛泽东关于战争消亡的理论。至于根本消灭战争的基本途径和方法毛泽东认为,首先要铲除战争产生和赖以依存的经济基础和社会根源,即私有制和阶级。他十分肯定地指出:"人类社会进步到消灭了阶级,消灭了国家,到了那时,什么战争也没有了,反革命战争没有了,革命战争也没有了,非正义战争没有了,正义战争也没有了,这就是人类的永久和平的时代。"①

二、研究和指导战争的方法论

研究和指导战争的方法论,就是要解决如何认识和运用战争规律,正确指导战争,使主观指导符合客观实际的问题。毛泽东讲战争,就是从方法论讲起的。毛泽东说,打仗要达到智勇双全,必须掌握一种方法,"什么方法呢?那就是熟识敌我双方各方面的情况,找出其行动的规律,并且应用这些规律于自己的行动。"②毛泽东在写作《中国革命战争的战略问题》这部著作时,总结红军"十年血战史"的经验,分析研究中国革命战争规律,始终坚持马克思主义的实事求是的方法论。后来在《实践论》《矛盾论》中,毛泽东又将这一方法论抽象到哲学的高度,使关于中国革命战争和关于马克思主义哲学基本思想的论述浑然一体,水乳交融。毛泽东关于研究和指导战争的方法论,是"在实践中运用和发展马克思主义认识论和辩证法的最光辉的范例。"

---

① 《毛泽东选集》第 1 卷,第 174 页。
② 《毛泽东选集》第 1 卷,第 178 页。

1. 要认识和掌握战争规律

战争规律是客观存在的,它不以人的意志为转移,人们只能认识它、掌握它、利用它、而不能违反它、改变它、取消它。历史上资产阶级军事理论家不承认战争是有规律的或认为战争规律是不可认识的,无疑都是错误的,其目的是想把战争神秘化,掩盖其战争非正义性的实质。在土地革命战争期间,当我们党按照战争规律办事,就能取得胜利;违背战争规律,就要遭受挫折。中央根据地第五次反"围剿",就是因为王明"左"倾教条主义在党内占据统治地位,违背战争规律瞎指挥,使中央红军遭受到惨重损失。

认识战争规律是为了指导战争。从研究战争规律入手,并进而研究和掌握战争的指导规律,运用于战争,这是毛泽东始终坚持的一个马克思主义方法。毛泽东在总结土地革命战争经验时指出:"战争的规律——这是任何指导战争的人不能不解决的问题。"不知道战争规律,就不知道如何指导战争,就不能打胜仗。这同其他一切社会现象一样:"不论作什么事,不懂得那件事的情形,它的性质,它和它以外的事情的关联,就不知道那件事的规律,就不知道如何去做,就不能做好那件事。"①所以认识和研究战争规律十分重要,是进而研究和掌握战争指导规律的基础。

毛泽东认为,战争规律又分为一般战争规律和特殊战争规律,研究战争规律,既要研究一般战争规律,更要研究特殊战争规律。一般战争规律是普遍存在于一切战争之中,对于一切战争都起作用的规律。研究一般战争规律,就能了解战争的本质极其发展的基本方向,为战争实践提供一般的指导原则,增强预见性。但是要指导战争,仅研究一般战争规律是不够的。还必须研究特殊战争规律。任何战争,都是在特定的条件下进行的,都带有时代的、国家的、民族的与地域的特点和性质的差别。如中国与外国的战争,中国近代与古代的战争,中国共产党在民主革命时期领导的各次战争,等等,都有自己的一些特点与规律。特殊战争规律,就是某一具体战争运动过程

---

① 《毛泽东选集》第 1 卷,第 171 页。

中的内在本质联系,是具体战争矛盾的特殊性。由于每一战争都有其固有的特殊规律,所以只懂得一般战争规律,不研究特殊战争规律,就无法指导具体战争。如果用一般战争规律来代替特殊战争规律,就会犯削足适履的错误。因此,毛泽东特别强调,除重视研究一般战争规律外,还要更加重视研究特殊战争规律。他指出:“我们不但要研究一般战争的规律,还要研究特殊的革命战争的规律,还要研究更加特殊的中国革命战争的规律。”①

2. 要着眼特点和发展

战争不仅有其特殊规律性,而且是一种经常处于发展变化中的客观过程。因此,人们在观察战争现象时,不仅要从它同其它事物之间的相互联系和相互制约方面去观察,而且还要从它的运动、发展、变化以及它本身包含的各种因素的产生和消亡方面去仔细观察,才能找出其运动的规律,用以指导战争。

毛泽东指出:“战争情况的不同,决定着不同的战争指导规律,有时间、地域和性质的差别。从时间的条件说,战争和战争指导规律都是发展的,各个历史阶段有各个历史阶段的特点,因而战争规律也各有其特点,不能呆板地移用于不同的阶段。从战争的性质看,革命战争和反革命战争,各有其不同的特点,因而战争规律也各有其特点,同样不能呆板地移用。从地域条件看,各个国家各个民族特别是大国家大民族均有其特点,因而战争规律也各有其特点,同样不能呆板地移用。我们研究在各个不同历史阶段、各个不同性质、不同地域和民族的战争的指导规律,应该着眼其特点和着眼其发展,反对战争问题上的机械性。”②

毛泽东在总结土地革命战争经验时,从具体分析敌我双方基本情况入手,指出中国革命战争的四个主要的特点:第一,中国是一个政治经济发展不平衡的半殖民地的大国,而又经过了 1924 年至 1927 年的革命;第二,敌人

---

① 《毛泽东选集》第 1 卷,第 171 页。
② 《毛泽东选集》第 1 卷,第 173 页。

的强大;第三,红军的弱小;第四,共产党的领导和土地革命。并从这四个主要特点的相互联系中,揭示了土地革命战争的规律,即规定了中国革命战争的指导路线及其许多战略战术原则。毛泽东指出:"第一个特点和第四个特点,规定了中国红军的可能发展和可能战胜其敌人。第二个特点和第三个特点,规定了中国红军的不可能很快发展和不可能很快战胜其敌人,即是规定了战争的持久,而且如果弄得不好的话,还可能失败。"①

毛泽东根据上述这些特点和规律,正确地解决了中国革命战争战略方面的诸问题。如正确地规定战略方向,进攻时反对冒险主义,防御时反对保守主义,转移时反对逃跑主义;反对红军的游击主义,却又承认红军的游击性;反对战役的持久战和战略的速决战,承认战略的持久战和战役的速决战;反对固定的作战线和阵地战,承认非固定的作战线和运动战;反对击溃战,承认歼灭战,反对战略方向的两个拳头主义,承认一个拳头主义;反对大后方制度,承认小后方制度;反对绝对的集中指挥,承认相对的集中指挥;反对单纯军事观点和流寇主义,承认红军是中国革命的宣传者和组织者;反对土匪主义,承认严肃的政治纪律;反对军阀主义,承认有限制的民主生活和有权威的军事纪律;反对不正确的宗派主义的干部政策,承认正确的干部政策;反对孤立政策,承认争取一切可能的同盟者;最后,反对把红军停顿于旧阶段,争取红军发展到新阶段,等等。毛泽东运用这些战略原则,指导红军取得了反"围剿"战争的重大胜利。

3. 要关照全局和掌握关节

只要有战争,就会有战争的全局。世界可以是战争的一全局,一国可以是战争的一全局,一个大的独立的作战方面,也可以是战争的一全局。"凡属带有要照顾各方面和各阶段的性质的,都是战争的全局"。② 而另一方面,凡属战争中的某一部分或战争过程中的某一阶段,都是战争的局部。战略

---

① 《毛泽东选集》第1卷,第191页。
② 《毛泽东选集》第1卷,第175页。

学的任务是要研究带全局性的战争指导规律,战役学的任务是,要研究带局部性的战争指导规律。指导战争就必须既要研究战争的全局规律又要研究战争的局部规律,把战略学和战役学任务统一起来。

战争的全局和局部,在特定的范围内是正确的,全局就是全局,局部就是局部,两者不能混为一谈。但战争的全局和局部的关系又是辩证的统一;在一定范围内是战争的全局,在更大的范围内就是局部;反之,在一定范围内是战争的局部,在更小的范围内又是全局。如一个军的作战行动是全局,那么这个军的师的行动便是局部;但是对这个师的团营行动而言,这个军的师的行动也可以称为是一个全局。

战争的全局和局部的关系是全局统帅局部,决定局部,局部隶属于全局,服从全局。首先是全局对局部有决定作用;全局决定局部的地位和作用,规定局部的任务和行动。全局的主动和被动从根本上决定局部的主动和被动。如毛泽东和朱德在指挥中央苏区第一、二、三次反"围剿"时,能从全局出发,采取诱敌深入的方针及其作战原则,因而取得了粉碎敌人"围剿"的重大胜利。而"左"倾教条主义者在第五次反"围剿"时,颠倒了全局与局部的关系,提出所谓战略胜利取决于战术胜利的"战术致胜论",虽然在战术上取得一些胜利,但因在战略上犯了错误,还是使反"围剿"遭到了失败。其次是局部虽然受全局所支配,但它不是完全被动和消极的,而是以自己的活动方式和效果,积极影响和反作用于全局,从而推动全局的变化和发展。这个反作用的大小,因各个局部在全局中的地位高低和作用大小而有所不同。如组成战争全局的一两个非决定性战役失败了,对全局不起重大影响,但如果多数战役失败了,或具有决定意义的一两个战役失败了,全局就会立即发生变化。这就是说,战争的全局和局部是密切联系在一起的,是相互制约的,对立统一的。作为战争指挥者,必须正确认识并处理好全局与局部的关系,以提高指导战争的能力。

战争实践证明,战争的成败,主要和首先的问题是对战争的全局关照得好或者关照得不好。毛泽东指出:"指挥全局的人,最要紧的,是把自己的注意力摆在照顾战争的全局上面。"如果对全局关照得好,战略指导正确,战争就一定能取得胜利,如果对全局关照得不好,就必然导致战争的失败。关照全局"主要地是依据情况,照顾部队和兵团的组成问题,照顾两个战役之间的关系问题,照顾各个作战阶段之间的关系问题,照顾我方全部活动和敌方全部活动之间的关系问题"。① 这些关系问题,都是照顾战争全局必不可少的最紧要和最吃力的地方,如果丢掉了这个去忙一些次要的问题,那就难免要吃亏了。

关照战争的全局,还必须掌握好有决定意义的重要关节。毛泽东指出:"任何一级的首长,应当把自己注意的重心,放在那些对于他所指挥的全局说来最重要最有决定意义的问题或动作上,而不应当放在其他的问题或动作上。"②这就是说,对于战争指导者不仅要关照全局,而且要注意掌握那些有关全局的重要关节。掌握关节,就是抓主要矛盾和主要矛盾方面的原理在战争指导上的运用,抓住和解决了关节问题,就可以带动全局发展。所谓"一着成功,全盘皆活",就是这个道理。反之,如果对全局有决定意义的一着搞错了,就可能"一着不慎,满盘皆输"。在战争史上,有在连战皆胜之后吃了一个败仗以至前功尽弃的,有的在吃了许多败仗之后打了一个胜仗因而开展了新局面的。这里说的"连战皆胜"和"许多败仗",都是局部性的,对全局不起决定作用的东西。这里说的"一个败仗"和"一个胜仗",就都是决定性的东西,即是有关全局的重要关节了。因此,战争指导者不仅要注意组成战争全局的多数局部的作用,而且要特别注意具有决定意义的局部作用,即掌握好关节,才能取得战争全局性的胜利。

4. 要使主观符合客观实际并能动地指导战争

战争规律,和其他事物的规律一样,是客观实际对于我们头脑的反映,除了我们头脑里的反映以外,一切都是客观实际的东西。比如敌我双方的政治、经济、军事、诸方面的实际情况,作战时的敌情、我情、民情、地形气候等,都不是依人的意志为转移的客观存在。战争指导者根据客观实际,提出

① 《毛泽东选集》第 1 卷,第 176 页。
② 《毛泽东选集》第 1 卷,第 176 页。

实际战争的方法。引导战争朝着有利于己不利于敌的方向发展。毛泽东把这一规律叫做"战争指导规律",也就是战争的主观指导规律。要使主观指导符合客观实际,就要根据战争的具体情况来决定战争的指导规律。战争的实践一再证明,战争的胜负在很大程度上取决于战争指导者对敌我双方情况认识的真实程度。毛泽东指出:"为什么主观上会犯错误呢? 就是因为战争或战斗的部属和指挥不适合当时当地的情况,主观的指导和客观的实在情况不相符合,不对头,或者叫做没有解决主观和客观之间的矛盾。人办一切事情都难免这种情形,有比较地会办和比较地不会办之分罢了。事情要求比较地会办,军事上就要求比较地多打胜仗,反面地说,要求比较地少打败仗。这里的关键,就在于把主观和客观二者之间好好地符合起来。"①

为使主观指导符合客观实际,重要的问题在善于学习。毛泽东指出:"一切带原则性的军事规律,或军事理论,都是前人或今人做的关于过去战争经验的总结。这些过去的战争所留给我们的血的教训,应该着重地学习它。"与此同时,毛泽东依据关于实践第一的基本原理,突出强调了战争认识对于战争实践的依赖性,为认识战争规律指出了正确的途径。他指出:"读书是学习,使用也是学习,而且是更重要的学习。从战争学习战争——这是我们的主要办法。没有进学校机会的人,仍然可以学习战争,就是从战争中学习。革命战争是民众的事,常常不是先学好了再干,而是干起来再学习,干就是学习。"②毛泽东还强调,对任何事物的本质和规律性的认识,一次完成的事是极少有的,尤其是对于战争这一复杂多变现象的规律性的认识,更需要多次反复才行。如果没有一种长时间的战争经验,要使主观指导完全符合客观实际,了解和把握整个战争的规律是相当困难的。"做一个真正能干的高级指挥员,不是初出茅庐或仅仅善于在纸上谈兵的角色所能办到的,必须在战争中学习才能办得到。"③

---

① 《毛泽东选集》第 1 卷,第 179 页。
② 《毛泽东选集》第 1 卷,第 181 页。
③ 《毛泽东选集》第 1 卷,第 181 页。

　　任何战争都是在一定物质条件的基础上进行的,是以军力、财力等物质基础作地盘,互争优势和主动竞赛。因此,战争的胜负,主要地决定于作战双方的军事、政治、经济、自然诸条件、这是没有问题的。然而不仅仅如此,还决定于作战双方主观指导的能力。在这里,主观的努力,多打仗,少犯错误,是决定的因素。如果客观因素具备着胜利的可能性的话,那么实现这种可能性,就需要正确的方针和主观努力。这时候,主观作用是决定的了。毛泽东把战争规律和战争指导者的自觉能动性,比作舞台和演员的关系,战争指导者活动的舞台,是建筑在客观条件许可之上的,"然而军事家凭着这个舞台,却可以导演出许多有声有色威武雄壮的活剧来。"①

　　主观能动性可以改变物质条件的形态,创造适应战争需要的某些物质条件;可以合理编组与使用现有的物质条件,充分发挥其效能;还可以转变优势态势,以弱胜强。因此,毛泽东要求红军的指导者,在既定的客观物质基础即军事、政治、经济、自然诸条件之上,必须发挥主观指导的能力,提挈全军,去打倒那些民族的和阶级的敌人,改变这个不好的世界。"我们不许可任何一个红军指挥员变为乱撞乱碰的鲁莽家;我们必须提倡每个红军指挥员变为勇敢而明智的英雄,不但有压倒一切的勇气,而且有驾驭整个战争变化发展的能力"。② 毛泽东把在主观条件许可限度之内,战争指导者自觉能动性的有否,视为决定战争胜负的重要因素,因此可以说,这是毛泽东研究战争和指导战争的马克思主义方法的精髓。

三、直接对日作战的抗战准备论

　　在全国抗日战争爆发前夕,鉴于日本帝国主义加紧对于中国本部的侵略和国民党政策的初步转变,毛泽东在政治上提出在实现国内和平的基础

---

① 《毛泽东选集》第1卷,第182页。
② 《毛泽东选集》第1卷,第182—183页。

上进一步争取民主的任务,以达到真正的坚实的抗日统一战线的建立;在军事上则提出直接对日作战的抗战准备论,以反对国民党的动摇,坚定必然抗战的信念,以完成迎接抗战的一切准备工作。

1. 与国民党不同的抗战准备论

1937 年 5 月 15 日,毛泽东在延安与美国女记者尼姆·韦尔斯谈话,在回答"关于准备抗战问题你有何意见"时,毛泽东回答说:"不管日本帝国主义哪一天向我进攻,我们都要及时予以抵抗,我们时刻准备着应付事变,不论战争爆发在何时何地。"毛泽东强调:"我们提出'准备',与国民党过去的准备是具有不同的内容的。国民党过去的准备是先安内而后攘外,是无止境的内战,是消耗抗日力量;而今天所作的准备是停止内战,巩固和平、实现民主政治,开放人民救国的一切自由,组织民众,训练民众、武装民众,同时加速完成军事、政治、财政、经济、文化、教育各方面的抗敌准备工作。"毛泽东还进一步指出:准备还有一个意义,就是"中国的抗战是要求得最后的胜利,这个胜利的范围,不限于山海关,不限于东北,还要包括台湾的解放。这是我们对准备抗战的意见"。①

在这之前,毛泽东在延安凤凰山住处与美国女作家史沫特莱谈话中也提到准备抗战的问题。毛泽东认为更大的一次中日交战,谁向谁先开战的问题,主要看日本的情形。在日本进攻中国时,不管在什么时候进攻,中国都应该立即抗战,但我们并不主张向日本挑衅,我们的方针是自卫战。因此,我们应该迅速地切实地从各方面作准备,使中国在任何时候都能够应付事变。同时,毛泽东强调指出:"我们并不反对准备,但反对所谓'长期准备',反对借准备之名,行妥协之实"。②

毛泽东 5 月 3 日在延安召开的中国全国代表会议上作目前政治形势与党的任务的报告中指出:"政治上、军事上、经济上、教育上的国防准备,都是

---

① 《毛泽东文集》第 1 卷,第 501 页。

② 《毛泽东文集》第 1 卷,第 487 页。

救国之抗战的必要条件,却是不可一刻延缓的。""中国正迫近着判定自己存亡的关头,中国的救亡抗战,必须用跑步的速度去准备。我们并不反对准备,但反对长期准备论,反对文恬武嬉饱食终日的亡国现象,这些都是实际上帮助敌人的,必须迅速地清除干净。"①

上述说明,中国共产党主张抗战准备论与国民党过去抗战准备论是有本质区别的。其一是真准备还是假准备。共产党主张国共两党泯灭恩仇团结抗战,作好各方面的真实准备,而国民党顽固执行攘外必先安内的反共政策,结果是无休止的国内战争。其二是迅速准备还是长期准备。共产党主张在中国面临生死存亡的抉择关头,面对日本帝国主义随时可能发动的侵略,应迅速切实地作好一切准备,而且"不可一刻延缓"。而国民党却仍然幻想通过割让部分领土来阻止日本帝国主义的进攻,主张长期准备以观妥协的时机。其三是彻底准备还是半途而废的准备。共产党主张抗战到底,不仅要把日本帝国主义赶出中国的华北,而且要赶出中国的东北、赶出中国的台湾,而国民党却没有这种勇气,它只是希望日本帝国主义不要挑起更大的事端,维持当前的现状。在抗战准备论上述三点不同中,最重要的是真准备还是假准备。如果是真准备,就能迅速准备和彻底准备,如果是假准备,就必然会是拖延准备的时期和半途而废的准备。而真准备还是假准备,又是真抗日和假抗日的试金石。所以在全国抗战前夕,毛泽东及时提出抗战准备论,对于反对一切动摇和妥协,推动全国各界人民团结,促进抗日民族统一战线的建立,迎接全国抗日战争的新局势的到来,具有重要意义。

2. 对日作战的不可避免论

真正的抗战准备论是建筑在对日作战不可避免论的基础之上的。如果认为对日作战可以避免,必不会作真正的抗战准备,只有认为对日作战不可避免,才能迅速有效和充分彻底地作好抗战准备。

日本帝国主义侵华政策是蓄谋已久的,它企图吞并中国大陆的野心决

---

① 《毛泽东选集》第 1 卷,第 256 页。

不可能轻易改变。毛泽东认为:"如果要想改变日本帝国主义的侵略政策,有一个重要条件,就是日本人民起来推翻日本帝国主义的军阀政策,而目前日本人民还没有这样的条件和可能,因此日本帝国主义的侵略政策是不会停止的,战争无可避免。尤其是日德协议之后,战争的威胁就更加紧了一步。"①

国民党政府对日本帝国主义的侵略政策始终存在着可能改变的侥幸心理,它企图依靠各国的干涉来阻止日本侵略的扩大化,甚至想以牺牲一些中国的领土权来换取停止日本的进攻,实际上这只是一种幻想,是决不可能实现的。如 1921 年在美国签订的九国公约,1928 年在法国签订的非战公约,对于日本这样的侵略国家,仅是一种道德制裁力量,要阻止日本向中国作战是不可能的。这些条约在中日战争中,决不会起多大作用,因此也没有多大的实际政治上的意义。九一八事变后,中国政府割让了东北四省,结果怎么样,不仅没有能阻止日本帝国主义的侵略,反而使之得寸进尺,变本加厉,将侵略的魔爪伸向关内,伸向华北。这些活生生的历史事实不正说明日本侵略政策不会改变,战争无可避免吗?

正义战争的目的是为了消灭战争,用正义战争反对非正义战争,这是打败日本帝国主义制止侵略战争的基本途径。中国共产党直接对日作战的抗战准备论,就是基于对日作战不可避免论上的。只有看到对日作战不可避免,才能真正地充分地发动全国人民起来抗战,执行全面抗战路线,而国民党直到七七事变已经发生,全国抗战已经开始很长一段时间后,才意识到对日作战不可避免。所以在抗日政策上不敢发动全国人民,而仅仅依靠军队,执行一条片面抗战路线。国民党对日本帝国主义的侵略政策存在幻想,想以外交和妥协来阻止日本帝国主义的进攻,实际上是助长了日本帝国主义的侵略气焰,加速了其侵华的进程。

1937 年 3 月 1 日,当美国进步女记者与作家史沫特莱问毛泽东,对日作战是否已成为不可避免时,毛泽东肯定地回答:不可避免。历史事实证明毛

---

① 《毛泽东文集》第 1 卷,第 485 页。

泽东的回答是正确的,是有预见性的。总之,"如果战争不能避免的话,中国应该坚决抗战"。①

3. 对日作战的主要战略方针

1935 年 12 月 27 日,毛泽东在《论反对日本帝国主义的策略》的报告中,就对即将开始的全国抗日战争的战略总方针作了一个大概的描述。他指出:现在面临着亡国的危险,所以"中国的事情要勇猛地去干","不容许我们有一分钟的懈怠"。但是,"由于帝国主义的力量和革命发展的不平衡","规定了中国革命战争还是持久战"。他还指出,现实革命形势的一个特点是:"帝国主义还是一个严重的力量,革命力量的不平衡状态是一个严重的缺点,要打倒敌人必须准备作持久战"。为此,必须"防止冒险主义。不到决战的时机,没有决战的力量,不能冒冒失失地去进行决战"。② 这说明毛泽东已预计到反对日本帝国主义的战斗将是一场持久战。

这在毛泽东和美国记者斯诺的对话中也可以看出。斯诺问:在什么条件下,中国能战胜消灭日本帝国主义的实力呢? 毛泽东回答:要有三个条件,第一是中国抗日统一战线的完成;第二是国际抗日统一战线的完成;第三是日本国内人民和日本殖民地人民的革命运动的兴起。这三个条件,在当时来说还是个遥远无期的未知数。当斯诺进一步问:你想,这个战争要延长多久呢? 毛泽东机警地回答:如果这些条件都实现了,这次战争将迅速结束;如果这些条件不能很快实现,战争就要延长。③ 战争到底要持久多长时间呢? 毛泽东没有具体回答,也不可能具体回答。从主观愿望来说,当然战争结束越快越好,但是帝国主义力量强大和革命力量不平衡毕竟是客观现实,它将决定战争不能结束,而是一场持久战。

毛泽东从持久战这个战略总方针出发,还预见到"中国无疑地要处于极

① 《毛泽东文集》第 1 卷,第 486 页。

② 《毛泽东选集》第 1 卷,第 153 页。

③ 参见《毛泽东文集》第 1 卷,第 401 页。

端困难的地位"，中国"牺牲会大，要经过一个很痛苦的时期"。指出这种困难的目的，就是要提醒人们应有充分的思想准备。但是无论是速决战还是持久战，战争的结果都是一样的：日本必败，中国必胜。

在持久战战略总方针之下，在抗日战争中中国军队的主要战略方针又是些什么呢？毛泽东在同斯诺的谈话中对这个问题作了个预见性的回答。

首先是运动战。毛泽东指出："我们的战略方针，应该是使用我们的主力在很长的变动不定的战线上作战。中国军队要胜利，必须在广阔的战场上进行高度的运动战"。运动战主要是相对于阵地战来说的："迅速地前进和迅速地后退，迅速地集中和迅速地分散。这就是大规模的运动战，而不是深沟高垒、层层设防、专靠防御工事的阵地战"。但是，毛泽东指出，提倡运动战，"并不是说要放弃一切重要的军事地点，对于这些地点，只要有利，就应配置阵地战。但是转换全局的战略方针，必须是运动战。阵地战虽也必要，但是属于辅助性质的第二种的方针"。毛泽东还指出："在地理上，战场这样广大，我们作最有效的运动战是可能的。日军遇到我军的猛烈活动，必很谨慎。他们的战争机构很笨重，行动很慢，效力有限。如果我们集中兵力在一个狭小的阵地上作消耗战的抵抗，将使我军失掉地理上和经济组织上的有利条件，犯阿比西尼亚的错误"。毛泽东特别强调：在"战争的前期，我们要避免一切大的决战，要先用运动战逐渐地破坏敌人军队的精神和战斗力"。

其次是游击战。毛泽东在1935年12月23日为瓦窑堡会议起草的关于军事战略问题的决议中就指出："游击战争对于战胜日本帝国主义及汉奸卖国贼的任务，有很大的战略上的作用"。这一次毛泽东再次强调了游击战的重大作用。他指出："除了调动有训练的军队进行运动战之外，还要在农民中组织很多的游击队。须知东三省的抗日义勇军，仅仅是表示了全国农民所能动员抗战的潜伏力量的一小部分。中国农民有很大的潜力，只要组织指挥得当，能使日本军队一天忙碌二十四小时，使之疲于奔命。必须记住这个战争是在中国打的，这就是说，日军要完全被敌对的中国人所包围；日军要被迫运来他们所需的军用品，而且要自己看守；他们要用重兵去保护交通线，时时谨防袭击；另外，还要有一大部力量驻扎满洲和日本内地。"

最后,毛泽东指出:随着战争的发展,"日本在中国抗战的长期消耗下,它的经济行将崩溃;在无数战争的消磨中,它的士气行将颓靡。中国方面,则抗战的潜力一天天地奔腾高涨,大批的革命民众不断地倾注到前线去,为自由而战争。所有这些因素和其他的因素配合起来,就使我们能对日本占领地的堡垒和根据地,作最后的致命打击,驱逐日本侵略军出中国"。[1]

值得说明的,毛泽东指出的上述战略方针是针对全国军队,不仅是针对红军来讲的。当然红军应该包括在全国军队之中,如持久战的战略总方针一样适用于红军。但是,红军毕竟有其特殊性,至于红军要执行什么样的战略方针,这是要在下一章讨论的问题了。

---

[1] 《毛泽东文集》第 1 卷,第 405—406 页。

第二章

抗日游击战战略方针的
形成与实施

抗日游击战争是中国人民战胜日本帝国主义侵略的最好的斗争形式，是中国人民反抗侵略战争史上的奇观，它对于实行中国共产党的全面抗战路线，开创全民族的抗日新局面，以至取得抗日民族解放战争的最后胜利，有着极其重要的战略意义。但是，在全国抗日战争开始之际，抗日游击战战略方针并没有立即形成，而且它的实施也经历了一个曲折的和逐渐发展的过程。毛泽东是抗日游击战战略方针的主要创导者，他对于这一战略方针的形成和实施做出了杰出的贡献。关于抗日游击战战略方针是毛泽东抗战理论与实践最重要的内容与组成部分。

第一节 平、津失陷后游击战
战略方针的提出

1937 年 7 月 7 日，日本侵略军向北平西南郊卢沟桥一带的中国军队发动进攻，并炮轰宛平城。驻守卢沟桥附近的国民党军第二十九军第三十七师第一一〇旅在旅长何基沣的指挥下奋起抵抗。卢沟桥事变爆发，全国抗日战争由此开始。

7 月 8 日，毛泽东同朱德、彭德怀、贺龙、林彪、刘伯承、徐向前发表《红军将领为日寇进攻华北致蒋委员长电》，要求实行全国总动员，保卫平津，保卫华北，收复失地，红军将士愿为国效命，以达保土卫国之目的。[①] 同一天，毛泽东同朱德等又致电国民党军第三十八师师长张自忠，张家口第一四三师师长刘汝明，保定第三十七师师长冯治安，请他们策励全军，为保卫平津而战，为保卫华北而战！红军战士，义愤填胸，准备随时调动，追随贵军，与日寇决一死战！[②]

当时，中共中央革命军事委员会副总参谋长叶剑英，在西安从事建立统一战线的工作。7 月 9 日，毛泽东收到叶剑英的来电。叶剑英报告，卢沟桥事变

---

① 参见《中共中央文件选集》第 11 册，中共中央党校出版社 1991 年版，第 278 页。

② 参见《中共中央文件选集》第 11 册，第 279 页。

轰动全国。西安救国团体向中央提出四项建议：（一）向南京及全国请示派队援助第二十九军。（二）红军立刻准备进行增援华北的动员。（三）电贺第二十九军卢沟桥的英勇抗战。（四）派员前往华北组织抗日义勇军。毛泽东同张闻天当即复电叶剑英：请答复救国会及各方，我们同意他们的各项要求，并且正在做。请他们努力与政府、国民党党部及各界领袖协商，迅速组成对付大事变的统一战线。①

　　西安救国会的建议，正是中共中央正在策划和做的。卢沟桥事变爆发后，毛泽东为团结抗日，先注意调整和搞好与在苏区周边的友军的关系。7月13日，毛泽东致电在西安的叶剑英，指示他积极同中央军第十七路军及冯钦哉等接洽协商对日坚决抗战之总方针及办法。同日，为国民党军高桂滋师和李仙洲师开赴抗日前线，毛泽东同朱德联名发出致敬电。第二天，毛泽东又致电中共神府特委，指出高桂滋、李仙洲部准备继续开赴抗日前线，望立即严令神府党政机关及地方部队，对他们所遣防地，我们不得有丝毫侵占和骚乱行为，应各守原防不得异动。在这段时间里，毛泽东同朱德还多次致电国民党军驻榆林的高双成师长，协商解决骑匪滋扰苏区事。7月14日、15日、17日、20日，毛泽东四次致电阎锡山，呼吁团结抗日，协商抗日办法。

　　但是，毛泽东最关注的还是红军如何配合国民党军调赴华北直接对日作战的军事问题。毛泽东虽然预见对日作战不可避免，但发生在7月7日的卢沟桥事变，这是任何人都无法预料的。由于时间紧迫，毛泽东来不及对战局形势和敌我友各方作进一步的分析，所以红军最初的战略方针仍是在沿用国内战争时期擅长的集中兵力攻势防御的运动战。以后随着战争形势的迅速变化和对敌我友各方的认识的不断深化，毛泽东才逐步将红军的战略方针由攻势防御的运动战转变为独立自主的山地游击战。在这个过程中，平、津失陷是转变的转折点。

---

① 参见《毛泽东年谱》中卷（1937.7—1945.8），人民出版社1993年版，第2页。

一、卢沟桥事变发生后和第一次红军参战方案

毛泽东第一次提出红军参战方案是在卢沟桥事变发生后不久国共第二次庐山谈判期间。

卢沟桥事变发生后不久，为使红军能早日出动华北，直接对日作战，毛泽东指示红军：出动应作真实准备，须迅速。

7月11日，毛泽东就曾计划：第一步将红军第二十七军、二十八军、三十二军各改为团，加上骑兵团变成一个小师先行派赴华北抗日，主力编成后去。同时拟在红军大学增加抗日课程，也准备派出。7月13日，毛泽东将这一计划电告叶剑英等："我们拟先派四千人赴华北，主力改编后出发，正向蒋介石提出要求，红大增加抗日课，准备陆续派出。"

中共中央军委主席团为红军出动华北能做好充分准备，于7月14日发出命令，命令红军各部军事训练着重实地战斗，夜间动作，袭击战斗，防空技术，长途行军，无后方作战等项。各军事学校增加抗日政治课程。各部都要对干部及兵员教授东北四省及华北五省地理，教授日本现状。命令还规定"以上各项限十天完毕，听候出动命令"。①

毛泽东也于7月15日连续两次致电彭德怀、任弼时、叶剑英，指示他们，红军出发前必须补充之物，如刺刀、工具、高射炮、手榴弹、子弹等，由叶剑英向国民党方面交涉办理。电报强调：红军出动应作真实准备，须迅速，以便在蒋介石、阎锡山同意后，不失时机地向平绥线出动。电报还说，如情况紧急，补充不及，亦应准备开往太原、大同再行补充。

上述说明，毛泽东对于红军能早日出动华北直接对日作战的心情是急迫的，他甚至不待红军主力改编，就计划先派出一支4000人的抗日先遣部队出动华北拒敌。但是，这一计划由于国民党方面的阻扰和不配合，没有能

---

① 参见《中共中央文件选集》第11册，第287页。

够实现。

7月13日,周恩来、秦邦宪、林伯渠由上海前往庐山参加蒋介石召集的谈话会,即是国共第二次庐山谈判,实际上是卢沟桥事变发生后国共首次谈判。当毛泽东得知国民党方面要求红军担任平绥线国防后,即命令红军各部改变准备待命的时间,由原来一个月准备完毕,提前为十天准备完毕。同时以中共中央的名义,于7月14日向国民党南京政府表示:红军主力准备随时出动抗日,同意担任平绥线国防。并强调指出:惟红军特长在运动战,防守非其所长,最特长于同防守之友军配合作战,并愿意一部深入敌后方,打其后方。可见,运动战是红军最初的抗日战略方针。

为实施这一方针,毛泽东于7月16日制定出一整套红军参战方案。这个方案根据这一次国共谈判情况,分为两种情况:(1)在国民党政府"许可主力红军参战条件下,拟以原一、二、四方面军出动,即以方面军编为师,军编为旅,师编为团。而以二十七军、二十八军、二十九军、三十军、三十一军五部共五千人,连同地方武装,准备编为第四师,留置后方,保卫苏区根据地"。(2)在国民党政府"不许可主力参战,但许可部分参战条件下,则以二十七军、二十八军、三十二军及骑兵团共三千人,编成一游击师派去,活动于热、察、冀间,而多派红大干部随去,扩大义勇军运动"。①

但是,国共第二次庐山谈判很不顺利,蒋介石在红军改编后的指挥和人事问题上限制红军。本来,在过去的一次庐山谈判时,蒋介石曾表示,三个师以上的政治机关可以代行指挥权。② 这次庐山谈判,蒋介石改口了,他提出红军改编后各师直属行营,政治机关只管联络,无权指挥,坚决反对红军改编后设总指挥部。但是毛泽东以大局计,再作让步。他在7月17日同张闻天致电周恩来等,提出可承认平时指挥人事等之政治制度,但请要求设正副主任,朱正彭副。并说明"战时不能不设指挥部,以资统率"。③ 周恩来将

① 《毛泽东军事文集》第2卷,军事科学出版社、中央文献出版社1993年版,第5—6页。

② 参见《周恩来书信选集》,中央文献出版社1988年版,第135—136页。

③ 《周恩来传》,中央文献出版社1998年,第364页。

此意见转达蒋介石,但蒋介石坚辞不可,并蛮横地要朱、毛出洋。正是由于这些关键问题得不到解决,使谈判陷于僵局,毛泽东第一次红军参战方案因此受挫。

正当第二次庐山谈判宣告失败的时候,国民党冀察当局宋哲元的代表于 7 月 19 日与日本侵华军参谋长桥木签定了三项和平妥协条款。这使毛泽东深刻感到在如何抗战的问题上存在着两种方针、两套办法的严重斗争,从而有必要把卢沟桥事变以来的战事加以总结,并调整红军参战方案和出兵华北抗日的部署。

7 月 23 日,毛泽东写《反对日本进攻的方针、办法和前途》一文。文章具体指出反对日本进攻有两种方针:一种是坚决抗战的方针,即 7 月 8 日中共中央向全国发表的号召抗战的宣言和 7 月 17 日蒋介石先生在庐山谈话的方针;另一种是妥协退让的方针,即近日以来,包括平津当局适应日本要求主张妥协的方针。两套办法:一套是动员全国人民、全国军队,争取广泛外援的办法,具体说就是实现八大纲领①;另一套是与之相反、不实现八大纲领的办法。两个前途:一个是驱逐日本帝国主义,实现中国自由解放的前途;另一个是日本帝国主义占领全中国,中国人民都做牛马奴隶的前途。文章号召一切爱国军队、爱国党派团结起来,坚决地实行第一种方针,采取第一套办法,争取第一个前途。

文章针对国民党蒋介石在谈判中的表现,尖锐地指出:"'精诚团结,共赴国难'这个口号,不应该只是讲得好听,还应该做得好看。团结要真正的团结,尔诈我虞是不行的。办事要大方一点,手笔要伸畅一点。打小算盘,弄小智术,官僚主义,阿 Q 主义,实际上毫无用处。这些东西,用以对付敌人都不行,用以对付同胞,简直未免可笑。事情有大道理,有小道理,一切小道理都归大道理管着。国人应从大道理上,好生想一想,才好把自己的想法和

① 八大纲领的主要内容是:(一)全国军队的总动员。(二)全国人民的总动员。(三)改革政治机构。(四)抗日的外交。(五)宣布改良人民生活的纲领,并立即开始实行。(六)国防教育。(七)抗日的财政经济政策。(八)全国人民、政府和军队团结起来,筑成民族统一战线的坚固的长城。

做法安顿在恰当的位置。在今天,谁要是在团结两个字上不生长些诚意,他即使不被人唾骂,也当清夜扪心,有点儿羞愧。"①

针对冀察当局宋哲元对于日本侵略者的让步与妥协,7 月 23 日中共中央发表为日本帝国主义进攻华北第二次宣言。宣言表示:"我们坚决反对冀察当局宋哲元接受这类亡国灭种的条约! 我们要求为保卫平津、保卫冀察的每寸土地而血战到底!"宣言"要求南京中央政府采取一切具体办法来满足全国人民的希望与要求,来贯彻七月十七日蒋先生所宣布的抗日方针"。具体办法一共有八条,其中有"立即派遣大军增援廿九军、并动员全中国的海空军实行抗战。立刻召开国防会议,集中抗战的军事领导,建立各个战线上的统一指挥,以积极抵抗的方针去对付日寇的进攻。在日军四周发动广泛的游击战争,援助东北人民革命军与义勇军,以配合抗日主力军的作战"②。

以上两个文件是针对冀察当局宋哲元让步妥协和国民党蒋介石破坏国共谈判而言的。这两件事,特别是后者,使毛泽东不得不怀疑国民党合作抗战的诚意和抗战到底的决心,并开始重新考虑红军一整套的参战计划和作战方针。值得提出的,在这两个文件中都提到了"游击战争"。如在《反对日本进攻的方针、办法和前途》一文中提出了"确定游击战争与正规战争配合起来"的意见。③ 但是,这显然是向全国军队提出的,而且是作为"一个方面",所以还不能认为这是为红军确立了游击战的战略方针。

二、云阳改编和第二次红军参战方案

7 月 24 日,毛泽东致电朱德、彭德怀、任弼时,告知"(甲)恩来已到沪,

①　《毛泽东选集》第 2 卷,第 343—351 页。

②　《中共中央文件选集》第 11 册,第 294—297 页。

③　《毛泽东年谱》中卷,第 5 页。

不日回陕。事情还没有弄妥，改编事待周回后再定。（乙）华北事已妥协，仗暂时打不起来。党已发宣言反对妥协，红军暂时不发电为宜，待周回后再说"。① 第二天，毛泽东又致电周恩来、秦邦宪、林伯渠，要他们回来讨论红军改编事。

毛泽东第二次提出红军参战方案是在云阳红军自行改编时期。

当时聚集在云阳的前方红军将领出兵华北求战心切，当他们得知周恩来等在庐山谈判不成，于是向延安提出红军自行改编成三个师一个军、并向全国公布的意见，同时建议中央是否召集一次政治局会议，商讨解决红军如何改编出兵的问题。但是中央书记处认为要开政治局会议须待周、秦、林回来才能决定，此时并无原则问题需要重新讨论，又因来延安开会往返须半月以上，如刘伯承、张浩回镇原则须一个月以上，影响部队改编，所以没有同意马上召开政治局会议，但也没有否定必要时在适当地点召开一次政治局会议的可能。

为节省时间不影响部队改编，毛泽东同张闻天 7 月 28 日致电周恩来、秦邦宪、林伯渠，要他们即去云阳商定改编事，并提出延安方面对改编的意见："（一）八月十五日前编好，二十日出动抗日。（二）三个师以上必须设总指挥部，朱正彭副，并设政治部，任弼时为主任，邓小平为副主任（不要康泽），以便指挥作战。（三）三个师四万五千人，另地方一万人，设保安正副司令，高岗为正，萧劲光为副，军饷照给。（四）主力出动后集中作战，不得分散。（五）担任绥远方面之一线。（六）刺刀、工具、子弹、手榴弹等之补充。"②

这就是毛泽东第二次提出的红军参战方案。这个方案针对蒋介石在谈判中在指挥和人事问题上对红军加以限制的恶劣态度，坚持红军必须设总指挥部，后方设保安司令部，并拒绝国民党派人来任职，要求国民党给足军饷和武器等，明显地强调了红军在指挥和人事方面独立自主的原则。但从战略方针来看，仍是采用攻势防御的运动战。因为"主力出动后集中作战，

---

① 《毛泽东选集》第 2 卷，第 346 页。
② 《中共中央文件选集》第 11 册，第 293 页。

不得分散",战斗区域"担任绥远方面之一线",还是独当一面。

三、平、津失陷和第三次红军参战方案

毛泽东第三次提出红军参战方案是在平、津失陷后,讨论提交国防会议的提案时期。

正当红军在云阳积极改编和准备出动参加华北防御战争之际,7月29日、30日,北平、天津相继失陷。宋哲元的让步妥协并没能制止日军的进攻。在全国人民的谴责声中,国民党军起而抵抗日军,但几十万国民党军只抵抗了几天,平、津就很快失陷了。

在平、津失陷的那几天,延安正准备按惯例筹备庆祝"八一"建军节的活动,计划举行一次体育运动大会。负责筹备工作的萧劲光找到毛泽东,问在目前形势下这个体育运动大会还开不开?毛泽东思忖了一下,认为这是动员全面抗战的极好机会,就对萧劲光说:大会如期举行,就叫第一届抗战动员运动大会吧!8月1日,延安党政机关、部队、学校组成的各代表团聚集在南门外体育场。在升旗仪式上,第一次将镰刀斧头和青大白日旗一同升起,表示了中国共产党愿与国民党建立统一战线共赴国难的决心。毛泽东出席了这天举行的开幕式并作了重要演讲。

他说,日本帝国主义打到华北来了!平津失守了!如果我们还不动员起来抗战,那日本帝国主义就要打到我们这里来了。苏区是全国抗日模范区。在这个华北危急,中华民族已到最后关头的时候,我们举行这个抗战动员大会,是有着极重大的意义的。我们要做一个榜样,表示我们抗战的决心。

毛泽东怀着十分遗憾的心情提到:很久以前,我们就两次三番地对他们说过,希望他们坚决抗战,他们不听,始终动摇不定,始终没有坚决抗战的决心。此次平津失陷,是由于动摇不定,没有抗战决心所致。华北当局始终抱着委曲求全的态度,在军事上不作充分的准备,对于民众怀着不必要的戒心,不发动民众,不扩大民众爱国运动;相反的,还要出告示,下戒严令,要民众"镇静",使有着满腔热血的爱国民众们动弹不得,这样干的结果,便把平津丢掉了!我希望全国守土抗战的将士们,对于这个悲痛的教训,有所警惕!我们现在只有一个方针,这个方针就是坚决打日本!立即动员全国民众、工农商学兵、各党各派各阶层,一致联合起来,与日本帝国主义作殊死的斗争!这是民族独立与自由的不二方针。

毛泽东最后指出:我们今天举行这个抗战动员运动大会,就是向着这个方针迈进。我们这个运动大会,不仅是运动竞赛,而且要为抗战而动员起来。同志们,准备出发到河北去,准备到抗日的最前线去,把我们这里的方针与办法带到全国各地去,把我们的决心带到抗日最前线去。①

平、津失陷,华北门户大开,几十万国民党军竟然如此不堪一击,实在出乎毛泽东的意料,虽然毛泽东在"八一"抗战动员运动大会上公开指出,此次平、津失陷,主要是由于国民党当局动摇不定,没有抗战决心所致。但是,敌强我弱是个严重的事实。国民党军虽说是战斗力不如红军,但无论从人数和武器装备上都要优于红军许多。当时红军总数不到四万人,力量单薄,武器装备简陋,加上抗日民族统一战线尚未最后形成,红军的编制、指挥和给养等问题都未解决,而且出兵行动还要受到国民党方面的很大牵制。在这样的条件下,面对来势凶猛的强大敌人,红军能否独当一面,红军能否进行运动战,红军应该采取怎样的战略方针,确实是毛泽东不得不重新慎重考虑的问题。

正在这时,毛泽东收到国民党谈判代表张冲关于蒋介石密邀毛泽东、朱德、周恩来即飞南京共商国防问题的急电,当即决定"拟复以朱、周、叶三人赴京"。毛泽东并指示,这次赴南京须求得下列问题一同解决:"(一)发表宣言。(二)确定政治纲领。(三)决定国防计划。(四)发表红军指挥系统及确定初步补充数量。(五)红军作战方针。"②

---

① 参见《新中华报》1937 年 8 月 2 日。
② 《毛泽东年谱》中卷,第 8 页。

为说明红军作战方针,8月1日,即平、津失陷后第二天,毛泽东致电已到云阳的周恩来、秦邦宪、林伯渠,指出:依当前敌我情况,红军作战必须坚持两条原则:"(甲)在整个战略方针下执行独立自主的分散作战的游击战争,而不是阵地战,也不是集中作战,因此不能在战役战术上受束缚。只有如此才能发挥红军特长,给日寇以相当打击。(乙)依上述原则,在开始阶段,红军以出三分之一的兵力为适宜,兵力过大,不能发挥游击战,而易受敌人的集中打击。其余兵力依战争发展,逐渐使用之。"①这就是毛泽东第三次提出的红军参战方案。

值得提出的,这一次与第二次提出的红军参战方案有了根本的改变:第一,不是集中作战而是独立自主的分散作战。第二,不是担任绥远方面之一线,而是在战役战术上不受束缚。第三,不是主力集中一起出动,而是以出三分之一为适宜,其余兵力逐步使用之。这说明此时毛泽东已改变红军在国内战争时期擅长的运动战的战法,开始确立以游击战为红军的战略方针。虽然此时提出的作为战略方针的游击战还待进一步从理论上加以完善,但毕竟实现了战略性的转变,迈出了第一步。

从7月28日的第二次红军参战方案到8月1日的第三次红军参战方案,一共只有三四天的时间,在这么短的时间里毛泽东就有这样大的转变,作出战略性的决策。由此可见,在7月29日、30日发生的平、津失陷对毛泽东的影响是极其深刻的。

游击战是毛泽东十分熟悉的作战形式,现在又把它提到战略方针的地位,这说明是抗日战争的客观形势对它的需要。后来,朱德曾对此说过:"抗日游击战争,并非谁能故意制造出来的东西,同时也没有力量能够把它取消。它是一种时代的产物"。②

---

① 《毛泽东年谱》中卷,第8页。
② 《朱德选集》,人民出版社1983年,第31页。

第二节　洛川会议和党内对游击战战略方针的争论

　　毛泽东在平、津失陷后虽然提出了游击战战略方针,但在当时云阳的一些中央领导人和红军将领的思想并未跟上毛泽东的认识和转变。在讨论准备提交南京国防会议的方案时,云阳和延安之间就作战方针的一些具体问题便产生了分歧意见。

　　8月3日,周恩来将同朱德商讨过的准备提交国防会议的提案内容电告毛泽东。内容包括国防会议组织机构案,重新确定战时编制案,确立全国抗战的战略计划及作战原则案,确定华北抗战计划案及红军担任一方面独立作战的任务、实施全国人民总动员及武装民众参战计划案等。

　　收到周恩来的电报后,毛泽东于8月4日下午在住处同张闻天商讨对国防问题的意见。当天即电周恩来、朱德、叶剑英:"国防问题我们意见如下:甲、第一防线张家口、涿州、静海、青岛等处,重点在张家口,应集中第一次决战兵力。乙、第二防线保定、大同、马厂、维县等处,应集中优势兵力,相机增援第一线,并准备第二线决战。丙、至太原、石家庄、沧州等处仅能作为第三防线,决不能只顾此线而不集中兵力于第一二线。丁、目前关键是第一防线。"这三条防线是毛泽东从全国抗战的角度出发而设计的,可惜南京政府没有采纳这个作战方案。毛泽东在电报中还特别强调从全国抗战来说,

"总的战略方针暂时是攻势防御,应给进攻之敌以歼灭的反攻,决不能是单纯的防御,将来准备转变到战略进攻,收复失地"。并向国民党提出"正规战与游击战相配合,游击战以红军与其他适宜部队及人民武装担任之,在整个战略部署下给与独立自主的指挥权"。明确"担任游击战之部队,依地形条件及战况之发展,适当使用其兵力。为适应游击战性质,原则上应分开使用,而不是集中使用"。

毛泽东还提出红军参战问题:"依现时情况,红军应出三分之一兵力,依冀察晋绥四省交界地区为中心,向着沿平绥线西进及沿平汉路南进之敌,执行侧面的游击战,另以一部向热察边区活动,威胁后方(兵力不超过一个团),红军应给与必要的补充。"电报强调:"发动人民的武装自卫战,是保证军队作战胜利的中心一环,对此方针游移,是必败之道。"①这个红军参战方案同毛泽东第三次提出的红军参战方案是一样的。

此时,延安和云阳都在考虑全国抗战和红军参战的问题。就在毛泽东对国防问题的意见电报发出的当天,毛泽东收到云阳方面朱德、周恩来等《关于全国对日抗战及红军参战问题的意见》和《关于红军主力出击抗战的意见》的来电,其中提到:"不反对在推动全国抗战中,须要积极的准备"。为此,我们应"参战不迟疑,但要求独立自主担任一方面的作战任务,发挥红军运动战、游击战、持久战"的优点。"不反对开赴察绥,但要求给便于作战的察绥晋三角区(争取消灭伪军与发展察热冀的游击战争)与便于补充联络后方"等。②

毛泽东就此电报的某些内容提出不同看法。接电后第二天,即8月5日,毛泽东同张闻天复电朱德、周恩来等,指出:关于担任一方面作战任务问题,红军担负以独立自主的游击运动战,钳制敌人大部,消灭敌人一部的任务。这是在一定地区内协助正面友军作战,而不是"独当一面"。我们事实上只宜作侧面战,不宜作正面战,故不宜以独当一面的语意提出。关于使用

---

① 《毛泽东军事文集》第2卷,第22—23页。

② 《任弼时传》,中央文献出版社1994年版,第400页。

兵力问题,应提出按情况使用兵力的原则。在此原则下,承认开拔主力,但须估计战争的长期性与残酷性,以及陕、甘是我们唯一可靠后方(蒋介石在陕、甘则尚有十个师)等问题。关于红军出动战斗区域,指定冀察晋绥四省交界地区(四角地区不是三角地区),向着沿平绥线西进及沿平汉线南进之敌,以出击侧面的扰乱、钳制和打击,协助友军作战,并便于派一部远出热河。①

对此,在云阳的中央领导人和红军将领并没有表示不同意见。毛泽东的这些重要指示,既是部署红军出动的依据,又是周恩来、朱德等去南京力争的基本方案。8月6日,朱德、周恩来从云阳抵达西安,于9日与叶剑英一起飞抵南京,参加国防问题讨论会。11日,周恩来、朱德分别发言,就中国共产党关于全国抗战的战略方针和作战原则作了阐述。

在朱德、周恩来等前去南京的同时,云阳方面由彭德怀、任弼时等制定出红军改编和防区配置方案,并命令改编部队全部集中云阳地区待命。为此,毛泽东于8月8日致电彭德怀、任弼时,指示“三个方面军宜靠拢前进,凡事以谨慎为宜”。但是,毛泽东还是不放心,特别是对红军如何出动,出动后实行什么样的方针心中没有底。为进一步统一全党思想,于是他改变了过去中央书记处暂不召开政治局会议的决定,于当天同张闻天在致彭德怀、任弼时的另一封电报中,第一次提出“拟在红军开动时开一次政治局会议,同时讨论作战问题,地点在洛川,时间十五号左右”。②

毛泽东在开会通知发出后,马上投入紧张的准备工作。

8月8日,毛泽东致电在山西作统战工作的彭雪枫,要他调查敌军和友军的情况,如敌步兵、特种兵的战斗力,敌飞机的破坏力及杀伤力;守卫平、津的国民党军第二十九军的损失程度及其失败的军事原因;冀察晋绥四省交界一带的地形、给养工事等。③ 这些情况的调查,特别是对平、津失陷情况

---

① 参见《毛泽东年谱》中卷,第9—10页。
② 《毛泽东年谱》中卷,第12页。
③ 参见毛泽东致彭雪枫的电报,1937年8月8日。

的调查,在毛泽东看来,对于制定红军正确的战略方针是有很大帮助的。

几天后,毛泽东又致电彭雪枫,嘱他同各方接洽要有谦虚的态度,并进一步阐述了红军的战略方针。他指出:"在积极推动抗战的总方针下,要有谦虚的态度,不可自夸红军的长处,不可说红军抗日一定能打胜仗,相反要请教他们各种情况,如日军战斗力、山地战、平原战等等红军素所不习的情形,以便红军有所根据,逐渐克服困难。不可隐瞒红军若干不应该隐瞒的缺点,例如只会打游击战,不会打阵地战,只会打山地战,不会打平原战,只宜于在总的战略下进行独立自主的指挥,不宜于以战役战术上的集中指挥去束缚,以致失去其长处。这些都应着重说明。根据山地战与游击战的理由,红军要求位于冀察晋绥四省交界之四角地区,向着沿平绥路西进及沿平汉路南进之敌作侧面的袭击战,配合正面友军战略上的行动。"①

8月9日,当毛泽东决定要召开洛川会议后的第二天,中共中央在延安召集有各单位负责人参加的会议,讨论卢沟桥事变以来的形势等问题,实际上这是洛川会议的一次预备会议。毛泽东出席会议并作重要讲话。他指出:新的阶段在7月7日晚上即已开始!抗战已经开始,准备抗战的阶段已经结束。在谈到红军问题时,毛泽东说:今日以前是准备调动,今日以后是实际开动。红军应当实行独立自主的指挥和分散的游击战争,必须保持独立自主的指挥,才能发挥红军的长处,集团作战是不行的。②

张闻天在会上作《平津失守后目前政治形势与党的任务》的报告,提出实现"全国性民族抗战"的"八大纲领"。这个"八大纲领"是在7月23日中共中央《为日本帝国主义进攻华北第二次宣言》中所提出的"八项办法"的基础上略加修改而成的,同毛泽东在《论反对日本帝国主义的方针、办法、前途》中提出的"八大纲领"大体上也是一致的。毛泽东在讨论这个问题时,提议把"八大纲领"增加到"十大纲领",做一个决议案。他说:纲领、宣言上有"肃反"无"教育",我的文章上有"教育"无"肃反"。现在我们要做一个决议

---

① 《毛泽东军事文集》第2卷,第28页。

② 参见《毛泽东年谱》中卷,第12页。

案,应做到尽有。所谓"全面的抗战"、"改良生活"要一条,"教育"要一条,原有八条再加上"坚决抗战"一条、"统一战线"一条则为"十大纲领"。① 这就是后来洛川会议通过的著名的《中国共产党抗日救国十大纲领》。

周恩来、朱德等在南京参加国防问题讨论会期间,同国民党方面再次进行谈判。8月13日,日军大规模进攻上海,南京告急。由于日军的进逼,蒋介石急于调动红军开赴前线,在谈判中开始表现出较多的团结合作的愿望,同意不向红军中派遣国民党人员。8月18日,蒋介石同意红军改编为国民革命军第八路军,任命朱德、彭德怀为正副总指挥,编入第二战区序列。8月22日,蒋介石公布了这一命令(9月11日,八路军改称第十八集团军,正、副总指挥改称总司令、副总司令)。久拖不决的红军改编后的指挥机关和人事问题,终于解决。红军改编后,如何出动,如何作战,便成为更加急需解决的问题了。

洛川会议原定在8月15日左右召开,但没有开成。主要有两个原因:一是八一三上海事变后情况发生了新的变化;二是等待参加南京国防会议的周恩来、朱德等能返回参加会议。

地点选在洛川,主要是为照顾在云阳集中的红军将领。洛川在延安与云阳之间,在洛川开会可省去前方将领一半路程。此时,林彪正率领抗大学员在洛川,毛泽东嘱他在洛川待命,暂不要回来,也不要上前方。同时,毛泽东也调查了从延安到洛川的行程。

大约在8月中下旬之交的一天,毛泽东把萧劲光叫到他的窑洞里说,党中央的这个会议准备在洛川开,你去打个前站,安排个开会的地方,不要在洛川县城,那里不安全,要选个安全的地方。你准备一下马上出发吧。

毛泽东等是8月20日从延安出发去洛川的。在出发前一天,毛泽东同张闻天致电朱德②、秦邦宪、彭德怀、任弼时等,请他们也于明日动身并带电台及华北地图,到洛川交通站找林彪,并提出洛川会议的日程:(一)政治任

---

① 参见《张闻天传》,当代中国出版社1993年版,第386页。

② 朱德于1937年8月19日提前从南京回到云阳,周恩来是8月21日从南京回到陕北的。

务问题;(二)军事问题;(三)两党关系问题。①

8月22日至25日,中共中央在洛川县城东北10多公里的冯家村召开政治局扩大会议。

8月22日晚,毛泽东代表中央政治局作关于军事问题和同国民党关系问题的报告。他深刻地分析了中国革命的形势,指出抗日战争将是艰苦的持久战,提出了党在抗日战争时期所采取的政治路线和基本方针。

关于军事问题,毛泽东提出八路军的基本任务是:(一)创造根据地;(二)钳制和相机消灭敌人;(三)配合友军作战(战略支援任务);(四)保存和扩大红军;(五)争取民族革命战争领导权。毛泽东把八路军的战略方针归结为"独立自主的山地游击战",包括在有利条件下集中兵力消灭敌人兵团,以及向平原发展游击战争。毛泽东着重解释了什么是"独立自主的山地游击战",他说:独立自主是在统一战线下的相对独立自主的指挥;游击战争的作战原则是分散以发动群众,集中以消灭敌人,打得赢就打,打不赢就走;山地战要达到建立根据地,发展游击战争,小游击队可到平原地区发展。

关于国共关系问题,毛泽东强调共产党在统一战线中必须坚持独立自主的原则,对国民党要保持高度的阶级警觉性,"防人之心不可无"。八路军主力全部出动要依情况由我们自己决定,要留一部分保卫陕甘宁边区。

会议对毛泽东的报告进行了认真的讨论。许多同志都发了言,大多数同意毛泽东的报告,拥护党中央的政治路线。但是,在一些具体问题上有些不同意见。

关于出兵时间问题,有同志认为应该早出兵。因为形势紧急,全国仰望红军,不一定以"宣言"的发表和边区政府合法地位的承认为出兵条件,应边出兵、边争取条件,在作战中求补给。八路军的出动,不能停顿太久。这个意见有一定道理,所以最后采取了折中的方案。八路军第一一五师和第一二〇师先行出动,原来作为争取承认边区政府等条件而留下的第一二九师,晚一些时间再出动。

---

① 参见《毛泽东年谱》中卷,第14页。

关于陕甘宁边区留守部队的问题,有人主张把军队全部开到前线去。他们认为在当时的形势下,国民党进攻边区已不可能,重点不是防备国民党的进攻。这个意见从长远来看,是不正确的,实际上是对蒋介石国民党的转变及其抗日积极性估计偏高。后来还是决定从第一二九师拨出一个旅的建制,即第三八五旅成立留守兵团,作为保卫后方、保卫中央的武装力量。

关于八路军独立自主山地游击战战略方针问题是讨论的热点。大家对"独立自主"和"山地战"两条原则并无不同意见,关键是如何理解"游击战"的原则。有些同志提出了自己的看法,如有的同志主张八路军要配合国民党多打大仗。他们认为运动战虽然比国内战争时机会减少,但在民族战争条件下,发动群众麻痹敌人、调动敌人是可能的。在胜利把握较多时,可集中优势兵力歼灭敌人,因而主张提"游击运动战"或"独立自主的山地运动游击战"。

这种意见有部分的道理。因为就运动战与游击战比较而言,它们在战役的进攻性和流动性上都是一致的,差别就在于是否集中兵力(正规兵团),而且就这一差别来说,游击战有时在战役战斗中也需要集中兵力,以造成对敌优势而取得胜利。那么怎样的集中才算运动战,怎样的分散才算游击战,有时很难明确一个界限。所以毛泽东同意在"独立自主山地游击战"的后面加上"包括在有利条件下集中兵力消灭敌人兵团"的话。

但是以游击战为主,还是以运动战为主,这是有原则性差别的。以游击战为主,就是要分散兵力以发动群众为主;以运动战为主,就是要集中兵力以打仗为主。"集中打仗则不能做群众工作,做群众工作则不能集中打仗,二者不能并举"[1]。所以这种意见希望把游击战与运动战并列起来是不可能的,实际上还是主张以运动战为主,以游击战为辅。

"抗日游击战争,本质上是抗日的群众运动。"[2]所以谁为主的问题,说到底还是如何看待人民群众的问题,是相信人民群众的力量,还是把希望寄

---

[1] 《毛泽东年谱》中卷,第22页。

[2] 《朱德选集》,第32页。

托在国民党正规军身上的问题。毛泽东主张把八路军分散开来,发动群众,组织起千万个游击队,打麻雀战。这样做虽然暂时起不到战略决战的作用,但是积小胜为大胜,最终能使日寇葬身于人民战争的汪洋大海之中。而有同志则主张把仅有几万人的八路军集中起来使用,配合国民党军打大仗,这样做实际上是用我之短,去对付敌之所长,就会是八路军随时可能处于危险的境地。所以,毛泽东的主张是正确的,是卓有远见的。但是,由于八路军要急于上前线,对游击战战略方针问题,还没有讨论透彻,洛川会议就结束了。

洛川会议还通过了《中央关于目前形势与党的任务的决定》和毛泽东起草的《中国共产党抗日救国十大纲领》,以及他为中共中央宣传部起草的宣传鼓动提纲《为动员一切力量争取抗战胜利而斗争》等重要文件。

会议还在组织上进一步健全了中共中央革命军事委员会,成员增加为11人,毛泽东为主席,朱德、周恩来为副主席。8月25日,中央军委发布了红军改编为国民革命军第八路军的命令。红军前敌总指挥部改编为八路军总指挥部(9月11日改为第十八集团军总司令部,简称总部或集总)。以朱德为总指挥,彭德怀为副总指挥;叶剑英为参谋长,左权为副参谋长;任弼时为政治部主任,邓小平为副主任。八路军下辖三个师:第一一五师,师长林彪,副师长聂荣臻,参谋长周昆,政训处主任罗荣桓;第一二〇师,师长贺龙,副师长萧克,参谋长周士第,政训处主任关向应;第一二九师,师长刘伯承,副师长徐向前,参谋长倪志亮,政训处主任张浩。会议期间,还决定设立中央军委前方分委(后称华北军分委),朱德为书记,彭德怀为副书记。八路军改编后,准备开赴山西前线,加入国民党第二战区(晋绥)序列。

洛川会议在全国抗战开始的历史转折关头,提出了中国共产党在抗日战争中的纲领和政策,确定了持久战的战略方针和八路军在敌后进行独立自主的山地游击战的作战方针,正确地指导红军实现从正规军向游击军,由运动战向游击战的战略转变,为实现党对抗日战争的领导,动员一切力量争取抗日战争的胜利,奠定了政治思想基础。洛川会议上虽然有些分歧意见,但这些都属于认识上的偏差,对具体问题在党的会议上进行讨论是正常的。

总之,洛川会议是开得成功的。

洛川会议结束后,一部分将领立即返回部队。毛泽东等于 8 月 30 日返抵延安。为继续统一党内思想,保证游击战战略方针的顺利实现,毛泽东就战略方针问题多次给党和军队的一些领导人发电,进一步阐述独立自主山地游击战的基本原则。

毛泽东在洛川会议上,曾就八路军作战等问题,同彭德怀进行过个别交谈。彭德怀认为,红军的游击战与运动战有不可分割的关系,所以他建议在"独立自主山地游击战"后面加上"不放弃有利条件下的运动战"。彭德怀后来回忆当时的情景时说:"由于这一句是我加的,我也就老记得这一句。在一个时期中,运动游击战或游击运动战,把两个概念主次不分地混淆起来。"①像彭德怀这样在土地革命战争时期擅长运动战的红军将领来说,从红军时代的运动战向抗日游击战争转变,无疑是一个根本性的战略转变。所以,洛川会议后,毛泽东曾多次致电彭德怀,向他反复阐明独立自主山地游击战的基本原则。

1937 年 9 月,八路军主力第一一五师和第一二〇师已分批出动,但此时国民党西安行营主任蒋鼎文,又无理要求八路军第一二九师也迅速出动。其用意或者不明白使用大兵团于一个狭小地域实不便于进行游击战争,或者含有恶意,企图迫使八路军打硬仗。本来,游击战争与按照情况使用兵力,是朱德、周恩来等在南京与蒋介石、何应钦、白崇禧、黄绍竑决定的八路军的战略方针和指挥原则。八路军主力上前线,多兵堆于狭地不合游击战使用。因此,第一二九师留驻待机是完全正当的。毛泽东认为,如果蒋鼎文等真不明白这个道理,至少是我们未对他们有过彻底坚持的说明,同时反映出我们本身对独立自主山地游击战战略方针的基本原则缺乏深刻理解。

为此,毛泽东于 9 月 12 日致电彭德怀,嘱他"在晋在冀在京,均着重解释我军'独立自主的山地游击战争'这个基本原则",并对基本原则的内涵作了较系统的说明。他指出:"这一方面的基本原则包含:(一)依照情况使用

---

① 《彭德怀传》,当代中国出版社 1993 年版,第 177—178 页。

兵力的自由。(二)红军有发动群众创造根据地组织义勇军之自由,地方政权与邻近友军不得干涉。(三)南京只能作战略规定,红军有执行此战略之一切自由。(四)坚持依傍山地与不打硬仗的原则。"①毛泽东的这个说明,实际上将独立自主山地游击战的战略方针进一步具体化了。

9月13日,日军占领大同并继续向山西境内大举进攻。阎锡山在不打一仗无法向山西民众交待的情况下,拟集中兵力保卫太原,与日军来一次决战,希望八路军参加。针对这个情况,毛泽东接连几次给八路军前线指挥员发电。

9月21日,毛泽东再电彭德怀,指出:阎锡山的"部下全无决心,他的军队已失战斗力,也许在雁门关、平型关、沙河一带会被迫地举行决战,然而大势所趋,必难持久,不管决战胜败如何,太原与整个华北都是危如累卵。个别同志对于这种客观的必然趋势,似乎还没有深刻认识,被暂时情况所诱惑。如果这种观点不变,势必红军也同阎锡山相似,陷入于被动的、应付的、挨打的、被敌各个击破的境遇中"。为此,电报强调:"今日红军在决战问题上不起任何决定作用,而有一种自己的拿手好戏,在这种拿手戏中一定能起决定作用,这就是真正独立自主的山地游击战(不是运动战)。要实行这样的方针,就要战略上有有力部队处于敌之侧翼,就要以创造根据地发动群众为主,就要分散兵力,而不是集中打仗为主。集中打仗则不能做群众工作,做群众工作则不能集中打仗,二者不能并举。然而,只有分散做群众工作,才是决定地制胜敌人、援助友军的唯一无二的办法。集中打仗在目前是毫无结果可言的。目前情况与过去国内战争根本不同,不能回想过去的味道,还要在目前照样再做。"

电报还说:"我完全同意你十八日电中'使敌虽深入山西,还处在我们游击战争的四周包围中'这个观点。请你坚持这个观点,从远处大处着想,对于个别同志不妥当的观点给予深刻的解释,使战略方针归于一致。"②

电报所指的"个别同志",首先是指林彪。林彪不同意打游击战,他在洛

---

① 《毛泽东年谱》中卷,第20页。
② 《毛泽东军事文集》第2卷,第53—54页。

川会议上说,要以打运动战为主,搞大兵团作战。他的思想还停留在过去同国民党军队作战的那套经验上,觉得内战时期我们已经可以整师整师地歼灭国民党军队了,日本侵略军有什么了不起!对日本帝国主义的力量估计太低。所以,当日军从天度镇南下广灵,关东军从蔚县西进,阎锡山要八路军参加与日军决战时,毛泽东特电告诫林彪:"我军应坚持既定方针,用游击战来配合友军作战。此方针在京与蒋、何决定,周、彭又在晋与阎当面决定,基本不应动摇此方针。"①

9 月 25 日,毛泽东就华北工作问题致电周恩来、刘少奇、杨尚昆等,明确指出:"整个华北工作,应以游击战争为唯一方向。一切工作,例如兵运、统一战线等等,应环绕于游击战争。华北正规战如失败,我们不负责任;但游击战如失败,我们须负严重的责任。"应"发动全华北党(包括山东在内)动员群众,收编散兵散枪,普遍地但是有计划的组织游击队"。"为此目的,应着重于高级干部之分配与独立领导的党政军集体机关之组织。要设想在敌整个占领华北后,我们能坚持广泛有力的游击战争。要告诉全党,今后没有别的工作,唯一的就是游击战争"。②

当时任中共中央北方局书记的刘少奇根据洛川会议精神和毛泽东的这个指示,于 10 月 16 日写出《抗日游击战争中的若干基本问题》一文,指出:"华北抗日的正规战争如果继续遭受一些挫败,游击战争将成为华北人民反对日本帝国主义的主要斗争方式。"华北正规战争的失败,"是由于没有发挥这数十万军队与华北人民的伟大力量,并错误地使用了军队和人民的力量。这是应由政府当局负责的。这种错误与缺点在今后的人民游击战争中,必能迅速地纠正与克服"。"所以,今后华北的游击战争,是有胜利前途的"。③

但是,对当时的山西战局形势,中共中央北方局和华北军分会有不同的看法。北方局认为,华北地区正规战已经结束,游击战争将成为华北人民反

---

① 《中共中央文件选集》第 11 册,第 338 页。
② 《中共中央文件选集》第 11 册,第 353 页。
③ 《刘少奇选集》上卷,人民出版社 1981 年版,第 81—82 页。

对日本帝国主义的主要斗争方式。而华北军分会认为,国民党增派了卫立煌、汤恩伯两个纵队入晋,阎锡山对保卫山西抗战还持积极态度,如果八路军积极影响和配合国民党军,利用有利形势,在娘子关以东、雁门关以北地区,以主力寻求运动战相机击敌,以少数兵力分散发动游击战争,这个地区可以作长期坚持华北抗战以及反攻日军的基地。后来战争形势发展说明,华北军分会对于形势的估计过于乐观了。9 月 25 日,华北军分会在一封部署军事行动的电报中,对此有所检讨,表示愿意"接受山西同志批评我军宣传工作不够,特别口头宣传差"的意见。第二天,毛泽东发电同意华北军分会的检讨,并批准"全部军队照朱、彭、任二十五日七时电部署"。①

毛泽东显然是同意北方局的意见的,他于 9 月 29 日明确指出:"华北大局非常危险。敌已从平汉、津浦两路的中间突破进来,保定已失,敌正迂回石家庄的侧面,河北局面已经完结了。""河北失守,敌将从海州登陆进占徐州,则山东将不战而失。不久中国阵地将变为扼守黄河、运河两线。""南京将被大轰炸,国民党如不妥协,必将迁都。""山西将成为华北的特殊局面。"②毛泽东之所以指出"华北大局危险",还是为了强调"整个华北工作,应以游击战争为唯一方向"。

为配合国民党军保卫山西太原,华北军分会于 10 月 8 日发出《目前华北战争形势与我军任务的指示》。这个指示把太原说成是华北抗日战争的堡垒,过高地估计了国民党军队的力量及其进步性,特别是没有把敌后游击战争提到战略上来认识,模糊"游击战"和"运动战"两个概念的主次关系,提出"我们必须依据独立自主的运动战机动果敢的作战原则,以高度的积极动作,争取新的胜利"。指示还批评了对战局客观分析的正确观点,提出"必须反对一切民族失败主义的情绪与认为华北局势无法挽救的宿命论",等等。这个指示只是根据看到的一些表面现象和从主观愿望出发而写的,所以是一个脱离实际和经不起实践考验的指示,因而也是一个错误的指示。

---

① 《任弼时传》,第 410 页。
② 《毛泽东军事文集》第 2 卷,第 65—66 页。

当毛泽东看到这个指示文件后,于10月17日同张闻天致电朱德、彭德怀、任弼时,明确指出:"军分会十月八日指示文件,有原则错误,望停止传达。"①

与对北方局不同认识的态度一样,对华北军分会这个指示的错误,任弼时在后来延安整风时承认,他们当时"对国民党进步估计过高",对"自己力量估量太大",本质是"轻敌"。但毛泽东说:主要是对洛川会议精神宣传不够,"除此项外是好的"。②

对于抗日游击战战略方针产生分歧意见的主要原因:首先是因为它"在整个人类战争史中,都是颇为新鲜的事情"。③ 所以对于这个新事物不大理解,以至产生分歧意见是不奇怪的。其次是对于抗战到来后敌我友各方发生的变化缺乏深刻的认识,过高过大地估计了国民党军和八路军自己的力量。再次同当时华北战场的实际需要也有很大关系,因为在太原失陷前,八路军对日作战基本上还是运动战。所以在许多将领的头脑中只注意运动战,至多是游击战与运动战并行,不分主次。总之,上述原因说明,这种分歧就其性质来说是属于认识问题。经过毛泽东做反复的说服教育工作,在太原失守后,于"正规战争结束后,剩下的只是红军为主的游击战争"的情况下,实际上这种分歧就已经不存在了。

但游击战战略方针,在1937年12月和次年3月的中共中央政治局会议上,还受到了王明的反对和否定。1937年11月,王明回国,他长期脱离中国革命的实践,教条主义地执行共产国际的指示,反对抗战以来毛泽东提出的一系列正确的观点和制定的一系列正确的方针、政策。他点名批判刘少奇的《抗日游击战争中各种基本政策问题》一文中的正确观点。在军队指挥上主张绝对地统一于国民党,提出"统一编制","统一作战"这就从根本上否定了"独立自主"的原则。在作战方针上提出"运动战为主而辅之以游击战

① 《毛泽东年谱》中卷,第31页。
② 《任弼时传》,第410页。
③ 《毛泽东选集》第2卷,第405页。

和配合以阵地战"的方针,①这就从根本上否定了游击战在抗日战争中的战略地位。在工作重心方面,重视城市轻视农村,热衷于合法斗争,轻视游击战争。总之,王明从根本上否定了毛泽东提出的"独立自主的山地游击战"的战略方针。

对于王明在战略方针问题上的右倾错误观点,毛泽东与之进行了毫不退让的针锋相对的斗争。他在十二月会议上指出:我们所谓独立自主是对日本作战的独立自主,战役战术是独立自主的。抗日战争总的战略方针是持久战。八路军的战略方针是独立自主的山地游击战,在有利条件下打运动战,集中优势兵力消灭敌人一部。洛川会议决定的战略方针是对的。独立自主,对敌军来说我是主动而不是被动,对友军来说我是相对集中指挥,对自己来说是给下级以机动。总的一句话,相对集中指挥的独立自主的山地游击战。② 毛泽东在三月会议上就军事问题指出:八路军就是从许多游击队中创造出来的。最后打败日本,要靠正规战。但把希望放在哪里? 要依靠游击队和人民游击战争的发展,即从人民游击战转到正规战争,最后战胜日本帝国主义。③ 从上述毛泽东的发言中可以看出,毛泽东对独立自主的原则毫不退让,对游击战战略方针毫不退让,坚持和维护了八路军独立自主的山地游击战的战略方针。

由于毛泽东的抵制和反对,更由于在当时战争环境下独立自主的山地游击战已被多数同志所接受,游击战的战略方针已深入人心,在实际上已不可能再打像王明所说的那种以运动战为主的战争了。因此,王明的右倾错误在华北没有多大影响,只是使长江流域的新四军没有能及时实现游击战的战略展开,失去了在华中发展的大好时机。从全局来看,王明对独立自主的山地游击战的战略方针的影响是不大的,虽有干扰,但无碍大局。事实证明毛泽东制定的独立自主的山地游击战战略方针是正确的,只有坚持和贯彻这个战略方针,才能使八路军、新四军不断取得胜利。

---

① 参见《王明言论选辑》,人民出版社 1982 年,第 579 页。
② 参见《毛泽东年谱》中卷,第 41 页。
③ 参见《毛泽东年谱》中卷,第 51 页。

第三节　最初实施游击战战略
方针的三步分兵

分散兵力,是游击战战略方针的主要原则,也是实施游击战战略方针的首要条件。毛泽东说:要实行"独立自主的山地游击战(不是运动战)","就要战略上有有力部队处于敌之翼侧,就要以创造根据地发动群众为主。""只有分散作群众工作,才是决定地制胜敌人、援助友军的唯一无二的办法"。① 所以毛泽东在实施游击战战略方针中,首先改变八路军兵力过于集中的状态,逐步分散兵力,先师旅后团营,甚至连排班,把正规军一步一步地化为游击兵团、游击支队,甚至更小的游击队。其特点是一步比一步更分散。使这些分散武器,深入敌后,与群众结合起来,建立抗日根据地,真正开展游击战争。

一、八路军第一步分兵——展开于敌之侧后

毛泽东第一步分兵是将八路军三个师集中部署改变为分散部署,展开于敌之侧翼及后方,变被动为主动,使八路军打了许多胜仗。

---

① 《毛泽东年谱》中卷,第22页。

在华北战局危急的形势下,八路军不待改编全部就绪,第一一五师主力即于8月22日由陕西省三原地区誓师出征,8月31日经韩城县芝川镇东渡黄河,沿同蒲路北上。9月3日,第一二〇师主力由陕西省富平县庄里镇出发,随第一一五师之后北上。9月4日,八路军总指挥部由陕西省泾阳县云阳镇东进。

根据毛泽东、张闻天8月4日的电报意见,后经洛川会议讨论同意,决定八路军全部部署于恒山山脉为中心的晋、冀、察、绥四省交界的恒山地区。洛川会议后,毛泽东嘱周恩来:宜即赴太原、大同晤阎锡山,商量好八路军入山西后各事,即活动地区、作战原则、指挥关系、补充计划等。

正当八路军日夜兼程向恒山地区挺进的时候,沿平绥路西犯的日军突破国民党军的防线,于9月13日占领大同,并沿同蒲路南下向平型关进犯,企图实施右翼迂回,威胁平汉路沿线国民党军第一战区主力的侧背。沿平汉路及其两侧南犯的日军也于9月中旬沿滹阳河南下,迂回平汉路沿线国民党军的侧背,企图歼灭国民党军第一战区主力于河北省中部地区。

在大同失陷之前,毛泽东就曾电告周恩来等,指出国民党军汤恩伯、卫立煌、刘汝明三部六万余人已将蔚县、涞源、广灵、灵丘四县及东北地区占据,上述地区已无八路军活动余地。在此情况下,特别是又处十日军的迂回包抄之中,如果八路军仍按原计划全部集中该地区的话,必将使自己处于日军的大迂回包围中,陷于完全被动的地位。为在战略上展开放之侧翼的主力地位,真正执行独立自主的山地游击战战略方针。毛泽东果断地变更八路军原定部署,调整原来计划,化集中为分散,把八路军部署到更有利的战略地区去。

9月16日,毛泽东在复朱德、任弼时的电报中指出:"我三个师已无集中在晋东北一处之可能,更无此必要。"并提出:拟第一一五师位于晋东北,以五台山为活动重心,暂时在灵丘、涞源,不利时逐渐南移,改以太行山脉为活动重心;第一二〇师位于晋西北,以管涔山脉及吕梁山脉之北部为活动地区;第一二九师位于晋南,以太岳山脉为活动地区。

第二天,毛泽东就八路军的部署问题再电朱德等,指出:根据华北日军大迂回进攻的形势,恒山山脉必为敌军夺取冀、察、晋三省的战略中枢,敌军向这里出动主力,阎锡山指挥的各军已失锐气,节节败退。因此,八路军如果仍按原计划全部进到晋东北恒山山脉,必将使自己处于敌军大迂回中,完全陷于被动地位。为战略上展开于主动地位,即展开于敌之侧翼,钳制敌之进攻太原与继续南下,援助晋绥军使之不过于损失力量,真正执行独立自主的山地游击战,广泛发动群众,组织义勇军,创造根据地,支持华北游击战争,并为扩大本身起见,拟变更原定部署,采取如下之战略部署:第一二〇师转至管涔山脉为依托的晋西北地区;第一二九师于适当时机进至以吕梁山脉为依托的晋西南地区;第一一五师即进入恒山山脉南段,并逐渐南移,展开于太行、太岳两山脉中。

由于毛泽东预先有所准备,不顾国民党的无理要求,坚持八路军三个师分批出动,这样就为实现这一步骤创造了有利条件。但第一一五师已先于其他师进入恒山山脉。恒山山脉是第一战区和第二战区的接合部,日军主力必从此进。所以该师已充当了正面,处于比较被动的地位。因此,必须转移至敌之侧翼,才能够变被动为主动。第一二九师此时尚未出动,还来得及调整,关键是第一二〇师正在出动中。所以毛泽东于9月18日关切地指出:贺龙师决不能再用此方,应速向晋西北转进。第二天,9月19日,毛泽东在致彭德怀电中再次强调贺龙率领的第一二〇师主力应速赴晋西北:"敌于太原,志在必得,此时部署应远看一步。"五台、定襄、盂县地区狭小,敌进太原后,即在其包围中,因此,贺龙师应位于晋西北,处于大同、太原之外翼,向绥远与大同展开游击,方能给进攻太原之敌以相当有效的钳制。毛泽东再次强调:贺龙师应速赴晋西北占先着,如再去五台则失去战略意义。①

9月23日,毛泽东就八路军在山西的军事部署作出更为详细的指示:"游击战争主要应处于敌之翼侧及后方,在山西应分为晋西北、晋东北、晋东南、晋西南四区,向着进入中心城市及要道之敌人,取四面包围袭击之姿势,不宜集中于五台山脉一区,集中一区是难以立足的。"五台山脉应使之成为

---

① 参见《毛泽东年谱》中卷,第22页。

重要的游击区域之一,现在就应加紧准备,不宜迟缓。同时应该充分注意晋西北管涔山脉地区的部署与准备。太行、太岳山脉之晋东南与吕梁山脉之晋西南,亦不可不于此时作适当之部署。

这时,担任决死队第一纵队政治委员的薄一波率领第一纵队的第一总队也准备北上五台,想在那里建立根据地,在途中遇到朱德,向朱德汇报了自己的打算。朱德告诉他,八路军已有部队在那里准备建立根据地,你就不要去了,你马上率部南下,到晋东南太行山区去,要占据那个地区。朱德对他讲:"我从延安出来时,毛主席和我谈论过,我们要把军队插到敌后去,创造抗日根据地。现在我们跟日本打的是持久战,和下围棋一样,先要在敌后沦陷区做出几个活眼,以便在敌后同敌人长期周旋。现在,我们首先要占据晋察冀、晋西北、晋东南这三个战略要地。"①薄一波听到朱德传达毛泽东的指示后,遵照朱德的命令,改变决死队第一纵队的军事部署,把已开到五台地区的决死队转而南下到晋东南沁县地区去了。事实证明,这一改变使决死队第一纵队的力量得到了巩固和发展。

毛泽东依据战局发展趋势,适时改变八路军的作战地区的部署,将原定三个师集中部署于冀、察、晋、绥四省交界地区的计划,改变为分别依托恒山、管涔山、太行山、吕梁山,向着敌后交通线和中心城市取四面包围的态势。这对八路军摆脱日军的迂回包围,保持战略上的主动地位,创建敌后抗日根据地,具有重要的意义。9 月 21 日,八路军总部根据毛泽东的指示,令第一一九师在晋东北地区活动,第一二〇师挺进晋西北抗日前线,第一二九师准备开赴东南地区。初步实行了分兵。由于这一步分兵,八路军各师分散在所指定的作战区域,一般都在敌之侧翼,配合国民党军作战,打了一系列漂亮的胜仗。

9 月 25 日,八路军第一一五师在晋东北平型关伏击日军,歼敌 1000 多人,取得八路军出师后第一个大胜利。毛泽东为之兴奋地说:"是役已将敌

---

① 《朱德传》,人民出版社、中央文献出版社 1993 年版,第 417 页。

攻平型关计划破坏",“敌用大兵团对付我游击队,还不知道红军游击战法"。① 在平型关战役之前,林彪把"只想以陈旅②集中相机给敌以打击,暂不分散"的想法报告毛泽东。9 月 21 日,毛泽东在致彭德怀的电报中就此指出:"这种一个旅的集中,当然是可以的,但如许久还无机可乘时,仍以适时把中心转到向群众工作为宜。"③虽然毛泽东在这封电报中强调了"集中打仗在目前是毫无结果可言的",但正说明毛泽东实施游击战战略方针的机动性,正如他在洛川会议上同意加上的话:"包括在有利条件下集中兵力消灭敌人兵团"。

在平型关战役后,八路军开始配合国民党军进攻保卫太原的忻口战役。第一二〇师遵照毛泽东的指示转赴晋西北,在神池、宁武一带袭击日军,切断了日军从代县到大同的西路交通,两度占领雁门关。10 月 18 日,该师第三五八旅第七一六团在雁门关伏击日军,取得毁敌汽车百余辆,歼敌数百人的胜利。第一二九师遵照毛泽东的指示,入晋后拒绝参加忻口阵地战,而分兵两路:一路在晋北崞县、代县之间袭扰日军,该师第七六九团于 10 月 19 日夜袭击阳明堡日军飞机场,毁伤敌机 20 余架,歼灭百余人。一路在晋东娘子关袭击正太线西犯之敌,该师第七七二团于 10 月 26 日、28 日在七亘村两次设伏,取得歼敌 400 余人的胜利。由于八路军各部在敌之侧翼积极作战,牵制了大量的日军,这就有力地支援了国民党守军在忻口的正面作战。

二、八路军第二步分兵——创建敌后抗日根据地

毛泽东第二步分兵是将八路军第一一五师独立团与主力分开,留在恒山、五台山地区坚持游击战争,开始了创建敌后抗日根据地的斗争。

---

① 《毛泽东年谱》中卷,第 25 页。
② 陈旅,即担任平型关战斗以陈光为旅长的第三四三旅。
③ 《毛泽东军事文集》第 2 卷,第 54 页。

在太原失守前,毛泽东就预料到华北正规战争将随太原失守而宣告结束,游击战将转入主要地位。所以在配合友军忻口战役的同时,毛泽东就考虑到如何深入敌后,建立抗日根据地的问题了。10 月 20 日,毛泽东就日军占领太原后八路军的作战部署问题,致电周恩来、朱德、彭德怀、任弼时,提出"留杨成武团①在恒山、五台山地区坚持游击战争;第一一五师主力准备转移于汾河以西吕梁山脉"。② 据此,八路军总部即决定,第一一五师副军长聂荣臻分兵一部,率以独立团为主的第一一五师部分队伍留守五台山地区,创建晋察冀抗日根据地。

11 月 8 日,日军侵占太原后,继续发展进攻。在华北沿平汉路南犯之敌,于 11 月上旬,突破第一战区漳河防线,进占大名和豫北重镇安阳;沿津浦路南犯之敌,于 11 月中旬进玉齐河、济阳黄河北岸,并准备渡河攻占济南,夺取山东全境;沿同蒲路南下之敌,于 11 月中旬,进占太谷、平遥。至此,国民党军已退出冀、察全境和晋、绥大部以及山东北部地区。11 月 12 日,上海失陷。第二天,毛泽东针对日军侵占太原、上海继续发展进攻,而国民党军已退出冀察全境和晋、绥大部以及山东北部地区的形势,在致八路军总部的电报中指出:"全国片面抗战已无力支持,全面抗战还没有到来,目前正处于青黄不接危机严重的过渡期中。"电报接着分析了各战场的形势:山西各军大溃,除刘湘、汤恩伯外,暂时均不能作战。"正规战争结束,剩下的只是红军为主的游击战争了"。电报进一步指出:"红军的任务在于发挥进一步的独立自主原则,坚持华北游击战争,同日寇力争山西全省的大多数乡村,使之化为游击根据地"。③

11 月中旬,八路军总部依据毛泽东的这一指示进一步实行分兵,将正规军分散为游击兵团,纷纷深入敌后,发动群众,创建抗日根据地。八路军总部除令聂荣臻率第一一五师独立团创建晋察冀根据地外,还决定第一一五

———————————

① 指以杨成武任团长的第一一五师独立团。
② 《毛泽东年谱》中卷,第 32 页。
③ 《毛泽东军事文集》第 2 卷,第 116 页。

师师部率第三四三旅适时转入吕梁山脉,创建晋西南根据地;第一二九师主力由正太路南下,依托太行、太岳山脉,创建晋冀豫边抗日根据地。

当时随八路军总部采访的美国记者史沫特莱于 11 月 9 日记载了八路军正分兵组织游击队的情况:"这一地区正在组织游击队。离八路军总部四里远的一个镇子上已有了三百名游击队员。在另一个方向,离这里五里远的那个村子里则有一支二百名阳泉矿工组成的民兵……"①

聂荣臻率第一一五师一部,经过艰苦卓绝的工作,首先创立了以五台山为中心的晋察冀根据地。1938 年 1 月,晋察冀军民代表大会在冀西阜平城召开,经过民主选举成立了晋察冀边区临时行政委员会,成为华北敌后第一个由中国共产党领导的抗日民主政权。到 4 月该地区就发展成为拥有 500 万人口,40 多个县的抗日模范根据地。晋察冀根据地军民多次粉碎日、伪军的进攻,经常吸引万计以上的敌人兵力,成为敌后战场的重要支点。在晋察冀根据地的推动下,第一二〇师创建了晋西北根据地,第一二九师创建了晋冀鲁豫根据地,第一一五师主力移到吕梁山脉,建立了晋西根据地。这样,在太原失守后,八路军依托山地在山西四周建立了四块根据地,使敌占中心城市和交通要道处在八路军游击队的包围之中,为进一步开展游击战争,坚持华北敌后抗战打下了基础。

但是,创建敌后根据地的工作从一开始就遭到回国不久的王明的极力反对。如对待成立晋察冀边区政府一事,他于 1 月 28 日以长江局的名义致电中共中央书记处和八路军总部,反对成立边区政府,声称晋察冀这样做会"刺激"国民党,对全国统一战线工作将发生不良影响。王明的这种右倾错误的观点和意见理所当然地遭到了延安中共中央的拒绝。

与王明相反,毛泽东等都十分关心和支持晋察冀根据地的巩固和扩大。4 月 20 日,毛泽东等致电中共晋察冀分局书记彭真和晋察冀军区司令员兼政治委员聂荣臻,指出:由于各种顺利条件与你们的领导和同志们的努力,晋察冀广大地区的抗日运动在各方面都有很大的发展,根据地的建立,已经

---

① 《朱德传》,第 425 页。

大体成功。目前你们的中心任务是多方面巩固已得的胜利,并在巩固现有的基础上去继续发展。电报还对为巩固和发展根据地应当进行的工作和采取的政策,提出了具体意见。①

同年秋季,当晋察冀边区军民开始反击日军"北围五台"的时候,中共中央六届六中全会大会主席团于 10 月 5 日特意向聂荣臻和晋察冀军民发电慰勉。电报说:"全会完全同意边区党委所执行的坚定的统一战线的方针,并在这个方针下,依靠全党全军的努力,已经使晋察冀边区成为敌后模范的抗日根据地及统一战线的模范区。这些都在华北抗战中已经和将要起极其重大的战略作用,而且你们的经验将成为全党全国在抗战中最有价值的指南。"②毛泽东在中共六届六中全会上肯定了晋察冀根据地的经验,对晋察冀根据地进行了热情的宣传。毛泽东说:全国广大的敌后地区都可以照晋察冀的样子去做,只要把群众充分发动起来,都可以建立敌后抗日根据地。③

1939 年 1 月,聂荣臻写了一份关于晋察冀初创时期的情况报告,涉及的内容比较多,约有十万字。其中着重叙述了晋察冀边区发动群众、依靠群众、开展游击战争的情况。毛泽东接到这个报告,读后觉得很好,决定把这个报告单独印成书出版,并亲自为它题写了书名《抗日模范根据地——晋察冀边区》。3 月 2 日,毛泽东还为这本书写了序言。序言说:"晋察冀边区是华北抗日的堡垒","那里实行了互相联结不可分离的三民主义。""聂荣臻同志的这个小册子,有凭有据地述说了该区一年半如何实行三民主义与如何坚持游击战争的经验,不但足以击破汉奸及应声虫们的胡说,而且足以成为各地如何实行三民主义,如何唤起民众以密切配合抗战的模范。"3 月 18日,毛泽东为此事致信聂荣臻:"你著的书及送给我的一本照片,还有你的信,均收到。这些都是十分宝贵的东西,书准备在延安、重庆两处出版(我与王主任各作一序),照片正传观各同志。望努力奋斗,加深研究,写出更多的

---

① 参见《中共中央文件选集》第 11 册,第 502—504 页。
② 《聂荣臻回忆录》中册,解放军出版社 1984 年版,第 435—436 页。
③ 参见《聂荣臻回忆录》中册,第 437 页。

新作品。"①

　　毛泽东还在其他许多场合称赞聂荣臻领导创建的晋察冀边区。如 1938 年 3 月底,毛泽东应加拿大胸外科医生白求恩的要求,介绍他到晋察冀边区工作。毛泽东曾向白求恩介绍说:"中国有一部很著名的古典小说,叫做《水浒传》。《水浒传》写了鲁智深大闹五台山的故事,五台山就在晋察冀。""五台山,前有鲁智深,今有聂荣臻,聂荣臻就是新的鲁智深。"②

　　分兵深入敌后,创建大大小小的敌后抗日根据地,使敌占城市和交通要道陷于被包围之中,这是毛泽东游击战争思想的一个重要内容。游击战争虽然是一种分散、流动的作战形式,对它必须与群众相结合,必须以根据地为依托。敌后抗日根据地就是游击战争赖以执行自己的战略任务,达到保存和发展自己、消灭和驱逐敌人之目的的战略基地,没有这样的战略基地,游击战争是不能够长期地生存和发展的。

三、八路军第三步分兵——开展平原游击战争

　　毛泽东第三步分兵是指示八路军在抽调兵力到河北、山东平原地区去,创建敌后根据地,进一步扩大游击战争。

　　日军占领南京以后,于 1938 年春以其华北方面军和华中派遣军各一部,采取南北对进的方针,夹击徐州,企图打通津浦铁路,消灭国民党军第五战区主力于该地区。为集中兵力在徐州决战,敌友两军在冀鲁平原的兵力相对减少,所以为八路军挺进敌后平原开展平原游击战争,创造了条件。

　　开展平原游击战争是毛泽东根据吕正操创建冀中根据地的经验总结出来的。

　　冀中地区是华北比较富庶的地方,辽阔的平原一望无际。1937 年 10

---

① 《毛泽东年谱》中卷,第 114 页。
② 《聂荣臻回忆录》中册,第 487 页。

月,东北军第五十三军第六九一团团长吕正操,在国民党军狼狈败退的时候,率领部队回师北上,脱离了同国民党军的一切联系,站到了共产党的旗帜下,宣布第六九一团改称人民自卫军,并在冀中大平原坚持游击战争,创建冀中根据地。聂荣臻很重视这支队伍,他把吕正操率部挥戈北上和在冀中的工作报告了八路军总部和中共中央。毛泽东听到这一消息十分高兴,并说吕正操如能来延安,很想见见他。

1937 年 12 月底,聂荣臻在军区的政治工作会议上讨论冀中工作时谈到,从军区侦察得到的情况来看,冀中地区日军兵力相当空虚,伪军伪组织在许多地方还没有组织起来或者基础很差。日军由于兵力不足,打下一个地方后,留下守备的人数很少,有的不派兵,有的派兵大多也只有班排规模。过去,由于我们的根据地大都建在山地,便以为只有在深山峻岭才能建立巩固的根据地,过分强调了地形的决定作用。聂荣臻接着说,开展敌后游击战争,光靠山是不行的,首先要靠人民群众,只要有了人民群众的支持,不论是山地,还是平原,我们都可以牢牢地站住脚。人民群众比山靠得住,广泛的群众基础比地形靠得住。吕正操根据在冀中斗争的实际经验,也谈到冀中地区日军兵力不足。他说,冀中平原大得很,日本侵略军兵力不足,根本没法控制这么大的地方,有了群众的支持,我们到处可以走来走去,活动余地是很广阔的。

聂荣臻将这些重要情况及时报告八路军总部和中央。据此,毛泽东指示,要设法在平汉路和津浦路之间的河北、山东两省平原地区开展游击战争,建立根据地。[①]

这次会议传达了毛泽东的这个指示,并集中讨论了开展平原游击战争的问题。

吕正操率领人民自卫军于路西整训结束回到冀中后,先迅速解决了十多股土匪武装,到 1938 年 2 月间,又组织北上先锋队,赴大清河北开展工作,在平、津、保三角地带展开游击活动。4 月,人民自卫军和河北游击军并肩作

---

① 　参见《聂荣臻回忆录》中册,第 394—395 页。

战,胜利地粉碎了日军第一次春季"扫荡"。这时,根据地得到很大的扩展和巩固,西起平汉路,东至津浦路,北至平津路,南达沧石路,整个平原的广大农村,几乎都为抗日武装所控制。同月,八路军第三纵队和冀中军区成立,由吕正操任司令员。5月初成立了冀中区统一的政权领导机关——冀中行政主任公署,吕正操任公署主任。这是我们党在平原上开创的第一个根据地,其战斗实践和成功经验为全国其他平原地区的抗战做出了榜样。

打入敌人后方,甚至是腹地、心脏地区,在外线展开运动战、游击战,以钳制正面进攻之敌,从而取得内线防御战、阵地战的胜利,这是毛泽东一贯擅用的战法。为了配合国民党军徐州会战取得胜利,根据冀中平原作战的经验毛泽东于1938年2月重提创建冀东根据地的雾灵山计划,要求聂荣臻从刚成立不久的晋察冀军区中再分出一部分兵力到冀东去,发展新的游击区域。

冀东是联结东北和华北的咽喉地带,战略地位十分重要。还在洛川会议上,毛泽东就以战略家的眼光指出了冀东在抗战中的重要地位。他指示说,红军可以一部于敌后冀东,以雾灵山为根据地进行游击战争。1938年2月4日,为钳制和打击日军南北对进夹击徐州行动,八路军总部命令晋察冀军区部队积极向平汉、津浦铁路北段发展,破坏敌之铁路交通,打击与钳制敌人。这时毛泽东又提起打入敌后开辟冀东雾灵山游击区的计划。同一天,他致电朱德、彭德怀、任弼时及王明、周恩来、叶剑英,请朱、彭、任即行电告秘密准备执行雾灵山计划的各种条件,主要是干部配备,请王、周、叶向蒋介石交涉派5000人去冀东所需要的半年经费和装备。[①]

2月8日,毛泽东在中共中央常委会议上,就目前军事问题指出:热河、河北两省交界的雾灵山一带,派杨成武[②]去发展新的游击区域。这是敌人的远后方,东面策应东北抗日联军,南面策应晋察冀,北面与蒙古接近,西面与绥远联系,在天下有变的时候,这个地区可以首先得到国际的援助。2月9

---

① 参见《毛泽东年谱》中卷,第47页。
② 杨成武,当时任八路军晋察冀军区第一军分区司令员兼第一支队司令员。

日,毛泽东又致电朱德、刘少奇、杨尚昆、周恩来、叶剑英,指示说,以雾灵山为中心的区域,有扩大发展前途。但这是独立作战区域,派去的部队须较精干,且不宜过少,军政党领导人员需要有独立应付新环境的能力,出发前要做充分准备。并且指示:"干部除主要的由荣臻及你们配备外,后方亦正在选择东北及冀热察籍之干部,同时亦请北方局选派干部。"①

根据毛泽东的指示,聂荣臻从红军骨干比较多、战斗力比较强的第一军分区抽调了一部分兵力,由邓华负责,组成邓华支队,决定进军冀东。5月间,中央和八路军总部又将在晋西北活动的宋时轮支队调到平西,与邓华支队合并,组成八路军第四纵队,由宋时轮任司令员,邓华任政治委员。6月,第四纵队向冀东进军,连战皆捷。7月上旬,按预定计划,在冀东地方党领导下,冀东爆发了轰轰烈烈的有20万人参加的人民武装抗日大起义。

正当冀东战斗紧张的时候,毛泽东根据天津来电,得知日军对冀东游击队的进攻计划,即于7月8日和刘少奇致电聂荣臻、彭真,对冀东地区的工作提出要求:冀东我军须用更敏捷行动,向迁安、遵化、卢龙地区扩大活动,因该地区敌人力量较弱,党的力量较大,且能呼应南部暴动冲破敌人包围线。对敌军的交通,必须多派小部队破坏。要在长城口外建立根据地,必须将长城各门放在我内外控制之下,同时冀东根据地亦能开始确立,敌人的聚歼计划才不能实现。②

8月,第四纵队和冀东起义队伍会师于遵化。至此,冀东根据地开始显出了端倪。中共中央和北方局对冀东的这一胜利发电祝贺,同时对冀东工作提出进一步的要求。8月13日,毛泽东和王稼祥、刘少奇致电聂荣臻、彭真,指出:"宋邓纵队主力在现地区平谷、蓟县、密云一带加紧工作,站稳脚跟,再逐渐向东南发展的方针是好的。但宋邓有立即派遣一营左右之兵力,并带干部转玉田、丰润、滦县配合当地暴动起来的游击队行动,并给那些游击队以各种帮助的必要。因为那些游击队如果没有一个基干支队去配合,

---

① 《毛泽东军事文集》第2卷,第153页。
② 参见《毛泽东年谱》,第80—81页。

即有被敌人削弱甚至消灭的危险。"①

　　但是,在冀东开辟工作的一些领导同志,把当时日军要大举"围剿"冀东的形势估计得过于严重,认为在平原不好坚持游击战争,起义部队成分又复杂,因此,作出了把部队带到平西整训的决定。毛泽东、中共中央和北方局以及八路军总部和晋察冀军区得此消息都曾去电拦阻,指出:"将冀东游击队大部拉到白河以西是很不妥当的计划,部队不巩固,纪律不好,不能长途行军,危险极大,应尽可能争取在遵化、玉田、迁安地区进行整理,着手建立根据地的工作。只有到了万不得已时,才可率主力向白河以西转移,但也要全力建立基干部队与地方工作人员在原地活动,坚持当地的游击战争。"②但是,部队还是西撤了,结果撤到平西的时候,10万之众的起义军只剩下很少人数,第四纵队也受到了很大损失。9月26日,毛泽东同朱德、彭德怀、刘少奇致电聂荣臻转宋时轮、邓华及冀东特委各同志,鼓励在严峻环境下"建立坚决持久抗战胜利的信心",指出:"在全国坚持抗战有利形势与华北普遍的游击战争,加以八路军远近距离的配合,有广大群众的拥护,有雾灵山、燕山、五龙山东西千余里之大山脉便于回旋,冀东地方党有相当基础,根据以上各种条件,创造冀热察边区根据地,创造相当大的军队,是有可能的。"③10月2日,毛泽东等再电聂荣臻、宋时轮、邓华等,强调"在冀热边区创造抗日根据地有极重要的战略意义,宋邓纵队与冀热边区全体同志应为达成这个任务而坚决斗争","创造冀热边区根据地是完全可能的"。④

　　当部队西撤遭受挫折已成为事实之后,11月25日,毛泽东和王稼祥、杨尚昆致电朱德、彭德怀、聂荣臻并告宋时轮、邓华,指出:宋邓支队深入冀东,苦战数月,配合并促成地方党所领导的冀东起义,建立了冀东游击区,取得了成绩。但是由于没有尽可能地保持和发展这一胜利,以致退出原地区,军队及群众武装受到相当大的损失。电报认为冀热察地区有许多有利条件,

---

① 《毛泽东军事文集》第2卷,第361—362页。
② 《聂荣臻回忆录》中册,第402页。
③ 《毛泽东军事文集》第2卷,第365页。
④ 《毛泽东军事文集》第2卷,第367页。

是可能坚持游击战争创造游击根据地的,但是也有许多困难,要经过长期艰苦斗争,才能达到目的。因此,决定成立八路军冀热察挺进军,派萧克前去工作,并成立军政委员会,统一领导军队及地方党和政权的工作。①

根据毛泽东的这一指示,1939 年 2 月初,在平西正式组成了冀热察挺进军,由萧克任司令员,并由萧克、马辉之、伍晋南、宋时轮、邓华组成冀热察军政委员会。不久又成立了冀东军分区,由李运昌任司令员,李楚离任冀热察区党委冀东分会书记。冀东抗日游击战争的火焰又重新燃烧起来了。

这之后,冀东军民又经过几起几落的长期顽强战斗,最终实现了毛泽东所期望的目标,一个拥有 560 万人口、人数众多的武装力量的冀热辽根据地建立起来了。它不仅像一把尖刀插入了敌人咽喉,而且成为日后收复热河、解放东北的进军基地。

山东,背靠中原,面临渤海、黄海,南接江淮,北通平津,具有非常重要的战略地位,是兵家必争之地。"派兵去山东",这是中共中央早就酝酿着的战略思想。1938 年,当日军全力攻陇海路,河北全境及山东境内乃至江苏北部敌人兵力空虚,同时晋察绥三省之敌一时尚无力南进的时候,2 月 15 日,毛泽东同滕代远致电朱德、彭德怀、林彪、左权并告周恩来、叶剑英,提出关于第　　五师分二步向河北、山东等地进军的意见:"用　　五师全部向东山动,徐旅由阜平出至天津、沧州、北平、石家庄间;师部率陈旅由现地经邯郸、磁县地域出至沧州、齐河(济南北岸)、石家庄、彰德间活动一时期为第一步。如证明大兵团在平原地域作暂时活动是有利的,而且渡黄河向南与渡运河向西均不成问题,则实行第二、第三等步,否则至不能立足时及他方紧急时,向安徽、河南出动,或向西撤回。""假如第一步有利,又能过河,又能得国民党同意,则实行第二步。两旅并列,分数路突然渡河,转入山东境内,在津浦路东山东全境作战,并以鲁南山地为指挥根据地,并发展至徐海②南北。在此步骤内依情况尽可能持久,然后实行第三步。""第三步转入安徽,以鄂豫

---

① 参见《毛泽东年谱》中卷,第 96—97 页。

② 徐海,指江苏徐州和海州(今连云港市辖区之一)。

皖边为指挥根据地,为保卫武汉而作战。"①这是毛泽东在比较早的时期提出的,对第一一五师进军山东的分步设想计划。

　　1938 年 4 月 4 日,中共山东省委书记黎玉在延安出席中共中央常委会议,向中央汇报山东工作。刘少奇对山东工作做了指示性的发言。毛泽东虽然没有出席这次会议,但也听取了黎玉的汇报。黎玉向毛泽东提出,要求派一个主力团去山东,毛泽东说:"看来还要多去一些。"②第二天,毛泽东在致周恩来、叶剑英的电报中说,山东那边游击战争大可发展,鲁南第四支队三个月内 70 人发展至 1200 人、800 支枪,除决定罗炳辉去负军事总责外,正选派政治部主任一人及中级以下军事及政治干部二三十人前去。③ 4 月 21日,毛泽东等在关于平原游击战的指示中又提出,党和八路军部队在河北、山东平原地区,应坚决采取尽量广泛发展游击战争的方针,应即在河北、山东平原划分若干游击军区,并在各区成立游击司令部,有计划地系统地去普遍发展游击战争。5 月,中央派郭洪涛、张经武及袁仲贤等一大批红军干部进入山东。同时,中央军委多次指示八路军总部,派遣主力入鲁,创建山东根据地。同月,第一一五师第五支队从冀南地区出发,挺进冀鲁边,6 月底经鲁西北越津浦铁路,于 7 月上旬进抵乐陵、宁津地区。9 月下旬,第一一五师政治部副主任萧华率第三四三旅司令部、政治部百余名干部抵乐陵,随即成立了冀鲁边军政委员会和八路军东进抗日挺进纵队。

　　11 月 25 日,毛泽东同王稼祥、滕代远致电彭德怀,指出:"我们考虑结果,以陈、罗率师部及陈旅主力(两主力团)全部在山东、淮北为适宜,晋西南地区暂留陈旅之补充团并集中各游击队编成一团交陈士榘指挥,尔后可从一二九师调一支队接防。陈、罗开东时拟分布于新老黄河间广大地区,包括津浦东西、胶济南北在内。尚昆、小平认为可行。"④根据毛泽东的这一指示,按照八路军总部的命令,陈光和罗荣桓率第一一五师主力进军山东。就在

---

① 《毛泽东军事文集》第 2 卷,第 157—158 页。
② 《罗荣桓传》,当代中国出版社 1991 年版,第 158 页。
③ 参见《毛泽东年谱》中卷,第 61—62 页。
④ 《毛泽东军事文集》第 2 卷,第 441 页。

这时,国民党为限制八路军的发展,决定在敌后成立苏鲁和冀察两个司令部,八路军在山东的地方部队统一由苏鲁战区总司令于学忠指挥,而八路军第一一五师仍归第二战区建制,不得东进。对于蒋介石的这一无理命令,第一一五师置之不理,继续东进,于 1939 年 3 月 2 日进入鲁西郓城地区,不久又进入泰西地区。4 月 24 日,北方局向中央建议派徐向前到山东工作,并成立八路军第一纵队,徐向前任司令员,朱瑞任政治委员,统一指挥山东第一一五师和地方武装山东纵队。6 月,徐、朱到达鲁中地区。7 月,成立山东军政委员会,统一山东地区党政军民工作的领导。这以后,山东党和军队根据中共中央和北方局、八路军总部的指示,在敌、顽、我三角斗争中,进行了开创根据地的艰苦紧张的斗争,取得了很大胜利。

1938 年 4 月 21 日,毛泽东等致电朱德、彭德怀等,向八路军发出关于开展平原抗日游击战的指示。电报指出:"根据抗战以来的经验,在目前全国坚持抗战与正在深入群众工作两个条件下,在河北、山东平原地区广大地发展抗日游击战争是可能的。""党与八路军部队在河北、山东平原地区,应坚决采取尽量广大发展游击战争的方针,尽量发动最广大的群众走上公开的武装斗争。""应即在河北、山东平原划分若干游击军区并在各区域成立游击司令部,有计划地有系统地去普遍发展游击战争,并广泛组织不脱离生产的自卫军"等。① 在毛泽东大力开展平原游击战的指示下,八路军总部对所属部队进行了新的部署,逐步把八路军三大主力各分兵一部,派向冀中、冀东、冀南、冀鲁边广大平原地区,由这些部队再分出小的支队深入更远的敌后方,使游击战争不仅在山西而且在整个华北地区都开展起来。

通过毛泽东的这三步分兵,八路军独立自主山地游击战战略方针一步一步地得到了贯彻和落实。华北敌后游击战争不仅坚持下来了,而且得到了很大的发展。到 1938 年底,八路军迅速发展到 15 万人,并创立了晋察冀、晋绥、晋冀豫、晋西南、山东等,总面积达 200 平方公里的几大块根据地,为进入抗日战争的新阶段奠定了坚实的基础。

---

① 《毛泽东军事文集》第 2 卷,第 217 页。

第四节　新四军东进北上,依据河湖港汊发展游击战争

在八路军开赴前线抗战的过程中,国民党和共产党于 1937 年 10 月在南京达成协议,将留在湘、赣、闽、粤、浙、鄂、豫、皖八省边界地区的红军和游击队(琼崖红军游击队除外),改编为国民革命军陆军新编第四军。新四军成立后,根据毛泽东深入开展游击战争的指示,陆续分兵东进北上,派出部队相继深入敌后,依据河湖港汊,开展抗日游击战争和创建根据地。

一、独立自主组建新四军

对于南方八省各游击队的改编,毛泽东坚持了独立自主的原则,同迁就倾向的右倾错误进行坚决斗争。

1937 年 6 月,中共闽粤特委和红军游击队负责人何鸣同国民党第一五七师谈判,达成合作抗日协议,并接受国民党的要求,将部队开到漳浦县城驻防。7 月 16 日,第一五七师以点编发饷为名,将近千名红军游击队员编入一个地方,全部缴械。这就是何鸣事件。8 月 4 日,毛泽东专为此事致电叶剑英、彭德怀、任弼时,指出红军闽粤边部队被国民党阴谋缴械事件,是极为

严重的教训,红军各部都应引为深戒。继何鸣事件之后,9 月又出现了湘鄂赣游击队领导人傅秋涛等派至武汉同国民党谈判的代表,承认武汉行营派军需主任、副官主任等许多人到部队中去和其他许多不利条件,丧失独立性的错误。延安得知后,毛泽东同张闻天于 9 月 14 日致电秦邦宪、叶剑英、周恩来等,命令谈判代表停止谈判,即速回去,另派代表,否定原定条件,重定办法,坚持"国民党不得插进一个人来"等条件,要其他各边区谈判时严戒踏此覆辙。并"要求南京责令余汉谋退回何鸣部人枪,不得缺少一人一枪"。①

在此情况下,毛泽东于 9 月 30 日提出关于南方游击队的改编原则,以集中五分之三,留下五分之二于原地改为保安队为原则,反对国民党提出的全部集中的要求;保安队均需进行政治上的整理,反对投降主义,反对国民党派遣任何人;集中五分之三为一个军,以叶挺为军长,项英为副军长,陈毅或刘英为参谋长,反对国民党插入任何人;任何游击队区域,均需中共中央派人亲去传达改编指示,然后集中。②

9 月,项英在南昌同国民党谈判南方红军游击队改编问题期间,在国民党江西省党部纪念周上发表演说,表示一切服从国民党。10 月 2 日,毛泽东致电秦邦宪、叶剑英,令项英来中央讨论南方游击队改编问题,指出"南方游击队万不宜集中,项在江西的作法上了国民党的当。项还不明白不应无条件集中而应保持南方战略支点的原则。他在南昌的作法带着危险性"。③项英的演说,被国民党利用,给党造成了一定的损失。鉴于项英的教训,毛泽东同张闻天第二天立即致电奉中共中央指示到广东组织和领导广东人民进行抗日战争的南方工作委员会书记张文彬,告诫他:"国民党企图集中南方各游击队,我们决不可中其计,速派人传达党的正确方针。"④

蒋介石为了调动红军开赴前线抗日,继 8 月 22 日正式宣布红军改编为国民革命军第八路军后,10 月 22 日,又正式宣布南方的红军和游击队改编

① 《中共中央抗日民族统一战线文件选集》下册,档案出版社 1986 年版,第 39—40 页。
② 参见《毛泽东年谱》中卷,第 27 页。
③ 《毛泽东年谱》中卷,第 27 页。
④ 《毛泽东年谱》中卷,第 27 页。

为国民革命新编第四军,任命叶挺为军长。蒋介石任命叶挺为新四军军长,是费了一番心思的。早在9月28日,他在未同中共中央商量的情况下,抢先宣布了叶挺的任命。蒋介石以为叶挺已脱离了中国共产党,由他来领导新四军,就可以把共产党的这支队伍纳入国民党指挥的序列里,而且毛泽东不一定会答应,可以挑拨叶挺与中央的关系。可是蒋介石的打算落空了。

10月下旬,叶挺离开了南京,途经武汉、西安,于11月3日抵达延安。叶挺这次到延安,是为了向中共中央请示关于组织新四军的工作问题。在延安,毛泽东亲自迎接叶挺,为他设宴接风,多次进行广泛交谈。叶挺对他在大革命失败后走过的一段曲折道路,作了自我解剖,再次表示,拥护中国共产党的政治军事战略,完全接受中国共产党的领导。毛泽东对叶挺在北伐战争和南昌、广州起义中建立的历史功绩,给予高度的评价;对他充分理解中国共产党的路线政策和愿意与中国共产党合作抗日的决心,表示热烈的欢迎。毛泽东和叶挺还对抗日战争的发展趋势,统一战线中的独立自主原则,广泛开展游击战争,创建敌后根据地等问题进行了详尽的探讨,互相间取得了充分的谅解和信任。关于组建新四军的问题,毛泽东向叶挺提出:经过中共中央的郑重考虑,认为可以争取将新四军的编制定为两师四旅八团。领导人可选叶挺为军长,项英任副军长。军部暂驻武汉,在南昌、福州设办事处。叶挺同意这个方案,并提请党中央多派一些得力的干部,加强新四军的工作。毛泽东希望叶挺能据此方案向蒋介石本人和国民党军委会方面多做争取工作,同时还要向南京提出将陕北部队增编一个师。叶挺表示他一定照毛泽东的要求尽力去做。

在延安期间,毛泽东在抗大礼堂亲自主持了一次欢迎叶挺的大会。毛泽东在欢迎大会上说:"我们今天为什么欢迎叶挺将军呢?因为他是大革命时代的北伐名将,因为他愿意担任我们新四军军长,因为他赞成我党的抗日民族统一战线的政策,所以我们欢迎他。"叶挺受到党中央如此隆重的欢迎,心情十分激动。他在会上表示:"同志们欢迎我,实在不敢当。革命好比爬山,许多同志不怕山高,不怕路难,一直向上走。我有一段爬到山腰又折回去了,现在又跟了上来。今后一定要遵照党所指示的道路走,在党和毛主席正确领导下,坚持抗战到底。"

11 月 7 日,已被任命为中共中央军事委员会新四军分会书记、新四军副军长的项英来到延安。毛泽东为欢迎项英,也组织了一个晚会。他特意请项英、叶挺一起坐到主席台上。叶挺和项英在延安相见,他们都想借此机会好好谈一谈,但叶挺急需回去处理有关组建新四军的重要事项,而项英又要留下与党中央讨论问题,所以他们在两天之后便匆匆告别了。11 月 9 日,叶挺离开延安,月底抵达武汉。

叶挺在武汉把同何应钦的谈话内容立即电告毛泽东。12 月 14 日,毛泽东同项英复电叶挺,指出:新四军原则上可以按照何应钦提议作进一步磋商。其他条件如前所商,尤其不要何应钦派人,如暂时说不通,可稍延缓,但不要破裂。项英即来武汉。12 月 23 日,项英在延安参加政治局十二月会议后,抵达武汉。中共方面谈判代表根据毛泽东的指示,在不影响中共中央关于南方游击队改编原则的前提下,适当作些让步,但最终使国民党方面同意新四军由中国共产党绝对领导,国民党不向新四军派人,按规定供给新四军薪饷,同意由项英任新四军副军长,张云逸和周子昆任正副参谋长,袁国平和邓子恢任政治部正副主任。12 月 25 日,新四军军部在汉口正式宣告成立。12 月 28 日,毛泽东复电项英,同意新四军编四个支队。1938 年初编成的四个支队是:第一支队,陈毅任司令员,傅秋涛任副司令员;第二支队,张鼎丞任司令员,粟裕任副司令员;第三支队,张云逸任司令员,谭震林任副司令员;第四支队,高敬亭任司令员。经过同国民党的谈判斗争,继八路军后,在中国共产党直接领导下的又一支革命武装——新四军诞生了。新四军正式组建后,立即开赴抗日前线,战斗在大江南北,不断给日本侵略军以沉重打击。

二、新四军挺进大江南北

新四军成立军部后,第一、二、三支队便开始向皖南歙县岩寺集中,进行整编训练。中共中央和毛泽东从各部队集中时起,便不断地发电报给中央军委新四军分会和苏皖豫鄂等省的党组织,明确指出,新四军担任的战略任务,应是在陇海路以南、太湖以北、黄海以西、汉水以东广大沦陷区,特别是苏南、皖中、皖北、豫皖边、皖东北以及苏北等地区,放手发动群众,独立自主地开展敌后游击战争,建立敌后抗日根据地。还明确告之:所有的新四军部队不要在集结地区停留过久,只需稍加整顿,即向大江南北的苏南和皖中前线迅速开进。①

1938 年春,敌华中派遣军协同华北方面军沿津浦铁路夹击徐州地区,国民党军队和旧政权机构大部撤走,苏浙皖大部地区已成敌后,然而日军兵力不足,只能控制大中城市和主要交通线,广大乡村尚无力顾及,伪政权亦刚刚建立,力量薄弱,这对新四军挺进大江南北开展游击战争,创建敌后根据地是一个有利时机。但由于项英受王明右倾错误影响,没能抓住这一有利时机。在中央和毛泽东的再三催促下,项英等才于 2 月 14 日致电中共中央:拟首先以第一支队出动,第二支队暂留闽赣,第三支队则在第一支队实际到达之后再行动。新四军应尽可能向前伸出到浙苏皖之昌化、绩溪、孝丰、宣城、宁国地区。第二天,毛泽东立即发电项英等,指出:"目前最有利于发展地区,还在江苏境内的茅山山脉,即以溧阳、溧水地区为中心,向着南京、镇江、丹阳、金坛、宜兴、长兴、广德线上之敌作战,必能建立根据地,扩大新四军基础。如有两个支队,则至少一个在茅山山脉,另一个则位于吴兴、广德、宣城之线以西策应。"②项英提出到浙苏皖地区,有他自己的打算,就是等待有朝一日日军向浙赣铁路沿线大规模进攻时,他好带着队伍上黄山和天目山的深山老林里,去打无补于华中大局的游击战争。这实际上是受王明右倾错误影响,不敢到敌后放手发动群众、独立自主地发展游击战争、创建抗日根据地。由于毛泽东坚持以"溧阳、溧水地区为中心",项英不得不于 4 月底同意派出由第二支队司令员粟裕率领、由三个支队的侦察连和部分干部组成的先遣队,前往苏南敌后,"进行战略侦察"。4 月 24 日,毛泽东复电项

---

① 参见《叶挺将军传》,解放军出版社 1989 年版,第 296 页。
② 《毛泽东军事文集》第 2 卷,第 155—156 页。

英,同意这个计划:"主力开泾县、南陵一带,先派支队去溧水一带侦察甚妥。"①

由于项英思想没有搞通,他为滞留皖南,按兵不动,向中央提出一些不能成立的、似是而非的"理由",如敌后平原水网地带行动困难,部队尚需从国民党方面争取补充一些武器物资,干部需要训练提高等等。因此,毛泽东不得不对他做思想工作,讲一些对于战略区一级高级指挥员来说本来无须多讲的道理。5月4日,毛泽东致电项英,很有耐心地指出:"在敌后进行游击战争虽有困难,但比在敌前同友军一道,并受其指挥反会更好些,方便些,放手些。敌情方面虽然较严重,但只要有广大群众,活动地区充分,注意指挥的机动灵活,也能够克服这种困难,这是河北及山东方面的游击战争已经证明了的。"毛泽东还具体指出:"在侦察部队出去若干天之后,主力就可准备跟行,在广德、苏州、镇江、南京、芜湖五区之间广大地区创造根据地,发动民众的抗日斗争,组织民众武装,发展新的游击队,是完全有希望的。在茅山根据地大体建立起来之后,还应准备分兵一部进入苏州、镇江、吴淞三角地区去,再分一部渡江进入江北地区。在一定条件下,平原也是能发展游击战争的,条件与内战时候有很大不同。"②可见,不断分兵是毛泽东实施游击战战略方针的一贯思想。

同月,毛泽东在《抗日游击战争的战略问题》的长篇文章中指出:"依据河湖港汊发展游击战争,并建立根据地的可能性,客观上说来是较之平原地带为大,仅次于山岳地带一等,历史上所谓'海盗'和'水寇',曾演过无数的武剧,红军时代的洪湖游击战争支持了数年之久,都是河湖港汊地带能够发展游击战争并建立根据地的证据。不过,各个抗日党派和抗日人民,至今尚少注意这一方面。虽然主观条件还不具备,然而无疑地是应该注意和应该进行的。江北的洪泽湖地带、江南的太湖地带和沿江沿海一切敌人占领区域的港汊地带,都应该好好地组织游击战争,并在河湖港汊之中及其近旁建

---

① 《毛泽东年谱》中卷,第65页。

② 《毛泽东军事文集》第2卷,第85页。

立起持久的根据地,作为发展全国游击战争的一个方面。"①5 月 14 日,中共中央书记处再电长江局、东南局及项英:"根据华北经验,在目前形势下在敌人的广大后方,即使是平原地区,极便利于我们的游击活动与游击根据地的创造。我们在那里更能自由地发展与扩大自己的力量与影响。只要自己不犯严重错误与慎重从事,是没有什么危险的","因此新四军正应利用目前的有利时机,主动的、积极的深入到敌人后方去,以自己灵活坚决的行动、模范的纪律与群众工作,大大的去发动与组织群众,建立地方党、组织与团结无数的游击队在自己的周围,扩大自己,坚强自己,解决自己的武装与给养,在大江以南创建一些模范的游击根据地,以建立新四军的威信,扩大新四军的影响"。②

在中共中央和毛泽东的指示下,5 月间,新四军军部派出由陈毅率领的第一支队由岩寺出发,挺进苏南。6 月中旬,第一支队到达苏南溧水竹簀桥,随即展开于镇江、句容、金坛、丹阳地区。并积极向京沪、京芜铁路及各公路线薄弱之敌展开袭击和破击作战。6 月 17 日,新四军先遣支队于镇江西南之韦岗,伏击乘汽车由镇江开往句容的日军。经半小时激战,毙伤日军少校以下 20 余人,击毁敌汽车四辆,缴获长短枪十余支。新四军江南首战告捷。7 月 1 日,新四军第一支队第二团在当地群众的配合下,袭击镇江东南的新丰车站,一举消灭日军 40 余人,使敌京沪铁路交通一度中断,有力地支援了正面战场友军的作战。8 月 12 日,第一支队第二团袭击了京杭公路上的重要据点句容城,歼灭日、伪军 40 余人后,主动撤出战斗。这次战斗是袭击敌占中心城市南京附近的县城,对日军的震动和对群众的影响颇大。8 月 23日,驻金坛日军 200 余人乘两艘船出犯,第一支队第二团与日军必经之珥陵镇设伏,袭击其沿丹(阳)金(坛)漕河北进的一艘船,毙伤其 40 余人。新四军第一支队在苏南河湖港汊地区连续获胜,对日军造成严重威胁。

当新四军第一支队出动苏南后,项英便把情况电告毛泽东。6 月 2 日,

---

① 《毛泽东选集》第 2 卷,第 421 页。
② 《中共中央文件选集》第 11 册,第 514 页。

毛泽东复电项英,指出:"地区扩大,已不患无回旋余地。望根据战争的实际经验,凡敌后一切无友军地区,我军均可派队活动。不但太湖以北吴淞江以西广大地区,即长江以北,到将来力能顾及时,亦应准备派出一支部队。"①根据毛泽东的指示,在新四军第一支队挺进苏南后,张鼎丞率领第二支队于7月间也进入苏南敌后,展开于江宁、当涂、高淳地区,创建抗日根据地,积极打击日、伪军,并破坏其交通线。8月下旬,日军调集4500余人,在飞机、坦克掩护下,由秣陵关、溧水、当涂、采石、江宁等地,分八路水陆并进,围攻在小丹阳地区的第二支队。第二支队以一部兵力转至日军合围圈的外线,以一部兵力在广大群众和地方武装的配合下,广泛袭击和阻止日军的进攻;以支队主力大部于小丹阳附近地区隐蔽集结,待机打击日军薄弱之一路。进犯日军于鸡笼山受到第二支队的有力打击后,被迫撤退,日军合围失败。以后新四军与当地群众又先后粉碎了日、伪对苏南抗日根据地"扫荡"近30次,沉重地打击了敌人。由于新四军第一、二支队贯彻执行了深入敌后,开展游击战争的正确方针,实现了毛泽东预期的目标,使以茅山为中心的苏南抗日根据地初步形成。

按照中共中央原定计划,除新四军第一、二支队以茅山为中心的根据地,并东向宁、沪地区,向上海外围镇江、苏州、吴淞三角区发展,待至江南立稳,继而渡江北上、挺进苏北外,第三支队由皖南现地渡江,进入皖中;江北第四支队会合北渡之第三支队,向皖东北发展。这样,便形成了新四军四个支队夹长江东进而北向的态势。如果游击战争开展得好,可使华北、华中两大战场连成一片,新四军与八路军携起手来,而使日军华北、华中两集团被隔断。可惜,由于项英受王明右倾错误的影响,不敢在敌后建立根据地,不敢扩大自己的武装,不敢逾越国民党规定的新四军作战区域,致使中共中央这一正确的部署迟迟不能实现。

为贯彻东进方针,开展江北地区统战工作,加强对皖中抗日战争的领导,10月,中共中央指示项英,即派张云逸率两个团渡江,会合第四支队,并

---

① 《毛泽东军事文集》第2卷,第351页。

督促第四支队向皖东津浦路方面发展。遵照中央指示,项英即派张云逸率军部特务营于 11 月初北渡长江。毛泽东并不放心,于 11 月 12 日同王稼祥、刘少奇致电项英,问询"白崇禧已允新四军张云逸同志率一个营到长江以北安徽境内活动,已否派去?"并说:"现在安徽中部最便利我军活动,新四军可否派两个至三个营交张云逸同志率领过江。"但是,项英对中央的指示打了折扣,既没有拨给张云逸两个团,也没有派两个至三个营,而是完全听从了白崇禧的话,只拨给张云逸一个营,实际兵力只有两个连。张云逸到达江北无为地区后,当即与国民党桂系军队建立了统战关系,并将庐江、无为地方党领导的游击队统一编为新四军江北游击纵队,就地坚持斗争,担负皖中地区的抗战任务。并命进至淮南铁路以东的第四支队第八团,与地方游击队会合后积极开展游击战争。至此,第四支队已打开了江北抗战局面,为进一步建立抗日根据地打下了基础。

在中共中央和中央军委的正确领导下,新四军东进北上,依据河湖港汊,深入敌后,在大江南北英勇奋战,取得 100 余次战斗的胜利,歼灭日、伪军 3300 余人。部队由集中时的一万余人,发展到 2.5 万余人,并创建了苏南、皖南、皖中、豫东等抗日根据地,成为插向日军华中派遣军背后的一把尖刀,有力地钳制了日军的兵力,支援和配合了正面战场国民党军的作战,并初步实现了在华中敌后的战略开展。

第三章

全面抗战的战争实践

　　毛泽东作为战略家、军事家，他在抗日战争中的战争实践，主要是制定战略方针，指导全国的敌后战场乃至全国的抗日战场，并用战报的形式向敌后战场的八路军、新四军指挥部提出具体战役的打法，有时是命令，有时是建议。对于国民党正面战场，毛泽东虽然不负指挥责任，但关系抗战全局，不能不十分关注。他一方面对于正面战场的几次重大战役直接或间接地提出自己的建议和意见；一方面指导八路军、新四军配合国民党军作战，以使战争胜利。这些实践活动和电报内容，充分体现了毛泽东在抗日战争时期的丰富而又精湛的军事思想。

第一节　平型关战役

平型关战役是八路军出师后,首次集中较大兵力对日军进行的一次成功的伏击战。这次战役不仅是经毛泽东批准打的,而且在战斗打响的那天,毛泽东还提出了关于如何打好这一仗的意见。

1937年8月下旬,在洛川召开的中共中央政治局扩大会议上毛泽东为八路军制定了"独立自主山地游击战"的战略方针。在讨论这一方针时,毛泽东同意彭德怀的建议,在"独立自主山地游击战"的后面加上"包括在有利条件下集中兵力消灭敌人兵团"的话。这也就是说,毛泽东不仅支持打山地游击战,也支持打像平型关战役那样"集中兵力消灭敌人兵团"的大仗,关键是"在有利条件下"。

就在召开洛川会议的同时,中共中央军委未等八路军全部改编就绪,即命令八路军第一一五师主力从陕西三原地区誓师出征。该师于8月31日经韩城东渡黄河,至侯马,乘火车沿同蒲路北上,挺进晋东北。随即第一二〇师主力,第一二九师主力先后从陕西出发,东渡黄河,北进山西,开赴华北抗日前线。正当八路军出动山西期间,华北抗战局势急转直下。在日军陆空配合的猛烈进攻下,国民党守军"仍以消极防御,彼此观望,集守工事,轰炸下静待,绝少机动及袭击、伏击",而且给养运输极坏,"汤师有时四日一饭,卫部二日一饭"。毛泽东预感到彼辈做法"完全脱离民众,挫败之后失去胜心,整个华北战线酝酿着极大危机",而在这时,八路军开到山西前线,当地群众迫切希望八路军能早日参战并取得胜利。同时大同弃守后,高喊"守土抗战"的阎锡山陷入矛盾中,感到不打一仗,难以向山西人民交代,打一仗又感到力不胜任,所以有求于八路军配合作战。种种迹象表明,八路军在此情况下,有同日军打一仗的必要。于是,毛泽东于9月4日作出指示:"利用红军新到壮其气而相当改变其做法,是一极好时机"。①

　　八路军总部决心选择时机,在山西先打一胜仗,以打击日本侵略军的骄狂气焰,鼓舞全国人民和国民党军的士气。为此,八路军总部将已到山西的八路军兵分两路迎战日军。一路由贺龙、任弼时率领第一二〇师驰援雁门关;另一路由林彪、聂荣臻率领第一一五师,沿同蒲路日夜向平型关急进,迎击进犯之敌。

　　9月中旬,由平绥路东段向西南进攻之日军第五师团,在由大同向南进攻的察哈尔派遣兵力主力的配合下,迅速向内长城线逼近,企图突破平型关要隘,歼灭中国第二战区部队,从右路配合华北方面军主力在平汉路的作战。至9月20日,日军第五师团已占领晋东北的广灵、浑源和灵丘等地;日军察哈尔派遣兵团也已逼进雁门关。在日军进攻下,阎锡山决定在平型关—雁门关—神池内长城线组织防御,凭借长城天险,阻止日军进入山西腹地。部署杨爱源所部第六集团军(辖第十五、第十七、第三十三军)担任右翼北楼口至平型关的防御;傅作义所部第七集团军(辖第三十四、第三十五、第十九、第六十一军)担任左翼北楼口以西至神池沿线防御。9月21日,日军第五师团第二十一旅一部由灵丘向平型关进犯,其后续部队也有向平型关开进的模样。这时,阎锡山决心集中四个师和两个旅的兵力,歼灭平型关之敌,同时致电八路军总指挥部称:"我决歼灭平型关之敌,增加八个团的兵力拂晓即到,希电林师夹击之侧背。"

---

① 《毛泽东年谱》中卷,第18页。

八路军总部接电后,为配合国民党军作战,按照中共中央军委关于调整占领部署的指示,令第一二〇师进至雁门关以西的神池地区,侧击由大同南犯之日军,令第一一五师进至平型关以西之大营镇待机,准备侧击进犯平型关的日军。当毛泽东得知阎锡山拟集中兵力与敌决战,并希望我第一一五师参加作战时,他特电林彪:"我军应坚持既定方针,用游击战斗配合友军作战,此方针在京与蒋、何决定,周、彭又在晋与阎当面决定,基本不应摇此方针",并要林"将当前情况,及如何配合友军作战之意见即电告,尔后即时电告。"①林彪接电后,把"只想以陈旅集中相机给敌以打击,暂时不分散"的想法电告毛泽东。于是,毛泽东在 9 月 21 日致彭德怀的电报中就这件事指出:"这种一个旅的暂时集中,当然是可以的,但如许久还无机可乘时,仍以适时把中心转向群众工作为宜。"②虽然毛泽东在这封电报中强调了"集中打仗在目前是毫无结果可言的",但还是批准了这次暂不分散,集中一个旅的打法。这正说明毛泽东实施游击战略方针的机动性,正如他在洛川会议上同意加上的话:"包括在有利条件下集中兵力消灭敌人兵团。"

第一一五师奉命进到大营镇后,立即侦察平型关方向的敌情和地形。他们获悉日军第五师团正由浑源、灵丘、涞源分三路向西进攻,各路相距较远、兵力比较分散,进攻平型关方向的日军约有一个旅。平型关山口至灵丘县东河南镇,是一条由西南向东北延伸的狭长谷道,其间,关沟至东河南镇长约 13 公里的地段,沟深路窄,甚为险要,两侧高地便于隐蔽部署兵力,发扬火力和展开突击,是伏击歼敌的理想战场。而进攻平型关一路的日军又是刚从日本本土广岛开来的,在中国大陆还没有经过激烈的战斗,所以来势凶猛,骄横异常。据此,第一一五师决心抓住日军骄横,疏于戒备的弱点,利用平型关有利地形,从侧背,以出敌不意的伏击手段歼灭由灵丘向平型关进军的日军,配合友军作战。

9 月 23 日,阎锡山电告朱德:22 日夜日军忽然奇袭平型关阵地,发生激烈战斗,要求八路军配合作战。朱德接电后,同彭德怀立即电令:"一一五师

---

① 《中共中央文件选集》第 11 册,第 338 页。
② 《毛泽东军事文集》第 2 卷,第 54 页。

应即向平型关附近开进,机动侧击向平型关进攻之敌,但须控制一部于灵丘以南,保障自己之右侧"。同时,朱德、彭德怀把这一情况立即电告毛泽东:"灵丘之敌于昨晚迫平型关附近,正在激战中,我一一五师今晚以三个团集结于冉庄,准备配合平型关部队侧击该敌。另以师直属队并一部及独立团出动于灵丘以北活动。"①

当毛泽东得知这一具体军事行动计划时,并不知道平型关战役已在9月25日打响了,所以他在平型关战役打响的这一天,还致电朱德、彭德怀、任弼时、周恩来并告林彪,提出一个如何打好这一仗的战略意见:拟使用第一一五师配合国民党军一部,待日军在华北相当深入后,收复灵丘、涞源、广灵、蔚县四县,然后向着大同、张家口、北平线,大同、太原线,北平、石家庄线举行大规模的侧后袭击战,在灵、涞、广、蔚四县建立根据地。如若成功,还可用相当一部进出热河方向,如此或能造成华北抗战的新局面,支持相当时期的持久战。② 虽然这一战略意见由于平型关战役已经打响,没能立即执行,但毛泽东提出的"举行大规模的侧后袭击战"的战略意见同八路军总部指挥第一一五师进行平型关战役的战略意图是一致的。平型关战役就是一次比较大规模的侧后袭击战,而不是正面迎敌的阵地战,就这一根本点来说,与毛泽东提出的战略意见并不矛盾。

23日,第一一五师接到八路军总部的命令后,当天就在上寨召开连以上干部会议,进行战前动员。当夜,师部率主力进至平型关东南15公里的冉庄地区。24日,师长林彪、副师长聂荣臻组织干部现地勘察后,确定在平型关东北关沟至东河南镇道路两侧高地,采取一翼伏击的战术手段,歼灭由灵丘向平型关进攻之敌。具体部署是:令师独立团和骑兵营插到灵丘、涞源、广灵之间地区活动,扰乱敌后方、钳制和打击增援平型关之日军。以第三四三旅两个团担任主攻,其第六八五团占领关沟到老爷庙以东高地,截击日军先头部队,协同友邻围歼进入伏击地域之敌,并阻击由东跑池向老爷庙回援

① 《朱德传》,第411页。

② 参见《毛泽东军事文集》第2卷,第60—61页。

之敌;其第六八六团占领老爷庙至小寨以东高地,实施中间突击,分割歼灭沿公路开进之敌,尔后协助第六八五团向东跑池发展进攻。以第三四四旅第六八七团占领西沟村、蔡家峪、东河南镇以南高地,断敌退路,阻敌增援;以第六八八团为师预备队,置于东长城,黑山村地域。这种拦截敌之先头,切断敌之退路,实施中间突击,分割歼敌的布置,既保证伏击敌人兵力上的优势,又保证有足够阻击援敌的兵力。同日,国民党第二战区第六集团军送来《平型关出击计划》,要求第一一五师依据原计划由东南出击。为了隐蔽行动,发挥战役的突然性,第一一五师于 24 日午夜利用黑暗和暴雨,由冉庄向平型关东北的白崖台前进,于拂晓前进入小寨村至老爷庙公路附近的山地预伏地域,并作好了战斗准备。

25 日上午 7 时左右,日军第五师团第二十一旅后续部队乘汽车 100 余辆,附辎重大车 200 余辆,沿灵丘—平型关公路由东向西开进,进入第一一五师预伏地域。由于道路狭窄,雨后泥泞,日军车辆、人马拥挤堵塞,行动迟缓。第一一五师抓住战机,立即命令全线突然开火并利用居高临下的有利地形,适时发起冲击,对陷入混乱的日军实行分割包围,进行白刃格斗,充分发挥八路军近战和山地战的特长,予敌以严重杀伤。第六八五团迎头截击,歼其先头一部,封闭了日军南窜之路。第六八七团在蔡家峪与西沟村之间,分割包围了日军后尾部队,并抢占韩家湾北侧高地,切断了日军退路。第六八六团于小寨至老爷庙之间,实施突击,并令第二营冲过公路,迅速抢占了老爷庙及其以北高地,将日军压缩在狭谷中,已陷入四面包围伤亡惨重的日军,拼命向老爷庙反扑,企图向北突围。控制老爷庙及其以北高地的第六八六团第二营在第一、第三营的协同下,连续打退日军多次反扑。为解救被困日军,先期进占东跑池的日军一部,试图回援老爷庙,也被第六八五团所阻。日军第五师团长板垣征四郎急令在蔚县、涞源的日军向平型关增援,但被第一一五师独立团、骑兵营阻击于灵丘以北、以东地区。下午 1 时许,蔡家峪以东之日军一部与小寨以南被围日军会合后,在六架飞机火力掩护下,以密集队形,再次向老爷庙高地猛扑。由于敌我短兵相接,日军飞机也无能为力,其反扑又一次被第六八六团击退。随后,第六八六团冲下公路,在第六八五团的协同下,将被困日军歼灭。当日黄昏,第三四三旅迅速抢占了东跑池周围的高地,并将日军包围在东跑池一带盆地,但是由于国民党军未按计划出去,致使这部分日军由团城口突围。

八路军第一一五师在平型关战役中,经一天激战,共歼灭日军精锐第五师第二十一旅1000余人,击毁汽车100余辆,马车200余辆,缴获步枪1000余支,机枪20余挺,火炮一门,以及大批军用物资,其中包括注有日军华北作战计划及目标的日文地图,取得了全国抗战开始以来中国军队的第一个大胜利。

平型关战役是八路军第一次同日军作战,是八路军在华北战场上集中较大兵力主动寻歼敌人而取得的大胜利。在日军长驱直入,国民党节节后退的形势下,八路军首战告捷,使全国人民看到了中华民族的希望所在,从而极大地振奋了全国的民心和士气,提高了共产党和八路军的威望。同时,平型关大捷有力地打击了日军的疯狂气焰,挫伤了日军的锐气,打破了日本"皇军不可战胜"的神话,有效地钳制了日军第五师的行动,支援了平汉、同蒲路方面友军的作战。

毛泽东对平型关战役的胜利是满意的。就在平型关战役后的第二天,即9月26日,毛泽东致电朱德、彭德怀:"庆祝八路军取得的第一个胜利",同时指出:向恒山山脉及其东、西、北三方向突击,展开敌人侧面游击战争的计划,暂时尚无执行的条件,要待敌人更深入、后方更空虚时才能执行。① 这说明平型关战役原就是在展开敌人侧面游击战争的计划内的,是深入敌后,侧面寻歼敌人的游击战争计划的组成部分。

同一天,毛泽东还就平型关大捷的对外宣传问题向朱德、彭德怀、任弼时发出了指示。9月27日,毛泽东又就平型关战役战况电告正在南京同国民党谈判的秦邦宪、叶剑英。

10月1日,毛泽东再就平型关战役战果致电秦邦宪、叶剑英、潘汉年,告知"我们捷报发至全国,连日各省祝捷电甚多"②,其中有蒋介石、杨虎城、马

---

① 参见《毛泽东年谱》中卷,第25页。

② 《毛泽东年谱》中卷,第25页。

鸿逵、范长江、龙云、孙蔚如,上海大公报、上海职业救国会,杭州、福州、湖北、广东、陕西、开封各省党部,武汉行营,开封绥靖公署,浙江、福建各省政府,浙江抗日后援(救国)会等。

平型关大捷,全国反响强烈,毛泽东也为之振奋,使他对游击战战略方针有了更加全面、更加深刻的思考。9月29日,毛泽东在致周恩来等人的电报中,一方面指出:"阎必要求我军与他配合来打一、二仗,为了给晋军以更好的影响,如果在确实有利的条件下,当然是可以参加的";另一方面强调:"根本方针是争取群众,组织群众游击队,在这个总方针下,实行有条件的集中作战"。也就是说,毛泽东确立的游击战战略方针,始终不排除实行有条件的集中作战。1938年5月,毛泽东在《论持久战》中,对八路军的战略方针作了完整科学的概括:"基本的是游击战,但不放松有利条件下的运动战。"①实践证明,这样的概括是完全正确的,并获得了全党的普遍拥护。

第二节　忻口会战

忻口会战是抗战初期华北战场规模最大、战斗最激烈、持续时间最久、战绩最显著的一次会战,也是国共两党合作抗日配合较好的一次会战。忻口会战时,毛泽东

---

① 《毛泽东选集》第2卷,第496页。

不失时机地提醒阎锡山要加强东线娘子关一带的防守，并指示朱德等对于交给我们指挥的国民党军队采取爱护态度，对已进入山西的八路军应部署在敌之侧翼开展游击战争，为配合友军作战，八路军第一一五师准备减员2000 至 2500 人。

在八路军给予进攻平型关之日军以有力打击时，日军从茹越口突破长城防线，直通繁峙，威胁平型关、雁门关侧后。

1937 年 9 月 29 日，毛泽东致电周恩来、朱德等，指出"华北大局非常危险"，"山西将成为华北的特殊局面，""目前长城抗战仅是暂时，而且是极短的暂时"。① 毛泽东还特别提到平型关大捷后，阎锡山必要求八路军与他配合来打一二仗。

形势正如毛泽东所料的那样，10 月上旬，国民党军放弃雁门关至平型关的内长城防线，退守忻口东西一线阵地。阎锡山本人也离开太和岭口，回到太原。准备在忻口一带集中兵力与敌决战，保卫太原。阎锡山把周恩来请到自己的身边，帮助出谋划策，并协调八路军同国民党军共同作战。

忻口位于太原以北 90 公里的地方，居忻县、崞县、定襄三县之交，东托五台山，西倚云中山，滹沱河从两山穿流而过，同蒲铁路和一条公路沿河岸纵贯南北，是晋北通往太原的门户，也是守卫太原的最后一道防线。为攻占太原，日军越过茹越口、平型关一带之内长城线，侵占大营镇、繁峙等地后，日军中央统帅部令华北方面军"以一部兵力在山西省北部作战占领太原"；令关东军察哈尔派遣兵团入列华北方面军指挥下。华北方面军当即令关东军察哈尔派遣兵团位于内长城以南的各部队归第五师团长板垣征四郎指挥；令第五师团在代县集结，伺机经崞县，原平一线向忻口进攻，准备攻占太原。同时，日华北方面军命令沿平汉路南侵的第一军在适当时机攻占石家庄，并以一部兵力进入井陉以西的要地，切断中国的军队在山西方面的交

① 《毛泽东军事文集》第 2 卷，第 65—66 页。

通,以策应第五师团的作战。

内长城防线被日军突破,太原形势危急。国民政府军事委员会为挽回危局,遂决定转用平汉线兵力、巩固山西防御。10月1日,急令第十四集团军总司令卫立煌率第九、第十四军及第八十五师、独立第五旅等部共四个半师的兵力,由石家庄经正太路,转赴晋北增援。阎锡山为扭转晋北作战的败局,决定缩短战线,将兵力集中于宁武、代县、原平一带,利用忻口要隘与敌决战。阎锡山确定的忻口作战方针是:以攻势防御之目的,以主力占领原平、阳方口地区既设阵地线,两翼依托五台及宇武各山脉。依据北线日军分三路南犯的态势,把作战地区划为左、中、右三个地区,相应将部队编为右、中、左三个集团军,以主力用在正面的防御。具体部署是:以第十四集团军、第九、第十五、第十七、第十九等部为中央集团军,归刚入晋的第十四集团军总司令卫立煌指挥,在蔡家岗、南怀化、大白水一线占领阵地;以第十八集团军及第七十三、第一〇一、新编第二师为右集团军,归第十八集团军总司令朱德指挥,在五台山至峨口之线占领阵地;以第六十八、第七十一、第一二〇师及独立第七旅等部为左集团军,归第六集团军总司令杨爱源指挥,在黑峪至方口之线占领阵地。决心以主阵地之部队竭力阻止日军前进,以第十八集团军第一一五师,第一二〇师分由平型关及雁门关施行包抄,截断日军后方联络线,包围敌人于原平以北山地歼灭之。

在制定忻口作战方针的过程中,周恩来一直同阎锡山保持着频繁的接触,多次参与作战计划的研究,以协调共同作战。周恩来对阎锡山的作战计划提出修改意见,他认为:在中地区正面作战的军队不可用单纯消极防御的战法,在防御中采取积极的"反突击"。具体作法是令卫立煌部第十九军军长王靖国以小部钳制当面之敌,大部星夜回击敌后攻原平镇之敌并消灭之,以稳住中地区。并请南京另派三个师主力北上出击。左地区兵力较弱,可向宁武南北游击,破坏与阻止日军的前进计划。可调王震旅归还贺龙师建制以加强左地区。为配合忻口会战,周恩来还提议立即组织、武装正太路、同蒲路的铁路员工和井陉、阳泉矿工破坏铁路、煤矿等,以加强东线阻止日军西进的力量。周恩来还同阎锡山商定:右翼各军(包括国民党军第七十三师、第十师和新编第二师)统归朱德、彭德怀指挥。可见,周恩来的意见已部分为阎锡山接受。周恩来将这些情况都及时电告毛泽东。

毛泽东接电后,于 10 月 5 日致电周恩来、朱德等,同意周恩来与阎锡山等商定的作战计划。10 月 4 日,毛泽东专门就对待交八路军指挥的国民党军队的方针问题,致电朱德、彭德怀、任弼时并告八路军各师负责人,指出:"我们对于国民党交给我们指挥之部队,应采取爱护态度,不使他们担任最危险的任务,不使他们给养物资缺乏。对作战应使他们主要打几个小胜仗,对动员民众怎样告以政策、方法,对他们多取商量,表示殷勤爱护之意,力戒轻视、忽视、讥笑、漠不关心及把他们置于危险地位等错误态度。经过上述方针,争取他们与红军团结一致,使他们真正愿意围绕于红军周围。为达上述目的,除作战指挥由上级负责外,对他们应取态度及方法须向全体指战员进行教育,使此方针能全体彻底执行之。"①八路军对待国民党军的真诚态度,与蒋介石国民党对待八路军以削弱其力量为目的的态度,形成鲜明的对照。

为支持山西抗战,9 月 28 日,毛泽东致电刘伯承、徐向前、张浩:"我一二九师(缺一团)接电立即出动,经临晋渡河到侯马上车,在太原补充衣、弹,速开正太路南北地区。"②第一二九师接电后,立即向山西抗战前线挺进。在研究忻口会战作战计划中,阎锡山提出将第一二九师调到忻口参加阵地战。周恩来根据毛泽东的指示,向阎锡山说明今天八路军在决战问题上不是主力,但在敌后游击战中将起到决定作用。现日军正向太原方面进攻,我们不能把所有兵力都放在正面打阵地战,应该给第一二九师独立自主的活动机会,使它能迂回于日军后方寻找有利条件打击敌人。阎锡山无话可说,只好同意了。第一二九师在刘伯承师长的率领下,于 9 月 30 日从陕西富平县庄里镇出发,踏上了出师抗日的千里征途。

10 月 6 日黎明时分,延安凤凰山毛泽东的住处仍亮着灯火,毛泽东正紧

---

① 《毛泽东年谱》中卷,第 27—28 页。

② 《毛泽东年谱》中卷,第 25 页。

张地工作着。忻口会战即将开始,阎锡山的作战计划显然是重视了晋北方面的正面防御,忽视了晋东方面的侧面防御,而敌占石家庄后,必沿正太路向西进攻,毛泽东十分担心的正是这一点。所以他提笔起草了一封给周恩来、朱德等的电报,提出对华北作战的战略补充意见。他指出:"敌占石家庄后,将向西面进攻,故龙泉关、娘子关两点须集结重兵,实行坚守,以使主力在太原以北取得胜利。""此战役之关键在于下列三点:(一)娘子关、龙泉关之坚守。(二)正面忻口地区之守备与出击(出击是主要的)。(三)敌后方之破坏。"为达上述目的,必须:(一)要求南京速加派主力军三四个师位于娘子关。(二)要求卫立煌军四个师担任正面出击兵团之主力,晋军以两个师协助出击,余任守备。(三)八路军第一一五师、第一二〇师主力,担任从东西两面破坏敌人侧后纵深地区。另要求南京再派主力军两个师从涞源、蔚县行动。毛泽东认为"进入山西之敌,判断总数似不过两师半。为保卫晋北已经占领之数十县,至少分散一个师,则攻太原者似至多不过一师半。雁门关以南又须沿途分兵守备,则达忻口一带作战者似将不过一个师左右,已处于我三面包围中。如果龙泉关、娘子关能坚守一个月,又如果我方部署适当,则以我方兵力数量与质量计算,有可能暂时破坏敌之攻击计划"。毛泽东还提出,为配合国民党军作战,以第一一五师主力北越,从东线袭击敌人后方交通线,与第一二〇师主力在西线之行动配合,阻止日军向山西正面的进攻。他估计:如此,则第一一五师"因转移与作战频繁,要准备付出相当之代价,即应准备减员二千至二千五百"。[①] 毛泽东认为,八路军作出这样大的牺牲,这在支持山西抗战,支持华北作战较长久之战略目的,有很大意义。

在毛泽东提出关于加强晋东方面力量的意见时,第二战区副司令长官黄绍竑也到晋东娘子关一带现地视察。视察结果,他也感到晋东方面战线太宽,无机动部队,这样的防御,很难阻止日军的进攻。于是他提出将第二十六路军孙连仲所部,调娘子关方面作预备队。阎锡山同意了,晋东方面的防御力量虽然有所改善,但毛泽东的意见并没有为阎锡山所完全采纳。晋

----

① 《毛泽东军事文集》第2卷,第76—77页。

东方面仍然是整个战役部署着力量最薄弱的地方。

忻口会战从 10 月 13 日开始,历时 21 天,是山西抗战中规模最大,战斗最激烈的一次战役。在卫立煌指挥下的国民党军前线将士表现出英勇壮烈的牺牲精神,他们在崞县、原平都经过一个星期的固守,守军虽"战斗员伤亡三分之二以上","日耗两团上下",但阵地仍巍然屹立,从正面迟缓了日军的进攻。该部第九军军长郝梦龄、第五十四师师长刘家琪等高级将领都在前线壮烈牺牲。

在日军发动总攻前,周恩来曾致电毛泽东,担心日军如猛攻忻口,卫立煌部是否有极大胜利把握尚难判断。10 月 13 日,毛泽东复电周恩来等,指出周恩来的判断是正确的,"北面忻口反攻无充分把握,东面娘子关守备亦不大可靠"。毛泽东认为此时关键还在确保娘子关,"因娘子关不失则太原虽失仍可支持,如娘子关失守则华北战局立即变为局部战,失掉了全局的意义。须知华北战局重点并不在太原,而在娘子关、龙泉关一带之太行山脉。如太行山脉及正太路在我手,敌进太原如处瓮中,我军是还能有所作为的"。① 同一天,毛泽东再电周恩来等,提出准备于太原失守后迅即执行的华北战略部署,其目的为确保太行山脉、正太铁路在于我手中,准备向大同、张家口、北平作战略反攻,坚持华北持久战,用以消耗敌人,保卫中原各省。具体部署有:以现有的太行山以东各部,并增加生力军五个至十个师,位于龙泉关、娘子关及其以东地区,构筑坚固侧面阵地,分向进攻之敌及平汉线举行运动中的歼灭战,以确保两关及整个恒山山脉等。② 很可惜,毛泽东的这些极富远见的战略意见并没有被阎锡山及时采纳。

忻口会战正面国民党军之所以能坚守 21 天,与八路军在日军侧后积极活动是分不开的。根据毛泽东的指示,朱德、彭德怀于 10 月 6 日、7 日,令第一一五师协同友军向平型关、大营镇之敌进攻,相机袭取浑源、应县、断绝茹越口繁峙之间交通;令第一二〇师以主力向岱岳镇(今山阴)以西山地出动,

① 《毛泽东军事文集》第 2 卷,第 80—81 页。
② 参见《毛泽东军事文集》第 2 卷,第 82 页。

断绝大同与雁门关之间的交通,以第三五八旅主力配合友军夹击宁武以南之敌;令第一二九师主力进至正太路之寿阳、平定地区,积极钳制与打击两进之敌。

当日军主力于 10 月中旬向忻口阵地发动进攻后,八路军即向日军两翼及后方广泛展开游击战争。第一一五师第三四四旅主力于 10 月 13 日至 14 日在平型关东北小寨村附近,断绝日军交通。15 日,截击由灵丘方向驶来的日军汽车 130 余辆,并打退该敌一个大队的数次反扑,逼其退回灵丘。接着,该旅主力于当夜袭击团城口,随后收复平型关及浑源县城。同日,第三四四旅第六八八团夜袭沙河镇日军,缴获大批粮草和军用物资。18 日,该团又一举攻克繁峙,第一一五师独立团和骑兵营等部,则向察南、冀西日军展开进攻。15 日,独立团在广灵、灵丘之间的冯家沟设伏、歼灭日军 100 余人,缴获满载军用物资的大车 100 余辆,并于 16 日乘胜收复广灵县城。至 26 日,又相继攻克紫荆关及灵丘、蔚县二城。29 日,骑兵营等部又连克平山、唐县、完县等县城,并袭击平汉铁路的清风店车站,严重地威胁了日军平汉铁路北段的交通。经 20 余天的作战,第一一五师先后收复十座县城,切断了张家口至代县间的敌后方交通线。

第一二〇师向进攻忻口的日军右翼及后方展开广泛的袭击。由该师第三五八旅第七一六团第二营为基础组成的雁北支队,北越长城,挺进雁北地区。10 月初先后收复井坪(今平鲁县)、东榆林、马邑等地。10 日夜在辛庄伏击日军运输队,毙敌 100 余人,击毁敌汽车 18 辆;23 日,于周庄伏击由大同至岱岳的日军运输队,毙敌 100 余人,毁敌汽车十余辆,尔后直逼大同,严重威胁了大同日军和同蒲铁路北段敌之交通。第三五八旅主力于 13 日收复宁武县城,14 日攻占同蒲路上的大牛店等地。18 日该旅第七一六团在黑石头沟公路两侧伏击日军,毙伤敌 300 余人,击毁敌汽车 20 余辆。20 日夜,又以一部袭取了雁门关;另一部破坏了广武至太和岭间的公路及桥梁。21 日,该团再次于黑石头沟地区设伏,以猛烈大力歼敌一部,击毁其汽车十余辆,一度切断了日军由大同经雁门关至忻口的后方补给线。与此同时,该师第三五九旅主力由晋察冀边区的平山奉命返至忻口以西归建,其主力于阳明堡以南的王董堡附近数次伏击日军运输队,先后毙伤敌 300 余人,毁敌汽车 30 余辆,使日军交通运输进一步陷入瘫痪。

国民党军部分将领对八路军积极配合作战很满意。卫立煌于 10 月 24 日在给蒋介石的密电中称:"敌自雁门关被截断、粮秣极感困难,现向地方征发杂粮中。"蒋介石也于 10 月 17 日致电朱德、彭德怀:"贵部林师及张旅屡建奇功,强寇迭遭重创,深堪嘉慰。"①

由于八路军积极作战,使进攻忻口的日军与大同、张家口的交通中断,粮、弹、油料等供应断绝,迫使敌人不得不借用飞机来运送给养。同时,日军在地面攻击受挫也加紧了用飞机对忻口阵地的轰炸。此时,刚入晋的第一二九师先遣部队第七六九团进至崞县、代县之间滹沱河南岸一带,发现日军飞机不断由此北岸的阳明堡机场起飞,轮番轰炸、攻击忻口阵地,给国民党军以很大威胁,遂决定出其不意,夜袭机场。10 月 19 日凌晨,第七六九团各部队分别进至预定地区,担任主攻的第三营顺利偷袭滹沱河后,潜入机场,发起进攻。经一小时激战,歼灭日军 100 余人,毁伤日军飞机 24 架,取得平型关大捷以来又一次振奋人心的胜利。由于八路军各部的积极作战,切断了日军后方运输线,削弱了日军的有生力量,迫使日军不得不以相当兵力来加强后方守备,大大减轻了国民党军正面防御的压力,这就有力地支持了国民党军的忻口会战。

在八路军各部于敌侧后积极活动,配合国民党军忻口会战时,第一二九师发生了这样一件事。该师第三八六旅第七七一团于 10 月 23 日在平定县七亘村地区遭到日军一个联队和 200 余骑兵的袭击,伤亡 30 余人。要不是刘伯承师长率队及时赶到,阻止了日军的进攻,伤亡还会更大。第二天,第七七一团在夜间被冲散的人员陆续返回来了。刘伯承严肃地批评他们疏于警戒、遇袭失措的缺点,同时也诚恳地做了自我批评。消息传到延安,10 月 25 日毛泽东立即给八路军各级负责人发出一封措词严厉的电报,指出:"屡

---

① 《八路军参考资料》(1),解放军出版社 1992 年版,第 50 页。电中所说"林师"指林彪任师长的第一一五师,"张旅"指张宗逊任旅长的第一二○师第三五八旅。

胜之后,必生骄气,轻视敌人,以为自己了不得。七七一团七亘村受袭击,是这种胜利冲昏头脑的结果。你们宜发通令于全军,一直传达到连队战士,说明对日本帝国主义的战争,是一个艰苦奋斗的长过程。凡那种自称天下第一、骄气洋溢、目无余子的干部,须以深切的话告诉他们,必须把勇敢精神与谨慎精神结合起来,反对军队中的片面观点与机械主义。"①

10 月 26 日、28 日,刘伯承经过实地调查,亲自指挥第七七二团在七亘村两次设伏。由于料敌如神,谨慎用兵,取得"重叠设伏"的重大胜利。第七七二团在七亘村两次设伏,共歼日军 400 余人,缴获骡马 300 余匹及其他大量的军用物资,不仅挽回了七亘村受袭击的损失,而且在晋东方面给敌以有力打击,支援了国民党军的正面防御。

战争形势的发展正如毛泽东所预料的那样,晋东方面娘子关一线防御出现了严重的危机。沿平汉路南下的日军于 10 月 10 日占领石家庄之后,以一部继续沿平汉路南侵,而以主力第二十师团和第一〇九师团沿正太路西进,企图迂回忻口、太原侧后,配合其在忻口正面进攻的部队夺取太原。由于国民党当局未按毛泽东的建议预置重兵加强娘子关、龙泉关的防守,直至日军逼近后,始令第二战区副司令长官黄绍竑率第二十六、二十七路军、第三军等部进至娘子关仓卒阻止防御,致未能有效阻止日军的进攻。就在八路军七亘村第一次伏击战的同一天,日军攻占柏井,紧接着突破南翼的旧关,直接威胁娘子关的侧背。娘子关防线上的国民党军惧怕后路被切断,争相撤退。10 月 26 日,国民党守军放弃娘子关,全线后撤。日军迅速占领平定、阳泉、昔阳一线。从娘子关撤下来国民党军缺乏统一指挥,不能组织新的有效的防御。毛泽东早就指出,忻口会战关键是娘子关的防守。娘子关一失,日军便对太原、忻口形成大包围。11 月 2 日,卫立煌不得不下令撤离忻口阵地。11 月 8 日,太原失守。

由于毛泽东预料到国民党军如此战法太原即将失守,因此他在部署八路军配合友军作战时,特别指示,为不被隔断总部与各部、各部之间的联系,

① 《毛泽东军事文集》第 2 卷,第 102 页。

"林师主力不可过于向北,刘师不可过于向东,总部宜移正太路附近"。① 根据毛泽东的指示,在晋东战局危急的情况下,为阻止和迟滞日军的西进行动,八路军总部于 10 月 28 日率第一一五师师部及第三四三旅由五台地区南下,留杨成武团在恒山、五台山地区坚持游击战争。于 30 日抵达平定西南地区,统一指挥第一二九师及第一一五师主力,向沿正太路西犯之敌展开了连续的作战。第一二九师第三八六旅于 11 月 2 日在昔阳东南的黄崖底一带,伏击由东冶头向昔阳进犯的日军,毙伤日军 300 余人,骡马 300 余匹。第一一五师第三四三旅于 11 月 4 日在广阳对日军一辎重队发起猛烈进攻,经四个小时激战,歼日军近 1000 余人,缴获骡马 700 余匹、步枪 300 余支及大批军用物资。7 日,第一二九师主力在第一一五师的配合下,又于广阳以东的户封村地区设伏,毙伤日军 250 余人。由于八路军在黄崖底、广阳、户封村等地连续伏击日军,予敌以沉重打击,从而迟滞日军行动达一星期之久,掩护了沿正太路撤退的国民党军,使其脱离险境,避免了更大损失。

第三节　徐州会战

　　徐州会战是继淞沪、忻口会战之后,中国抗日战场又一次大的会战。由于徐州会战,造成华北和江南敌友兵相

---

① 《毛泽东军事文集》第 2 卷,第 87 页。

对减少,毛泽东适时提出八路军、新四军向平原与河湖港汊

地区开展游击战争,牵制日军,支持国民党军正面战场。

1938 年春,日本侵略军在占领华北和江浙地区大片土地后,其下一步作战行动是分东西两路沿同蒲、津浦两条铁路线攻占临汾、徐州两点。临汾、徐州得手后,两路日军即可沿陇海路东西对进,在洛阳、郑州、开封一线会合占领这一连接华北、西北、中原三大战略区的接合部后,再伺机攻占西安、武汉。毛泽东对日军的战略意图作出准确判断后,向国民党及时提出"日军为夺取陇海、平汉两路直取西安、武汉,决胜点必在潼关、武胜关",而据守徐州方面的潼关的得失又是武胜关能否守住的关键条件,所以必须确保潼关不失。毛泽东还告诉国民党:"如果近百万军队均退至黄河以南,平汉以西之内线,而陇海、平汉尽为敌占,则将形成极大困难。故总的方针,在敌深入进攻的条件下,必须部署足够力量于外线,方能配合内线主动作战,增加敌人困难,减少自己困难,造成有利于持久战之军事政治形势。"毛泽东还特别指出:"八路军将依战局发展情况配合友军作战"。① 这个战略建议,是总结了国民党多次军事失利的教训后提出来的,其主旨是强调积极防御作战,提出对日军只有采取"攻势防御"的作战行动,才能变被动为主动。而要达到这一目的,必须部署足够的兵力于外线,把内线防御和外线进攻结合起来,即把阵地战与运动战紧密地结合起来。从这一原则出发,必须在使用兵力和阻止防御上做出适当的调整。

东路日军为达上述既定战略目标,在占领南京后,就开始部署华北方面军和华中派遣军各一部,沿津浦铁路,采取南北对进的方针夹击徐州,企图消灭国民党军第五战区主力于该地区。徐州位于黄、淮两河之间,地据鲁豫皖苏四省要冲,为津浦、陇海两铁路之枢纽。扼徐州后,可沿陇海铁路西犯郑州、洛阳,直达潼关。所以为争夺这一战略要地,国民党军和日军都向该地区调集了大量军队,准备徐州会战,造成华北和江南敌友兵力都相对减

---

① 《毛泽东军事文集》第 2 卷,第 162—164 页。

少。为牵制和打击日军,配合国民党军徐州会战,毛泽东适时提出八路军向冀鲁平原挺进,新四军向大江南北开进,在南北两个敌后战场开展广泛的游击战争。

毛泽东首先总结了八路军在冀中平原开展游击战争的经验。据此,于1938年4月21日同张闻天、刘少奇向八路军发出关于开展平原游击战的指示。指示说:"根据抗战以来的经验,在目前全国坚持抗战与正在深入的群众工作两个条件之下,在河北、山东平原地区广大地发展抗日游击战争是可能的,而且坚持平原地区的游击战争也是可能的。""党与八路军部队在河北、山东平原地区,应坚决采取尽量广大发展游击战争的方针,尽量发动最广大的群众走上公开的武装抗日斗争。"①

在该指示发出之前,毛泽东就开始部署八路军挺进平原,开展敌后游击战争。2月4日,八路军总部命令晋察冀军区部队积极向平汉、津浦铁路北段发展,破坏敌之铁路交通,打击和钳制日军。2月9日夜,第三军区部队向平汉线保定至新乐段展开破袭,先后袭占新乐、定县、望都三县城及清风店、方顺桥等车站,并袭入满城和保定城关,毙伤日、伪军370余人,争取伪军100余人反正,破坏铁路数十公里,焚毁新乐等六处火车站。从9日至16日,该军区第一、第二、第四军分区部队分别攻占了蔚县的九宫口、北口、袭击了浑源、忻口、原平、崞县、代县等城镇,给同蒲、正太铁路沿线之敌以有力的打击。八路军前总在给毛泽东、周恩来的报告中说,这一胜利,"不但缴获了许多军用资材,而且钳制了正在沿平汉线南进之敌,直接援助了津浦线上的作战,兴奋了友军,打击了敌人,帮助了统一战线的巩固与发展。"为此,毛泽东于12日特发贺电嘉勉晋察冀军区。

在晋察冀军区部队破袭平汉、津浦北段铁路交通的同时,毛泽东重提重建冀东根据地的雾灵山计划。冀东是联结东北和华北的咽喉地带。早在洛川会议上毛泽东就以战略家的眼光指出冀东在抗战中的重要地位。他指示说,红军要有一支部队于敌后冀东,以雾灵山为根据地进行游击战争。为配

---

① 《毛泽东军事文集》第2卷,第217页。

合国民党军徐州会战,毛泽东认为实施这一计划的时机成熟了。根据毛泽东的指示,八路军总部从晋察冀和晋西北抽调兵力,组成八路军第四纵队向冀东进军,开始了创建冀东、平西抗日根据地的斗争。

为积极配合国民党军徐州会战,毛泽东还于 2 月 15 日提出第一一五师全部向东出动,分三步向河北、山东进军的战略意见。① 根据毛泽东这一指示,第一一五师陆续分批出动。到同年 11 月,第一一五师除留下陈士榘之后的第三四三旅之补充团外,主力全部由陈光、罗荣桓率领向山东进军,后来建立了山东抗日根据地。

根据毛泽东关于开展平原游击战的指示,同时为了配合国民党军徐州会战,此时八路军总部除调集兵力向冀东、山东挺进外,还令第一二九师副师长徐向前率两个团、一个支队挺进冀南。5 月初,徐向前率队抵达河北省南宫地区,与先期到达的陈再道、宋任穷率领的部队会合。徐向前的到达,加强并统一了冀南各部队的领导和指挥。5 月 10 日,他指挥第六八九、第七六九团等部队进行了威县战斗,毙伤日、伪军 100 余人,迫使驻威县的日伪军弃城西窜,驻临清、南和、平乡的日、伪军,也先后逃亡邢台。冀南抗日根据地的巩固和发展,在华北平原有力地牵制了日军南犯。

在这一时期,八路军为配合国民党军徐州会战,一方面坚决粉碎日军对新建抗日根据地的"扫荡"和围攻,消灭敌有生力量,钳制日军调动;另一方面,又主动地向敌交通干线、战略要点进击,并扫荡日军培植的爪牙——伪军,打了一系列胜仗。1938 年 3、4 月晋东南第一二九师反对日军九路围攻,长乐村一战,歼灭日军苫米地旅团主力,并使日军由同蒲路调兵东援徐州发生很大困难。2 月至 5 月间,第一二九师破袭平汉路、津浦路,在南宫赶跑日军清水司令,消灭盘踞河北伪军崔培德等 5000 余人。3 月 16 日,第一二九师第三八六旅在神头岭设伏,毙伤敌 1500 余人,俘敌八人,缴获长短枪 550 余支,击毙与缴获骡马 600 余匹,取得了八路军继平型关、广阳伏击战之后又一次较大规模的伏击战的胜利。3 月 31 日,第一二九师还伏击了东阳关

---

① 参见《毛泽东年谱》中卷,第 49 页。

与涉县间的响堂铺,毙伤日军森木少校以下400余人,焚毁汽车180辆,缴获各种枪支130余支,迫击炮四门。

与此同时,八路军第一二〇师从2月中旬起,对同蒲铁路北段及太原、忻县间展开了破袭战,在十天的战斗中共歼灭日军500余人,攻占平社、豆罗火车站和麻会、石岭关、关城镇等日军据点。炸毁火车三列,汽车十余辆,并袭击了太原火车站和飞机场。3月,第一二〇师遵照毛泽东"破坏敌之包围计划,巩固晋西北根据地,策应其他区域之作战"的指示,发动反击日军五路围攻晋西北的战斗,取得了歼灭日、伪军1500余人,缴获山炮一门,步机枪200余支、汽车14辆、骡马100余匹的胜利。

2月中旬,日军华北方面军第一集团军向晋西南地区发动大规模入侵,吕梁山部分地区变为敌后。第一一五师师部率第三四三旅由洪、赵地区进至孝义地区打击敌人。2月下旬,日军在占领隰县、临汾后,继续向西向南推进,直接威胁着陕甘宁边区的安全。第一一五师根据毛泽东关于巩固战略枢纽和寻机歼敌的指示,于3月间发动了午城、井沟战斗,共歼日军1000余人,焚毁汽车60余辆,缴获骡马200余匹、各种枪200余支、山炮两门及大批军用物资。八路军的这些战斗的胜利,削弱了日军的力量,直接与间接地限制了日军的调动,牵制了日军的南犯。

正当八路军在北方,华北广大平原如火如荼开展游击战争的同时,毛泽东不失时机地指示新四军东进北上,在大江南北开展游击战争,牵制南面日军北犯。日本华中派遣军占领南京后,虽然苏浙皖大部地区已成为敌后,但日军只能控制大城市和交通要道,无法控制广大农村,而且国民党军队和政府机构也已大部撤走。这对于新四军挺进敌后,在大江南北开展游击战争,创建华中敌后抗日根据地无疑地是一个极为有利的时机。毛泽东早在新四军成立军部后,第一、第二、第三支队(第四支队当时在江北)开始集中时就明确指出,所有的新四军部队不要在集结地区停留过久,只需稍加整顿,即向大江南北的苏南、皖中前线迅速开进。① 但是由于新四军领导人项英的思

① 参见《叶挺将军传》,第296页。

想没有搞通,迟迟不予发兵,并向中央提出如在敌后平原水网地带行动困难等理由。为此,毛泽东不断向项英做说服教育工作。毛泽东认为"依据河湖港汊发展游击战争,并建立根据地的可能性,客观上说来是较之平原地带为大,仅次于山岳地带一等"。"红军时代的洪湖游击战争支持了数年之久,都是河湖港汊地带能够发展游击战争并建立根据地的证据"。① 由于项英的原因,延误了江南新四军北上东进的时间。但在江北的新四军第四支队,在津浦铁路南段,淮河流域协同国民党军联合行动,使徐州以南日军不敢贸然北上支援南下日军,极大地牵制了北犯日军,为徐州以北台儿庄战役的胜利提供了有力的支援。

在台儿庄战役之前,被蒋介石派到第五战区协助李宗仁指挥作战的副参谋总长白崇禧特邀周恩来和叶剑英到其寓所,商讨对敌作战方针。周恩来依据战局形势,对白崇禧说:在津浦线南段,已令新四军第四支队协同李品仙、廖磊两集团军,采取以运动战为主、游击战为辅的联合行动,运动于辽阔的淮河流域,使津浦线南段的日军,时刻受到威胁,不敢贸然北上支援南下日军。在徐州以北应采取阵地战与运动战相结合的方针,守点打援,以达到各个击破的目的。白崇禧对共产党这一建议,深加赞赏。②

此后,周恩来又派张爱萍以八路军代表的名义去徐州见李宗仁,劝李在济南以南、徐州以北抵抗日军,同日军打一仗。周恩来告诉张爱萍:"曾同白崇禧谈过此事,现派你再直接向李宗仁做工作。"张爱萍向李宗仁讲了几条:一是日本侵略军占领济南后南下,几乎是长驱直入,非常嚣张,骄兵必败,而且还是孤军深入;二是济南以南,徐州以北的地形很好,台儿庄、张庄一带都是山区,地形对我有利;三是广西军队是有战斗力的,北边有八路军在战略上的配合,应该在这样有利的地形下和敌情下,集中兵力,打一个大仗,既可给日军一次沉重的打击,又可以提高广西军队在整个民众中、特别是在国民

---

① 《毛泽东军事文集》第 2 卷,第 247 页。

② 参见《政坛回忆》,广西人民出版社 1986 年版,第 116 页。

党中的威信。李宗仁听了表示这个意见很好,并要张爱萍转告周恩来。① 这些建议,促成了台儿庄战役的大捷。

台儿庄位于徐州东北 30 公里的大运河北岸,临城至赵墩的铁路支线上,北连津浦路,南接陇海线,扼守运河的咽喉,是徐州的门户。3 月 10 日,北路日军左翼板垣征四郎的第五师团向在台儿庄东北临沂猛攻,企图打下临沂,与其右翼第十师团会攻徐州。国民党军以庞炳勋第三军团第四十军马法五师等部坚守临沂,调张自忠第五十九军于 3 月 14 日向日军侧翼反击,经数日激战,击溃日军。日军右翼第十师团组成濑谷支队沿津浦路南下,3 月 16 日晨进攻藤县。国民党军第二十二集团军一二二师与敌血战两日,师长王铭章以下大部牺牲殉国。日军在攻陷藤县时,又分兵攻下临城、韩庄,企图过运河直下徐州,但被国民党军关麟征第五十二军所阻,乃移军东向,沿枣台支线进攻台儿庄。3 月 24 日,日军猛攻台儿庄,国民党军以孙连仲第二集团军池峰城第三十一师坚守台儿庄城寨,后又加入二十七师等部于城外,与日军进行近战,反复肉搏冲锋,并组织敢死队夜袭,使日军伤亡惨重,只得将临沂方面第五师团板本旅团主力调来,加入台儿庄方面作战,但也屡攻不下。4 月 3 日,国民党军以汤恩伯的第二十集团军由东向西,第二集团军由南向北,孙桐萱的第三集团军由北向南,向日军大举反攻。经几天激战,共歼日军一万余人。这是继八路军平型关战役之后,全国抗战的又一重大胜利,它沉重地打击了日军疯狂气焰,极大地鼓舞了全国军民坚持抗战的必胜信心。

在台儿庄战役中,双方投入大量兵力。日军投入两个师团约三万人,国民党军投入 20 余师约 12 万人。日军发现中国军队在徐州地区集结了重兵,认为这是给中国军队主力一大打击的好机会,于是在 4 月 7 日正式下达徐州作战的命令,同时调整部署,增加兵力,以图徐州会战成功。在台儿庄大捷的刺激下,蒋介石为了扩大战果,也从各战区调集了大批军队,以图徐州决战。这正中了日军的下怀。当时李宗仁认为,在此四面受敌的平原地带

---

① 参见《周恩来传》,人民出版社 1989 年版,第 411 页。

与日军进行战略决战,违背长期消耗战的既定方针。但是他的意见很快就被蒋介石否决了。

4月25日《大公报》发表社评说:"现时的时局,就是抗战前途的重要关头,我们在这一战胜利了,其有形无形的影响,就可以得到准决胜的功效"。"全军将士注意! 现在就是准决战"。4月26日《大公报》又发表社评说,"这一战当然不是最后决战,但不失为准决战。因为在日本军阀,这一战,就是他们最后的挣扎"。显然这些论调不符合实际情况的,是对敌我力量的一种错误的估计。

毛泽东反对这些论调。他在5月10日中共中央常委会议上说:最近《大公报》两篇社论态度变化,认为鲁南战争(即徐州会战的第三阶段)是准决战,否认中日战争是持久战。我们对于中日战争的估计,过去也有两种意见。我一贯估计中日战争是持久战,因为中国是大国,日本不能完全吞并中国,同时中国又是弱国,须要持久战争才能取得胜利。① 5月13日,毛泽东又就《大公报》宣传"准决战"的问题,致电王明、周恩来、秦邦宪、何凯丰,指出:"《大公报》否认持久战,提倡准决战的论调,我们认为是不对的。徐州决战只应该是某种程度的战役决战,而决不应该看作战略决战,必须准备在徐州决战失败后,仍有充足力量为保卫武汉而战。"②

事实也对《大公报》的这种速胜论调作了无情的回答。5月间,国民党军兴师60万的徐州会战终告失败,而接踵而至的是武汉危机。

徐州会战虽然失败了,但它是国民党军继淞沪会战、忻口会战之后,在抗日战场上与日军进行的又一次大规模的会战,它打破了日军速战速决的战略计划,使日军妄图挫伤中国军民抗战意志的目标未能实现。徐州会战之所以历时四个多月,并取得台儿庄大捷,一方面是因为国民党军第五战区广大抗战官兵英勇作战流血牺牲,另一方面也是同八路军、新四军在南北敌后的战略战役的支持分不开的。

---

① 参见《毛泽东年谱》中卷,第67—68页。
② 《毛泽东年谱》中卷,第69—70页。

第四节　武汉保卫战

> 毛泽东强调,徐州失守后,敌之主要进攻方向在武汉。保卫武汉,重在发动民众,军事则重在袭击敌人之侧后,务须避免不利的决战。他赞同蒋介石在事实上不可守时放弃大武汉,批评王明把武汉当作中国的马德里。

武汉系几省通衢的战略要地。南京失守后,国民政府的许多领导机构迁至武汉。中国共产党也在武汉设立了长江局和八路军办事处,并创办了《新华日报》。武汉一度成为中国抗战的中心。徐州失守后,保卫武汉的问题就在全国突出起来。

早在 1938 年 3 月 25 日,中共中央即致电国民党临时全国代表大会,提倡八项建议,其中第二项建议就是:"继续动员全国武力人力财力物力为保卫西北,保卫武汉而战。"①在徐州失守前,毛泽东在 5 月 13 日致中共中央长江局的电报中提醒国民党:"必须准备在徐州决战失败后,仍有充足力量为保卫武汉而战。"②

---

① 《中共中央文件选集》第 11 册,第 482 页。
② 《毛泽东军事文集》第 2 卷,第 222 页。

　　5月19日,徐州失守。20日,毛泽东即致电朱德、彭德怀等,指出"徐州失守后,河南将进入敌手,武汉危急"。① 并指示八路军准备向豫皖苏鲁敌后发展。

　　这时有人认为,在徐州失守后敌将置武汉抗日的重心于不顾,而将主力立即转向华北及西北打击游击队及切断中苏交通。毛泽东认为这种估计是不适当的。他分析这一步骤的到来,将在稍后。毛泽东在5月26日致八路军总部、各师、晋察冀军区、新四军和山东党的负责人的电报中指出:"徐州失守后,判断敌将以进攻武汉为作战计划之中心。"并预测:"如果欧洲发生战争或重大危机,敌将迅速进攻广东"。提出"王明的口号是保卫武汉,保卫广州,保卫西北,坚持华北游击战争"。强调"在上述情况下,华北游击战争还是广泛开展的有利时机,目前应加重注意山东、热河及大青山脉"。②

　　周恩来与毛泽东的判断一致,他于6月15日在致毛泽东、朱德、彭德怀的电报中指出,日军集中主力进攻陇海、津浦,那么山西、平汉及津浦北段均较空虚,提议应抓紧有利时机扩大我军我党的政治影响,鼓励和坚定友军的抗战决心。实际上此电提出了八路军配合武汉保卫战的一种支援。当天,毛泽东即复电周恩来等,认为"周电提议是正确的"。强调"我上月二十六日电已大略指出"的"敌之主要进攻方向在武汉,对华北、西北则均暂时无法多顾及,给我们以放手发展游击战争并争取部分运动战的机会"。指出"目前为配合中央作战,为缩小华北敌之占领地,为发展并巩固华北根据地,都有大举袭敌之必要","惟具体作战须全依敌我当前实际条件而定,不因人家议论而自乱步骤,这也应该注意"。③

　　根据毛泽东的指示,八路军在华北敌后进一步开展游击战争,不断打击日、伪军,一方面巩固新建的抗日根据地,另一方面支援国民党军武汉保卫战。

----

① 《毛泽东军事文集》第2卷,第225页。
② 《毛泽东军事文集》第2卷,第227页。
③ 《毛泽东年谱》中卷,第78页。

晋察冀军区和第一二○师第三五九旅在八路军总部统一部署下，于"七七"抗战一周年之际向平绥、平汉、津浦等铁路线和附近城镇据点发起连续破击作战，一度攻克易县城，攻占定县车站及桃花堡、西合营、暖泉、北水泉等日、伪据点，袭入新乐、平山等县城。经过三天两夜的激战，共毙伤日、伪军 1400 余人，缴获各种枪 300 余支，破坏铁路 50 余公里，使平汉线北段交通一度中断。这次战斗还炸毁了北平城西石景山发电厂，使北平顿成黑暗世界。八路军连续作战的胜利，使华北日军惊恐不安。为消除后顾之忧，日军在南取广州，中攻武汉的同时，决定"北围五台"。自 9 月 10 日起，日军先后调集五万余人的兵力，分 25 路围攻晋察冀根据地。在晋察冀边区军民反围攻的关键时刻，毛泽东同朱德等于 10 月 2 日致电聂荣臻转中共晋察冀省委等："根据敌人构筑据点，步步推进，紧缩边区及敌人顽强与敌力不足的优缺点"，应"相当地集中主力于我有利的各种条件（敌人弱、地形有利）方面，准备待机"；"以小部队与敌进行极不规则的小战，迟阻和疲惫敌人，以相当有力部队转入敌之后方交通线，打击敌之运输"；"如敌无弱可乘，不便我主力集中打击或消灭敌时，待敌人进至利害循环变换线，即将主力转至敌后方，仍以小部队分途逐渐引敌深入，使敌疲惫疏忽而扑空，待敌转移方向或退却时，给敌以突然的袭击或追击。"并命令第 二九师"对正太路有计划地进行破坏，并相机以适当兵力越路北进，分途尾击敌人"。第一二○师"积极地吸引原平、忻口、关城之敌，并相机越路东，尾击东进之敌。"[①]遵照毛泽东等人的指示，晋察冀军区决定改变对敌斗争方式，以各大队化整为零开展游击战，而以主力部队转移敌之包围线以外行动。各部队根据军区的统一部署，对敌展开了灵活的斗争。至 11 月 7 日，晋察冀边区在兄弟部队的配合下，打退了日军的围攻，反围攻作战基本结束。这次反围攻战斗共毙伤日、伪军 5200 余人，缴获长短枪 570 余支、轻重机枪 49 挺、各种大炮十门及大批军用物资。反围攻的胜利，进一步巩固了晋察冀抗日根据地，有力地策应了正面战场友军的武汉会战。

---

① 《毛泽东军事文集》第 2 卷，第 369—370 页。

　　根据毛泽东"目前应加重山东、热河及大青山脉"的指示，八路军第一二〇师组成大青山支队，在第三五八旅政治委员李井泉的率领下，于 7 月下旬由晋西北出发向绥远挺进。9 月初到达大青山大滩地区。不久，与中共地方组织领导的蒙汉游击队会合，开展游击战争。9 月上旬，首战陶林、歼敌一部，再克乌兰花，全歼伪蒙军和保安队 180 余人。9 月底，向绥西挺进，先后歼灭日、伪军 1000 余人。经过三个多月的作战和工作，初步开辟了绥南、绥中、绥西三个抗日游击区，初步建成大青山抗日游击根据地。大青山抗日游击根据地的开辟和建立，对于坚持绥远抗战，钳制日军向大西北入侵，掩护陕甘宁和晋西北抗日根据地的翼侧安全，具有重要意义。

　　八路军第一二九师第三八六旅在陈赓旅长率领下，于 6 月下旬进到漳河以南、道清路以北的豫北地区，相继攻克观台、水冶，袭入汤阴、辉县及潞王坟等车站据点。至 8 月间，该部共歼灭伪军 1000 余人，将日、伪势力驱至铁路沿线，并配合中共地方组织在安阳、林县、辉县等山区建立了抗日政权，在豫北平原开辟了广大的游击区。同时，第一二九师又组成新的第三八五旅，在陈锡联旅长的率领下，在正太铁路以南、平汉铁路石家庄至邢台段以西袭击、伏击日、伪军。活动于晋南地区的第一一五师第三四四旅，于 7 月 6 日，在沁水东南之町店附近袭击由晋城向侯马增援的日军，歼敌 500 余人，击毁汽车 20 余辆，严重地打击敌人增援的行动，有力地策应了国民党军卫立煌部在侯马地区的作战。为配合国民党军武汉保卫战，在 5 至 10 月间，第一二九师统一指挥第三八五、第三八六、第三四四旅及各基干支队，在晋冀鲁边区对平汉、正太、道清等铁路进行了十余次破击，有力地钳制了日军的行动。

　　7 月 8 日，毛泽东在致第一一五师的电报中指出：第三四三旅目前"仍以对同蒲、太军（太原至军渡公路）两路大肆破坏，妨碍敌渡黄河为主要任务，协助地方发展游击队为辅助任务。"根据毛泽东这一指示，第一一五师第三四三旅于 9 月间在汾（阳）离（石）公路连续三次伏击日军，共歼敌 1200 余人，击毁汽车 30 余辆，缴获各种枪 560 余支、战马 100 余匹，粉碎日军华北方面军为策应华中派遣军进攻武汉而沿汾离公路西犯柳林、军渡，威胁陕甘宁边区的计划,予敌以沉重打击。

6月,中共苏鲁豫皖边区省委根据毛泽东"凡属我党领导、已得广大民众拥护,又邻近友党友军之游击队,以用八路军名义为宜"的指示,对山东各地抗日武装实行了统一领导。在整顿部队的同时,八路军山东人民抗日游击队积极打击日、伪军。8月间八路军山东人民抗日游击第三支队先后袭击了张店、周村、黄台火车站;8月13日袭击济南,一度攻入济南北关,占领伪省政府。9月,第四支队先后对胶济铁路周村至张店段及张(店)博(山)铁路进行袭击战,毙伤日、伪军300余人,击落敌飞机一架。与此同时,第五支队数次袭击烟台之敌,并于蓬莱、龙口、栾家口连续击退了企图由海上登陆的日军。鲁南人民抗日武装于9月间在临(沂)枣(庄)公路上的燕柱山伏击日军汽车队。10月3日,山东人民抗日武装又破坏胶(青岛)济(南)路50余公里,有力地钳制和消耗了大量日军,使其难以抽调兵力转用于正面战场。

6月2日,毛泽东致电项英,指出:"敌之总目标在进攻武汉,你们可放手在敌后活动"。同时强调:"望根据战争的实际经验,凡敌后一切无友军地区,我军均可派队活动。不但太湖以北吴淞江以西广大地区,即长江以北,到将来力能顾及时,亦应准备派出 小支队"。① 顾及毛泽东的指示,在第一支队挺进苏南后,第二支队于7月进入苏南敌后,展开于京芜铁路以东、京杭公路以西的江宁、当涂、溧水、高淳地区,创建抗日根据地,打击日、伪军,并破坏其交通线。同时,第三支队进入皖南抗日前线,面对日军长江交通线,经常与日军作战,第四支队挺进皖中敌后,9月3日,该支队在桐城以南的棋盘岭伏击日军汽车运输队,歼敌70余人,俘四人,击毁汽车50余辆,取得了伏击战的胜利。新四军在敌后逐步创建了苏南、皖南、皖中和豫东抗日根据地,成为插向日军华中派遣军背后的一把尖刀,钳制了日军大量兵力,有力地支援和配合了正面战场友军的作战。

正当毛泽东于6月15日发出"以放手发展游击战争"来配合国民党军

---

① 《毛泽东军事文集》第2卷,第351页。

武汉保卫战的同时,也是6月15日这一天,王明等在武汉发表了《我们对于保卫武汉与第三期抗战问题底意见》一文。王明在文中指出:保卫武汉"是整个第三期抗战问题的一个重要组成部分和中心环节。要懂得武汉是我国最后一个最大的政治、经济中心,武汉的得失,不仅对于整个第三期抗战有极大影响,而且对于整个内政、外交方面均有相当的影响"。"能不能保卫武汉呢?我们坚定地回答说:能!请回想一下西班牙人民保卫马德里的光荣经验吧!""马德里的工人和西班牙的共和国军,能够英勇地抵抗德意两法西斯国家及其走狗佛朗哥的联合进攻已经两年,难道我们武汉工人和中国军队不能奋勇地保住武汉和抵御住日本法西斯军队的进攻吗?我们相信,武汉工人和中国军队也能够像西班牙兄弟一样'人民个个做勇士,战士个个做英雄!'"①

这篇长达近三万字的文章,在武汉危亡之际,表达了中国共产党人坚持抗战的决心,对于巩固军民保卫武汉的信心起到一定的作用。但是,在敌强我弱的情况下,主张与日军大战,片面强调保卫武汉的重大影响,也有消极的一面。这与毛泽东"惟具体作战须全依敌我当前实际条件而定"的指示是不一样的。

6月中旬,国民政府军事委员会制定了保卫武汉的作战方针,即:守备华南海岸及华东、华北现阵地,并积极发展游击战争,破坏长江下游航运,牵制和消灭敌人,另以有力一部支援马当要塞,在鄱阳湖以东迎战敌人,阻止其溯江向九江集中,在武汉外围布置主力军,利用鄱阳湖大别山以及长江两岸丘陵湖沼等有利地形进行持久战,特别把重点放在外线和翼侧。这一作战方针的要点也不在于死守武汉,而在于消耗日军的有生力量,以阻挡日军的攻势,巩固以重庆为中心的大后方。由此可见,国民党也没有听从长江局王明等的意见,而是照自己的实际情况,制定作战方针部署武汉保卫战。

王明等单纯强调保卫武汉的意见,也受到了毛泽东等的批评。因为问题不在于武汉要不要保卫,而在于如何保卫。8月6日,毛泽东等致电王明

---

① 《中共中央文件选集》第10册,第522—523页。

等,指出"保卫武汉,重在发动民众,军事则重在袭击敌人之侧后,迟滞敌进,争取时间,务须避免不利的决战,至事实上不可守时,不惜断然放弃之。因目前许多军队的战斗力远不如前,若再损失过大,将增加各将领对蒋之不满,投降派与割据派起而乘之,有影响蒋的地位及继续抗战之虞。在抗战过程中巩固蒋之地位,坚持抗战,坚决打击投降派,应是我们的总方针。而军队力量之保存,是执行此方针之基础"。①

针对王明等把保卫武汉当作保卫马德里战斗的言论,毛泽东在《论持久战》中就指出:"当此保卫武汉等地成为紧急任务之时,发动全军全民的全部积极性来支持战争,是十分严重的任务。保卫武汉等地的任务,毫无疑义必须认真地提出与执行。然而究竟能否确定地保卫不失,不决定于主观的愿望,而决定于具体的条件。""中国的马德里在什么地方,看什么地方具备马德里的条件。过去是没有一个马德里的,今天应该争取几个,然而全看条件如何。"毛泽东认为"政治上动员全军全民起来奋斗,是最重要的具体的条件之一。不努力于争取一切必要的条件,甚至必要条件有一不备,势必重蹈南京等地失陷之覆辙"。②

事实证明毛泽东的意见是正确的。至10月中旬,武汉外围之要塞、重要阵地均被日军攻陷,武汉三镇处于日军包围之中。10月7日,中共中央发出《关于目前日军进攻武汉对各政治机关宣传鼓动工作的指示》,指出"现在不应该强调保卫武汉,因过分强调,武汉一旦失守则会产生悲观失望及一切不正确观念"。"立即加紧说明我们应争取防御武汉之持久,但应强调武汉假如失守中国仍能继续抗战,一城一地之得失不会决定胜负,号召提出民族自信心与自尊心,坚持与日寇作长期的斗争,反对利用武汉失守及危急可能来动摇抗战决心散布一切失败情绪的企图。"③10月12日,毛泽东在中共六届六中全会上作《论新阶段》的政治报告,在讲第三部分时,指出:"保卫武汉

---

① 《毛泽东军事文集》第2卷,第359页。
② 《毛泽东选集》第2卷,第512—513页。
③ 《中共中央文件选集》第11册,第549页。

斗争的目的,一方面在于消耗敌人,又一方面在于争取时间便于我全国工作之进步,而不是死守据点。到了战况确实证明不利于我而放弃则反为有利之时,应以放弃地方保存军力为原则,因此必须避免大的不利决战。"毛泽东进一步指出:"战略决战,在一二两阶段中都是不应有的,都是以妨碍抗战的坚持与反攻的准备,因此必须避免。避免战略决战而力争有利条件下的战役与战斗的决战,应是持久战的方针之一。于必要时机与一定条件下放弃某些无可再守的城市,不但是被迫的不得已的,而且是诱敌深入、分散、消耗与疲惫敌人的积极政策。在坚持抗战而非妥协投降的大前提下,必要时机放弃某些据点,是持久战方针内所许可的,并无为之震惊的必要。"①

由此可见,毛泽东提出保卫武汉斗争的目的,不在于死守据点,而在于一方面消耗日军有生力量,又一方面争取时间便于我全国抗战工作之进步。毛泽东就是从这个战略目标出发来部署八路军、新四军配合国民党军进行武汉保卫战的。

继 10 月 21 日广州失陷后,10 月 27 日武汉失守。武汉会战虽以国民党放弃武汉而告终,但是保卫武汉之战,使日军受到很大消耗,使日军的战略进攻达到了顶点,以后开始走下坡路了。蒋介石在 10 月 31 日发表《为放弃武汉告全国同胞书》,指出:"抗战军事胜负之关键不在武汉一地之得失,而在保持我继续抗战持久之力量"。毛泽东在一次会上也指出,这次蒋委员长放弃武汉是很对的,不能死守,我们把力量保存起来,四面和它打,不好吗?武汉失守敌人方面不便宜,它的力量被分散了。武汉失守,抗日战争要进行到一个新阶段,这个新阶段就是敌人不能再进攻的敌我相持阶段。

---

① 《毛泽东军事文集》第 2 卷,第 392 页。

第五节 百团大战

　　正当毛泽东把主要精力放在巩固华北，发展华中工作方面的时候，华北八路军发动了百团大战。既然百团大战打起来，就要全力支持。这种态度就像当年马克思、恩格斯对待巴黎公社起义的态度一样。

　　巩固华北，发展华中是中共六届六中全会确定的战略任务。当时为适应发展华中的和华南战略任务的需要，全会决定撤销长江局，设立以刘少奇为书记的中原局和以周恩来为书记的南方局。但中共六中全会后，党的主要任务还在于巩固华北各敌后抗日根据地，把主要精力放在打退第一次反共高潮的斗争上。当1940年春彻底粉碎第一次反共高潮后，才有可能将主要精力放在发展华中上。正当毛泽东转而大力发展华中，把精力比较集中在新四军工作方面的时候，华北八路军在总部的指挥下，于1940年8月20日到12月5日，发动百团大战，向日军做大规模的积极主动的战役反攻。这不但是一场艰苦卓绝的战斗，而且也是一次震动全国，闻名世界的重大军事行动。

　　在粉碎国民党顽固派第一次反共高潮的斗争取得胜利的时候，1940年4月1日，朱德、彭德怀就曾发布一道命令，要求各部配合，从4月10日开始动作,对敌人的交通线发动一次总破袭。① 就在命令下达后的第二天,毛泽东急电彭德怀,指出:"目前局势相当严重,蒋介石似已下了决心,即是挂抗日的招牌,做剿共的实际。目前对我最威胁的是绥德、皖东两点。"毛泽东继而说明这两点的重要性:如河防不守,则前后方联络隔断,延安在危险中。如皖东不守,则皖南部队被隔断,八路军出鄂豫皖边及豫鄂西的道路也被隔断。所以毛泽东指示彭德怀和晋西北的贺龙、关向应,目前需要以主力对付威胁延安的国民党军第九十军,同时要彭德怀除抽调第三四三旅外,再抽调三四万兵力南下华中,打通与新四军陈毅部的联系。② 根据毛泽东的这一指示,朱德、彭德怀4月1日关于发动交通总破袭的计划暂时搁置下来,而由八路军各部分散出击,并未形成统一的战役。

此后,国民党军李文第九十军因得知延安已做好防御的准备,放弃了进攻延安的计划,而且八路军总部已命令黄克诚率第三四四旅等部南下华中,毛泽东强调的两个问题已基本解决。这样,在经过一段时间的酝酿准备后,7月22日,由朱德、彭德怀、左权三人签发了破袭正太路战役的预备命令。该命令用电报发给晋察冀军区、第一二〇师、第一二九师和所属各区,同时上报中共中央军委。当这一注明"十万火急"的绝密电报发到延安,立即被抄送给毛泽东、王稼祥、张闻天、王明、康生、陈云、任弼时和作战局等。这个预备命令规定的战役目的是:"以彻底破坏正太路若干要隘,消灭部分敌人,收复若干重要名胜关隘据点,较长期截断该线交通,并乘胜扩大拔除该线南北地区若干据点,开展该路沿线两侧工作,基本是截断该线交通为目的。"③8月8日,八路军总部又发出《战役行动命令》和《破击战术之一般指示》,明确规定这次战役成果之大小,主要看破坏正太路程度而定,破坏工作为这次战役成果最中心的环节。

但在实际上百团大战一打起来就打了三个半月,经历了三个阶段:自8

---

① 参见《彭德怀传》,第208页。

② 参见《彭德怀传》,第208—209页。

③ 《中共中央文件选集》第12册,中共中央党校出版社1991年版,第649—650页。

月20日至9月10日为第一阶段,主要是交通破袭战,破坏日军在华北的主要交通线,重点是摧毁正太路、白晋路、平汉路和德石路等。自9月20日至10月5日为第二阶段,主要是歼灭交通线两边的日军和摧毁深入我根据地内的日军据点。自10月6日至12月5日为第三阶段,主要是反"扫荡"战斗。整个战役,八路军陆续投入兵力达105个团,作战1.8千余次,毙伤日军两万余人、伪军5000余人,俘日军200余人、伪军1.8万余人,破坏铁路474公里、公路1.5千余公里、桥梁和隧道260多处,缴获各种炮53门、各种枪5.9千余支(挺)。同时八路军伤亡也有1.7万余人。

百团大战是敌后抗战的伟大创举,在抗战史上写下了光辉的一页。它严重地破坏了日军在华北的主要交通线,使正太铁路停运一个多月,两次切断同蒲铁路北段,平汉、津浦、北宁等铁路和部分公路也遭到不同程度的破坏,拔除了日军深入我抗日根据地内部的部分据点,歼灭了大量日、伪军,打破了日军对付我抗日根据地的"囚笼政策",牵制了日军进攻我大西北后方及进攻西南的企图。百团大战使全国军民看到,八路军在极为困难的条件下,不仅发展壮大起来,而且能够给敌人以强有力的打击,鼓舞了全国人民抗战胜利的信心,提高了共产党和八路军的威望,并向全世界表明了中国共产党及其所领导的军队,是抵抗日本侵略的中流砥柱,是争取抗战胜利的希望所在。

百团大战是抗日战争中一次伟大的胜利,但也存在着问题。如对日军进攻的方向,没有估计到日军准备进攻粤汉路是为了进行太平洋战争,战役举行过早,如果等到日军兵力更加分散时,再发动这次战役,战果就会大得多。这次战役过早暴露了八路军的力量,迫使日军从华中国民党正面战场抽调出两个师团的兵力,来加强对八路军华北敌后根据地的进攻。再则企图通过这一战役大举进攻、想把华北几个根据地联成一片,是对敌强我弱的形势估计不足,对敌后战局长期性、持久性认识不够。还有这次战役规模过大,持续的时间太长,特别是在第二阶段采取了攻坚战,因而过多地消耗了八路军的有生力量和抗日根据地的人力物力,使在第三阶段,日军报复"扫荡"时,八路军已相当疲劳,因此对日军打击不力,使抗日根据地遭到严重的摧残和破坏,加重了以后的困难。在有些地区,如太岳、平西抗日根据地,开始出现缩小现象。

毛泽东对八路军总部发布关于破袭正太路战役的预备命令是知道的。命令主要说要从两面破袭正太路,这是游击战中经常要举行的战役行动,可以说是一种日常的军事行动,不涉及什么战略问题,对于这样的作战计划,毛泽东当然是不会反对的。所以当百团大战胜利的消息传到延安,毛泽东也为之振奋,他立即给彭德怀发电报说:"百团大战真是令人兴奋,像这样的战斗是否还可组织一两次!"①9月20日,延安各界万余人隆重集会庆祝百团大战第一阶段(1940年8月20日至9月10日)的胜利,毛泽东和朱德、张闻天等被选为大会主席团成员,②朱德等出席大会并在大会上讲话。

但这次破袭战,后来发展成为有100多个团参加的规模,并持续这么长的时间,实出乎毛泽东的意料,特别是对"百团大战"的宣传,毛泽东很不满意。据聂荣臻回忆,后来延安整风时,毛泽东批评了这件事。他说:这样宣传,暴露了我们的力量,引起了日本侵略军对我们力量的重新估计,使敌人集中力量来搞我们。同时,使得蒋介石增加了对我们的警惕,你宣传100个团参战,蒋介石很惊慌。他一直有这样一个心理,害怕我们在敌后扩大力量,在他看来,我们发展,就是对他的威胁。所以,这样宣传百团大战,就引起了比较严重的后果。还有,在战役第二阶段,讲扩大战果,有时就忘记了在敌后作战的方针,只顾去死啃敌人的坚固据点,我们因此不得不付出比较大的代价,死啃敌人坚固据点的作法,是违背游击战争作战方针的。③

9月11日,当百团大战第一阶段刚胜利结束时,毛泽东在中共中央政治局会议上就指出:关于百团大战,不要说是大规模的战役进攻,现在还是游

---

① 《彭德怀自述》,解放军文艺出版社1981年版,第238页。
② 许多文章说,毛泽东出席了这次大会。据笔者向当时为《新中华报》撰写该报道的王向立同志调查和分析的结果,认为毛泽东没有出席这次庆功会,而仅被选为大会主席团成员。
③ 参见《聂荣臻回忆录》中册,第507—508页。

击性的反攻。① 这说明,毛泽东在一开始就想给百团大战规定一个性质。9月23日,毛泽东在杨家岭作《时局与边区问题》的报告,提到对百团大战的估计问题。他说:百团大战是"敌我相持阶段中一次更大规模的反扫荡的战役反攻"。这是"一次",因为以后还要有;"更大规模",表示以前有过大规模的反"扫荡",但这次更大;"反扫荡的战役反攻"表示不是战略反攻。②

当时毛泽东的主要精力放在如何贯彻中共六中全会提出的巩固华北,发展华中的战略任务上,因此对华北来说,主要采取了巩固为主,在巩固中求发展的方针。但是当八路军总部在华北发起百团大战的时候,毛泽东首先采取了支持肯定的态度,并且在9月23日的会议上还提出:百团大战各地方都要干,要继续下去。同时,毛泽东在一定场合,一定范围内指出它的不足,并随时注意纠正对它宣传上出现的偏差。毛泽东对于百团大战的态度,就像当年马克思、恩格斯对待巴黎公社的态度一样。马克思、恩格斯本不赞成在敌强我弱的形势下举行巴黎公社起义,但是当巴黎公社的革命义旗一旦高擎起来的时候,作为无产阶级革命导师的马克思和恩格斯就毫不迟疑地对它倾以全力的支持。毛泽东对待百团大战也正是这种态度,有点不同的是毛泽东从未反对过百团大战,而是百团大战既然打起来了,就要一定使它打好,使它避免最大的损失,取得最大的成果。同年12月22日,当百团大战在实际上已经结束的时候,为打退国民党顽固派发动新的反共高潮,毛泽东电示彭德怀:"百团大战对外不要宣告结束"。这说明毛泽东是支持百团大战的,并充分利用了百团大战的声势。

后来在中共中央政治局和高级干部关于党的历史问题整风学习时,有的同志提出百团大战是否有问题时,毛泽东解释说,在群众中应该说打得好,在高级干部中也要说明百团大战是英勇的,只能在战术上加以说明。③

---

① 参见《毛泽东年谱》中卷,第205页。

② 参见《毛泽东年谱》中卷,第207页。

③ 参见《毛泽东年谱》中卷,第491页。

第六节　世界反法西斯战场

　　中国的抗日战争,是世界反法西斯战争的重要组成部分。它们之间是互为补充、相互支持的关系。毛泽东指出:"我们的敌人是世界性的敌人,中国的抗战是世界性的抗战,孤立战争的观点历史已指明其不正确了"。① 中国的抗日战争拖住了东方日本法西斯的手脚,使苏联避免了两面作战,使英、美等国家能在西方投入更大的力量对付德、意法西斯。同样中国的抗战也"需要外援的配合","中国如果战败,英美等国将不能安枕",从某种意义来说,"援助中国就是援助他们自己"。② 所以,中国的抗日战争与世界反法西斯战争决不可分离,应视为一个整体,任何"孤立战争的观点"都是错误的。毛泽东始终是把中国的抗日战争与世界反法西斯战争联系在一起看待的,他十分注意了解和研究世界反法西斯战争的形势,并以此为一个重要的依据来制定抗日战争中的一些具体的作战方针,并尽可能地给予世界反法西斯战争以支持和帮助。由于他曾亲手大量地抄录了塔斯社、合众社、路透社、同盟社等一些外国通讯社的报道,掌握了大量的有关苏联、美国、法国、英国,日本、德国、意大利,甚至西班牙、南斯拉夫、葡萄牙、罗马尼亚、土耳

---

① 《毛泽东军事文集》第2卷,第449页。
② 《毛泽东军事文集》第2卷,第449页。

其、芬兰、澳大利亚、瑞士、匈牙利等国家极其丰富的材料,使毛泽东能写出许多精彩的国际社评,对世界反法西斯战场上的几次重大战役提出独到的见解,甚至是科学的预见,为世界反法西斯战争的胜利作出杰出的贡献。

一、第二次世界大战爆发前后

1938 年 9 月,英、法等国为了谋取同德、意法西斯的妥协,并把法西斯侵略的矛头引向苏联,与德、意法西斯签订了出卖捷克民族利益的慕尼黑协定。然而,德国法西斯并不以此为满足,于 1939 年 3 月出兵并吞了整个捷克。在此形势下,苏联向英、法等国倡议建立反法西斯联盟,却遭到英、法帝国主义的冷遇和拒绝。同年 5 月,共产国际给中国党下达指示,指出现在有新的慕尼黑协定和国民党反共投降的主要危险,并明确:国民党反共就是投降准备。共产国际指的新的慕尼黑协定,就是“东方慕尼黑”协定。英、法等帝国主义在东方同样希望日本法西斯的进攻矛头对准苏联。毛泽东说:“英、美、法等非侵略国对于侵略国所举行的侵略战争所取的放任政策,正如斯大林所指,不是由于他们力量不足,也不是单纯的由于他们畏惧革命,而是由于他们‘坐山观虎斗’的阴谋计划。”①在 6 月间,毛泽东就预见“英、美、法策动的远东慕尼黑,现在接近了一个紧要时节”。②

果然不出毛泽东所料,一个月后“东方慕尼黑”阴谋已揭开帷幕。7 月 24 日,日本外相有田八郎与英国驻日大使克莱琪在东京签订《有田——克莱琪协定》,主要内容是:英国承认日本在中国进行大规模战争时,日军有权“铲除任何妨碍日军或有利于敌人之行为和因素”。很显然,这一协定是英国牺牲中国主权与日本妥协的产物。

中共中央书记处于 7 月 29 日发出《关于反对东方慕尼黑阴谋的指示》。

---

① 《毛泽东军事文集》第 2 卷,第 206—207 页。
② 《毛泽东军事文集》第 2 卷,第 206—207 页。

8 月 2 日,中共中央召开政治局会议,讨论了对英外交政策问题,决定反对英日共同声明,反对英国首相张伯伦的妥协政策。

日本帝国主义为给英、法等绥靖政策作出个姿态,同时也为了对援助中国抗日的苏联进行武力恫吓,1939 年 5 月,继张鼓峰事件后,又一次挑起了大规模的反苏军事挑衅,制造了诺门坎事件。为此,苏军以贝加尔军区为基础,成立远东方面军,反击日军的进攻。战斗一直持续到 8 月间,打退了日军的进攻。

苏联为了避免两面作战,推迟苏德之间的战争,在德国主动提出与苏联签订互不侵犯条约的情况下,于 8 月 23 日与德国签订了互不侵犯条约。苏德条约的签订引起中国国内很大震动,除了国民党顽固派据此攻击苏联外,就是在共产党内部也有许多人对此条约不很理解。

8 月 31 日,中共中央召开政治局会议,讨论苏德条约签订后的国际形势。会议决定,最近召开两次干部大会,由毛泽东报告《苏德互不侵犯条约》和国际形势。

9 月 1 日,毛泽东就苏德条约问题对《新华日报》记者发表了关于国际形势的谈话。毛泽东认为:"苏德互不侵犯协定是苏联社会主义力量增长和苏联政府坚持和平政策的结果。这个协定打破了张伯伦、达拉弟(法国总理——笔者注)等国际反动资产阶级挑动苏德战争的阴谋,打破了德意日反共集团对于苏联的包围,巩固了苏德两国间的和平,保障了苏联社会主义建设的发展。"在欧洲,英、法等所谓"不干涉"政策,乃是"坐山观虎斗"的政策,是完全损人利己的帝国主义政策。而"往后的时间,就不得不变成英法和德意两大帝国主义集团直接冲突的局面"。毛泽东指出:"搬起石头打自己的脚,这就是张伯伦政策的必然结果。""张伯伦以损人的目的开始,以害己的结果告终。这将是一切反动政策的发展规律。"在东方,由于苏德条约的签订,日本想借德国在西方牵制苏联的打算落空了,并不得不停止向苏联进攻的诺门坎事件。所以毛泽东又说:"在东方,则打击了日本,援助了中国,增强了中国抗战派的地位,打击了中国的投降派。""在这一切上面,就安置了援助全世界人民争取自由解放的基础。这就是苏德互不侵犯协定的全部政治意义。"①

同年秋,周恩来赴苏联治伤,把毛泽东的这个谈话文件带到了共产国际。共产国际把谈话由俄文再译成德文、法文等多种文字,在国际广泛传阅,并在《共产国际》杂志上发表。毛泽东的这个谈话震动了共产国际,欧洲共产党人都佩服毛泽东的真知灼见。如当时在共产国际工作的罗马尼亚人安东尼斯库说:"毛泽东比我们高明得多。我们在莫斯科对条约都不能理解,毛泽东远在延安,却能理解得这样透彻。"②

但是最值得注意的是,毛泽东在这个谈话中还预见:"就欧洲方面说来,今后势必由全面性的战争起而代之。第二次帝国主义战争已进到新的阶段"。他还指出:"在欧洲方面,德意帝国主义集团和英法帝国主义集团之间,为了争夺对殖民地人民统治权的帝国主义大战,是迫在眉睫了。""在目前,就是为了争夺波兰,争夺巴尔干半岛和地中海沿岸。"③果然不出其所料,就在谈话的同一天,德军向波兰突然发动进攻。9月3日,英法对德宣战,第二次世界大战全面爆发。

9月7日,毛泽东在《新华日报》上发表他为该报写的社论《国际新形势与我国抗战》,指出:帝国主义战争扩大这一新的国际形势,可能对中国抗战产生有利的和不利的影响。然而,最主要的,是中国本身的问题,只要我们能始终坚持抗战到底的国策,坚持内部团结,尤其是国共合作的方针,坚持力争全国进步的方针,那么,在有利的国际形势下,我们可以缩短时间,减少牺牲,而取得抗战的胜利,就是在更困难的形势下,我们同样可以而且一定能够克服一时困难,进而取得抗战的胜利。

9月8日,中共中央政治局召开会议,讨论德波战争爆发后的国际形势。会议决定由毛泽东在干部大会上对这个问题作一次报告。

9月14日,毛泽东在延安干部大会上作关于第二次帝国主义战争的讲

① 《毛泽东选集》第2卷,第580—581页。
② 《在历史巨人身边》,中央文献出版社1991年版,第131—132页。
③ 《毛泽东选集》第2卷,第582页。

演。讲演论述了战争的新阶段;战争的原因;战争的目的;战争的性质;战争第一阶段的特点;我们在战争第一阶段中的革命政策;英法苏谈判的破裂与战争第二阶段的开始;战争第二阶段的特点;我们在战争第二阶段的革命政策;战争的前途十个问题。毛泽东指出:从英法等帝国主义国家参加战争的现在开始,第二次帝国主义战争进入第二阶段。第二次帝国主义战争是非正义的掠夺的战争。中国、苏联、各国人民解放运动、全国民族解放运动,应该组成坚固的革命的统一战线,用以对抗反革命的统一战线。世界的前途是光明的,中国的前途也是光明的,一个自由独立的新中国将会出现。

由于当时受共产国际的影响,毛泽东在讲演中也沿用了"帝国主义战争"这一说法,这在以后建立世界反法西斯统一战线的过程中逐步改为世界反法西斯战争这一正确的说法。但在当时毛泽东对第二次世界大战的起因却做了与共产国际口径不同的解释。共产国际认为:只是在苏德条约签订之后,英、法因为"已无法再希望德国发动反苏战争了",所以才"转向以武装斗争反对主要的帝国主义对手的道路"。而毛泽东则以为,实际上英、法在苏德条约签订之前就已经下决心对德开战,所以才拒绝了与苏联订立军事协定,所以"不是证明别的,只是证明张伯伦已经决心作战了。所有大战的爆发,不但是希特勒要打的,而且是张伯伦要打的,因为如果真要避免战争,就一定要苏联参加才行"。① 毛泽东的这个分析,不见得完全符合实际,但它表明毛泽东在一般地谴责帝国主义战争的时候,并没有只突出强调它们在反苏、反共方面的共性,而是坚持了他一贯重视的注意研究帝国主义之间矛盾,团结一切可以团结的力量来打击主要敌人的科学分析方法。

二、准备配合苏联对日作战的方针

1941 年 3 月,美日在华盛顿开始秘密会谈。这是一次严重的远东慕尼

---

① 《毛泽东军事文集》第 2 卷,第 472—473 页。

黑谈判,直至太平洋战争爆发。

5月25日,毛泽东在为中共中央起草的《关于揭破慕尼黑新阴谋》的通知中指出:"日美妥协,牺牲中国,造成反共、反苏局面的东方慕尼黑的新阴谋,正在日美蒋之间酝酿着。我们必须揭穿它,反对它。"①

但是,苏联为彻底解除被攻击的威胁,除在1939年与德国签订互不侵犯条约外,又在1941年4月13日,继美日秘密会谈,抢先与日本签订了《苏日中立条约》。对《苏日中立条约》,毛泽东采取了完全不同于对美日秘密会谈截然相反的态度。毛泽东认为:"苏日条约使苏联彻底解除被攻威胁,对国际对中国的发言权提高,使英、美利用三国同盟为反苏工具之幻想最后破产,对制止中国投降与反共危险有积极作用。"②

苏联在与日本签订中立条约的同时,苏外长莫洛托夫约见中国驻苏大使邵力子,表示"苏联将毫无变更地继续援助中国"。③

由毛泽东起草的《中国共产党对苏日中立条约发表意见》于4月16日在中共中央政治局会议上被通过。毛泽东针对这个条约签订的各种错误议论以中共中央的名义发表了意见。他认为,这个条约的意义,"首先在于巩固了苏联东面的和平,保证了社会主义建议的安全发展"。二是"使苏联的国际地位极大地提高了,苏联无论在东方在西方都增大了发言权"。三是"苏日条约没有限制苏联援助中国进行独立的正义的对日抗战"。四是"至于苏日声明互不侵犯满洲与外蒙,这也是题中应有之义"。毛泽东强调"我们必须收复全国一切失地,必须打到鸭绿江边,驱逐日本帝国主义出中国,这是中国全民族的神圣事业,社会主义的苏联也必是赞助我们这种事业的"。毛泽东最后指出:"在苏日条约之后,中国必须坚持抗战、团结、进步三大方针。第一、任何对抗战的动摇是不许可的。第二、国共合作必须继续,解散新四军一类的分裂行动必须取消,以后再不可发生此类行动。第三、各

---

① 《毛泽东选集》第3卷,第804页。

② 《毛泽东年谱》中卷,第287—288页。

③ 《毛泽东年谱》中卷,第287—288页。

种反动的对内政策必须停止。循此以行,外援方有所附丽,抗战才可期胜利。如果反其道而行之,则必至众叛亲离,危亡可立而待。我们共产党深望国民党当局实行深切的反省,善处当前的时局,则非仅国民党之利,民族解放事业实利赖之。"①

但是,在苏联刚与日本签订中立条约后,苏联的西南却发生了被攻击的危险。德国法西斯在侵占了欧洲的大部分地区之后,单方面撕毁了苏德互不侵犯条约,于6月22日突然对苏联发动大规模的侵略战争。苏联军民奋起抗敌自卫,苏德战争爆发。

苏德战争的爆发彻底改变了世界战争的形势,世界反法西斯统一战线日趋成熟。中国共产党虽然也未曾预料到德国会甘冒两线作战的风险而突袭苏联,但毕竟在思想理论和行动上有所准备,所以中共能够十分及时和顺利地实现向建立世界反法西斯统一战线的政策转变。就在德国入侵苏联的第二天,毛泽东为中共中央起草了《关于反法西斯的国际统一战线的决定》,指出:"德国法西斯统治者已于六月二十二日进攻苏联。""目前共产党人在全世界的任务是动员全国人民组织国际统一战线,为着反对法西斯而斗争,为着保卫苏联、保卫中国、保卫一切民族的自由和独立而斗争。在目前时期,一切力量须集中于反对法西斯奴役。"强调中国共产党在当前的主要任务是加强和建立国内国际的两条统一战线,这包括"坚持抗日民族统一战线,坚持国共合作,驱逐日本帝国主义出中国,即用此以援助苏联"。同时"在外交上,同英美及其他国家一切反对德意日法西斯统治者的人们联合起来,反对共同的敌人"。②

苏德战争爆发后,德国不断催促日本早日出兵与其东西两线合力夹击苏联。7月,日本在中国东北地区举行了代号为"关特演"的大规模演习,并将关东军由11个师增加到20个师,总人数由40万增加到70万。这都是针对苏联的,苏联面临着德日夹击的严重威胁。

---

① 《中共中央文件选集》第13册,中共中央党校出版社1991年版,第75—77页。
② 《毛泽东选集》第3卷,第806页。

毛泽东已敏感地看到了这一严重威胁。他在 7 月 2 日致彭德怀的电报中指出,日苏战争有极大可能爆发,如日本攻苏,将在华北加强镇压。我军须准备配合苏军作战。但毛泽东又说:"此种配合,是战略的配合,是长期的配合,不是战役的配合与一时的配合,请在此基点上考虑一切问题。"①这说明毛泽东是从八路军的实际力量的战况出发来考虑如何配合苏军作战的问题,并且还要待战局的进一步发展来决定具体部署。

事实上,正如毛泽东所判断的那样,这时日本统治集团内部在侵略方向上发生北进苏联与南进东南亚的争论,正在犹豫不决。7 月 6 日,毛泽东在致周恩来的电报中指出:"苏联战局有渐趋稳定形势,日本似不是攻苏而是牵制英、美,英、美均同情苏联,国共关系有好转可能。"毛泽东的这个估计是正确的,鉴于这种形势,毛泽东提出:"不管是否帝国主义国家,凡反法西斯者就是好的,凡助法西斯者就是坏的,以此来分界限,不会错的。""目前反法西斯领导权,已握到苏联手中,只要苏联战局稳定,全世界反法西斯力量都环绕于苏,这是很好的形势。""对英、美主要是拉,批评可减少。"毛泽东扩大了世界反法西斯阵线的争取对象和力量,并从严重的形势里面指出了它有利的一面,光明的一面。

7 月 7 日,中共中央发表抗战四周年纪念宣言。宣言指出:"目前是全世界法西斯阵线与反法西斯阵线的伟大斗争时代,双方的决斗已经开始了。""大家应该警觉起来,特别团结,特别努力,坚持我们民族解放的旗帜,脚踏实地,向前奋斗,配合各国人民的反法西斯的斗争,争取我们的完全胜利"。②

苏德战争爆发后,苏联全力以赴应付西线的战事,更加迫切希望中国在东方战线拖住日本侵略军。为了减轻日本对苏联东部的压力,解除后顾之忧,共产国际于 7 月 9 日发出关于苏德战争与各国共产党任务的指示。7 月 13 日,中共中央召开政治局会议,讨论共产国际的这一指示,会议表示同意这一指示的意见。

---

① 《毛泽东军事文集》第 2 卷,第 650 页。
② 《中共中央文件选集》第 13 卷,第 153—159 页。

7月15日,毛泽东复电周恩来,指出关于配合苏联对日作战的问题,我们决心在现有的条件下,以最大可能帮助苏联红军的胜利。"我们采取巩固敌后根据地,实行广泛的游击战争,与日寇熬时间的长期斗争的方针,而不采孤注一掷的方针。"电报中还提到7月12日苏联同英国缔结了对德作战的联合行动条约。① 毛泽东说:"英苏协定将影响日本,增加其顾虑,亦将影响中国,促成中苏、国共的好转。"

关于如何配合苏联对日作战的问题,毛泽东很慎重的。这主要取决于日本是否进攻苏联,如果日本是南下政策,苏日战争没有打起来,就不存在这个问题了。其次是要根据八路军的实际力量和作战特点,如果不顾这一切,孤注一掷,非但不能配合苏联对日作战,反而会把革命的本钱都赔进去了。陈毅、刘少奇曾于7月2日致电毛泽东,说"如日本向苏联进攻,我们号召全国向日寇反攻,即使国民党不积极反攻,我八路、新四亦须独立反攻,以牵制日本,敌后某些据点可能放弃"。对此,毛泽东有不同看法。7月18日,他在致刘少奇的电报中指出:反攻口号是对的,"但八路、新四大规模动作仍不适宜,还是熬时间的长期斗争的方针,原因是我军各种条件均弱,大动必伤元气,于我于苏均不利。"②

毛泽东认为,决定全局的还是苏联本身打胜仗。苏之数百万后备军目前刚刚用上,或在数日内有一决战,制止德军攻势,则大局最有利。如列宁格勒、莫斯科两城不守,则日必攻苏,苏之困难加重,将变为长期战争。因此,毛泽东决心在现有条件下,以最大可能帮助苏联红军取得胜利。

7月24日,毛泽东致电周恩来,说"二十一日开战的预测彼方甚为重视。现急欲查明者为德国之主攻方向,请极力设法探查密告至盼"。次日,再电周恩来告以"友方要求我们利用一切线索和可能,将关于德国从德军西部及其占领国家向苏联西部国境之调动消息加以探索,若有可能,则将其编制、人数、运动路线及调动目的地亦加以调查,请尽可能为之"。

---

① 参见《毛泽东年谱》中卷,第312页。
② 《毛泽东年谱》中卷,第312—313页。

这封电报所说的"二十一日开战的预测"是指 6 月 22 日德军进攻苏联，是对苏德战争爆发时间的预测。"彼方"和"友方"是指苏联。在抗日战争期间，中共给苏军情报组提供了一些有价值的情报。如德军进攻苏联的时间，那是 6 月上旬在周恩来领导下做国际情报工作的阎宝航从国民党某高级官员那里得知："希特勒将于 6 月 21 日进攻苏联。"阎立即报告周恩来，周于 6 月 16 日报告中共中央。同时中央从香港方面也得到了类似的情报，迅即把这一重要情报通过在延安的苏军情报组电告斯大林。苏联政府得到这个消息后，迟疑了一下，没有立即采取措施。他们的根据是，德国不会撕毁1939 年签订的苏德互不侵犯条约，怀疑这是英、美方面的挑拨。事实证明，这个情报十分准确。6 月 22 日凌晨，德国果真背信弃义地发动了侵苏战争。苏德战争爆发后不久，苏联曾以伏罗希洛夫元帅的名义致电朱德总司令对提供这一情报表示感谢。所以，毛泽东一方面指出苏联非常重视我们提供的情报，一方面指示周恩来等继续探索消息，加以调查，以实际行动帮助苏联红军战斗胜利。

三、从日本东条英机上台到太平洋战争爆发

苏德战争初期，德军气势汹汹，步步进逼。到 1941 年秋，德军已攻到苏联首都莫斯科城郊。莫斯科战役爆发后，共产国际执行委员会总书记季米特洛夫给中共中央发来一封电报，电报问在法西斯德国继续进攻苏联的情况下，中国共产党准备采取什么措施，能在中国战场上积极从军事上打击日本，使日本不可能开辟第二战场并进攻苏联。毛泽东接到电报后，除在中央其他领导人中间传阅外，还把电报交给王明看，让他研究一下，准备在第二天开会时一起讨论如何复电。没想到王明认为这封电报的内容对自己有利，于是他以这封电报为契机，对毛泽东等人的批评举行反扑，提出许多原则性的问题，反而挑起一场关于党内路线问题的争论，严重地干扰了中央对援苏问题的讨论。

但是形势发展瞬息万变,正当苏德两军在莫斯科城郊激战的时候,10月16日,日本近卫内阁总辞职。18日,代表军人利益的东条英机任首相的内阁正式成立。这样,中共中央政治局原定于10月18日讨论时局,因材料不足,如苏德战役,日阁动向,英美动向,重庆动向等,须再看几天才有眉目,于是改日讨论。毛泽东在这一天致周恩来的电报中,一方面请周将自己的观察见告,另一方面指出,"依大局看,似乎还不能说对苏对我已经是怎样不利的。但我们应准备不利情况的到来。"①

因为从这时一直到太平洋战争爆发前,国共双方与英、美、苏各国都就日军进攻方向作出各自的判断。在1941年6月苏德战争爆发前,一般都认为日军南进的可能性大,特别是同年4月《苏日中立条约》的签订,更加强这种看法。但苏德战争爆发后,各国各方都不得不对日军的进攻方向重新作出判断。国民党蒋介石强调:三北政策(即日军北进、国民党军北进、八路军新四军北进),他的如意算盘是日军必然会乘苏德战争爆发之机进攻苏联,使苏联两面受敌。日军北进必然会放弃对中国战场的进攻,而苏联会要求八路军新四军北上与之配合作战,这样,国民党军就可在"收复失地"的旗号下堂而皇之大举北进。这就是所谓的三北政策。美国也一厢情愿地把赌注押在日军北进上,企图通过与日本达成某种妥协,使日军进攻苏联,所以对日军会突然偷袭珍珠港一点防备也没有。

如果真是按照蒋介石的三北政策,日军会大举北上的话,确实会对苏联和中共带来很大的不利,但这毕竟是一种可能,不是必然,而且中共中央和毛泽东认为,苏德战争爆发后虽然增加了日军北进的可能性,但是日军要真正北进必须是德军在苏德战场上迅速获胜和日美矛盾得到某种缓解,而这些条件在当时并不存在,所以日军在同时准备着南进和北进,而且从总体上说,日军还是南进的可能性比较大。

中共中央政治局因日本东条英机内阁上台,于10月20日拖延两天之后召开会议讨论时局问题。毛泽东在发言中说:最近时局有到转变关头的味

① 《毛泽东年谱》中卷,第333页。

道。国民党说不要悲观,实际上有悲观情绪,蒋介石提三北政策。现在我们党员中也有悲观情绪,这种悲观失望是没有根据的。过去我们党的困难莫过于大革命失败后反动时期的游击战争和长征时期,但我们都渡过了,现在我们党有长期斗争历史和新的力量,是能够应付困难的局面的。我们的路线仍须继续过去的方针,坚持团结,要团结就要进行斗争,我们要使国民党既不能投降又不能"剿共"。要保证党的独立性。现在莫斯科危急,但德国的进攻可能已到最高点,决定的关键在今后一二个星期内,一个星期后看形势发展更会明显。日本新内阁(东条英机内阁)应估计为直接准备战争的军人内阁,日本有北进的危险,但尚未与英、美妥协还不敢北进;南进可能性较大,但日本要准备战争,也不会立即南下,目前不会对我国有大的军事行动,但今后仍有大的进攻形势。①

从当时形势看,日本东条英机内阁是一个直接准备战争的军人内阁,这一点勿容置疑,但问题是进攻方向,是北进还是南进。国民党蒋介石判断是肯定北进,毛泽东认为"有北进危险,但南进的可能性并未丧失"。他强调我们不必与国民党一致,无论日本北进或南进,其对华侵略决不会放松。关于苏德战争、莫斯科一线虽然尚未脱离危险,但是苏军还是坚持住了,并没有失守,而德军的情况并不怎样好,这说明美、英、苏、中的合作必能战胜法西斯,应该坚持正确立场反对任何悲观情绪。② 毛泽东估计东条英机上台加速了战争的进程,而且南进可能性较大,这些都是很有预见性的。

10 月 30 日,毛泽东冒雨出席在延安召开的东方各民族反法西斯代表大会,并做演讲。他说:我想大会的主要目的就是团结,促进各民族团结,共同打倒法西斯。今后同法西斯斗争还有一个困难时期,还有更大的仗要打,现在只有五六分困难,十分困难还在后面。现在我们有三条统一战线,一条是中国的抗日民族统一战线,一条是东方的 ABCD 阵线③,一条是英、美、苏的

---

① 参见《毛泽东年谱》中卷,第 334—335 页。

② 参见《毛泽东年谱》中卷,第 334—335 页。

③ ABCD 阵线,也叫 ABCD 包围网,指 1941 年春,美、英、中、荷等国在远东建立的对日警戒、防卫、协同作战的包围网。ABCD 分别代表美、英、中、荷四国。

联合行动,有这三条统一战线,法西斯一定会打倒的。他号召,今天全世界反法西斯需要实际工作,研究问题,加紧学习,甚至多种一点小米都是好的,不要夸夸其谈。①

为争取时局好转,毛泽东早在9月9日同朱德、王稼祥、叶剑英致电彭德怀、左权、罗瑞卿,陈毅、刘少奇,陈光、罗荣桓,发出关于配合国民党军作战的指示电。电报指出:"敌攻湘北,又犯郑、洛,国民党正集中力量抗敌,我八路、新四各部应向各重要交通线予以可能的袭击,配合国民党之作战。同时对国民党敌后各部应停止任何攻击性行动,仅在彼方举行攻击时,取防卫手段。同时并向国民党各部发出通知,要求配合对敌。所有上述方针,其目的都为争取时局好转。"②8月至10月,晋察冀边区北岳、平西抗日根据地的军民,顽强抵抗日军对这些地区进行的疯狂"扫荡",其歼敌5000余人,日军被迫撤退。9月下旬和10月初,日军曾一度进攻长沙、株洲和郑州几个城市,遭到中国军队的顽强抵抗,使日军占而复退。

11月7日,毛泽东在延安发表关于目前时局的广播讲演,指出:"目前全人类的任务是团结起来对法西斯,而全中国人民的任务则是团结起来反对日本的进攻。现在这两种团结都有大大加强的必要。"最值得指出的,毛泽东在这篇讲演中,针对美国的妥协政策,强烈表示:"美国应该毫不踌躇地向德国宣战,这是一个绝对不可也不应回避的步骤,实现得愈迟就只有让德国炸沉更多的美国船。"同时他警告美国:"绝不应听信日本的阴谋,与日本法西斯订立任何的妥协,美国应和中国及英国一道,以实力制裁日本法西斯。"③形势发展证明,毛泽东的话具有惊人的正确性,如被"炸沉更多的美国船",只是在时间上来得快了一些,因为毛泽东估计日美战争起码要等到苏德战争有了明显好转之后才会发生,再是炸沉美国船的不是德国而是日本而已。

---

① 参见《毛泽东年谱》中卷,第336页。
② 《毛泽东年谱》中卷,第326页。
③ 《毛泽东军事文集》第2卷,第669页。

12月8日(夏威夷当地时间为12月7日),日本海空军突然袭击美国在太平洋的海军基地珍珠港,太平洋战争爆发。接着英、美等国相继对日宣战,美国与德、意之间也相互宣战。中国国民党政府在同日本交战四年之后,这时才正式对日本宣战,同时也对德、意宣战。

中共中央得到太平洋战争爆发的消息后,当天即召开政治局会议,讨论时局问题。毛泽东在发言中说:过去情况尚未弄清楚,因莫斯科危险未过去,日苏战争,国共关系也未明朗化。现在已明朗化了。自罗斯托夫胜利开始,苏德战争好转已确定。日美战争爆发后已解除日苏战争的危险。过去蒋介石估计是三北政策,现在是三南政策了,对蒋不利。日军可能截断滇缅路,使蒋向南。毛泽东指出,日美战争爆发,对中苏两国有利之处有六点:第一,华北华中的敌军势将逐渐减弱,即是说无大举增兵之可能了;第二,国民党进攻边区的可能性会减少;第三,给亲日亲德两派一致命的打击,我们使国民党既不投降又不能"剿共"的可能性更大了;第四,中国的民主政治的前途也更大了;第五,苏联可从东方抽调一部兵力向西;第六,欧洲有建立第二条战线之可能。将来战争欧洲会短些,东方会长些。日美战争前途,最初对日会有利,战争会延长,将要二三年后英、美准备好才能决战。英、美可能集中力量先打败德国,然后英、美力量均向东打败日本。毛泽东强调,今后将使国民党既不能投降又不能"剿共",我们的政策要一打一拉,有软有硬。过去有人认为,对国民党硬会坏事,这是不对的。当硬时应该硬,使它既不能投降又不能"剿共",例如打败了阎锡山的旧军,因此阎对我们代表客气。关于工作布置,毛泽东提议由中央发一指示,要加强南洋华侨工作,廖承志应大胆地在香港与英国建立关系。①

12月9日,中共中央政治局召开会议,继续讨论太平洋战争爆发后的时局。毛泽东主持修改通过《中国共产党为太平洋战争的宣言》《中央关于开展太平洋反日民族统一战线及华侨工作的指示》。《宣言》指出:"自太平洋战争爆发以后,全世界一切民主国家将无处不受法西斯国家的侵略,同时全

---

① 参见《毛泽东年谱》中卷,第343页。

世界的一切民主国家也将无处不起抵抗。全世界一切国家一切民族划分为举行侵略战争的法西斯阵线与举行解放战争的反法西斯阵线,已经最后地明朗化了。"①这说明,世界法西斯阵线和反法西斯统一战线也最后地形成了。

　　毛泽东除对太平洋战争爆发后世界法西斯和反法西斯两大阵线的格局作出正确的分析外,对这次战争形势的发展也作了精辟的论述。他在 12 月 12 日致周恩来的电报中说:"在半年内英、美均非日本之敌,但只要留得新加坡、马尼拉、达尔文等二三据点,即可在半年后造成对日相持局面,以待日军之敝,然后举行反攻。""英、美总方针可能是对日取守,而对德取攻,先集合英、美、苏力量解决德国,然后集合英、美、苏、中力量解决日本,而两方面,苏联都将是决定力量。""德国目前进入了进退维谷的歧途,但东线既无路可走,便有迫使希特勒在东线取守势,在南线或西线取攻势的可能,如此则是希特勒自己造成第二条战线,也就有了迫使英、美采取集中主力(英是海陆空主力,美是空军与资源主力)打德之可能性"。② 后来战争的发展,确如毛泽东所指出的那样,有着惊人的相似之处。

---

① 《中共中央文件选集》第 13 册,第 248—249 页。
② 《毛泽东年谱》中卷,第 345 页。

第四章

抗战军事理论的完整形成

　　抗日战争爆发以来，随着日本帝国主义加紧其全面侵华步骤，国内外形势发生了重大变化。中国共产党为了反对日本侵略和执行全面抗战路线，迫切需要科学地总结经验，从理论上系统地回答抗日战争的战略和策略问题。为适应这一需要，毛泽东运用辩证唯物主义和历史唯物主义的科学方法，总结过去(包括红军十年土地革命战争的经验)，探讨现实，预见未来，先后撰写了大量的军事论著，全面阐述了抗日战争的过程和规律、现状和前途，以及争取胜利的军事方针和策略，形成一整套完整的抗战军事理论。毛泽东的抗战军事理论的形成标志着毛泽东军事思想的科学体系也最后形成了。

第一节　关于战争问题的理论研究

毛泽东关于中国革命战争战略方面的诸多问题的理论思考,早在1936年秋天就开始了。1936年12月,毛泽东写出《中国革命战争的战略问题》这部著作,就是为着清算土地革命战争时期"左"倾教条主义在军事上错误,总结土地革命战争经验而写的,但是这部著作只完成五章,尚有战略进攻、政治工作及其他问题,因为西安事变发生没有时间再写,就暂时搁笔了。围绕着如何抵御日军的侵略,当时在党内党外存在着一定的分歧,尤其是1937年十二月会议后,王明又提出一整套右倾错误理论,所以关于战争问题的理论研究成为迫在眉睫的大问题。

毛泽东是战争中陶冶出来的领袖,具有丰富的战争实践经验,他熟知中国社会的情况,熟知国民党军队的战略战术,熟知土地革命战争时期"左"倾教条主义军事路线的短处和危害,加上他阅读了大量的中外有关战争问题的理论书籍,如列宁、斯大林、季米特洛夫有关战争问题的著作以及中日双方和世界反法西斯战争的情报资料等,还有如孙武的《孙子兵法》、克劳塞维茨的《战争论》等,这些都使他从事战争问题的理论研究具有坚实和雄厚的基础。

一、研读克劳塞维茨的《战争论》

这一时期毛泽东阅读有关战争问题的理论书籍的情况,从他留下不多的几页读书日记可略见一斑。毛泽东已有 20 年没有写过日记了,为了督促自己在工作再忙的时候也要读点书,从 1938 年 2 月 1 日起又开始写了一段读书日记。如在第一天的日记上写道:"看李达的社会学大纲,一月十七日至昨天看完第一篇,唯物辩证法,从 1—385 页。今天开始看第二篇,当作科学看的历史唯物论,从 387—416 页"。① 以后,毛泽东几乎每天记录着读过的页码,有几页、十几页、几十页不等,要是工作紧张没有时间,就写上"没有看书"。从读书日记的情况来看,3 月 18 日起,毛泽东开始读克劳塞维茨的《战争论》,当天毛泽东就读完第 1—19 页的序言和目录以及第一篇论战争之本质的第一章,从 24 页起到第 55 页止。19 日,没有看书。20 日,读第 57 页至 91 页。21 日,读 92 页至 102 页。22 日,没有看书。24 日,读到第 111 页。从 25 起至 27 日止,毛泽东插读潘梓年寄来的他新作《逻辑与逻辑学》。28 日,回复读《战争论》,读第 112—122 页。29、30 两日,没看。31 日,读第 123—167 页。4 月 1 日,只记了从第 168 页开始读。《战争论》到底何时读完的,没有记载,因为读书日记只写到 4 月 1 日为止,以后就没有了。②

中国早在 1911 年,就有取名《大战学理》的《战争论》的译本问世。从毛泽东读书日记记载的页码来看,当时毛泽东读的《战争论》,很可能是柳若水根据日本马达健之助的日译本转译,上海辛垦书店 1934 年 5 月出版的横排白话文体的版本。在重庆担任苏联军事顾问团翻译的傅大庆,得知毛泽东在延安正研究克劳塞维茨的名著《战争论》,并苦于没有好的译本时,立即根据《战争论》的俄译本第三版转译一本中文本,于 1940 年 11 月由学术出版

---

① 《毛泽东哲学批注集》,中央文献出版社 1988 年版,第 279 页。
② 参见《毛泽东哲学批注集》,第 282—283 页。

社出版，并托人送往延安。这个译本曾被朱德、叶剑英誉为当时最好的译本。毛泽东也读过这个译本。

毛泽东不仅自己深入研究《战争论》，还带动大家一起学习《战争论》。当时他在延安凤凰山自己的住处，组织过一个"克劳塞维茨战争论"研究会。参加该研究会的有萧劲光、罗瑞卿、滕代远、莫文骅、叶子龙等。该研究会每周召开一次例会，每次四个小时左右，方法是先发何思敬教授的讲义，逐章进行介绍，然后展开讨论，最后由毛泽东谈自己的看法。该研究会主要研讨了《战争论》的前半部分。在研究会上毛泽东曾根据自己的学习体会，讲过集中兵力、战略划分等问题。

在毛泽东的倡导和带动下，当时延安理论界掀起了研讨《战争论》的高潮，发表和出版了一批翻译和译介克劳塞维茨《战争论》的著述。如1939年7月，八路军军政杂志第7期刊载焦敏之译的《克劳塞维茨〈战争论〉俄文版序言》，第12期和1940年第1、2期连载了何思敬的《列宁与克劳塞维茨》；八路军军政杂志社还于1939年10月出版了杨作林译的《列宁读战争论》的笔记，1940年11月出版了夏光伟译的《克劳塞维茨〈战争论〉附录》。这个时期《群众周刊》第3卷第22期，第4卷第9、15期连载了傅大庆译的"战争政治的工具"等章节。1941年8月，八路军军政杂志社又重印了瞿寿褆于1915年根据日本转译的《战争论》译本，等等。

直到新中国成立后，毛泽东本人也多次谈到，他研究过克劳塞维茨的《战争论》。1960年毛泽东在同英国首相蒙哥马利元帅的谈话时说，你读过克劳塞维茨的书，我也读过。克劳塞维茨说，战争是政治用另一种手段的继续。1975年秋毛泽东在会见联邦德国总理施密特时说："在我看来，你是一位康德信徒，但理想主义并不好。我自己是马克思的学生，我并不看重理想主义，我对黑格尔、费尔巴哈感兴趣。克劳塞维茨曾讲过很有道理的话……"1957年1月，毛泽东在省市自治区党委书记会议上的讲话中批评斯大林对资产阶级的东西采取全盘否定的错误作法时提出："否定德国的军事学，说德国人打了败仗，那个军事学也用不得了，克劳塞维茨的书也不应当读了"。据此，有些外国学者认为"毛泽东的共产主义理论继承和发展了马克思列宁主义,同样也是继承和发展了克劳塞维茨的战争论"。这说明,克劳塞维茨的《战争论》确实对毛泽东的军事思想具有较大的影响。

但是,毛泽东对于外国军事家们所阐述的军事观点不是机械照搬、简单地采取拿来主义而是吸取其合理的成分,评判地继承,并结合新的实践经验加以改造和发展,从而创造出新的、更高的军事理论。

例如,克劳塞维茨在《战争论》中提出了战争中的"盖然性"的理论,他虽然承认战争是有其自身内在规律的,但他夸大了"盖然性"的作用,走进了战争规律不可知论的死胡同。因此,他认为"盖然性"再加上偶然性这个要素,战争就成为赌博了。而毛泽东虽然在他的军事著作中引用了克劳塞维茨的"盖然性"的理论,即"我们承认战争现象是较之任何别的社会现象更难捉摸,更少确实性,即更带所谓'盖然性'"。因而"战争的特性也使人们在许多的场合无法全知彼己,因此产生了战争情况和战争行动的不确实性,产生了错误和失败"。① 但是,毛泽东认为"不管怎样的战争情况和战争行动,知其大略,知其要点,是可能的"。② 因为就战争双方面而言,每一方自己的情况都是比较确实的,只是对敌之一方不很确实。然而,不管战争情况如何错综复杂,变化多端,只要敌之一方确实是在进行战争活动,就总会有所表现。因此,只要先之以各种可能的侦察手段,收集尽可能详细的情况,加上指挥员聪明的判断,使自己的主观指导大体上符合客观实际,则是完全可能的,这也就是战争计划性的客观基础。这样,就把战争中的必然性和偶然性辩证地统一起来,使克劳塞维茨的战争"盖然性"的理论建立在科学基础之上。

再如,克劳塞维茨在《战争论》中第一次明确提出"战争无非是政治通过另一种手段的继续"的经典命题。他一方面认为,政治决定战争。另一方面又认为,战争反作用于政治。战争不是写外交文书的政治,而是打仗的政治,是以剑代笔的政治,它是以流血的方式进行的。克劳塞维茨的这个命题被马克思主义的导师们所肯定,但他并不了解政治的内涵,把政治看成是

① 《毛泽东选集》第 2 卷,第 490 页。
② 《毛泽东选集》第 2 卷,第 490 页。

"整个社会的一切利益的代表",从而抹杀了政治的阶级性质。毛泽东运用马克思主义关于阶级斗争的学说,阐明了战争与政治的辩证关系。早在1936年12月他写的《中国革命战争的战略问题》一文中就提出:战争是解决民族和民族、国家和国家、阶级和阶级、政治集团和政治集团之间矛盾的一种最高的斗争形式。在1938年5月发表的《论持久战》中,毛泽东专门写了"战争与政治"一节。在这里,毛泽东不仅对"战争是战争的特殊手段的继续"这句话用了引号,而且加有注释,即说明参见列宁提及克劳塞维茨经典命题的《第二国际的破产》和《社会主义与战争》两篇文章。可见,毛泽东主要是通过列宁的有关论述,全面而深刻地把握这个经典命题的。毛泽东对战争与政治关系的论述,从辩证唯物主义和历史唯物主义的高度对克劳塞维茨的观点作了科学的解释和发挥,使战争这个概念更加具体、更加科学,在内容上也更加完整。

还有,毛泽东发展了克劳塞维茨《战争论》中关于"消灭敌人军队和保存自己军队"的理论。克劳塞维茨把"剥夺敌人的抵抗力"看作是"战争行为的目标",他虽然也提到了保存自己军队的问题,但强调"保存自己军队这一企图具有消极的目的",而过分偏重所谓消灭敌人军队的积极目的,这样就在无形之中将保存自己军队排除在战争目的之外了。毛泽东根据中国革命战争的特点,改造了克劳塞维茨把消灭敌人军队作为战争唯一目的的思想,明确地把战争的目的规定为"保存自己,消灭敌人"这两方面,并进而阐明:"保存自己消灭敌人这个战争的目的,就是战争的本质,就是一切战争行动的根据,从技术行动起,到战略行动止,都是贯彻这个本质的"。① 毛泽东不仅把保存自己也作为不可或缺的重要内容置于战争目的之中,而且还把保存自己,消灭敌人从战争目的的层次,再度科学抽象为战争的军事本质,在军事理论史上,第一次明确地提出"保存自己,消灭敌人"是战争的军事本质的科学论断。毛泽东在克劳塞维茨的战争目的是"使敌人无力抵抗之外"加上了"保存自己",使战争本质论向前发展了一步。

_____

① 《毛泽东选集》第2卷,第482—483页。

二、钻研孙武的《孙子兵法》

对于毛泽东军事理论研究影响最深的另一部兵书自然要数《孙子兵法》了。《孙子兵法》是春秋末朝大军事家孙武所著的一部兵书,是中华民族优秀文化遗产中的瑰宝。毛泽东早在青少年时代,在其还没有读过《孙子兵法》之前,就已经对《孙子兵法》部分内容有所了解了。1913 年 12 月,毛泽东在湖南省立第四师范学校听取国文教师袁仲谦讲解中国近代著名爱国者和思想家魏源撰写的《孙子集注序》一文时,在自己的课堂笔记《讲堂录》中就记下了好几段和《孙子兵法》有关的语句。如"百战百胜,非善之善者也,不战而屈人之兵,善之善者也。故善用兵者,无智名,无勇功"。① 这两句话,分别出自《孙子兵法》的《谋政篇》和《形篇》,阐述了孙武的全胜战略思想。再如"孙武子以兵为不得已,以久战多杀非理,以赫赫之功为耻,岂徒读兵之祖,抑庶几立言君子矣"。这段话,是宋朝杭州太守黄震在《〈孙子〉兵书》一文中,论述孙武战争观原文大意。但是,毛泽东在青少年时代还没有读过《孙了兵法》。直到土地革命战争时期,王明"左"倾教条主义者对毛泽东的正确军事战略进行错误批评,并解除他指挥中央红军的职务之后,他才找到《孙子兵法》来看。因为当时王明"左"倾路线领导讥讽井冈山打游击战的十六字诀是来自过时的《孙子兵法》,而反"围剿"打的是现代战争。毛泽东不服气,本来就没有读过《孙子兵法》,非说十六字诀来自《孙子兵法》,这倒促成毛泽东非读《孙子兵法》的决心。

为了总结土地革命战争的经验,从理论和实践的结合上澄清党内在军事路线问题上一场大争论的是非,划清马克思主义军事路线和"左"倾教条主义军事路线的界限,统一全党、全军的军事思想,迎接即将到来的抗日民族解放战争,1936 年秋,毛泽东在陕北保安红军大学作了关于中国革命战争

---

① 《毛泽东早期文稿》,湖南人民出版社 1990 年版,第 595 页。

战略问题的讲演。在这一过程中,毛泽东深入研究了包括《孙子兵法》在内的古今中外的军事理论书籍。1936 年 9 月 26 日,毛泽东致电在西安同张学良搞统战工作的刘鼎,要他在西安买一批军事理论书籍,提出不要买普通战术书,只要买战略学书、大兵团作战的战役学术,"中国古时兵法书如《孙子》等也买一点"。如买不到,"张学良处如有供用一点"也可以。① 电报中点名要《孙子兵法》,可见毛泽东对这部兵书的重视,实际情况也可以说明,在同年 12 月毛泽东写成的《中国革命战争的战略问题》一文,是引用和阐发《孙子兵法》内容最多一部军事理论著作。

如"知彼知己,百战百胜"。毛泽东在引用孙武的这句话时,除阐明认识战争规律的重要性外,还指出:"这句话,是包括学习和使用两个阶段而说的,包括从认识客观实际中的发展规律,并按照这些规律去决定自己行动克服当前敌人而说的"。②

如"以近待远,以逸待劳,以饱待饥"。毛泽东在引用时把这句话归结为"以逸待劳",指出:"如果进攻之敌在数量和强度上都超过我军甚远,我们要求强弱的对比发生变化,便只有等到敌人深入根据地,吃尽根据地的苦楚,……才能达到目的。这种时候,敌军虽强,也大大减弱了;兵力疲劳,士气沮丧,许多弱点都暴露出来。红军虽弱,却养精蓄锐,以逸待劳"。③

如"避其锐气,击其惰归"。毛泽东在引用时解释说:"就是指的使敌疲劳沮丧,以求减杀其优势"。④

如"攻其不备,出其不意"。这是军事家指挥作战时以弱胜强的奥秘所在,毛泽东引用时增加和丰富其内容,指出:"人民赞助、良好阵地、好打之敌、出其不意等条件,都是达到歼灭目的所不可缺少的"。⑤

如"治乱,数也;勇怯,势也;强弱,形也。故善动敌者,形之,敌必从之"。

---

① 《毛泽东年谱》上卷,第 587 页。
② 《毛泽东选集》第 1 卷,第 182 页。
③ 《毛泽东选集》第 1 卷,第 208 页。
④ 《毛泽东选集》第 1 卷,第 209 页。
⑤ 《毛泽东选集》第 1 卷,第 237 页。

对于文中所涉及的"形"，历代兵家注者多认为是"我强敌弱，则示之以羸形，动之使来；我弱敌强，则示之以强形，动之使去"。毛泽东在引用时不囿旧说，结合中国革命战争的实际提出了"示形"的概念，并赋予它以新的含义。他在讲到战略退却时指出："我们可以人工地造成敌军的过失，例如孙子所谓'示形'之类（示形于东而击于西，即所谓声东击西）"。① 这样，对于孙子的"形"的解释和运用，便突破了原来强弱的局限，引入了军队行动的方向和区域等概念，从而丰富了"形"的含义。

以后，毛泽东在其军事著作中仍经常引用和阐发《孙子兵法》内容。1938 年 5 月，毛泽东在《论持久战》这部著作中，又一次指出："孙子的规律，'知彼知己，百战不殆'，仍是科学的真理"，并以次为指针，全面分析中日双方敌强我弱、敌退步我进步、敌小我大、敌寡助我多助四个基本特点，指明了战争的进程将经历战略防御、战略相持和战略反攻三个阶段，作出了"抗日战争是持久战，最后胜利是中国的"这一为战争实践证明是完全正确的科学结论。除此以外，毛泽东还对《孙子》中"我专而敌分"的思想加以发展，提出了集中优势兵力多个歼灭敌人的著名军事原则等。

值得指出的是，毛泽东读过的中外古今兵法书籍，绝不止《孙子兵法》和《战争论》这两种。对于中国传统文化，毛泽东曾认真研读过《论语》《孟子》《庄子》《公羊春秋》《左传》《史记》《汉书》《后汉书》《三国志》《资治通鉴》《通鉴纲目》《日知录》《读史方舆纪要》，甚至连小说《水浒传》《三国演义》《西游记》都对他研读军事理论有重大影响。外国的除前面已经提到的列宁、斯大林、季米特洛夫以及克劳塞维茨有关战争的论述外，毛泽东在他的著作中还引用了 19 世纪法国资产阶级军事家拿破仑、俄国资产阶级军事家库图佐夫等人指挥的战役来说明军事原则。这些情况表明，毛泽东对中外古今军事理论以及战史战例都有很深的研究，并在指导战争中用以借鉴，在著作中加以吸收，改造和创新。可以说，毛泽东军事思想是集古今中外优秀军事思想之大成。

---

① 《毛泽东选集》第 1 卷，第 209 页。

三、集体研讨，集体著述

毛泽东军事思想是中国共产党集体智慧的结晶，这是毛泽东军事思想的又一基本特征。在延安时期，毛泽东不仅个人深入钻研军事理论，而且号召全党重视军事问题。他组织各种学习会或座谈会，集体研讨军事问题；他能平等地同大家争论有关军事问题，并善于集中集体的智慧；他不仅个人著书立说，而且组织大家集体编写军事著作，使延安时期出现一批高质量的军事论文和军事理论书籍，全党研究军事理论的空气也愈加浓厚。

在毛泽东为酝酿写作《抗日游击战争的战略问题》这一军事著作时，前所谈到曾把萧劲光、罗瑞卿、刘亚楼、郭化若找去开座谈会。在座谈会上，毛泽东提出为什么要把游击战争提高到战略的位置，怎样指导研究战争，以及防御中的进攻战，持久战中的速决战，内线中的外线作战等问题，请大家发表意见。毛泽东认真听大家发言，有时也插话。当时毛泽东问萧劲光，游击战争应当采取什么样的指挥要领？萧劲光回答说，就是要在军事上想方设法使自己处于主动地位，因而要坚决地采取主动的进攻方略，要善于集中兵力、灵活地、有计划地运用兵力。毛泽东认为萧劲光的"集中兵力"的观点讲得不够明确。他说，在当前敌强我弱的抗日战争中，在战略上，我们强调的分散游击战争为主，而不是集中兵力的大兵团作战。集中兵力的提法，只用在战役战斗上，相对集中数倍于敌人的兵力，达到歼灭战的目的。[①] 座谈会上大家各抒己见。毛泽东要大家将会上谈的问题写成文章交给他。

除了召开座谈会互相切磋军事理论问题外，毛泽东还很注意学习研究党内其他同志关于战争问题的论著和演讲，发现问题及时提出，发扬民主深入钻研，使全党的军事理论水平进一步提高。

如 1938 年 5 月 2 日，林彪在抗大作《抗大的教育方针》的讲话中关于进

---

① 参见《萧劲光回忆录》，解放军出版社 1987 年版，第 310—311 页。

攻战法问题说:"我们要无条件的进攻,有条件的防守"。5 月 14 日晚,毛泽东在读林彪这个讲话的记录稿时,觉得这句话不妥,便改为"我们作战要以进攻为主,防守为辅"。改完后还给林彪写了一封信,信中说:"已经看过,很好。但有些不适合的地方,已为改了,请你再看。无条件的进攻一语不妥,进攻也是有条件的,但进攻是主要的,基本的,中心的"。①

如在编辑《抗日战争丛书》的过程中,负责编辑工作的郭化若向毛泽东提出一个军事理论问题:抗日战争有没有战略进攻? 5 月 28 日,毛泽东答复郭化若说:"抗日战争当然没有什么战略进攻,只有战役反攻及战略反攻,是整个战略防御中积极的部分,靠此部分战胜日本,通俗地说,谓之进攻当然也是可以的"。②

关于《抗日战争丛书》的问题,这套丛书是在毛泽东亲自主持下,由郭化若负责编辑的。早在 1938 年 2 月 22 日,毛泽东就写信给郭化若:"化若同志:搞一个更好的提纲,收集所有的材料(包括解放发表的)用你一人的编写体裁,整理编写一部《抗日游击战争》。亚楼对此实际无暇写,应由你来担负,战略问题暂放后面"。信中还提出:"《政治工作》须亦如游击战争一样,收集集体写作,并由谭政负责,恐他事忙,亦须由你负责催收。务期在短期把两本书先弄出来"③。

毛泽东的意思是先编出两本来。但在编写过程中由于内容很丰富,每一部分都可以写一本书,如果编为一本书,篇幅太长,发到部队也不便携带。于是决定多出几本小册子。这样毛泽东原讲要编的第一本书就成了四本书:第一本是《抗日游击战争的一般问题》,1938 年 7 月出版,由毛泽东、陈昌浩、刘亚楼、萧劲光、郭化若集体写作。毛泽东的《抗日游击战争的战略问题》,就是这本书的第七章。第二本就是《论持久战》,由毛泽东写作,7 月出版。第三本是《抗日游击战争的战术问题》,由郭化若、周纯全、陈伯钧、李振

---

① 《毛泽东年谱》中卷,第 70 页。
② 《毛泽东年谱》中卷,第 73 页。
③ 《毛泽东和他的军事教育顾问》,人民出版社 1993 年版,第 15 页。

远等写作,9 月出版。第四本是《论抗日游击战争》,朱德写作,10 月出版。

　　毛泽东原计划要编的第二本《政治工作》,开始是想请谭政负责写作的,由于谭政很忙,一直未能实现。5 月 21 日,毛泽东在抗大对第三期进行总结的干部会议上讲话,强调要编游击战、战略、战术、政治工作等教材,并说游击战争教材由他负责,战略教材他负担一部分。他说:十年来的战争经验我们在军事上形成了路线,但见之于文字的却不多。过去对战略比较忽略,现在我们提倡写书,提高战略空气,中央组织部因此发起抗日战争研究会。就在这次会议上,毛泽东指名要抗大副校长罗瑞卿请假,到他那儿去,"两耳不闻窗外事,一心专写政治书"。① 为了让罗瑞卿集中精力写书,毛泽东让他住在自己隔壁的窑洞里。罗瑞卿确实关起门来写了一个礼拜,前前后后用了一个多月的时间,即完成了书稿。写完后,罗瑞卿把稿子交给毛泽东。毛泽东十分高兴,并为该书题写了书名。以后经过反复修改,到 11 月交延安解放社出版了单行本。这就是罗瑞卿的《抗日军队中的政治工作》一书。算是《抗日战争丛书》第五本。《抗日战争丛书》就只出了五本,以后因故停下来了。

　　这一时期在毛泽东的倡导和带动下,党的一些领导人和军队的一些高级指挥员也先后发表了有关抗日战争的许多军事理论文章或讲演。如张闻天撰写《论抗日民族革命战争的持久性》一文,刘少奇先后发表《抗日游击战争中的若干基本问题》和《独立自主地领导华北抗日游击战争》的文章,周恩来发表《目前抗战危机与坚持华北抗战的任务》的演讲,任弼时发表《山西抗战的回忆》和《怎样渡过抗战的困难时期》的文章,朱德发表《论抗日游击战争》的军事论著,邓小平发表《动员新兵及新兵政治工作》的文章,陈云写《游击小组是游击区的一切工作的中心》等。

　　陈云的文章后收入《陈云文选》(一九二六——一九四九)时,改名为《论游击区的一个重要斗争形式——游击小组》。这篇文章阐述了游击小组作为游击区一个重要斗争形式的意义,游击小组的作用以及怎样加强游击小

---

① 《毛泽东和他的军事教育顾问》,第 166 页。

组的工作等问题,对于指导贯彻执行党的抗日游击战战略方针具有很大意义。文章写好后,陈云把它送毛泽东审阅。毛泽东读后,觉得文章很有用,并推荐在八路军军政杂志上发表。同时亲自对文章中文字上与某些观点上认为不妥的地方加以修改。1940 年 2 月 3 日,毛泽东并为此事致信陈云,信中说:"文章有用,并可在军政杂志上发表。文字上与某些观点上我认为不妥的,改了,是否妥当,请你酌定"。毛泽东还指出:"题目不恰当,游击区的重心还是游击队,不是游击小组,没有游击队,游击小组是不能存在的。不宜太夸大游击小组的作用"。① 陈云接受了毛泽东的意见,后来文章正式发表时,改动了题目,并强调了"游击小组"还应该有游击队和军队作后盾,否则是难以持久的"重要内容"。

第二节　抗日游击战争的战略问题

前所谈到,在 1937 年底,毛泽东为酝酿写作《抗日游击战争的战略问题》这一军事著作时,曾把萧劲光、罗瑞卿、刘亚楼、郭化若等找去开座谈会。会后,毛泽东对郭化若说:"请你将大家的发言整理一下,就抗日游击战的战略问题拟一个写作提纲,另外要想办法多收集一些资料。过些时候组织点

---

① 《毛泽东年谱》中卷,第 165 页。

力量出抗日战争丛书,由你担任编辑"。①

同年 12 月 28 日,毛泽东致信郭化若:"你写战略,应找些必要的参考书看看,如黄埔的战略讲义,日本人的论内外线作战(在莫主任处),德国克劳塞维茨的战争论,鲁登道夫的全体性战争论,蒋百里的国防论,苏联的野战条令等,其它可能找到的战略书,报纸上发表的抗战以来论战争的文章通讯亦须搜集研究。先就延安城有的搜集(商借)来看"。毛泽东还嘱:"你不担任何别的事,专注于战略问题的研究及编辑事务,务把军事理论问题弄出个头绪来"。②

可见,毛泽东当时在准备写这篇文章时非常重视对战略问题的学习和研究。他在对抗大的几次讲话中,多次提出要学习战略学。1938 年 3 月 30 日,他在抗大干部会上说,以后我们要上战略课,除部队动作外,我们还要讲大局大兵团的战略。只有了解大局的人才能合理而恰当的安置小东西。即使当个排长也应该有全局的图画,也才有大的发展。政治上我们学习马克思主义,便是总的战略,所以军事上我们也应当不只学学战术而已。现在,我请了个教员来了!(指何思敬)他是文的,然而却有研究,我也愿意来研究一下,因为过去只学了一半。③

4 月 2 日,毛泽东对准备迁移到瓦窑堡去办校的新编抗大一大队临行前讲话。毛泽东希望他们可以由排连长做到师长,领导更多的人。但这不是升官而是干革命工作。为了这个目的,所以必须开展。所谓开展便是在政治方面要知大局、顾全大体,因此在军事方面我们要讲点战略问题,兵团以上的问题。④

在发表《抗日游击战争的战略问题》一文的前夕,5 月 21 日,毛泽东在抗大第三期总结大会上讲话指出:战略是什么? 是军事理论。我们讲了政治理论,现在要讲点军事理论。我们提倡战略思想或称路线。十年来的战

①　《毛泽东和他的军事教育顾问》,第 161 页。
②　《毛泽东和他的军事教育顾问》,第 7 页。
③　参见《中央档案馆丛刊》,1986 年第 1 期,第 31 页。
④　参见《中央档案馆丛刊》,1986 年第 1 期,第 31 页。

争我们有了很多经验,好像在政治上自己形成了路线一样,独秀路线,立三路线,国焘路线,结果知道马克思主义才好,盲动,机会主义都完全不好,很不好。军事上十年经验我们形成了路线,但见之于文字的却不多。抗大之好,主要的三言以喻之,政治方向、工作作风、战略战术。马克思主义便是政治方向,"艰苦奋斗"四个字便是工作作风。政治队学习了这两点,军事队加一点,即是兵法,战略战术。过去对战略方面比较忽视,军事顶困难也不过难到马克思主义的地步罢了! 我们不要以为人家是连、营长为什么要讲战略? 其实大纲节目非要不可,黄埔也是有的。而且没有战略,战术也一定谈不好。小的东西要占大的东西的地位。如一个鼻子你能把它安在背上吗?战术也如此,班教练、连教练,是有它一定位置的。我很担心把它安错了,所以要讲战略。不信有证明:伙夫是能讲战略的,他们要问山西胜败如何? 四方面军来了没有? 他不问一连一营的战术,而问兵团,并且是大兵团,战术问题太小,懒得去问。伙夫是战略家,为什么不令人奇怪呢? 故我们要发展战略思想,不要把自己屈服在下面。何思敬懂得外国文,虽然现在他讲的还不能十分妥当,其实天下哪有生下的小孩便十分妥当的? 毛泽东在讲话中号召:我们提倡写书,提高战略空气。并透露中央组织部为此也发起了抗日战争研究会。①

　　1938 年 1 月,遵照毛泽东的指示,郭化若写了《抗日游击战术上的基本方针》一文,八路军第一二〇师第三五九旅旅长陈伯钧写了《抗日战争基本战术——袭击》,两文经毛泽东阅改后刊登在 1 月 11 日出版的《解放》杂志第 28 期上。陈伯钧的文章实际上是节录了毛泽东在 1934 年所著的《游击战争》的一部分,是用陈伯钧的名义发表的。重新发表时,毛泽东除做了一些修改外,还为《解放》杂志写了编者志:"这篇文章,是陈伯钧同志节录一九三四年毛泽东同志所著《游击战争》小册子上面论游击战术之一部分,为了适合抗日战争的情况,陈同志在文字上与条文上有所增减,复经毛同志校

---

① 　参见《中央档案馆丛刊》,1986 年第 1 期,第 31 页。

正,今在本刊发表,以供全国各地抗日游击战争领导干部的参考"。①

文章共分三部分内容,即袭击是游击战争的基本作战形式,袭击战术的要领;袭击行动之敌。

1. 袭击是游击战争的基本作战形式。文章提出:"游击战争的基本作战形式不是别的,乃是袭击。袭击是攻击的一种,游击战争不注重正规的阵地攻击这种形式,而注重突然袭击或名奇袭的这种形式,这是因为游击这种是战略上以少胜多以弱胜强的,非如此不能达到目的"。

2. 袭击战术的要领。文章列举了 12 条游击战争袭击的目的;袭击要选择有利于袭击的条件及创造有利条件的五种方法;袭击前的四项侦察内容;袭击的时间选择问题;保持袭击计划秘密的意义及三点注意事项;袭击部队开进中的八点注意事项;到达袭击目的地以后的动作及七点注意事项;冲锋动作;袭击后的动作;袭击堡垒、寨子、土围子及城市;扰乱或钳制敌人的目的及三项方法。

3. 袭击行动之敌。文章首先分析了袭击的方式,指出:"袭击按其性质都是遭遇战,但分埋伏与急袭两种。埋伏是预期遭遇的性质,但采取埋伏的形式。急袭是不预期遭遇而发生的,采取急袭的形式。前者是游击队重要的战术"。文章并以此为重点列举了 18 条袭击行动敌人的方法,即埋伏的定义及方法,埋伏的方法,埋伏的目的;埋伏,首先要求明了情况;伏击地区的选择;埋伏部队的开进;伏击实施;伏击成功后的行动;伏击不可能或不成功时的处置;扰乱;伏击敌人单个或少数的传令兵、采买、侦探等;伏击骑兵;伏击汽车;伏击火车;伏击船舶;伏击敌人征发队;伏击第二运输队;急袭。文章最后强调指出:"一切战术都以适合情况为原则,文字条文仅能作为实战的参考,不能死板应用。抗日战争中一定有许多新的可贵经验,胜过过去文字条文的东西,希望大家共勉,战胜日本帝国主义"②。

《论抗日游击战争的基本战术——袭击》一文,是毛泽东对土地革命战

---

① 《毛泽东军事文集》第 2 卷,第 152 页。

② 《毛泽东军事文集》第 2 卷,第 152 页。

争和抗日战争初期游击战争经验的总结,是对游击战争基本战术的系统论述,对于运用和丰富游击战争理论具有重要的指导意义。但这篇文章还仅是对抗日游击战争的基本战术的阐述,还没有从战略的高度来考察抗日游击战争。把抗日游击战争的地位放在战略的观点上加以考察,这项任务是由毛泽东的《抗日游击战争的战略问题》这篇重要军事著作来完成的。

全国抗日战争初期,在中国共产党全面抗战路线指导下,八路军、新四军顺利地实现了军事战略转变,执行"独立自主的山地游击战争","基本的是游击战,但不放松有利条件下的运动战"的战略方针,挺进敌后,开展游击战争,建立抗日根据地,开辟了敌后解放区战场。1938 年春,八路军、新四军又迅速由山地游击战转向平原游击战以及发展河湖港汊地区的游击战争,进一步扩展游击战争,在敌后战场给予日、伪军以沉重的打击。但是,以蒋介石为首的国民党顽固派千方百计地限制八路军开展敌后游击战争,对中国共产党领导的游击战争进行恶毒的诬蔑和攻击。同时在中国共产党内也有少数人轻视游击战的战略作用,把希望寄托在正规战争特别是国民党军队的作战上面。为了回答和解决中国共产党所领导的军队要不要坚持和怎样坚持独立自主的游击战争的问题,毛泽东除了已发表的许多关于抗日游击战争的文章和讲演外,他总结了十个月来抗日战争的经验,集中了全党的智慧,于 1938 年 5 月 30 日,在《解放》第四十期上发表了《抗日游击战争的战略问题》这部重要军事论著。

文章共分为九章,实际上讲了"为什么提起游击战争的战略问题"和如何贯彻执行游击战战略方针两方面的问题。

一、抗日游击战争战略地位的确立

毛泽东在文章中以战略家的眼光,从推进整个中国的抗日战争出发,站在战略全局的高度,揭示了抗日游击战争的重要战略地位。他首先提出:在整个抗日战争过程中,正规战争是主要的,游击战争是辅助的,因而游击战

争是战术问题。但是,研究游击战争的战略问题在这样的情况下发生了:

1. 中国是一个处在进步时代的大而弱的国家。这样一个大而弱的国家却被另一个小而强的国家所攻击,这是我们提出和思考问题的基本依据。

2. 由于大而弱的国家受到小而强的国家所攻击,敌人占地甚广的现象发生了。因为敌人的强而我们的弱,所以在我们这个大国中占地甚广。又因为他们的国家是小国,兵力不足,在占领区留下很多空虚的地方,所以抗日游击战争就主要地不是在内线配合正规军的战役作战,而是在外线单独作战。

3. 由于大而弱的国家受到小而强的国家所攻击,战争的长期性也发生了。战争的长期性,随之也是残酷性,规定了游击战争不能不做许多异乎寻常的事情,于是根据地的问题、向运动战发展的问题等等也发生了。

4. 由于中国处在进步时代,有共产党领导的坚强军队和广大的日益觉醒了的人民群众,因此抗日游击战争就不是小规模的,而是大规模的。这种大规模的,在外线单独进行的游击战争,客观上就存在着战略防御和战略进攻等一全套的高层次战争指导问题。毛泽东指出:"这件事是同时代进步到二十世纪的三四十年代一事分不开的,是同共产党和红军的存在分不开的,这乃是问题的焦点所在"。①

综上理由,"于是中国抗日的游击战争,就从战术范围跑了出来向战略敲门,要求把游击战争的问题放在战略的观点上加以考察"。② 这样,抗日游击战争的战略地位就被确立起来了。游击战争虽说在抗日战争的全体居于辅助地位,但实际却占着及其重要的战略地位。没有游击战争,忽视游击军的建设,忽视对游击战的研究和指导,也将不能战胜日本。游击战争非毛泽东首创,但是毛泽东把游击战争提高到战略地位来认识,去组织,这不能不说是一个创造。

---

① 《毛泽东选集》第 2 卷,第 405 页。
② 《毛泽东选集》第 2 卷,第 405 页。

二、抗日游击战争的具体战略问题

毛泽东认为抗日游击战争的战略问题本来是密切地联系于整个抗日战争的战略问题的,然而游击战争又区别于正规战争,他本身有其特殊性,因而游击战争的战略问题颇有许多特殊的东西。毛泽东在论述了"战争的基本原则是保存自己消灭敌人"之后,从"应该采取些什么方针或原则才能达到保存自己消灭敌人的目的"开始,提出了达到这一目的的抗日游击战争的六个具体战略问题。

1. 主动地、灵活地、有计划地执行防御战中的进攻战,持久战中的速决战和内线作战中的外线作战。在这里,毛泽东又把这个问题分为四点来说:

(1)防御和进攻,持久和速决,内线和外线的关系。在战略的防御中采取战役和战斗的进攻战,在战略的持久战中采取战役战斗的速决战,在战略的内线作战中采取战役战斗的外线作战,这是整个抗日战争应该采取的战略方针。正规战争是如此,游击战争也是如此。但游击战争和正规战争相比,在执行这一方针时,也有程度或表现形式上的不同。游击战争的基本方针是进攻的,和正规战争比较起来,其进攻性更加大些,而且这种进攻必须是奇袭。正规战争虽然也应该而且能够采取袭击战,但是其出敌不意的程度比较小一些。在游击战争,速决性的要求是很大的,战役和战斗中包围敌人的外线圈则很小,要求很快地解决战斗,力戒拖延。游击战争虽然也有坚持数天的战斗场合,例如攻击某个孤立无援的小敌,但一般的作战较之正规战更加要求迅速地解决战斗。游击战争本来是分散的,例如执行扰乱、钳制、破坏和做群众工作等,都以分散兵力为原则;然而当着执行消灭敌人的任务,尤其是为着打破敌人的进攻而努力,就仍须集中可能多的兵力。"集中大力,打敌小部",仍然是游击战争战场作战的原则之一。

(2)一切行动立于主动地位。本来战略的防御战和内线作战,争取主动较为困难些,而进攻和外线作战则争取主动较为容易些,但由于日军兵力不足、异国作战和指挥笨拙等弱点，使其日益丧失主动地位，而游击战争却得以建立主动权。游击战争的主动权问题，是更加严重的问题。处于强敌包围的严重环境之中，游击队能否保存和发展，关键在于是不是掌握行动的主动权。牢牢掌握行动的主动权，或游或击，都能稳操胜券。游击队之所以能够在敌人后方神出鬼没地打击敌人，正是由于它的庞大正规军有着更大的主动权之故。但主动权不是任何天才家所固有的，只是聪明的领导者从虚心研究和正确地估计客观情况，正确地处置军事政治行动所产生的东西。如果因为估计和处置错误，或者因为不可抗的压力，被迫处于被动地位的时候，这时的任务就是努力脱出被动。在许多情况下，"走"是必须的，游击队会走，正是其特点。但是不仅限于这一方法，"往往有这种情形，有利的情况和主动的回复，产生于'再坚持一下'的努力之中"。

（3）灵活地使用兵力。灵活性就是具体地表现主动性的东西，灵活地使用兵力，是转变敌我形势争取主动地位的最重要的手段。游击战具有更大的灵活性，它既能分散行动，各自为战，又能贯彻战略集中指挥和战役战斗分散指挥相结合的原则。这是游击战争又一独特之处。分散、集中和变换，是游击战争灵活使用兵力的三个方法。分散使用兵力，即"化整为零"，集中使用兵力，即"化零为整"，根据敌情变化，像流水疾风一样转移兵力，迅速移动位置，随时捕捉战机打击敌人，这是游击战的基本方法。领导者的聪明不在懂得灵活使用兵力的重要，而在按照具体情况善于及时地实行分散、集中和转移兵力。

（4）一切行动的计划性。游击战争虽没有正规战争计划性大，但也要在客观条件许可的范围内，事先应有尽可能周密的计划。游击战争要取得胜利，是不能离开它的计划性的。乱干一场的想法，只是玩弄游击战争，或者是游击战争的外行。情况的了解，任务的确定，兵力的部署，军事和政治教育的实施，给养的筹划，装备的整理，民众条件的配合，等等，都要包括在领导者们的过细考虑、切实执行和检查执行程度的工作之中。没有这个条件，什么主动、灵活、进攻等，都是不能实现的。

2. 和正规战争相配合。毛泽东指出："游击战争和正规战争的配合有三种:战略的、战役的和战斗的"。

整个游击战争,在敌人后方所起的削弱敌人、钳制敌人、妨碍敌人运输的作用,给予全国正规军和全国人民精神上的鼓励,等等,都是战略上配合了正规战争。例如东三省的游击战争;平绥、平汉、津浦、同蒲、正太、沪杭铁路线两旁的游击战争等。游击战争在战略上的伟大配合作用是不容忽视的。

战役的配合如太原北部忻口战役时,雁门关南北的游击战争破坏同蒲铁路、平型关汽车路、阳方口汽车路;又如敌占风陵渡后,普遍存在于山西各地的游击战争;再如敌攻鲁南时,整个华北五省的游击战争。一切处于敌后的或临时派出的游击兵团,根据当时当地的情况,采用不同的方法,向着敌人最感危害之点或薄弱之点积极地行动起来,达到削弱、钳制、妨碍敌人运输和精神上振奋内线上各个战役作战军之目的,尽其战役配合的责任。

战斗的配合即战场作战的配合,是指靠近正规军的游击队,或从正规军派出的游击队,依照正规军首长的指示,担负钳制部分的敌人,妨碍敌之运输,侦察敌情,充当向导等。毛泽东强调:"没有正规军首长的指示时,游击队也应自动地做这些事。坐视不理,不游不击,或游而不击的态度,是要不得的"。

3. 建立根据地。敌后游击战争的特点是无后方作战。抗日战争的长期性、残酷性,决定了处于敌后的游击战争,必须建立自己的根据地。根据地是游击战争赖以执行自己的战略任务,打倒保存和发展自己、消灭和驱逐敌人之目的战略基地。没有这种战略基地,一切战略任务的执行和战斗目的的实现就失掉了依托。因此,建立根据地问题是抗日游击战争战略原则中又一个十分重要的问题。毛泽东在说明了根据地的必要和重要性后,又分为五点来说明实行建立根据地时必须认识和解决的问题。

(1)几种根据地。抗日游击战争的根据地大体分为三种:山地、平地和河湖港汊地。其中,在山地建立根据地是最有利的,如已经建立或正在建立或准备建立的长白山、五台山、太行山、泰山、燕山、茅台等根据地都是。这些根据地将是抗日游击战争最能长期支持的场所,是抗日战争的重要堡垒。平地虽较之山地为差,但也能发展游击战争和建立根据地,河北平原、山东的北部和西北部平原,已经发展了广大的游击战争,便是在平原能够发展游击战争的证据。河湖港汊也较之山地为差,但较之平原建立根据地的可能性却更大些。江北的洪泽湖地带、江南的太湖地带和沿江沿海一切敌人占领区域的港汊地带,都应该好好地组织游击战争,并建立起持久的根据地。

(2)游击区和根据地。在整个敌占地区,经过游击战争和敌我双方斗争的结果,将会出现三种情况:抗日根据地;敌伪占领地;双方争夺的游击区。游击战争领导者的任务,在于极力扩大第一、第三种地区,而极力缩小第二种地区。这就是游击战争的战略任务。

(3)建立根据地的条件。一切游击战争的根据地,只有在建立了抗日的武装部队,战胜了敌人,发动了民众这个基本的条件逐渐地具备之后,才能真正地建立起来。除此以外还有地理和经济的条件。在中国,地理条件是自然具备只待人去利用的东西;经济条件不发生选择的问题,一切有中国人又有敌人的地方,不问其经济条件如何,都应尽可能地发展游击战争,并建立永久的或临时的根据地。

(4)根据地的巩固和发展。只要是长期战争,根据地的巩固和发展的问题,是每个游击队经常发生的问题。正确的方针是巩固地向前发展,这是进可以攻退可以守的好办法。具体解决时应依情况去决定。某一时期,把重心放在发展方面,这就是推广游击区,扩大游击队的工作;另一时期,则把重心放在巩固方面,这就是组织民众、训练部队的工作。

(5)敌我之间的几种包围,从整个抗日战争看来,无疑我是处在敌之战略包围中,这是敌对于我的第一种包围。而我以数量上的优势兵力,使外线数路分进之敌的每一个处于我之包围中,这是我对敌的第一种包围。再从敌后游击根据地看来,每一个孤立的根据地都处于敌之四面或三面包围中,前者例如五台山地区,后者例如晋西北地区。这是敌对于我的第二种包围。但若将各个根据地联系起来看,我又把许多敌人都包围起来。例如在山西,我已三面包围了同蒲路,四面包围了太原城。这是我对于敌的第二种包围。由是敌我各有加于对方的两种包围,大体上好似下围棋一样,敌对于我我对于敌之战役和战斗的作战好似吃子,敌之据点和我之游击根据地则好似做眼。在这个"做眼"的问题上,表示了敌后游击战争根据地之战略作用的重大性。

4. 游击战争的战略防御和战略进攻。在敌后的各个抗日根据地是一个个独立的战略单位,在全国的战略防御和战略进攻中,每一块根据地及其周围也有小规模的战略防御和战略进攻。前者是敌取攻势我取守势时的战略形势和战略方针,后者是敌取守势我取攻势时的战略形势和战略方针。

(1)游击战争的战略防御。在敌人停止了对我全国的战略进攻的时候,向游击根据地的进攻却是必然的。例如敌人对五台山地区就已有四五次的所谓"讨伐",每次配置三路、四路以至六路、七路的兵力,同时有计划地前进。凡属敌人进攻游击战争越厉害之处,就证明那里的游击战争越有成绩,对于正规战争的配合也就越有作用。当敌人兵分数路围攻我根据地时,我军应以次要兵力钳制敌数路,而以主要兵力对付敌之一路,采取战役和战斗的袭击战法,于敌行动中打击之。一路打破之后,又转移兵力去打破敌之另一路,这样多个地击破敌之围攻。一般情况下,我军主力实行内线作战。在兵力优裕时,使用次要兵力于外线,破坏敌人的交通,钳制敌人的增援部队,配合内线解放。如果敌人在根据地久居不去,我则以一部留在根据地内围困敌人,而用主力进攻敌人后方,实行"围魏救赵"的战法。

(2)游击战争的战略进攻。在已将敌之进攻打破,敌之新的进攻尚未到来的时候,是敌取战略守势我取战略攻势的时候。这时我之作战方针,应有计划地在一定地区内消灭和驱逐为游击队力能胜任的小敌和汉奸武装,扩大我之占领地区,有效地发展自己的军事和民众的力量,有效地缩小敌人的力量,并准备敌人再度向我进攻时又能有计划地和有力地打破之。在实行占领进攻时不可得意忘形,轻视敌人,忘记了团结内部、巩固根据地和巩固部队的工作,要密切注意敌人的动向,适时做好应付敌人又向我进攻的准备。

5. 向运动战发展。抗日战争的长期性和残酷性,一方面决定着敌后广大地区的游击队不能仅仅停留在游击战的水平上,而必须向运动战发展,才能完成所肩负的夺取最后胜利的占领任务。另一方面,游击队经过长期艰苦的战争锻炼,在配合正规战争的作战中,不断壮大了自己的队伍,提高了部队的素质和水平,又为游击战向运动战的发展创造了极为有利的条件。游击战争的领导者们必须明确地认识游击战向运动战发展的必要性与可能性,才能坚持向运动战发展的方针,并有计划地执行之。例如五台山等处的游击战争,本是由正规军派出强大的支队去发展的,那里的作战虽然一般是游击战,但开始即包含了运动战的成分。随着战争的持久,这种成分将逐渐增加,这是今天抗日游击战争的长处。

由执行游击战的游击部队向执行运动战的正规部队转化,须具备数量扩大和质量提高两个条件。前者除直接动员人民加入部队外,可采取集中小部队的办法;后者则依靠战争中的锻炼和提高武器的质量。集中小部队,一方面须防止只顾地方利益而妨碍集中的地方主义;另一方面也须防止不顾地方利益的单纯军事主义。提高质量,须在政治、组织、装备、技术、战术、纪律等各方面有所改进,逐渐地仿照正规军的规模,减少游击队的作风。一切正规军均有扶助游击队向着正规部队发展的责任。

6. 指挥关系。游击政治指挥关系的正确解决,是游击政治顺利发展的条件之一。游击战争的指挥方法,须适应游击部队是低级武装组织和分散行动的特性。因此,游击战争的指挥原则,一方面反对绝对的集中主义,同时又反对绝对的分散主义,应该是战略的集中指挥和战役战斗的分散指挥。

战略的集中指挥,包括国家对于整个游击战争的部署,各个战区里面游击战争和正规战争的配合行动以及每个游击区或根据地里面对于全区抗日武装的统一指导。在这些方面应尽可能地求得协调、统一和集中。战役战斗的分散指挥,指战役战斗的具体组织与实施等由各级指挥机关随时随地按照具体情况去做。一句话,就是:战略统一下的独立自主的游击战争。应该集中的不集中,在上者叫做失职。在下者叫做专擅,这是任何上下级关系上特别是在军事关系上所不许可的。应该分散的不分散,在上者叫做包办,在下者叫做无自动性,这也是任何上下级关系上特别是在游击战争的指挥关系所不许可的。只有上述原则,才是正确地解决这个问题的方针。

《抗日游击战争的战略问题》一文,是指导中国抗日战争取得顺利的军事纲领性文献。文章从中国的国情出发,在分析中日交战双方各自特点的基础上,科学地揭示了抗日游击战争的战略地位,使人们对游击战争的蕴含伟大力量及其具有的重要历史作用有了充分的认识,游击战争的理论和实践也由此获得了长足的发展,不仅在中国革命史上,而且在世界战争史上演出了空前伟大的一幕。日本的久往忠勇在《战争、战略、日本》一书中说:"毛泽东论述得最精辟的是游击战。他所论述的游击战,比以往任何战略书籍都丰富。他那富有想像力的论述,是举世罕见的。在二十世纪出现的各种战略著作中,最有特色的就是毛泽东的游击战论"。日本另一军事评论家池田德躬说:把游击战"加以系统化、战略化、普遍化的始祖,无论怎么说也是中国的毛泽东"。他称毛泽东是"现代游击战争之父,典型的实践指导者"。①

第三节　持久战理论的系统化

持久战,是中国共产党在抗日战争时期基本的战略方针,是经过以毛泽东为首的中国共产党集体奋斗和共同探索而形成的战略思想。

九一八事变后,中国共产党在极为困难的环境中,即开始认真探求抗日救国的路线、方针与斗争策略,逐步明确了以持久战取得最后胜利的战略总方针。当时在中共中央负总责的张闻天于 1936 年 4 月 20 日发表一篇题为

---

① 《毛泽东军事思想发展史》,山东人民出版社 1993 年版,第 624—625 页。

《关于抗日的人民统一战线的几个问题》的文章,指出:"抗日战争不是几天几个月就能决定胜负的,这是一个持久战"。次年 4 月 11 日,他又发表题为《迎接对日直接抗战伟大时期的到来》的文章,指出对日本帝国主义的力量,既不应夸大而产生"恐日病",也"不能估计不足"。"日本帝国主义是能够战胜的",而胜利只能是"持久的艰苦工作的结果"。① 七七事变后不久,中共中央提出了《确定全国抗战之战略计划及作战原则案》,明确了"战略的基本方针是持久的防御战"。8 月 11 日,周恩来、朱德、叶剑英等在南京国防会议上,就中国共产党关于全国抗战的战略问题指出,全国抗战在战略上要实行持久防御,在战术上应采取攻势。中共中央政治局洛川会议对抗日战争的指导路线和战略方针作了明确的表述,指出:"这一抗战是艰苦的持久战",全国的战略方针是持久战。

　　毛泽东对抗日战争是持久战的认识很早就有了。土地革命战争时期,他告诫全党全军,我们的面前站着两个强大敌人,一个是国内反动势力,一个是国际帝国主义势力,这就规定了中国革命战争的持久性,不要幻想胜利很快就能实现。中央红军到达陕北后,随着客观形势的变化,在延安时期的毛泽东逐步把自己的注意力转向研究抗日战争的有关问题上来,对持久战的提法逐步明确。1935 年 12 月,毛泽东在《论反对日本帝国主义的策略》的报告中就指出:"帝国主义还是一个严重的力量,革命力量的不平衡状态是一个严重的缺点,要打倒敌人必须准备作持久战"。"中国革命战争还是持久战,帝国主义的力量和革命发展的不平衡,规定了这个持久性"。② 1936年 7 月 16 日,毛泽东在同美国记者斯诺谈中国抗日战争的形势、方针问题时指出:中国战胜日本帝国主义,要有三个条件:第一是中国抗日统一战线的完成;第二是国际抗日统一战线的完成;第三是日本国内人民和日本殖民地人民的革命运动的兴起。这三个条件中,中国人民的大联合是主要的。至于战争能延长多久,要看中国抗日统一战线的实力和中日两国其他许多

---

① 《毛泽东军事思想发展史》,第 146—147 页。
② 《毛泽东选集》第 1 卷,第 153 页。

决定因素如何而定。如果抗日统一战线有力地组织起来,各国政府和各国人民给中国以必要的援助,日本革命起来得快,则这次战争将迅速结束,中国将迅速胜利。如果这些条件不能很快实现,战争就要延长。① 很显然,毛泽东说的这三个条件,当时都不具备,也不能很快实现,所以抗日战争必然是持久战。在谈话中,毛泽东还阐述了中日战争的一般发展趋势:日本在中国抗战的长期消耗下,它的经济行将崩溃;在无数战争的消磨中,它的士气行将颓靡。中国方面,则抗战的潜伏力一天一天地奔腾高涨,大批的革命民众不断地倾注到前线去,为自由而战争。所有这些因素和其他的因素配合起来,就使我们能够对付日本占领地的堡垒和根据地,作最后的致命攻击,驱逐日本侵略军出中国。毛泽东的这段话说明,此时他关于抗日战争是持久战的观点已经比较明朗化了。

尽管在七七事变前,中国共产党就正确地预见,抗日战争是持久战。但在全国抗战爆发以后,国内仍有一些人存在着"亡国论"和"速胜论"的错误观点。在国民党内有些人宣传"亡国论"的悲观论调,他们说:"中国武器不如人,战必败"。"如果抗战,必会作阿比西尼亚"。在国民党上层统治者内部,还存在着投降主义势力,他们或明或暗地故意宣扬"亡国论"。1937 年 7 月 29 日,当时任国民党中央政治会议主席的汪精卫在一次广播讲话中说:"我们是弱国,我们是弱国之民,我们所谓抵抗,无它内容,其内容只是牺牲","便是能使整个国家,整个民族为抵抗侵略而牺牲。天下既无弱者,天下即无强者,那么我们牺牲完了,我们抵抗的目的也达到了"。② 汪精卫的意思就是抗战只有牺牲,牺牲便是最后目的,这也是他后来公开投敌当汉奸的思想基础。但是,当国民党政府决定实行抗战,全国形成轰轰烈烈的抗战局面的时候,各种表现"速胜论"的意见也发生了。抗战初期,有些人过低地估计了日本,甚至以为日本不能打到山西。淞沪抗战时,有些人认为只要打三个月,国际局势一定发生变化,苏联一出兵,战争就可解决。他们幻想依赖

---

① 参见《毛泽东选集》第 2 卷,第 443 页。
② 《汪精卫集团投敌》,上海人民出版社 1984 年版,第 175—176 页。

外援迅速结束战争。

1938 年 4 月上旬,国民党军队在台儿庄取得歼灭日军两万余人的胜利,这对稳定国民党部队的军心,缓解其"恐日病"有一定积极作用。但是,这一胜利也冲昏了国民党蒋介石集团一些人的头脑,他们又大肆宣扬这是"中华民族复兴的新象征",以为只要打几个台儿庄战役式的胜仗就能抵挡日本侵略军,无需动员广大人民进行持久战。在这一片喧嚣声中,要数《大公报》的嗓门最为响亮。

在台儿庄大捷的刺激下,蒋介石为了扩大战果,从各战区调集大批军队,企图进行徐州会战。4 月 25 日《大公报》发表社论说:"现时的局势,就是抗战前途的重要关系,我们这一战胜利了,其有形无形的影响,就可以得到准决胜的功效"。"全军将士注意! 现在就是准决战"。4 月 26 日《大公报》又发表社论说:"这一战当然不是最后决战,但不失为准决战。因为在日本军阀,这一战,就是他们最后的挣扎"。毛泽东反对这种意见,他在 5 月 10 日中共中央常委会上说:最近《大公报》两篇社论态度变化,认为鲁南战争(即徐州会战的第三阶段)是准决战,否认中日战争是持久战。我们对于中日战争的估计,过去也有两种意见。我一贯估计中日战争是持久战,因为中国是大国,日本不能完全吞并中国,同时中国又是弱国,须要持久战才能取得胜利。5 月 13 日,毛泽东又就《大公报》宣传"准决战"的问题,致电王明、秦邦宪、何凯丰,指出:"《大公报》否认持久战,提出准决战的论调,我们认为是不对的,徐州决战只应该是某种程度的战役决战,而决不应该看做战略决战。必须在徐州决战失败后,仍有充足力量为保卫武汉而战"。① 事实对"速胜论"作了无情的回答。5 月间,国民党兴师 60 万的徐州会战终归失败,而接踵而至的是武汉危机,在这种情况下,已经不大出现的"亡国论",却又乘机抬起头来。

为了澄清"速胜论"和"亡国论"所引起的思想混乱,夺取抗战的彻底胜利,迫切需要向全国人民阐明,中国的抗日战争是怎样性质的战争? 它的前

---

① 《毛泽东年谱》中卷,第 69—70 页。

途如何？它的特点与发展规律是什么？怎样才能取得抗战的最后胜利？毛泽东发表《论持久战》，就是对这些问题做最系统最科学的说明。

《论持久战》原是毛泽东准备为延安抗日战争研究会纪念"七七"抗战一周年写的一篇论文，于5月26日至6月3日在延安抗日战争研究会上用讲演的方式首次发表。在这篇著名的军事论著中，毛泽东运用辩证唯物主义和历史唯物主义的观点，分析抗战十个月来的战争经验，科学地揭示了抗日战争的特点、前途及发展规律，使他前一个时期提出的关于抗日战争是持久战的战略思想达到了系统化，这篇论著的发表，标志着中国共产党持久战的抗战理论全面形成。

《论持久战》全文共120节，分为21个问题。前九个问题归结为一部分，主要说明抗日战争为什么是持久战，为什么最后胜利是中国的；后12个问题归结为一部分，主要说明怎样进行持久战和怎样夺取最后胜利。

一、抗日战争是持久战，最后胜利是中国的

在这篇论著中毛泽东首先考察和论证了持久抗战的根据和发展过程，指出中日战争是"半殖民地半封建的中国和帝国主义的日本之间在二十世纪三十年代进行的一个决死的战争。全部问题的根据就在这里"。

接着，毛泽东具体分析了战争双方互相对立的基本特点：

日本方面：第一，它是一个强的帝国主义国家，它的军力、经济力和政治组织力在东方是一等的，在世界也是五六个著名帝国主义国家中的一个。这是日本发动侵略战争的基本条件，战争的不可避免和中国的不能速胜，就建立在这个日本国家的帝国主义制度及其强的军力、经济力和政治组织力上面。第二，日本社会经济的帝国主义性质，决定了它所发动的战争帝国主义性质，决定了它所发动的战争帝国主义性质，它的战争是退步的和野蛮的。日本战争的退步性和野蛮性是日本战争必然要失败的主要根据。第三，日本国度比较小，其人力、军力、财力、物力均感缺乏，经不起长期的战

争。日本统治者为解决这个困难问题而发动战争,结果将因战争而增加困难,战争将连它原有的东西也消耗掉。第四,日本战争的反动性,决定了日本失道寡助。总之,日本的长处是其战争力量之强,而其短处则在其战争本质的退步性、野蛮性,在其人力、物力之不足,在其国际形势之寡助。这些就是日本方面的特点。

中国方面:第一,我们是一个半殖民地半封建的国家,是一个弱国,军力、经济力和政治组织力各方面都不如敌人。战争之不可避免和中国之不能速胜,又在这个方面有其基础。第二,中国处在历史的进步时期,中国共产党及其领导的军队,就是这种进步的主要代表。中国今天的解放战争,就是在这种进步的基础上得到持久战和最后胜利的可能性。中国是如日方升的国家,中国的战争是进步的、正义的战争,中国战争的进步性和正义性,能唤起全国的团结,激起敌国人民的同情,争取世界多数国家的援助。第三,中国又是一个很大的国家,地大、物博、人多、兵多,能够支持长期的战争。第四,中国战争的进步性和正义性,将得到国际社会的广大援助,同日本的失道寡助恰恰相反,而是得道多助。总之,中国的短处是战争力量之弱,而其长处则在其战争本质和进步性和正义性,在其是一个大国家,在其国际形势之多助。这些都是中国的特点。

通过对战争双方基本特点的分析,毛泽东总结指出:"这样看来,日本的军力、经济力和政治组织力是强的,但其战争是退步的、野蛮的,人力、物力又不充足,国际形势又处于不利。中国军力、经济力和战争组织力是比较地弱,然而正处于进步的时代,其战争是进步的和正义的,又有大国这个条件足以支持持久战,世界的多数国家是会要援助中国的"。总而言之,敌强我弱,敌小我大,敌退步我进步,敌寡助我多助,这就是战争双方互相对立的基本特点。这些特点,规定了和规定着双方一切政治上的策略和军事上的战略战术,规定了和规定着战争的持久性和最后的胜利属于中国而不属于日本。由于敌强我弱这一特点,规定了日本能够有一定时期和一定程度的横行,中国不可避免地要走一段艰难的路程,抗日战争是持久的而不能速胜。但是在战争过程中,敌之强的有利因素,必为其小国、退步、寡助等不利因素所减杀而发生相反的变化;我之弱,又必然为大国、进步、多助等有利因素所补充。因此,日本是不能横行到底的,中国决不会灭亡,抗日战争是持久战,最后胜利是中国的。

毛泽东进而又批驳了"亡国论"和"速胜论"。指出,亡国论和对抗战前途悲观的人,只看到敌强我弱的一面,而没有看到日本根本的弱点和中国的优势;速胜论者不承认敌强我弱的特点,不了解日本的短处需要较长时期才能充分暴露出来,而中国的长处也需要经过长期的努力才能充分发挥出来。所以亡国论和速胜论者都犯了主观的、片面性的错误,都是战争问题上的唯心论和机械论者。

在对中日战争双方存在着的互相对立的各种特点及战争过程中双方力量强弱对比的变化趋势的深入研究和分析的基础上,毛泽东科学地预见到持久战将经历三个阶段:第一是敌之战略进攻,我之战略防御阶段;第二是敌之战略保守,我之准备反攻的战略相持阶段;第三是我之战略反攻,敌之战略退却阶段。毛泽东认为,持久战将具体地表现在这三个阶段之中,并为这三个阶段描绘了具体轮廓:

第一阶段,是敌之战略进攻,我之战略防御的阶段。这个阶段,现在还未完结。敌之企图是攻占广州、武汉、兰州二点,并把三点联系起来。敌欲达此目的,至少出 50 个师团,约 150 万兵员,时间一年半至两年,用费将在 100 万万日元以上。敌人如此深入,其困难是非常之大的,其后果将不堪设想。至于完全占领粤汉铁路和西兰公路,将经历非常危险的战争,未必尽能达其企图。这一阶段我们的作战计划,应把敌人可能占领三点甚至三点以外之某些部分地区并可能互相联系起来作为一种基础,部署持久战。这一阶段我们所采取的战争形式,主要的是运动战,而以游击战和阵地战辅助之。此阶段中,中国虽有颇大的损失,但是同时却有庞大的进步,这种进步就成为第二阶段继续抗战的主要基础。此阶段中,敌人的士气已开始表现颓靡,敌人陆军进攻的锐气,中期不如初期,末期将更不如初期。

第二阶段,是敌之战略保守,我之准备反攻的时期,即战略相持阶段。第一阶段之末尾由于敌之兵力不足和我之坚强抵抗,敌人将不得不确定一个战略进攻的终点,到达此终点以后,即停止其战略进攻,转入保守占领地的阶段。第二阶段仍有广大的战争。此阶段中我之作战形式主要的是游击战,而以运动战辅助之。此时中国尚能保有大量的正规军,不过一方面因敌在其占领的大城市和大道中取战略守势,一方面因中国技术条件一时未能完备,尚难迅即举行战略反攻。除正面防御部队外,我军将大量地转入敌后,比较地分散配置,依托一切敌人未占区域,配合民众武装,向敌人占领地作广泛的和猛烈的游击战争,并尽可能地调动敌人于运动中消灭之。此阶段的战争是残酷的,地方将遇到严重的破坏,但是游击战争能够胜利。那时,整个敌人占领地将分为三种地区:第一种是敌人的根据地,第二种是游击战争的根据地,第三种是双方争夺的游击区。这个阶段的时间长短,依敌我力量增减变化的程度如何及国际形势变动如何而定,大体上我们要准备付给较长的时间,要熬得过这段艰难的路程。这将是中国很痛苦的时期,经济困难和汉奸捣乱将是两个很大的问题。敌人将大肆其破坏中国统一战线的活动,此时我们的任务,在于动员全国民众,齐心一致,绝不动摇地坚持战争,把统一战线扩大和巩固起来,排除一切悲观主义和妥协论,提倡艰苦斗争,反对分裂,有计划地增强作战技术,改造军队,动员全民,准备反攻。此阶段中,国际形势将变到更于日本不利。日本威胁南洋和威胁西伯利亚,将较之过去更加严重,甚至爆发新的战争。敌人方面,陷在中国泥潭中的几十个师团抽不出去,广大的游击战争和人民抗日运动将疲惫这一大批日本军。第二阶段是整个战争的过渡阶段,也将是最困难的时期,然而它是转变的枢纽。中国将变为独立国,还是沦为殖民地,不决定于第一阶段大城市之是否丧失,而决定于第二阶段全民族努力的程度。如能坚持抗战,坚持统一战线和坚持持久战,中国将在此阶段中获得转弱为强的力量。中国抗战的三幕戏,这是第二幕。由于全体演员的努力,最精彩的结幕便能很好地演出来。

　　第三阶段,是我之战略反攻,敌之战略退却阶段,也就是收复失地的反攻阶段。收复失地,主要地依靠中国自己在前阶段中准备着的和在本阶段中继续地生长着的力量。然而单只自己的力量还是不够的,还须依靠国际力量和敌国内部变化的援助,否则是不能胜利的。这个阶段,战争已不是战略防御,而将变为战略反攻了;在现象上,将表现为战略进攻;已不是战略内线,而将逐渐地变为战略外线。直到打到鸭绿江边,才算结束了这个战争。第三阶段是持久战的最后阶段,所谓坚持战争到底,就是要走完这个阶段的全程。这个阶段我们所采取的主要战争形式仍将是运动战,但是阵地战将提到重要地位,游击战仍将辅助运动战和阵地战而起战略配合作用。

由此,毛泽东总结提出:"这样看来,战争的长期性和随之而来的残酷性,是明显的。敌人不能整个地吞并中国,但是能够相当长期地占领中国的许多地方。中国也不能迅速地驱逐日本,但是大部分的土地将依然是中国的。最后是敌败我胜,但是必须经过一段艰难的路程"。

持久战三个阶段的形成及其递次演进,是由敌我双方力量强弱对比的发展变化所决定的。三个阶段中,敌我双方的力量都有向下向上两方面的变化。第一阶段中,我之向下变化的表现为土地、人口、经济力量、军事力量和文化机关等的减缩。向上的变化表现为战争中的经验增多,军队的进步,政治的进步,人民的动员,文化的新方向的发展,游击战争的出现,国际援助的增长,等等。向下的东西是旧的量和质,主要地表现在量上。向上的东西是新的量和质,主要地表现在质上。敌之向下的变化表现在几十万人的伤亡,武器和弹药的消耗,士气的颓靡,国内人心的不满,贸易的缩减,100万万日元以上的支出,国际舆论的责备等方面。向上的变化表现在他扩大了领土、人口和资源。敌人向上的变化具有暂时性和局部性。第二阶段,上述双方的变化将继续发展,具体的情形不能预断,但是大体上将是日本继续向下,中国继续向上。那时中国将脱出劣势,日本则脱出优势,先走到平衡的地位,再走到优劣相反的地位。然后中国大体上将完成战略反攻的准备而走到实行反攻、驱敌出国的阶段。根据中国政治和经济不平衡的状态,第三阶段的战略反攻,在其前一时期将不是全国整齐划一的姿态,而是带地域性的和此起彼落的姿态。总之,中国由劣势到平衡到优势,日本由优势到平衡到劣势,中国由防御到相持到反攻,日本由进攻到保守到退却——这就是中日战争的过程,中日战争的必然趋势。抗日战争的实际发展,完全证实了毛泽东关于持久战三个阶段的论述,这是对战争发展趋势极其正确、科学的预测。

　　毛泽东提出持久战的三个阶段的时候,正处在第一阶段中,因此不可能精确地提出每一阶段的起止时间。"客观现实的行程将是异常丰富和曲折变化的,谁也不能造出一本中日战争的'流年'来。然而给战争趋势描画一个轮廓,却为战略指导所必需。所以尽管描画的东西不能尽合将来的事实,而将为事实所校正,但是为着坚定地有目的地举行持久战的战略指导起见,描绘轮廓的事仍然是需要的"。① 当时毛泽东在第一阶段还未完结的时候,预见"敌之企图是攻占广州、武汉、兰州三点,并不把三点联系起来",这就是把第一阶段的结束,第二阶段的开始,确定在敌占广州、武汉、兰州三点之后。1945 年党的七大在总结抗战八年的发展过程时,提出以武汉失守为第二阶段,即相持阶段的开始,以后史学界基本上都沿用了这一说法。但需说明的,事实上在武汉失守后近一年的时间里,毛泽东认为相持阶段并未到来,而是处在"一个由旧阶段向新阶段去的过渡时期"。②

　　毛泽东之所以提出过渡时期的原因,首先是他认为日本占领武汉后,还会向西安进攻;敌之进攻的第一阶段将结束在西安的失守。其次是为了反对投降。武汉失守后,由于日本改变了侵华战略,使国内外掀起了一股投降逆风。汪精卫潜逃国外投降日本,英美法策动东方慕尼黑阴谋,客观上形成了国内外两支同盟军。所以毛泽东认为在没有"打退这两支敌人的同盟军"以前,便"没有什么相持阶段"。③

　　毛泽东在提出过渡时期的同时,也提出了完成这个过渡时期需要的三个条件:(1)中国坚持持久抗战并增强抗日力量;(2)日本的困难增长;(3)国际上给中国更多的援助。以后为进一步明确相持阶段到来的标志,毛泽东又把完成过渡时期的三个条件归结为一个公式:即"我之实力＋敌人弱点＋国际的牵制＝相持阶段"。毛泽东认为相持阶段的到来,不仅是"实力相等"而

---

① 《毛泽东军事文集》第 2 卷,第 390 页。
② 《毛泽东选集》第 2 卷,第 462 页。
③ 《毛泽东文集》第 2 卷,第 229 页。

是由诸多因素决定的。

1939 年 8 月 23 日,苏联与德国签订了互不侵犯条约。毛泽东对苏德条约的签订评价很高,认为社会主义苏联从此可以从困境中摆脱出来,真正成为世界反法西斯主义的中坚力量,这对抗战是巨大的支持。正是在这新的国际环境中,在"打击了日本,援助了中国,增强了中国抗战派的地位,打击了中国的投降派"的条件下,毛泽东才在 9 月 1 日同《新华日报》记者的谈话中正式提出:"我国的战略退却阶段便已完结,而战略相持阶段已到来"。①

第二次世界大战的爆发更坚定毛泽东对相持阶段已经到来的判断。9 月 16 日,他在回答三记者问题时,更加明确地提出,相持阶段已经到来,抗日战争进入新阶段,"至于新阶段的具体内容,就是准备反攻,一切都可以包括在这一概念之中"。②

上述就是毛泽东对这一段国内外形势的看法。事实上,在武汉未失守时,毛泽东就已经提出"新阶段",但当敌之进攻,我之防御阶段转入敌我相持的"新阶段"时,又提出"过渡时期",而且持续了将近一年的时间。"过渡时期"的提出,丰富了战略相持阶段的内容,对中国抗战力量的生长,打击投降力量,对遏制国民党军很快放弃对日军的正面抵抗,推迟国民党顽固派转向消极抗日、积极反共都有积极的意义。

二、人民战争的指导思想和进行持久战的战略战术原则

毛泽东在论证了中国抗战是持久战,最后胜利是中国的和持久战三个阶段的发展规律之后,又进一步阐述了怎样进行持久战和怎样争取最后胜利的问题。

1. 客观能动性在战争中的地位和作用。抗日战争要赶走帝国主义,变

---

① 《毛泽东选集》第 2 卷,第 580—584 页。
② 《毛泽东选集》第 2 卷,第 587—588 页。

旧中国为新中国,必需动员全中国人民,发扬其抗日的自觉能动性,才能达到目的。坐着不动,只有被灭亡,没有持久战,也没有最后胜利。战争的胜负,固然决定于双方军事、政治、经济、地理、战争性质、国际援助条件,然而仅有这些,还只是有了胜负的可能性,它本身没有分胜负。要分胜负,还须加上主观的努力,这就是指导战争和实行战争,这就是战争中的自觉能动性。指导战争的人们不能超越客观条件许可的限度期求战争的胜利,然而可以而且必需在客观条件的限度之内,能动地争取战争的胜利。在既定的客观物质的基础之上,抗日战争的指挥员就要发挥他们的威力,提挈全军,去打倒那些民族的敌人,改变我们这个被侵略被压迫的社会国家的状态,造成自由平等的新中国,这里就用得着而且必需用我们的主观指导的能力。

2. 政治动员是争取战争胜利的最基本条件。战争就是政治,战争本身就是战争性质的行动,从古以来没有不带政治性的战争。但是战争有其特殊性,战争不等于一般的政治。战争是政治的特殊手段的继续。抗日战争的政治目的是驱逐日本帝国主义,建立自由平等的新中国。如此伟大的民族革命战争,没有普遍和深入的政治动员,是不能胜利的。动员了全国的老百姓,就造成了陷敌于灭顶之灾的汪洋大海,造成了弥补武器等缺陷的补救条件,造成了克服一切战争困难的前提。政治动员首先是把战争的政治目的告诉军队和人民,其次还要说明达到此目的的步骤和政策。政治动员要靠口说,靠传单布告,靠报纸书目,靠戏剧电影,靠学校,靠民众团体,靠干部人员;要联系战争发展的情况,联系士兵和老百姓的生活,把战争的政治动员,变成经常的运动。

3. 实施持久战总方针所应采取的具体作战方针与原则。战争的目的是保存自己消灭敌人。这个目的,是战争的本质,是一切战争行动的根据。抗日战争的各级指导者,不能离开中日两国之间各种互相对立的基本因素去指导战争,也不能离开这个战争目的去指导战争。

在抗日持久战三个阶段的第一和第二阶段即敌之战略进攻和战略保守阶段中,应该是战略防御中的战役和战斗的进攻战,战略持久中的战役和战斗的速决战,战略内线中的战役和战斗的外线作战。在第三阶段中,应该是战略的反攻战。"外线的速决进攻战"与"内线的持久防御战"是相反的,然而,又恰是实行持久战的最好方针。

实行这个方针,在主观指导上要加强主动性、灵活性和计划性。在作战形式上,第一阶段主要是运动战,游击战和阵地战是辅助的。第二阶段游击战上升到主要地位,而以运动战和阵地战辅助之。第三阶段运动战又上升为主要形式,而辅之以阵地战和游击战。在整个战争中,运动战是主要的,游击战的战略地位仅次于运动战,其战略作用,一是辅助正规战,二是把自己也变为正规战。阵地战一般不会成为主要的作战形式。

抗日战争是消耗战,同时又是歼灭战。战役的歼灭战是达到战略的消耗战之目的的手段,从这点上说,歼灭战就是消耗战。中国之能够进行持久战,用歼灭达到消耗是主要的手段。但达到战略消耗目的的,还有战役的消耗战。大抵运动战是执行歼灭任务的,阵地战是执行消耗任务的,游击战是执行消耗任务同时又执行歼灭任务的,三者互有区别,在这点上说,歼灭战不同于消耗战。抗日战争的正确要求应该是:尽可能的歼灭战。而在一切不利于执行歼灭战的场合,则执行消耗战。对于前者,用集中兵力的原则;对于后者,用分散兵力的原则。在战役的指挥关系上,对于前者,用集中指挥的原则;对于后者,用分散指挥的原则。这些,就是抗日战争战场作战的基本方针。

根据日军在十个月侵略战争中所犯的指挥方面的错误,如逐渐增加兵力,没有主攻方向,没有战略协同,失去时机,包围多歼灭少,乘敌之隙的可能性是存在的。敌之指挥错误,是事实上已经存在过,并且还要发生的,又可因我之努力制造出来的,都是供我之利用,抗日将军们应该极力地捉住它。

抗日战争中的决战问题应分为三类:一切有把握的战役和战斗应坚决地进行决战,如平型关、台儿庄以及许多的其他战斗;一切无把握的战役和战斗应避免决战,如彰德等地战役所采的方针;赌国家命运的战略决战应根本避免,如最近的徐州撤退。这样就破坏了敌之"速决"计划,不得不跟我们干持久战。

4. 兵民是胜利之本。战争的伟力之最深厚的根源,存在于民众之中。日本敢于欺负我们,主要的原因在于中国民众的无组织状态。克服了这一缺点,就把日本侵略者置于我们数万万站起来的人民之前,使它像一匹野牛冲入火阵,我们一声唤也要把它吓一大跳,这匹野牛就非烧死不可。要进行持久战,最终战胜日本帝国主义,还必需加强军队的建设,发展壮大人民的武装。军队要实行政治工作三大原则:官兵一致,军民一致和瓦解敌军。军队须和民众打成一片,使军队在民众的眼睛中看成是自己的军队,这个军队便无敌于天下,个把日本帝国主义是不够打的。因此,政治上动员军民的问题,实在太重要了。我们之所以不懂反反复复地说到这一点,实在是没有这一点就没有胜利。没有许多别的必要东西固然也没有胜利,然而这是胜利的最基本的条件。

《论持久战》是毛泽东运用辩证唯物主义和历史唯物主义解决战争问题的典范,是指导中国抗日战争的军事纲领。它科学地论证了抗日战争的发展规律,以无可辩驳的逻辑力量阐明了争取抗战胜利的正确道路,使持久战理论系统化,从思想上、理论上武装了全国、全军和全国人民,极大地鼓舞和坚定了广大军民争取抗战胜利的信心和决心。《持久战》一文所饱含的战争哲理,结合中国抗日战争的实际,阐明了弱国如何战胜强敌入侵的一般战争指导规律,在中外军事理论发展史上写下了不朽的一页,成为世界十大军事名著之一。

《论持久战》于毛泽东在延安抗日战争研究会上发表讲演后,首先在1938 年 7 月 1 日出版的《解放》第四十三、四十四期合刊上全文刊出,同月延安解放社出版单行本。1939 年 1 月重庆新华日报馆出版订正本。1938 年 7月 9 日,毛泽东为订正本写小注:"此本书是最后校正本,与《解放》报发表的,有某些小的字句上的不同"。①

王明一直不赞成毛泽东关于三个阶段的持久战思想。所以他不让他所控制的党报党刊刊登毛泽东的《论持久战》。7 月初,中共中央曾致电长江局,要他们在《新华日报》上尽快刊登《论持久战》这一重要文章。可是王明

---

① 《毛泽东在延安记事》,陕西人民出版社 1994 年版,第 77 页。

却借口文章太长不予刊登。随后中共中央再次致电长江局，说文章太长可以分期刊登，但王明仍然不同意。由于同样的原因，《群众》周刊也未刊登。以后，只是在《新群丛书》中作为第 15 种出了单行本。王明不但反对在国内刊登《论持久战》，而且还将他反对《论持久战》的意见报告给斯大林和季米特洛夫，阻止在《共产国际》杂志上刊登《论持久战》。

但是，王明的雕虫小技，阻挡不住真理的声音，《论持久战》不仅在全国各地，包括国民党统治区很快地传播，而且还译成外文版在世界各地流行。1939 年初，上海有人将毛泽东的《论持久战》翻译成英文本，毛泽东听到这一消息，十分高兴，并于 1 月 20 日欣然命笔为英译本写了题为《抗战与外援的关系》的序言。序言说："伟大的中国抗战，不但是中国的事，东方的事，也是世界的事"。"我的这本小书，是一九三八年五月间作的，因为它是论整个中日战争过程的东西，所以它的时间性是长的。至于书中论点是否正确，有过去全部抗战经验为之证实，今后经验也将为之证实"。"在伟大抗战中，基本的依靠中国自力胜敌，中国的力量也正在发动，不但将成为不可战胜的力量，且将压倒敌人而驱逐之，这是没有疑义的。但同时，需要外援的配合，我们的敌人是世界性的敌人，中国的抗战是世界性的抗战，孤立战争的观点，历史已指明其不正确了"。"因此我希望此书能在英语各国间唤起若干同情，为了中国的利益，也为了世界的利益"。[1]

毛泽东的《论持久战》甚至在国民党内部也产生了很大影响。当《论持久战》刚发表时，周恩来就曾把《论持久战》的基本精神向白崇禧作了介绍。白崇禧深为赞赏，认为这是克敌制胜的最高战略方针。后来白崇禧又把它向蒋介石转述，蒋也同意，在蒋介石的支持下，白崇禧把《论持久战》的精神归纳成两句话："积小胜为大胜，以空间换时间"。[2] 在取得周恩来的同意后，由军事委员会通令全国，作为抗日战争中的战略指导思想。这以后，白崇禧任桂林行营主任时，还特地要广西干部学习毛泽东的《论持久战》。

———————————

① 《毛泽东文集》第 2 卷，第 145—146 页。
② 《政坛回忆》，广西人民出版社 1983 年版，第 119、129 页。

第四节　全党都要注重战争,学习军事

毛泽东在《抗日战争的战略问题》和《论持久战》两篇文章中,已经解决了指导全党进行抗日战争的战略方针问题。但是,当时在中国共产党内的王明为代表的犯右倾错误的同志否认统一战线中的独立自主原则,对于党在战争战略问题上的方针,也采取了怀疑和反对的态度。为着克服党内这种右倾错误,而使全党更加明确地了解战争和战略问题在中国革命问题上的首要地位,并动员全党认真地从事这项工作,毛泽东在中共六届六中全会上又从中国政治斗争的历史方面着重地说明这个问题,同时说明中国共产党军事工作的发展和战略方针的具体变化的过程,从而取得了全党在领导思想上和工作上的一致。

中共中央扩大的六届六中全会于 1938 年 9 月 29 日至 11 月 6 日在延安桥儿沟召开。在会议的最后两天,毛泽东做结论报告。两天的结论报告共讲了五个问题:第一,六中全会的成功。第二,广州、武汉失守后的形势。第三,民族统一战线的长期性。第四,战争和战略问题。第五,其他问题。其中第四个问题就是讲军事问题的,他号召"全党都要注重战争,学习军事,准备打仗"。① 对于这个问题的论述,后来以《战争和战略问题》的同样题目编

---

① 《毛泽东选集》第 2 卷,第 545 页。

入《毛泽东选集》第 2 卷。

《战争的战略问题》共分六个部分：中国的特点和革命战争；中国国民党的战争史；中国共产党的战争史；国内战争和民族战争中党的军事战略的转变；抗日游击战争的战略地位；注意研究军事问题。归结起来有以下重要内容：

一、关于战争问题

毛泽东首先指出："革命的中心任务和最高形式是武装夺取政权，是战争解决问题。这个马克思列宁主义的革命原则是普遍地对的，不论在中国在外国，一概都是对的"。但是，如何执行这一原则，应该结合本国的实际情况，在各种条件下执行这个原则的表现说来，则是不一致的。

在资本主义各国，无产阶级政党的任务是经过长期的合法斗争，教育工人，生息力量，准备最后地推翻资本主义。在战争问题上，不到资产阶级处于真正无能之时，不到无产阶级的大多数有了武装起义和进行战争的决心之时，不到农民群众已经自愿援助无产阶级之时，起义和战争是不应该举行的。到了起义和战争的时候，又是首先占领城市，然后进攻乡村，而不是与此相反。所有这些，都是资本主义国家的共产党所曾经这样做，而在俄国的十月革命中证实了的。

中国则不同。中国的特点是：不是一个独立的民主国家，而是一个半殖民地的半封建的国家，在内部没有民主制度，而受封建制度压迫；在外部没有民族独立，而受帝国主义压迫。因此，无议会可以利用，无组织工人举行罢工的合法权利。在这里，共产党的任务，基本地不是经过长期合法斗争以进入起义和战争，也不是先占城市后取乡村，而是走相反的道路。

在分析了中国和资本主义国家的不同之后，毛泽东明确指出："在中国，主要的斗争形式是战争，而主要的组织形式是军队"。他还引用了斯大林的话："在中国，是武装的革命反对武装的反革命。这是中国革命的特点之一，也是中国革命的优点之一"。并说:"斯大林同志的这一论断是完全正确的;无论是对于北伐战争说来,对于土地革命战争说来,对于今天的抗日战争说来,都是正确的"。"在中国,离开了武装斗争,就没有无产阶级和共产党的地位,就不能完成任何的革命任务"。

毛泽东在作出结论后,回顾了党的历史,认为党从 1921 年成立直至 1926 年参加北伐战争的五六年内,对军事问题是认识不足的。那时不懂得武装斗争在中国的极端重要性,不去认真地准备战争和组织军队,不去注重军事的战略和战术的研究。在北伐过程中,又忽视对军队的争取,片面地着重于民众运动,其结果,国民党一旦反动,一切民众运动都塌台了。1927 年以后的一个长时期中,虽然党已开始重视武装斗争,但是许多同志又把武装斗争的中心任务放在准备城市起义的白区工作方面。毛泽东特别指出,直到现在一些同志在这个问题上还没有根本的转变。还有些党员愿作党的组织工作,愿作民众运动的工作,而不愿意研究战争和参加战争。这是不对的。党的组织工作和民众运动也是配合战争的,只能也只应服从前线的需要。经验告诉我们,中国的问题离开武装就不能解决。认识这一点,对于今后进行胜利的抗日战争是有利益的。因此,毛泽东号召:"全党都要注重战争,学习军事,准备打仗"。

二、关于国共两党的战争史

毛泽东首先回顾了中国国民党的战争史。从孙中山组织革命的小团体起,他就进行了几次反清的武装起义。到了同盟会时期,更充满了武装起义的事迹,直至辛亥革命,武装推翻了清朝。中华革命党时期,进行了武装的反袁运动。后来的海军南下,桂林北伐和创设黄埔,都是孙中山的战争事业。蒋介石代替孙中山,创造了国民党的全军事时代。他看军队如生命,经历了北伐、内战和抗日三个时期。过去十年的蒋介石是反革命的。为了反革命,他创造了一个庞大的"中央军"。有军则有权,战争解决一切,这个基点,他是抓得很紧的。对于这点,我们应向他学习。在这点上,孙中山和蒋介石都是我们先生。我们来看一段国民党的历史,看一看它是如何地注意于战争,是有益处的。在中国,由于封建的分割,地主或资产阶级的集团或政党,谁有枪谁就有势,谁枪多谁就势大。处在这样的环境中的无产阶级政党,应该看清问题的中心。

毛泽东进而指出:"共产党员不争个人的兵权(决不能争,再也不要学张国焘),但要争党的兵权,在兵权问题上患幼稚病,必定得不到一点东西。劳动人民几千年来上了反动统治阶级的欺骗和恐吓的老当,很不容易觉悟到自己掌握枪杆子的重要性。日本帝国主义的压迫和全民抗战,把劳动人民推上了战争的舞台,共产党员应该成为这个战争的最自觉的领导者。每个共产党员都应懂得这个真理:'枪杆子里面出政权'。我们的原则是党指挥枪,而决不容许枪指挥党。但是有了枪确实又可以造党,八路军在华北就造了一个大党。还可以造干部,造学校,造文化,造民众运动。延安的一切就是枪杆子造出来的"。由此毛泽东认为,有人笑我们是"战争万能论"者,这不是坏事,是好事,是马克思主义的。俄国共产党的枪杆子造了一个社会主义。我们要造一个民主共和国。从某种意义上来说,整个世界只有用枪杆子才可能改造。我们又是战争消灭论者,我们是不要战争的;但是只能经过战争去消灭战争,不要枪杆子必需拿起枪杆子。

接着,毛泽东又回顾了中国共产党的战争史。党是从 1924 年参见黄埔军事学校开始,已进到了新的阶段,开始懂得军事重要性的。经过援助国民党广东战争和北伐战争,党已掌握了一部分军队,即以叶挺为首的独立团,以贺龙为首的第二十军和朱德领导的第三军军官教育团,中央军事政治学校武汉分校等。大革命失败,得了惨痛教训,于是有了南昌起义、秋收起义和广州起义,进入了创造红军的新时期。党在 1927 年召开的八七会议和在 1931 年 1 月召开的中共六届四中全会,这两个会议的内容和历史作用是不一样的,但是这两个会议都没有着重地涉及战争和战略问题,这是当时党的工作重心还没有放在战争上面的反映。1933 年党的中央迁至红色区域以后,情形有了根本的改变,但对于战争问题(以及一切主要问题)又犯了原则性的错误,致使革命战争遭受了严重的损失。毛泽东认为,直到 1935 年的遵义会议,则主要地反对战争中的机会主义,才真正把战争问题放在第一位,这也是当时战争环境的反映。他还自信地指出:到今天为止,中国共产党在 17 年的斗争中,不但锻炼出来一条坚强的马克思主义的政治路线,而且锻炼出来了一条坚强的马克思主义的军事路线。我们不但会运用马克思主义去解决政治问题,而且会运用马克思主义去解决战争问题;不但造就了一大批会治党会治国的有力骨干,而且造就了一大批会治军的有力骨干。为了胜利地进行今天的抗日战争,扩大和巩固八路军、新四军和一切我党所领导的游击队,是非常重要的。在此原则下,党应派遣最好的和足够数量的党员和干部上前线。

三、关于国内战争和民族战争中共产党的军事战略的转变

毛泽东首先论述了党在国内战争和民族战争中的三个军事战略转变,即国内游击战争和国内正规战争之间的转变;国内正规战争和抗日战争之间的转变;抗日游击战争和抗日正规战争之间的转变。第一个转变曾经遇到很大的困难,一方面要反对沉溺于游击性而不愿向正规性转变的右的地方主义和游击主义的倾向;又一方面则要反对过分地重视正规化的"左"的集中主义和冒险主义的倾向。第二个转变是处于国内战争和抗日战争两个不同的战争过程之间的,这是 1937 年秋季(卢沟桥事变后)的事情。这时,敌人是新的,即日本帝国主义,友军是过去的敌人国民党(它对我们仍然怀着敌意),战场是地域广大的华北。我们的战略转变,必须把过去的正规军和运动战,转变成为游击军和游击战,在现象上表现为一个倒退的转变,因此这个转变应该是困难的。这时困难发生的一方面是轻敌倾向,又一方面是恐日病,这些在国民党中都是发生了的。然而我们却相当顺利地执行了这个转变,不但未遭挫折,反而大大地胜利了。这是由于广大的干部适时地接受了中央的正确指导和灵活地观察情况而获得的,虽然曾经在中央和一

部分军事干部之间发生过严重的争论。第二个转变关系整个抗日战争的坚持、发展和胜利,关系于中国共产党前途非常之大。至于第三个转变,则属于战争发展的将来,现在可以不去说它。

在抗日战争的全体上说来,正规战争是主要的,游击战争是辅助的,因为抗日战争的最后命运,只有正规战争才能解决。但游击战争是在全战争中占着一个重要的战略地位,没有游击战争,忽视游击队和游击军的建设,忽视游击战的研究和指导,将不能战胜日本。在战争问题上,抗日战争中国共两党的分工,就目前和一般的条件说来,国民党担任正面的正规战,共产党担任敌后的游击战,是必须的,恰当的,是互相需要、互相配合、互相协助的。

毛泽东强调:由此可以懂得,我们党的军事战略方针,由国内战争后期的正规战争转变为抗日战争前期的研究战争,是何等重要和必要的了。同时,毛泽东还综合了现实由正规战争向抗日游击战争战略转变的18项好处:

(1)缩小敌军的占领地;

(2)扩大我军的根据地;

(3)防御阶段,配合正面作战,拖住敌人;

(4)相持阶段,坚持敌后根据地,利于正面整军;

(5)反攻阶段,配合正面,回复失地;

(6)最迅速最有效地扩大军队;

(7)最普遍地发展共产党,每个农村都可组织支部;

(8)最普遍地发展民众运动,全体敌后人民,除了敌人的据点以外,都可组织起来;

(9)最普遍地建立抗日的民主政权;

(10)最普遍地发展抗日的文化教育;

(11)最普遍地改善人民的生活;

(12)最便利于瓦解敌人的军队;

(13)最普遍最持久地影响全国的人心,振奋全国的士气;

(14)最普遍地推动友军友党进步;

(15)适合敌强我弱条件,使自己少受损失,多打胜仗;

（16）适合敌小我大的条件，使敌人多受损失，少打胜仗；

（17）最迅速最有效地创造出大批的领导干部；

（18）最便利于解决给养问题。

毛泽东指出：在长期奋斗中，游击队和游击战争应不停止原来的地位，而向高级阶段发展，逐渐地变为正规军和正规战争，这也是没有疑义的。我们将经过游击战争，积蓄力量，把自己造成为粉碎日本帝国主义的决定因素之一。

四、关于注意研究军事问题

毛泽东在文章的第一节中就号召"全党都要注重战争，学习军事，准备打仗"。在文章的最后一节，仍强调注意研究军事问题的重要性、迫切性。他指出："两军敌对的一切问题依靠战争去解决，中国的存亡系于战争的胜负。因此，研究军事的理论，研究战略和战术，研究军队政治工作，不可或缓。"毛泽东继而总结了过去研究军事问题的优缺点："战术的研究虽然不足，但十年来从事军事工作的同志们已有很多的成绩，已有很多根据中国条件而提出的新东西，缺点在于没有总结起来。战略问题和战争理论问题的研究，至今还只限于极少数人的工作。"最后指出："为了全党和全国的需要，军事知识的通俗化，成为迫切的任务。所有这些，今后都应该注意，而战争和战略的理论则是一切的骨干。"毛泽东认为，从军事理论的研究，引起兴趣，唤起全党注意于军事问题的研究，是非常必要的。

《战争和战略问题》一文，从中国政治斗争的历史方面，着重说明有关战争和战略的基本理论，有助于克服党内右倾倾向，坚持抗日游击战争的战略方针。它唤起全党重视研究军事理论、战略战术和军队政治工作，注重军事知识通俗化等思想，进一步丰富和完善了毛泽东军事思想体系，为中国人民赢得抗日战争乃至解放战争的胜利奠定了军事理论基础。

第五章

抗战中的反顽斗争及其
军事策略和行动原则

在抗日战争中,除抵抗日军侵略的战争外,还有一种特殊的战争,这就是发生在抗日民族统一战线内部的反顽斗争。为了抗日,国共两党结成了统一战线,但是国民党的反共顽固势力,并未因此放弃反共立场,他们总想借日军之手消灭或削弱共产党及其领导的军队,这就埋下了后来屡屡发生的反共惨案的祸根,也决定了中国共产党反顽斗争的不可避免。

反顽斗争在战场上表现为反磨擦的战争。在抗日民族统一战线中,在国共两党的合作过程中,磨擦和反磨擦的斗争是不可避免的,实际上是阶级斗争的一种表现。毛泽东说:"我们要懂得,统一战线里是有一定磨擦的。这个统一战线的名词里已经包含着磨擦的意思,因为讲统一,起码是两个以上才有可能,如果只有一个,'孤掌难鸣',就不会有磨擦,但一有两个,两个手掌就拍得响了,磨擦就难免的。

统一战线有一万年,磨擦也有一万年,有统一战线就有磨擦存在。"①毛泽东说:"在六中全会里我们曾说过,对无理的磨擦我们是决不容忍姑息的,我们要抱定'人不犯我,我不犯人;人若犯我,我必犯人'的原则。"②对于这四句话,阎锡山在以后的谈判中提出是否把最后一句"我必犯人"改为"我必自卫"。当时毛泽东坚持一个字也不能改。毛泽东说:"这后一条原则很重要的,比方我在这屋子站着,他把我挤了一下,我若让他,退一步,这样一步一步会挤得我无容身之地,所以他挤来,我们反挤一下,挤回他到原来地位,他要磨擦,我们就反磨擦。""他在陕甘宁边区周围大搞其磨擦,占村子,他占一个村子,我们占他两个,他把一个还我们,我们也就原数奉还;他要捉人,他捉三个,我们就捉他四个,他把我们关三天,我们就关他六天释放。为什么我们要加倍地对付他呢?就是因为他先犯了我,他理屈,要惩罚惩罚他,这就是反磨擦。"③然而,这种反磨擦斗争是种特殊的战争,它"必须严格站在自卫立场上,决不能过此限度,给挑衅者以破裂统一战线之口实。这种自卫的防御的反磨擦斗争之目的,在于巩固国共合作。为此目的,一定条件下缓和、退让也是必要的"。毛泽东强调"统一不忘斗争,斗争不忘统一,二者不可偏废,但以统一为主,'磨而不裂'"。④毛泽东关于反磨擦斗争的指示,是全党全军反顽斗争的锐利的思想武器,是取得反顽斗争不断胜利的可靠保证。

在抗日战争中,国民党顽固派向共产党及其领导的军队和根据地发动了三次反共高潮,毛泽东领导全党全军打退了反共高潮,总结了反顽斗争的经验。毛泽东在反顽斗争中制定的军事策略和行动原则,充分体现了毛泽东的军事斗争艺术,是毛泽东抗战军事思想的重要组成部分。

---

① 《毛泽东文集》第2卷,第151—152页。
② 《毛泽东文集》第2卷,第151—152页。
③ 《毛泽东文集》第2卷,第151—152页。
④ 《毛泽东文集》第2卷,第221—222页。

第一节　打退第一次反共高潮

在抗战一开始时,国民党就曾寻找种种借口,设置种种障碍,限制共产党和八路军、新四军的抗战活动。进入战略相持阶段后,在日本加紧诱降和英美对日妥协政策的影响下,国民党内部发生了进一步的分化。国民党副总裁汪精卫于 1938 年 12 月 18 日潜逃越南河内。12 月 29 日,发表公开叛国投降的"艳电",成为可耻的汉奸卖国贼。而以蒋介石为代表的亲美派,由于惧怕共产党和八路军的发展,加之战争失败主义情绪的滋长,因而逐渐转为积极反共,消极抗日。国民党统治集团的投降和分裂活动日益加剧,成为当时中国时局的主要危险。

1939 年 1 月,国民党在重庆召开五届五中全会。会议的中心议题是决定所谓抗战和反共的方针问题。会议虽然声言仍要"坚持抗战到底",但蒋介石对于抗战到底的"底"做了规定,他说,抗战到底的"底",就是"要恢复'七七'事变以前的原状"。会议最重要的是决定了"溶共"、"防共"、"限共"的方针。蒋介石在会上扬言:"对中共是要斗争的,不好怕它。""现在要溶共——不是容共。它如能取消共产主义我们就容纳它。"①会议根据蒋介石的讲话精神,原则通过《防止异党活动办法》,决定设置防共委员会,严密

---

① 《中华民国史纲》,河南人民出版社 1985 年版,第 543 页。

限制共产党和一切进步力量的言论和行动。

当蒋介石的"溶共"方针，遭到中共中央和毛泽东的强烈抗议与严正拒绝后，国民党在五中全会的基础上又陆续制定出一系列的反共文件，如《共党问题的处置办法》《沦陷区防范共党活动草案》《第八路军在华北陕北之自由行动应如何处置》《异党问题处理办法》《运用保甲组织防止异党活动办法》等，开始了有计划、有领导的反共活动。

实际上国民党顽固派一直没有停止过对共产党的迫害和攻击，不过"最近尤甚"罢了。如许多地方不仅原有的共产党员政治犯未曾释放，而且常有逮捕和杀害共产党员之事发生。查禁封闭《新华日报》，而诬蔑中共的报刊却得以出版发行。西安方面组织青年学生转往延安学习，扣留拘禁青年学生和抗大职员不放。特别是在敌后游击区域中，各种排挤、诬蔑八路军共产党的行为经常发生。

国民党五中全会以后，在华北、华中、西北又制造了一连串的磨擦事件。如在华北，国民党山东省第三行政专员兼保安司令秦启荣部于1939年4月在博山袭击八路军山东纵队第三游击队，捕杀八路军团以下干部战士200余人。同年8月，秦启荣又以九个支队2000余人袭击八路军山东纵队第四支队司令部，杀死杀伤八路军干部和战士20余人。从1939年6月至12月，八路军山东纵队就遭到国民党军队90多次进攻。同年6月，国民党河北省保安司令张荫梧部袭击冀中根据地深县八路军后方机关，捕杀指战员400多人。在华中，1939年6月12日，国民党军第二十七集团军根据蒋介石的密令，派兵包围新四军设在湖南平江的通讯处，当场枪杀新四军参议涂正坤和通讯处军需员吴贺泉，并将八路军少校副官罗梓铭、通讯处秘书吴渊、新四军少校秘书曾金声及八路军家属赵禄英等活埋于平江黄金洞，通讯处财务亦被劫掠一空。9月，国民党湖北省保安司令程汝怀部在鄂东新集围攻新四军后方机关，惨杀共产党员和群众500余人。11月11日，国民党确山县县长率军警特务袭击该县竹沟镇新四军第八团留守处，百余名指战员、伤病员和家属被捕杀。

1939年11月，国民党召开五届三中全会。经过这次会议，国民党对共产党的政策由原来的以政治限共为主,军事限共为辅,进一步辅助到以军事限共为主,政治限共为辅。会后,国民党顽固派就要变本加厉地进行反共,并以国民党军队直接进攻抗日的人民武装,这样就发动了第一次反共高潮。在这次反共高潮中国民党顽固派的武装进攻主要集中在三个地区,即陕甘宁边区、晋西地区和晋冀鲁豫地区。

一、领导陕甘宁边区的反顽斗争

陕甘宁边区是中共中央所在地,是敌后抗日根据地的大本营,国民党顽固派始终把它看成是肉中刺、眼中钉。对边区政府的合法化问题迟迟不予解决,并派重兵驻扎在边区周围,还不断派特务到边区来进行破坏活动,扰乱边区的秩序。所以陕甘宁边区在反顽斗争中经常处在首当其冲的位置。从 1938 年 12 月至 1939 年 10 月,国民党顽固派在陕甘宁边区制造的反共磨擦和军事挑衅事件竟达 150 余起。

为制止国民党顽固派的破坏,保卫中共中央所在地,毛泽东直接领导陕甘宁边区的反顽斗争。他对斗争情况了如指掌,事无巨细,都要亲自过问。在处理陕甘宁边区的反磨擦事件中,和国民党方面打交道的直接出面者是执掌边区防务的八路军后方留守处,给国民党军政要员发电报交涉也大多用八路军后方留守处主任萧劲光的名义,但是发给上至蒋介石、程潜、胡宗南,下至国民党师长、专员、处长的电报,以及有关反磨擦斗争的声明、文章、布告等,基本上都是经过毛泽东审阅、亲笔修改的,其中不少还是他亲自起草的。

1938 年 5 月 15 日,毛泽东亲自起草了陕甘宁边区政府第八路军后方留守处布告,布告指出:"近查边区境内,竟有不顾大局之徒,利用各种方式,或强迫农民交还已经分得的土地房屋,或强迫欠户交还已经废除的债务,或强迫人民改变已经建立的民主制度,或破坏已经建立的军事、经济、文化和民众团体的组织。甚至充当暗探,联络土匪,煽动部队哗变,实行测绘地图,秘密调查情况,公开进行反对边区政府的宣传。"①布告揭露国民党顽固派违反团结抗日的基本原则,违反边区人民的公意,企图制造内部纠纷,破坏统一战线,破坏人民利益,增加抗日动员的困难的不良居心,号召人民起来,为了保护革命的利益,对国民党顽固派的种种破坏,必须采取坚定的立场予以打击。

毛泽东在领导反磨擦斗争中,一方面对国民党顽固派的无理磨擦从不容忍姑息,采取坚定的立场予以打击;另一方面也善于把高度的原则性和必要的灵活性结合起来,使反磨擦斗争始终服从抗日的大局,使抗日民族统一战线"磨"而不"裂"。

1939 年 8、9 月间,由于河防紧张,也是为了陕甘宁边区反磨擦斗争的需要,中共中央军委决定调王震率第三五九旅返回陕北。当时边区内外的顽固派正在到处寻衅闹事,制造磨擦事件。为了不给顽固派造谣生事以任何口实,在下令调第三五九旅的同时,毛泽东指示萧劲光把这件事向国民党第二战区司令长官阎锡山和驻柳林地区的邓宝珊报告一下。

毛泽东审阅了萧劲光起草的电文,认为电文表达的意思不够充分,措词也不够策略,随即将电文全部改写一遍,改写后的电文指出:"日寇猖狂,河防屡急,迭奉钧座电令,加强防御。近以敌占柳林,盘踞不去,窥其用意,似有西犯模样。迭以此情呈报朱彭总副司令。嗣奉电示:指派一二〇师王旅布置绥德警备区,巩固河防,以资休整。现该旅已到东岸,即日渡河布防。兵力既强,河防当可巩固。惟仍当恪遵钧谕,激励士气,不使稍有疏忽……"在电文后面,毛泽东还写道:"萧:此电待王旅确到河边并先头部队开始渡河时才发,不要发早,也不要发迟了。"②毛泽东对发报时间考虑得这样细致,是很有道理的。发早了,王旅未到河岸,消息传出去,可能节外生枝;发迟了,先斩后奏,又难免阎锡山、邓宝珊怪罪。

正是由于电文无懈可击,时机又掌握得恰到火候,显然得到阎锡山、邓

---

① 《毛泽东选集》第 2 卷,第 401 页。

② 《萧劲光回忆录》,第 226 页。

宝珊的认可。阎锡山在给萧劲光的回电说："希饬该旅速至巩固河防为要。"邓宝珊回电更表示赞同："王旅开驻绥吴,增厚兵力,极佩荩筹"。但是边区内外的顽固分子抓住这件事大做文章。一时谣言四起,什么"三五九旅不服从中央,自由行动"呀,"三五九旅是在警备区消灭保安队的,中央不知道",等等。有的甚至谩骂"三五九旅是叛军,是土匪"。为了驳斥顽固分子,毛泽东又指示萧劲光写文章给以驳斥,这样在 1939 年 12 月 9 日《新中华报》上发表了萧劲光的《加强河防,反对造谣破坏的阴谋》一文,文章痛斥了顽固派的无耻谰言,转述了上述阎锡山、邓宝珊回电的原文,说明调第三五九旅是为了巩固河防,并且是按照国民党高级将领的电令做的。事理俱在,那些谣言便不攻自破了。

陕甘宁边区境内各县,在抗战初期很长一段时间内,同时存在着由边区政府委派的县长、政府工作人员和由国民党省政府委派的县长、政府官员两套政权班子的怪现象。随着国民党顽固派加紧制造反共磨擦,这些披着"合法"外衣赖在边区境内不走的国民党官吏,对边区接二连三地挑起磨擦,一波未平,一波又起,不断寻衅闹事。其中何绍南就是一个不断挑起磨擦事件的急先锋。

何绍南,是国民党派任的绥德专员兼保安司令。此人和侵华日军坂垣师团长曾是日本士官学校的同学,两人交情甚笃。他又颇得蒋介石器重,政治上十分反动。自从他当上"抗敌后援会绥德分会"主任以后,收买了一批兵痞、匪徒,编成了五个保安队,为他制造磨擦充当打手。1939 年 5 月,他授意安定县县长田杰生指挥保安队袭击边区杨家园子,打死打伤八路军官兵数十人。9 月,他面谕吴堡县县长王若霖,组织暗杀队,杀害八路军第七一八团三营副营长尹才生。10 月,他又指令清涧县县长艾善甫组织哥老会码头和黑军"政府",串通土匪,到处抢劫、无恶不作。

1939 年 9 月间,何绍南途经延安去西安。在启程前,他竟狂妄自大地发了三个电报给毛泽东、边区党委书记高岗和边区政府代主席高自立,要他们亲自到飞机场去接他。毛泽东等决定对他置之不理。何绍南到延安后,又提出要见毛泽东。为了争取国民党多数人团结抗日,毛泽东还是决定接见他。在接见何绍南时,毛泽东首先讲了挽救民族危亡,必须维护和发展抗日民族统一战线的道理,说明中国共产党强调团结,强调统一,强调国共合作的方针,明确地向他指出了国民党正在把反共作为直接准备投降的步骤。毛泽东要何绍南看清形势,不要再根据所谓《限制异党活动办法》搞磨擦,重申了不久前接见中央社、扫荡报、新民报三位记者谈话中明确公开的"人不犯我,我不犯人;人若犯我,我必犯人"的政治原则,指出"我们根本反对抗日党派之间那种互相抵消力量的磨擦,但是任何方面的横逆一定要来,如果欺人太甚,如果实行压迫,那么,共产党就必须用严正的态度对待之"。① 当时何绍南听了,脸红一阵白一阵,头都抬不起来,只得嗫嚅应允。

但是,何绍南回去后不思悔改,仍旧不断制造磨擦。一直到王震率第三五九旅驻防绥德,并且担任绥米葭吴清警备司令,针锋相对地同他进行斗争,打掉他的嚣张气焰后,他才有所收敛。但不久,又旧病复发。1940 年 1 月,何绍南为配合胡宗南部队向陕甘宁边区进攻,集中五个县的保安大队准备进攻八路军在绥德地区的部队。当地军民纷纷声讨其罪行,并做好迎击准备。何绍南见八路军已有准备,且惧怕人民群众的力量,遂于 2 月 5 日率部逃往榆林,尔后又潜回绥德,煽惑当地国民党保安部队哗变为匪,并袭击八路军河防部队第七一七团等部。八路军忍无可忍,遂展开反击,并乘胜肃清了绥德地区五县的反共顽固势力。

为了把何绍南彻底赶走,陕甘宁边区政府主席林伯渠和八路军后方留守处主任萧劲光联名致电蒋介石、孔祥熙、程潜、蒋鼎文等人,要求惩办何绍南,并委任王震兼任绥德地区专员。萧劲光把起草好的电文交给毛泽东审阅。毛泽东看了电文,觉得措词不硬,味道不足,于是对如何处置何绍南一段,挥笔写下,请"将该犯官何绍南加以逮捕,并解至陕北,组织巡回法庭,令民众代表参加审判,置之重典,以肃清纪,而快人心"。对于委任王震为专员一事,经毛泽东修改后的电文是这样写的:"查有绥米葭吴清警备区王司令震,前以转战华北,屡建奇勋,近则守备河防,复树劳绩,以之兼理专员一职,

---

① 《延安交际处回忆录》,中国青年出版社 1986 年版,第 151—152 页。

实属人地相宜。"①蒋介石接到电报后,他反复掂量着这封电报的分量,深怪何绍南不争气,只好采取舍卒保车的策略,把何绍南调走了。

1940 年 2 月,毛泽东起草了以萧劲光的名义给程潜的电报,要求将边区境内的国民党县长全部撤走。毛泽东在电报中写道:"国共合作已历三年之久,边区行政尚未确定,一县而有两县长,古今中外,无此怪事。且陕省所派县长及绥德专员等专以制造磨擦,扰乱后方为能事。在边区已忍让三年,在彼辈益肆无忌惮","边区民众群以拘捕治罪为请,劲光为体念钧座息事宁人意者,顾全边区与陕省之团结起见,故请钧座令知陕省府自动撤回,否则实行护送出境,盖亦仁之至,义之尽也。"②电报理直气壮,不容争辩。程潜回电,不得不同意边区境内各县县长由边区政府委派。就这样,国民党派来的专门制造磨擦的这些县长,如旬邑县县长张中堂、富县县长蒋隆延、安定县县长田杰生等,便一个个灰溜溜地离开了边区。

自 1939 年 4 月至 12 月,国民党顽固派在陕甘宁边区制造了两次陇东事件。早在 1938 年 12 月,胡宗南即令第一六五师侵占陇东分区的赤诚、白马铺。第二年 4 月,胡宗南又纠集镇原等县保安部队,进攻镇原、宁县八路军,制造了"第一次陇东事件"。同年 12 月,胡宗南先后调集所部第九十七师3000 余人,袭击八路军驻宁县、镇原城的第七七〇团,杀伤干部战士 300 余人,夺占宁县、镇原两城,制造了"第二次陇东事件"。为揭露国民党顽固派破坏团结抗战的罪行,12 月下旬,八路军后方留守处主任萧劲光致电蒋介石等,呼吁停止进攻边区,恢复团结,勿使事态扩大。八路军总司令朱德、副总司令彭德怀通电全国,反对枪口对内,进攻边区。同时陇东地区军民对国民党军的进攻展开反击,打击了顽固势力,恢复了陇东大部地区。

毛泽东亲自领导了这场斗争。以萧劲光名义发出的每封电报基本上都是通过毛泽东的修改或全新起草。毛泽东在修改电文时,多次加写了这样一些话:"边区二十三县范围为蒋委员长所指定",我军"对于原定二十三县

---

① 《萧劲光回忆录》,第 246 页。

② 《萧劲光回忆录》,第 246 页。

并未越出雷池一步"。① 谁对谁错,谁搞磨擦谁自卫,昭然若揭。

在修改萧劲光给蒋介石等人的一份通电中,毛泽东反复推敲,最后改写道:"目前日寇以一师团之众大举西犯,柳林、军渡相继失守,我河防部队正尽一切力量,予以痛击,连日战斗甚为激烈。大敌当前,覆舟堪惧,后方纷争,实属不宜再有。苟一方拼敌杀敌之前,他方复乘机争夺于后,则不啻以刃资敌,前途危险,何堪设想!?"警告顽固派不要与日伪继续勾结。在修改萧劲光致程潜、朱绍良的一份电报时,毛泽东加了"报闻一切行动均系根据新颁处理共党问题方案,下级不过照此方案执行而已"一段话,点明了磨擦的根源。在萧劲光致程潜的一份电报中,毛泽东写道:"镇宁两城虽被袭占,无辜官兵虽被牺牲,下级人员虽极愤慨,然劲光至今未增一兵,无非体钧座之意旨,本团结之大义,力求和平解决之道。""职意公平处理,撤兵为先,进占镇宁两城之兵不撤,即无以示诚意而服人心。专员钟竞成②实为肇祸之主谋,庆父不死,鲁难未已,施以撤惩,出自钧裁。"③义正词严,既有斗争的灵活性,又坚持了斗争的原则性,使两者很好地结合起来。

1939年12月,在胡宗南调集大军进攻陕甘宁边区的同时,国民党宣传机器散布谣言说:"据报,毛泽东由新疆返延安,在本月五日向其所属各负责人报告,李立三率领七百三十人,内有俄人及苏联飞机多架,将乘反攻敌人之际夺取中央政权,以兰州为中国之莫斯科"。为此,毛泽东于12月27日在《新中华报》上发表向该报记者驳斥国民党所散布的谣言的通报。毛泽东指出:这种消息是日本人造的,怎样由中国的战区司令部发出来,未免奇怪。我又"由新疆返延安"了,可是我还没有准备去新疆。一切想挑动国共分裂准备投降日寇的人,造作了千百件情报,但这一件是最拙劣的。"夺取中央政权",好大题目! 明明是夺取边区,还在今年7月就把边区的旬邑夺取了,近日又夺取了边区的镇原、宁县两城,飞机大炮全使用上来了。据闻还要夺

---

① 《萧劲光回忆录》,第254页。

② 钟竞成,当时任国民党甘肃省三区行政督察专员兼保安司令,是制造磨擦的"专家",是陇东的又一个何绍南。

③ 《萧劲光回忆录》,第254—255页。

取边区的庆阳、合水、淳化、富县，打下夺取延安的基础。前面是日本人大块地夺取中国国土，后面是中国人小块地夺取陕甘宁边区。边区总共只有23县，现在剩下20县，通通夺取干净也抵不上被日本人夺取的几分之一，然而总可勇敢矣。那么报馆里应作点文章，劝劝那些勇敢的先生们，叫他们稍微收敛一点，不要太横行霸道了，有勇敢到日本人目前献去，在内窝子里显劲，过去已有经验，到底显不出什么结果的。

面对国民党顽固派的武装挑衅，毛泽东指示陕甘宁边区加强防御力量，准备迎击国民党顽固派的大规模军事进攻。中共中央军委于8月调王震率领第三五九旅由恒山地区返回陕甘宁边区，同时令留守兵团以警备第四、第五团进驻富县；以警备第三、第八团增防关中地区，并成立关中警备司令部，以加强反顽作战的指挥。12月下旬，陇东地区军民对国民党军的进攻展开反击，打击了顽固势力，恢复了陇东大部地区。在关中地区，由于八路军兵力增强，国民党军未敢轻举妄动。八路军还击退了富县地区的顽固势力，迫使国民党暂编骑兵第二师撤至洛川以南，保证了中共中央所在地延安的安全。

经过一番斗争，双方均派出代表进行谈判。中共中央和毛泽东决定选派陕甘宁边区副议长谢觉哉为代表前往陇东西锋镇同国民党进行谈判。1940年1月8日，毛泽东同王稼祥、萧劲光写信给谢觉哉，关于谈判条件："（甲）陇东六县（环县、庆阳、合水、宁县、正宁、镇原）属边区二十三县范围，地方行政应即全部移交边区管辖，杜绝一切纠纷之源；（乙）边区及八路军保证不向六县境外越出一步；（丙）在上列两条基本原则下具体解决彼方从六县撤退军队保安队行政机关及此次纠纷中双方交换俘虏等等；（丁）如彼方不愿照此解决，则我只能承认双方停止冲突，暂维现状，交换俘虏，其他问题，由双方中央解决。"①谈判从1月中旬开始，持续到2月间，最后虽然没有得到积极成果，但达成了如毛泽东在信中最后一条所说的"暂维现状，听候双方中央解决"的协议。陇东事件终于和平解决了。

---

① 《萧劲光回忆录》，第256页。

二、反对阎锡山发动的晋西事变

山西国民党顽固派阎锡山，十分恐惧由共产党帮助迅速发展起来的山西新军变为异己力量。国民党五届五中全会以后，阎锡山加紧了反共投降的步伐，他于3月25日至4月22日在陕西省宜川县秋林镇召开晋绥军政民高级干部会议（即秋林会议），目的就是为了逼迫共产党人退出新军。阎锡山在会上分析抗战的前途是"中日不议而和，国共不宣而战"。他说："蒋先生脑筋中决无抗战之意，今天是如何妥协的问题了。"又说："一切关键只在日本条件是否接受。这种情势，我们要看得清楚，天快下雨了，要赶快准备雨伞。"阎锡山在秋林会议上的一系列反动言论，当即遭到与会的新军和山西进步组织领导人薄一波、续范亭等人的强烈反对和抵制。但阎锡山仍坚持其反动立场，提出改编新军，沿用旧军的番号，取消新军中的政治委员，解除共产党的军权，并秘密制定了"讨伐"新军的作战计划。

对于阎锡山在抗战中的动摇性及其反共本质，毛泽东早有清醒的认识，并始终认为对于阎锡山必须以斗争求团结。毛泽东曾对决死队第四纵队政委雷任民说，阎锡山准备"雨伞"，你们也准备嘛！

国民党的五届五中全会还是以政治限共为主，军事限共为辅，但到同年11月，召开六中全会时，已发展到以军事限共为主，政治限共为辅了，此时，阎锡山自以为一切部署就绪，于12月3日密令所部在永和附近袭击决死队第二纵队，破坏永和、石楼等地抗日民主政权及"牺盟会"等抗日群众团体，杀害洪洞县、蒲县县长及位于隰县的八路军晋西独立支队后方医院的伤病员，制造了晋西事变（又称十二月事变）。

晋西事变发生后，毛泽东等作了冷静的分析，认为阎锡山一时还不敢公开去当汉奸，他同国民党中央势力还有矛盾，只要我们有正确的政策，有可能争取其暂时中立，继续留在统一战线内。

这时，抗日将领、东北挺进军总司令马占山正好在延安养伤。马占山是从重庆返回防地途经甘泉时,因为打猎伤了手指,被送往延安医院急救后留下养伤的。在马占山养伤期间,毛泽东曾多次看望他。有一次,毛泽东风趣地对马占山说:过几天你就回榆林吧,你是世界知名人士,万一死在延安,蒋介石会大做文章,给我带来洗不掉的污点。虽然是句玩笑话,但也道出了当时国共关系日趋紧张的严重局势。毛泽东问马占山当前投降危机是什么看法,马占山说:投降很困难,中国没有武器、民众,不能解决问题。毛泽东对马占山的回答很满意。在当时的形势下,蒋介石、阎锡山未必敢公开投降日本,克服投降危机主要是依靠群众。毛泽东就曾指出:"群众是我们的最后依靠,也是抗战的最后依靠"。① 11 月 1 日,中共中央做出《中央关于深入群众工作的决定》,指出群众工作是克服投降危险的决定性条件。② 这次谈话之后,毛泽东在另一些场合多次引用马占山的这两句话,他认为马占山的这两句话是正确的。

12 月 6 日,毛泽东同王稼祥就晋西事变和我们的方针,急电朱德、左权、彭德怀、八路军晋西独立支队等,指出:"晋西南阎部新旧两军已发生严重武装冲突,表现着山西旧派投降日寇的表面化,其性质是对抗日的叛变。""反新军、反抗日的武装叛变可能在晋西南、晋西北再扩大化。"我们的方针是:"速即通知进步分子,立刻警惕,准备坚决应付事变。对叛军进攻绝不让步,坚决有力地给予还击,并立即由新派提出反对叛军的口号,但不要反对阎。""八路军本身严加警戒,以防意外,并应给新军以鼓励,掩护和支持,在形式上应以调解方式出现,阻止日军对新军进攻。八路暂时不要提反对叛军的口号。""晋西南晋西北战略地位十分重要,我们绝不能放弃。"③

为防止和对付晋西北武装冲突,12 月 9 日,毛泽东在给贺龙、关向应、李井泉的电报中提出要加强晋西北的政治领导,调李井泉立刻离开大青山支队到晋西北任军政委员会主席,统一地方党和军队的领导。这之后,毛泽东

---

① 《毛泽东文集》第 2 卷,第 234 页。
② 参见《中共中央文件选集》第 12 册,第 189—193 页。
③ 《毛泽东军事文集》第 2 卷,第 497—498 页。

电令贺龙火速率部返回晋西北,同时决定派腾代远参谋长作为中央军委的代表,亲自到晋西北,指挥反顽斗争。

12月9日,毛泽东同王稼祥再电八路军总部、第一二〇师、第一二九师、晋西独立支队等,补充说明对晋西事变的估计和我们的方针。电报指出阎锡山发动晋西事变,"其目的在向我们示威,取得我们让步,以便他能确实掌握晋西南,晋西北两区,压倒新派与我们的力量,以准备实行投降时的比较有利阵地"。但目前阎本人"对实行投降与公开反共,似尚未下最后决心"。"整个说来,现时局是布置投降的时期,未至实行投降的时期。""晋西南、晋西北两区为华北与西北之枢纽,必须掌握在抗战派手里"。我们的方针是"坚决反击阎之进攻,力争抗战派的胜利"。应利用阎尚未至下最后投降决心时机与旧派之间的矛盾。要估计到新军可能打些败仗,发生叛变,并要准备打些败仗与一部分叛变。"新军中、政权中、牺盟中的统一与决心第一要紧,一切真正不稳分子,必须开除出去。"①

在袭击决死队第二纵队的同时,阎部第七集团军总司令赵承绶采取威胁利诱、分化瓦解等手段,阴谋策动决死队第四纵队中部分反动军官发动叛乱。为此,决死队第四纵队在组织上采取果断措施,于12月13日逮捕了阴谋叛乱的军官,从而粉碎了赵承绶破坏新军的阴谋。12月12日,毛泽东同王稼祥致电中共晋西北区委书记赵林、八路军第一二〇师第三五八旅旅长彭绍辉、政委罗贵波等,指出:"你们对巩固四纵队的方针是根本妥当的,望坚决执行之"。"如果你们能够不失时机而方法又很恰当又很适宜地去巩固四纵队,则晋西北阵地就基本上巩固了,最好是能避免武装冲突,又能巩固四纵队"。电报还指示要经常与决死队第四纵队政委雷任民、新军暂编第一师师长续范亭联系。他们办法较多,要同他们多商量、讨论。要使雷任民能够直接指挥第四纵队,号召第四纵队的党员及新派团结在雷任民的周围,没有领导中心是不能胜利的。

赵承绶阴谋策动第四纵队部分反动军队反叛未成以后,于12月16日在

---

① 《毛泽东年谱》中卷,第147页。

兴县蔡家崖召开了高级将领紧急会议,具体部署向晋西新军和八路军发动进攻。出席会议的续范亭不顾个人安危,借故逃席,毅然奔赴岚县史家庄,向中共晋西北区委揭露了阎军的阴谋。12 月 23 日,毛泽东同王稼祥致电中共晋西北区委、第一二〇师、八路军总部,彭绍辉、罗贵波等:阎锡山已令赵承绶调兵进攻第四纵队,武装冲突势不可免,应立即准备作战。但是,武装冲突不应由新军发动,而应在赵承绶进攻时,新军占有利阵地,取防御姿态而消灭之。当旧军战衅一开,新军应集中全力采取主动的运动战,首先消灭其一路,然后各个击破。毛泽东很看重这一战,认为这是阎锡山决死之争,他必须全力对付。如此战新军失败,蒋介石必增强阎锡山,使之为反共降日的华北支柱,那时就麻烦了。如此战新军胜利,可能使阎锡山转舵。因此,毛泽东电嘱八路军总部和第一二〇师:"请你们注意其严重性"。

12 月 23 日这一天,中共中央召开政治局会议,讨论反磨擦问题,毛泽东在会上发言指出:这次的冲突,是新旧两派斗争的生死决斗问题,须严重注意,但不是短期能解决的。国民党自五届六中全会后以军事反共为主了,与过去以政治反共为主不同。我们对付的方针是反磨擦,但方法要灵活。现已发出通电号召全国反对磨擦。现在阎锡山表面上未投降,心中已投降,他在打新军便是投降。样子上还没公开反共,实际上已反共。我们要利用阎的这种矛盾,在拥阎之下反阎,在这种矛盾之下我们可以取得胜利。现在新军虽然打了两次胜仗,但局面还很严重,要准备长期斗争。我们要提倡坚持性顽强性。我们对陕甘宁边区须采取坚决争取的方针,一尺一寸也不放松。有磨擦也可以教育我们,实际上使民族斗争与阶级斗争联系起来。①

12 月 31 日,毛泽东同王稼祥就晋西目前形势及军事部署致电八路军总部、第一二〇师,指出:"晋西南新旧军对战结果,我陈支②及决二纵共五个团已于二十七日离开晋西南到达汾离封锁线以北之招贤镇,留保安旅及我之游击三团及游击四个大队于晋西南。""目前整个形势,阎以全力进攻晋西

---

① 参见《毛泽东年谱》中卷,第 150—151 页。
② 陈支,指陈士榘任支队长、林枫任政治委员的八路军第一一五师晋西独立支队。

南,准备得手之后,转攻晋西北,隔断华北与边区以及华北各个区域的联系。为此目的,中央军正在晋东南发动并准备随时增加晋西南战争,胡宗南一个师已到宜川东南,将牵动华北全局,关系全党的重大斗争。""胜利地进行这一斗争,保持山西抗战根据地在我手中,保持华北与西北的联系,这是目前中心问题。"①

遵照中央的指示,决死队第二纵队和八路军晋西独立支队向晋西北转移与第四纵队等部队会合。12月31日,中共晋西北区党委成立了以续范亭为总指挥的"晋西北拥阎抗日讨逆军总指挥部"。1940年1月1日,讨逆军总指挥部指挥新军和八路军分左、右两纵队分别向方山和临县东北镇的旧军出击,接应决死队第二纵队及晋西独立支队北上。新军和八路军共同作战,于1940年1月12日,肃清了蔚峰村、王荐村之敌。旧军残部退缩到临县固守待援。新军和八路军分向临县包围合击,1月14日攻克临县,把旧军赶回晋西南地区。

当新军决死队第二、第四纵队、暂编第一师和八路军新三五八旅、晋西独立支队等部队在临县地区同旧军作战的同时,晋东南新旧军也展开了激烈的战斗。

晋东南决死队第一纵队,由于在薄一波等正确领导下,早在秋林会议期间就做好了反顽斗争的准备。当他们听到阎锡山宣布所谓"二纵队叛国"的消息时,立即号召所有新军起来支持第二纵队的反顽斗争,坚持抗战到底,并清洗了从纵队司令到排长以上的全部顽固军官,把军队的领导完全置于党的领导之下,保持了抗战力量。

第三纵队由于在事变前思想准备和组织准备都不够充分,在事变来临时,又缺乏具体措施,因此在内部顽固势力组织叛乱,并受到国民党军队和旧军从外部配合夹击的情况下,除一小部分突围转移外,其余都在这次事变中遭到惨痛的损失。1939年12月28日,当毛泽东听到彭德怀报告决死队第三纵队第八、九、十二团已叛变的消息,十分震惊,认为这是一个严重教

---

① 《毛泽东年谱》中卷,第153页。

训,当即电示各部加紧肃清和撤换新军中的反动分子及坏分子,并指示中共北方局及晋西北等三个区党委,应尽量设法抽调自己的委员和派干部去新军做政治巩固工作。毛泽东指出:"应坚决撤换新军中的反动军官,军事指挥能力固属重要,然政治上可靠为第一要义,否则背叛事件必再发生。""在拥阎讨逆口号之下,完全独立自主自筹给养,遇敌进攻则消灭之,这是整个山西的总方针。"①

当晋西北的旧军溃败后,毛泽东及时指示八路军不要继续进攻,要巩固晋西北,建立抗日民主新政权。1940 年 1 月 5 日,毛泽东同王稼祥电告聂荣臻、彭真:贺龙、关向应即赴晋西北指挥,晋西北关系全局,"吕梁山已失,靠夺取晋西北作战略枢纽"。贺龙、关向应即率第一二〇师师部及主力五个团于 2 月 2 日至 8 日分批返回晋西北,并成立了以贺龙、关向应任正副书记的晋西北军政委员会。同时,根据毛泽东"采用原来赵承绶的山西省政府西北办事处的形式","迅速用民选办法推选续范亭为主任,各县的反动县长、专员应迅速全部撤换"的指示,2 月 1 日,成立了以续范亭为主任的晋西北行政主任公署。

当时山西传播着一种谣言,说国共即将分裂。1 月 10 日,毛泽东专为此事致申八路军驻山西办公室处长王世英,进行辟谣,并指出"这是汉奸放的空气"。"你应对外表示八路军拥护阎长官抗日建国一往如昔,但希望旧军停止进攻新军,双方和解以利抗日。"②毛泽东依据八路军反磨擦斗争的胜利,汪精卫准备上台和日苏接近等形势,在 1 月 11 日致彭德怀的电报中指出:目前国内的政治形势"还不是全国下雨之时,在全国任务还是组织进步力量,力争中间阶层,击破大资产阶级的动摇和反动,这种可能性还在还未丧失"。为抗日大局,稳定山西局势,避免蒋介石势力取代阎锡山统治山西,争取阎锡山继续同共产党合作抗日,在取得反击旧军进攻胜利的情况下,毛泽东考虑主动提议休战,同阎锡山进行谈判,调解新旧军冲突,恢复山西团

---

① 《毛泽东年谱》中卷,第 152—153 页。
② 《毛泽东年谱》中卷,第 158 页。

结抗战的局面。

在 2 月间的一次中央政治局会议上，毛泽东就山西问题发言指出：现在山西的形势是八路军、阎锡山、中央军三大力量的斗争。我们的方针以保持原有力量为好，维持三角鼎立的形势为好。新旧军已经不能再打了，今后是僵局或是和平，我看僵局是过渡的阶段，和是确定的。关于谈判问题，毛泽东建议派八路军后方留守处主任萧劲光和中共华北、华中工作委员会秘书长、八路军副参谋长王若飞两人为代表，谈判的方针是新旧军互不处罚为好。①

为和平解决晋西事变，2 月 23 日毛泽东指示贺龙、关向应：“以后对外立词，请和缓些”。“你们准备派两个团向南行动，现不适宜，谅已停止，如未停止请即设法停止，退回来，但晋西游击战争仍应积极发展”。同一天，毛泽东起草了给阎锡山的信，表示愿意和平解决山西磨擦事件，并告知派萧劲光、王若飞前往谈判。在萧劲光、王若飞离开延安时，毛泽东对他们说：你俩去给阎锡山讲清楚，我们共产党是诚心诚意要同国民党合作抗日嘛，你们为什么要同室操戈，制造磨擦，杀人掠地，让日本强盗高兴呢？抗战初期，你阎锡山同我们合作得还可以嘛，为什么现在又跟着蒋介石的指挥棒转，同我们过不去呢？② 萧、王两人持毛泽东给阎锡山的这封信于 2 月 25 日到达秋林镇，开始同阎锡山谈判。

为使谈判能顺利进行，2 月 24 日毛泽东同王稼祥致电贺龙：关向应、林枫、赵林等，指示新军部队绝对不应编入八路军，应注意巩固新军干部的团结。毛泽东还指出，晋西北施政大纲六项，没有提坚决实行阎锡山的十大纲领，是一个缺点。

萧劲光和王若飞到达秋林镇后，受到欢迎。他们把毛泽东的信当面交给阎锡山，并把毛泽东交代的那些话同阎锡山说了，对他制造晋西事件的罪恶行径给以严肃批评。经过谈判，阎锡山接受了中共的主张，达成了不再进

---

① 参见《毛泽东年谱》中卷，第 172 页。
② 参见《萧劲光回忆录》，第 265 页。

攻八路军防地和陕甘宁边区的君子协定,同意双方继续派代表具体协商联合抗日和划分防区的细节问题。随后,经过双方代表多次谈判,至 3 月上旬,双方达成如下解决办法:(一)在晋西以汾(阳)离(石)公路为界,八路军停止公路以南游击战争;(二)在晋东南以临(汾)屯(留)公路为界,八路军及新四军不向路南发展;(三)停止政治攻击,在阎锡山领导下坚持第二战区抗战;新军、牺盟会派员到秋林会见阎锡山,公开表示拥护阎领导抗日,但不接受改编。

吃了败仗的阎锡山对于上述解决办法是满意的。3 月 5 日,毛泽东在说明此种政策的必要性时指出:"目前尊重阎锡山的一定地盘,保存这个国共之间的中间力量,对于抗战与国共合作是有大利益的。"他并指示八路军和新军,应乘此同阎锡山谈判取得成功的机会,极力争取阎系一切人员,使他们团结成为一个中间单位,彻底打击蒋介石企图消灭阎系取而代之,以便直接反共的恶毒政策。①

三、制止国民党军对晋冀鲁豫地区的进攻

在阎锡山制造晋西事变的同时,国民党军在华北晋冀鲁豫地区,向八路军总部和第一二九师发动了进攻。1940 年 1 月下旬,国民党军第三十九集团军石友三部在河北南部的南宫、威县、枣强、清河等地,先后将八路军东进纵队两个连和青年纵队一个排包围缴械,接着围攻东进纵队第二团和清河县大队等部,并准备夺占冀南抗日根据地。在此情况下,毛泽东于 2 月 3 日致电朱德、彭德怀、刘伯承、邓小平,指出:对石友三部应采取坚决彻底消灭政策,争取方针已不使用了。② 根据这一指示,八路军于 2 月 9 日发起自卫反击战争,将石友三部主力打退至河南清丰东南地区。

---

① 参见《毛泽东年谱》中卷,第 174 页。
② 参见《毛泽东年谱》中卷,第 165—166 页。

2 月间,蒋介石不甘心这次军事进攻的失败,令其进占磁县、武安、涉县、林县和清丰等地区的国民党军第九十七军朱怀冰部和石友三残部,再次向太行冀南地区八路军进攻,同时令在黄河以南之第四十一、第七十一军迅速渡河北进,协同朱怀冰、石友三等部进攻八路军。在此情况下,八路军总部决定采取先发制人的政策,乘顽军援兵未到,朱怀冰部又孤立突出的有利时机,于 3 月初在平汉铁路以东进行卫(河)东战役,驱逐石友三部;在平汉铁路以西进行磁(县)武(安)涉(县)林(县)战役,驱逐朱怀冰。

八路军在 3 月 4 日发起打击石友三的卫东战役,到 11 日共毙俘石部 3600 多人,收复了卫河以东地区,建立了濮阳、长垣等七县抗日民主政权,同时在鲁西建立了范县、朝城等四县抗日民主政权。后来,石友三因通敌罪证确凿被蒋介石枪决。

3 月 5 日,八路军发起磁武涉林战役,到 9 日就打垮朱怀冰部。此役共歼灭朱怀冰部一万余人。收复了武涉公路以南、林县以北地区。磁武涉林战役后,国民党顽固派在华北再没有力量向八路军发动大规模的磨擦斗争了,所以毛泽东说,打朱怀冰是华北根据地的一个决战。①

毛泽东在考虑和平解决晋西事变的同时,也考虑到反磨擦的武装斗争在西北、华北的主要地区,都有暂时告一段落之必要与可能。3 月 5 日,他在给彭德怀的电报中指出:"我们方面目前任务是在主要地区求得对内和平,以便在半年之内集中力量巩固已得阵地。"他还指出,实现对内和平的步骤,重心是争取蒋介石、阎锡山、卫立煌承认军渡、汾阳、临汾、屯留、壶关、林县、漳河的国民党军向南调,在此线以南的我军向北调;而重心的重心又在朱怀冰退出磁县、武安、涉县及承认壶关、林县为我驻军地区。②

在朱怀冰部被消灭后,蒋介石下令胡宗南把第九十军调到晋西,命令第四十军军长庞炳勋、第二十七军军长范汉杰、第九十三军军长刘勘、第十四军军长陈铁各部主力集中到太南周围,还准备再调六个师渡河北上,摆出一

---

① 参见《朱德传》,第 480 页。

② 参见《毛泽东军事文集》第 2 卷,第 517—518 页。

付准备大打的架势,目的在于逼迫八路军退出陵川、林县一线。但蒋介石也知道已不可能再从八路军手中把已经建立起来的河北敌后抗日根据地全部夺回来,因此下令冀察战区鹿钟麟所部概归第一战区司令长官卫立煌统一指挥。这实际上是撤销了原有的冀察战区。在此情况下毛泽东认为"我们此时必须避免同中央军在该地域作大规模战斗,因此须准备让步,以便维持两党合作局面"。① 3 月 15 日,毛泽东亲自拟电致卫立煌:"目前抗日局面必须维持,国共合作必须巩固,此为国人所期望,亦先生与弟之素志,延安面叙之意,固始终如一也。惟地方磨擦事件日益多,如不加以调整,实于抗战不利,除电八路军诸同志注意外,请先生亦作合理之处置,俾一切争论问题得以和平解决"。②

卫立煌接电后,为了摆脱困境,主动提出希望与朱德、彭德怀会谈。毛泽东同意卫立煌的建议,并指示朱德等:请考虑择地与卫会谈。如决定会谈,请将陕甘宁边区、扩军、补充、增饷、新军、河北及皖东进攻新四军各问题全盘提出,托他转告蒋介石。

后来,朱德、卫立煌在洛阳会谈。由于八路军已作出让步,所以朱德提出的要求,卫立煌几乎都表示支持和同情,但有些事情他也作不了主。尽管这次会谈没有能深一步地解决问题,但是国共在河北、山西的矛盾暂时得到了和平解决。毛泽东在 3 月 20 日向八路军各部发出指示:"山西、河北两省反磨擦行动,全部告一段落,在此期间内,偃旗息鼓,一枪不打,向一切国民党军队表示友谊,求得恢复感情,推动时局好转。"③至此,粉碎国民党顽固派发动的第一次反共高潮的武装斗争暂告结束。

① 《毛泽东年谱》中卷,第 178 页。
② 《毛泽东年谱》中卷,第 178 页。
③ 《毛泽东年谱》中卷,第 179 页。

第二节　打退第二次反共高潮

1940 年 10 月 19 日，何应钦、白崇禧以国民政府军事委员会正、副参谋总长的名义，向朱德、彭德怀、叶挺发出"皓电"，诬蔑八路军、新四军"不守战区范围自由行动"，"不遵编制数量自由扩充"，"不服从中央命令破坏行政系统"，"不打敌人专事并吞友军"等，强令八路军、新四军限于电到一个月内全部开到"中央提示案"第三项所规定的作战地境，即全部撤至黄河以北。

10 月 21 日，中共中央政治局召开临时会议，讨论目前形势问题。当时的国际形势是，法、意、日于 9 月 27 日在柏林签订了三国军事同盟条约。三国同盟后，由于日本的让步，德国的劝和，英美的拉拢，顿使蒋介石有"抗战以来国际情势之好转，未有如今日"的得意之感，这就给蒋介石造成了发动新的反共高潮的政治气候。于是，蒋介石停止了 6 月以来的国共间的谈判，指使何应钦、白崇禧发出"皓电"，将 7 月提出的所谓"中央提示案"以最后决定形式向我党提出。会议认为，时局有由小风波转到大风波的可能。如果美国进占新加坡，日军退出武汉，造成国共分裂，而苏联对中国又没有援助，这将是中国最黑暗的局面。党的工作布置应放在准备整个东方大黑暗的基点上。会议决定由毛泽东起草关于时局的指示。

毛泽东收到周恩来 10 月 24 日的来电，第二天即转发彭德怀、刘少奇、项英。周的来电说，目前国民党方面的种种情况，"均证明反共高潮是在着着上升,何白十九日电是表示了国方决心"。"如果国际形势更利于英美派,局部'剿共'会进入全面反共"。①

　　毛泽东同意周恩来对形势的这种分析。10 月 25 日,他在复周恩来的电报中指出:"我们应估计到最困难最危险、最黑暗的可能性,并把这种情况当作一切布置的出发点"。同一天,他在另一封给周恩来等的电报中指出,国民党现在发动的反苏反共新高潮,一方面是放弃独立战争参加英美同盟的准备步骤;一方面向日本示意,愿意担负替日本镇压中国民族革命的责任,以求交换日本对国民党的让步,同时又将加入英美同盟吓日本,以求日本的让步,故何应钦等反共活动特别起劲,日本也正在拉蒋介石、何应钦。我们要准备蒋介石做贝当,准备他宣布我为反革命而发动全面反共,准备对付最黑暗的局面。②

　　10 月 29 日,周恩来来电说:"国民党目前是从局部讨伐入手。一月满期后,拟宣布取消新四军番号及八路军、新四军的各地办事处,然后实行局部讨伐,亦即东讨北锁的高压政策。"③毛泽东将此电又立即转发彭德怀、刘少奇、项英和陈毅。

　　同一天,毛泽东就目前时局问题致电彭德怀、刘少奇、项英,比较全面地谈了自己的看法:一个月来英美与德日意在中国拉拢蒋介石的斗争是异常激烈的。"蒋介石现在是待价而沽,一方面准备加入英美同盟,一方面也准备加入德意日同盟"。"目前是蒋介石最得志时候"。"在七八月间蒋介石确曾准备于重庆失守时迁都天水,准备亲苏、和共与某些政治改良,至九月已动摇,至十月乃大变,这是德意日同盟与英、美对日积极化的结果"。但无论哪一种局面,国共间的严重斗争是不可免的,蒋介石驱逐新四军八路军于旧黄河以北而封锁之,这一计划是有了决心的。④

　　11 月 1 日,毛泽东对这份电报做了一些修改,发给八路军新四军有关负

────────────

① 《毛泽东年谱》中卷,第 215 页。

② 参见《毛泽东年谱》中卷,第 215—216 页。

③ 《毛泽东年谱》中卷,第 215—216 页。

④ 参见《毛泽东年谱》中卷,第 216—217 页。

责人。毛泽东在修改中指出:"我们一方面要坚持华北华中各根据地,一方面要打破蒋介石的进攻,这就是我们所处的严重局面。如何有步骤有计划有秩序的冲破这一严重局面,这就是今天我们要解决的问题。"①

由"皓电"而引起,毛泽东对当时形势的估计是准备对付最困难最危险最黑暗的局面。如何冲破这一局面,毛泽东提出了两个方案:

第一个方案是政治上进攻,军事上防御。即对反共均只在我军根据地附近加以反击,我军不打国民党的后方,待蒋介石投降日本的面目为全国人民所了解时,再向蒋介石反攻。如采取此方案,则目前从华北八路军中调五万人南下即够了,我主力仍坚持各抗日阵地。这个方案在政治上的有利方面,即可剥夺蒋介石的政治借口,不利方面即不能以实力制止投降。这个方案在军事上是不利的,因为待蒋介石纵深重层封锁线完全成功后,我军必遭日蒋联合夹击的严重危害。

第二个方案是政治上进攻,军事上也进攻。即我军不待日蒋联合夹击到来,即从 50 万人中抽调 10 万至 15 万精兵,分数路突击国民党的后方,而留其余多数部队仍在原地抗日。如采取这个方案则在政治上的一个方面是不利的,因为给蒋介石以政治资本,在政治上的另一个方面也许有利的,因为可能制止投降(但不一定)。在军事上是有利的,因为可事先避免最严重的日蒋夹击(夹击是不可避免的,但严重性可减少)。②

中共中央几次会议讨论,都觉得这一次反共与上一次反共不同,如处理不慎,则影响前途甚大。故关于反击"皓电"的宣言和指示拟好了又停下来了。中央开会经过反复讨论,最后仍主张采取"表面和缓,实际抵抗"的方针。具体办法是,中央决定用朱彭叶项名义答复"皓电",采取缓和态度,以期延缓反共战争的时间,对皖南方面,决定让步,答应北移。

11 月 9 日,朱德、彭德怀、叶挺、项英发出"佳电"驳斥何白"皓电",拒绝要八路军、新四军撤到黄河以北的命令,但表示为顾全大局,江南新四军部

---

① 《毛泽东年谱》中卷,第 216—217 页。
② 参见《毛泽东军事文集》第 2 卷,第 569—570 页。

队可以移至长江以北。同一天，毛泽东在致周恩来的电报中，对"佳电"中的一些文字做了解释，他说："佳电"中"明确区分江南、江北部队，江南确定主力北移，以示让步。江北确定暂时请免调，说暂时乃给蒋以面子，说免调乃塞蒋之幻想。你处对外宣传，请强调免调各理由"。"又'佳电'所称肺腑之言，乃暗示彼方如进攻，我方必自卫，而以鹬蚌渔人说出之，亦请对外宣扬，以期停止彼之进攻。"①

　　"佳电"发出后，毛泽东进一步明确击退蒋介石此次反共进攻的方针和措施："对于蒋介石此次反共进攻，决定皖南取让步政策（即北移），对华中取自卫政策，而在全国则发动大规模反投降反内战运动，用以争取中间势力，打击何应钦亲日派的阴谋挑衅，缓和蒋介石之反共进军，拖延抗日与国共合作时间，争取我在全国之有理有利地位。""蒋对华中压迫已具决心，因此我要积极准备自卫。"新四军"皖南部队现要认真作北移之准备，以为彼方缓和进攻时我们所给之交换条件，又要要求彼方保证华中各军停止行动，以为我方撤退皖南部队时彼方给我之交换条件"。还"应广泛宣传'佳电'内容，剥夺蒋、何白之政治资本"。如果我们各方面的工作做得好，这次反共高潮是可能打退的，虽然我们决不应该估计蒋介石放弃对我的压迫政策，并且还要准备对付投降、夹击的最黑暗的局面。②

　　中共中央制定的"表面和缓，实际抵抗"的方针，除在"佳电"上表示和缓及皖南部队北移的让步外，其它是寸步不让的，有进攻者必粉碎之。实际上皖南新四军早要北移，就是不让步也是要北移的，而且现在成为要求彼方停止进攻时我们所给之的交换条件。正由于皖南新四军北移成为交换条件，项英乘机要求中央"再交涉北移期限延长，无论如何弄点补充，并作各种实际之准备和布置"。在这种情况下，毛泽东于 11 月 21 日为中共中央书记处起草致叶挺、项英电，指出："你们可以拖一个月至两个月（要开拔费，要停止江北进攻），但须认真北移，我们决心以皖南的让步换得对中间派的政治

---

① 《皖南事变》（资料选辑），中共中央党校出版社 1982 年版，第 97 页。
② 参见《皖南事变》（资料选辑），第 99—101 页。

影响。"①

　　毛泽东在电报中说"可以拖一个月至两个月",这是一种斗争的策略手段,它和以前毛泽东迭次指示皖南新四军北移的方针并不相悖,其目的只是为了拿北移作为谈判的交换条件,对国民党施加压力,有利于从政治上揭露国民党的反共阴谋。为了避免项英误解中央的意图,毛泽东在同一电报中仍强调"但须认真准备北移"。项英接到这封电报后,果然没有领会毛泽东这一指示的实质,反而在第二天复中央的电报中列举了由苏南北移的种种困难,表示"我们意见短期内无法开动","反不如暂留皖南为好"。可见项英的意图并不在于"拖",而在于"留"。11 月 24 日,毛泽东同朱德、王稼祥致电叶挺、项英,鉴于项英不愿北移的错误主张,毛泽东改变了原来可以拖一个月至两个月的命令,而明确指出:"(一)你们必须准备于十二月底全部开动完毕。(二)希夷率一部分须立即出发。一切问题须于二十天内处理完毕。"可见,毛泽东对执行皖南新四军北移的方针是毫不含糊的,是非常坚决的。

　　但是,这时形势发生了变化。起因就是日本正式承认汪精卫伪政府,11 月 29 日,汪精卫在南京正式就任伪国民政府主席。11 月 30 日,日本政府与汪伪政府、伪满政府签订了《调整中日关系条约》,并发表所谓《中日满三国共同宣言》。这件事表明日本拉蒋政策已暂告结束。日本为什么在这个时候才正式承认汪伪政权和暂时放弃了拉蒋政策呢? 原来汪伪国民政府在同年 3 月底就成立了,当时日本政府只是发表了表示支持的声明,没有正式承认。6 月 3 日,日本首相米内发表谈话称,关于对汪伪政权的承认问题,大致以日华基本条约签字时,即为承认新中央政府之时。② 实际上日本的目的是为了进一步协调汪伪与伪满等傀儡政权之间的关系,再就是想招降蒋介石。所以,汪伪政权在宣告成立的时候,汪精卫以"国民政府代主席"的头衔粉墨登场,就是虚位以待,招徕蒋介石的。但是,此时的蒋介石正处在"待价而

---

① 《皖南事变》(资料选辑),第 103 页。

② 参见《汪精卫伪国民政府纪事》,中国社会科学出版社 1982 年版,第 66 页。

沽"的得意时期,英美也在拉蒋。所以,蒋介石还一时拿不定主意投靠谁,还在等待谁能出更高的价钱,并利用这种形势准备集中力量攻击共产党。然而,军事形势的发展,使日本不能容忍蒋介石这种犹豫不决的态度和采取拖的办法。日本内部意见也不统一,如军部东条英机等认为,德意日三国同盟,会使英美对华援助加强,日华谈判暂时没有实现的可能。因此,为了能集中力量南进,日本急于解决中国问题,于是就决定采取丢开蒋介石而正式承认汪伪政权的政策。

日本在采取"拉汪弃蒋"政策的同时,加紧了对蒋介石的军事进攻。11月13日,日本举行了御前会议。会议制定了《中国事变处理纲要》,提出了要继续实施武力作战,要用尽一切手段摧毁中国的抗战意志,使中国迅速屈服。根据这个纲要,日军大本营也制定了《对支那长期作战指导计划》。侵华派遣军总司令部在执行中央决定的指导方针中就有一条是"实施灵活的速战速决的作战"。于是,日本已准备对国民党正面战场实施所谓的速战速决的作战了。

在抗日战争时期,蒋介石每次发动反共高潮都与国际形势有很大的关系。1939年底至1940年3月,国际上发生了苏芬战争,刮起了一阵反苏反共的狂潮,蒋介石就在国内发动了第一次反共高潮。三国同盟后,英美与德意日都在拉蒋,使蒋介石感到又一个"解决共产党问题"的机会到了,于是发动了以"皓电"为起点的新的反共高潮。而现在日本已准备向国民党军队进攻,蒋介石最得志的日子已经过去了。因此,毛泽东在获悉同盟社关于日本政府公开承认南京汪精卫伪政权的消息后,于11月30日,在同朱德致叶挺、项英的电报中指出:"日蒋决裂,日汪拉拢,大局从此有转机,蒋对我更加无办法,你们北移又让他一步,以大势判断,蒋、顾是不会为难你们的,现在开始分批移动,十二月底移完不算太迟。"[①]同一天,毛泽东在致周恩来、叶剑英,并告彭德怀、刘少奇、项英的电报中说:"至于在实际上,此次反共规模,

_____

① 《皖南事变》(资料选辑),第105页。

不会比上次大,只会比上次小,因为我更强了,彼更弱了。"①12月4日,毛泽东在中央政治局会议上发言说:去年反磨擦战争取得了很大胜利,创立了华中各处根据地,我军扩大到50万人。有了上一次的经验,蒋介石这一次不敢大举"剿共"。此外,还有外部原因,就是日汪协定,英、美援华,苏联的政策等使蒋不易投降。② 12月19日,毛泽东在关于日汪条约签订后的形势问题,同朱德、王稼祥致彭德怀、左权、叶挺、项英、贺龙、关向应、聂荣臻、彭真,刘伯承、邓小平等的电报中指出:"在日汪条约签订后,此次严重的投降危险已被制止,故不应如十月、十一月那样地强调反投降了,否则不但国民党起反感,人民亦不了解。至日本诱降不会放弃,国内亲日派仍有乘机活动可能,那是必然的,国民党反共必然继续,进攻华中不会停止,但大规模内战与国共分裂目前是不会的。"③怎样看待毛泽东在这一段时间内对国共关系形势的估计,尽管毛泽东的估计是有充分根据的,但毕竟与事后发生皖南事变的事实不符,所以不能认为是完全正确的。但是,问题在于毛泽东对形势的这些估计是否影响了皖南新四军的北移? 回答是否定的。

首先,毛泽东把对形势的这种估计同皖南新四军的北移是分别开来的。12月16日,毛泽东在同朱德、王稼祥致刘少奇、陈毅并告叶挺、项英的电报中,一方面指出"依大局看,大举'剿共'是不可能的,局部进攻是必然的";一方面又指出"皖南部队务须迅速渡江,作为坚持皖东之核心"。④ 就是说,即使反共高潮下降了,皖南新四军也必须迅速北移。其次,毛泽东对形势做出这一判断时是很谨慎的,往往两方面都讲,以免发生忽"左"忽右的倾向。如他指出"此点不向下传达,以免引起下面松懈"。⑤ 作为新四军负责人的项英,总不会把自己混同于普通战士吧。再次,毛泽东在皖南事变发生的前夕,就已经改变对形势的乐观估计,而指出,现在还不能说是反共高潮下降。

---

① 《毛泽东军事文集》第2卷,第587页。
② 参见《毛泽东年谱》中卷,第235页。
③ 《毛泽东年谱》中卷,第242页。
④ 《毛泽东军事文集》第2卷,第591页。
⑤ 《毛泽东军事文集》第2卷,第587页。

这是他在 12 月 25 日中央政治局会议上,根据最近国民党动员反共,汤恩伯领特别经费准备反共,各方面都实行反共的高压政策的情况提出来的。

事实上,毛泽东一直在坚持皖南新四军北移的方针。11 月 24 日,毛泽东在改变"拖"的指令,而变为 12 月底全部开动完毕的强硬命令后,仍不放心。同日,又电令叶挺、项英:"立即开始分批移动"。项英于 11 月 27 日复电毛泽东等,强调无论如何要在 12 月底才能开动完毕。并说:"中央大计如何? 究竟有何举动? 假若是队伍既未到苏南,又已离皖南,在半路上要战斗,则颇不利。"同日,项英等在致毛泽东的另一封电报中,说经他们多方面研究与考虑,由苏南北移路线途中困难多,危险性较大,反不如由三支地区兼程北移皖北较有利,既时间经济又直接增援皖东。11 月 29 日,毛泽东即复叶挺、项英电:"同意直接移皖东分批渡江,一部分资材经苏南。"①

但是这一北移计划又迟迟不能实现。12 月 23 日,项英致电中共中央说:对于北移,原定主力到江北,其他经苏南,同时布置除资材人员从五日起十五日止分批到达苏南,目前因敌增兵堵截,正设法北进。

鉴于项英对北移方针如此犹豫动摇,一再拖延,毛泽东于 12 月 26 日为中共中央起草给项英的电报,口气严厉地指出:"你们在困难面前屡次来电请示方针,但中央还在一年以前即将方针给了你们,即向北发展,向敌后发展,你们却始终借故不执行。最近决定全部北移,至如何北移,如何克服移动中的困难,要你们自己想办法,有决心。现虽一面向国民党抗议,并要求宽展期限,发给饷弹,但你们不要对国民党存任何幻想,不要靠国民党帮助你们任何东西,把可能帮助的东西当作意外之事,你们要有决心有办法冲破最黑暗最不利的环境,达到北移之目的。如有这种决心办法,则虽受损失,基本骨干仍可保存,发展前途仍是光明的;如果动摇犹豫,自己无办法无决心,则在敌顽夹击下,你们是很危险的。全国没有任何一个地方有你们这样迟疑犹豫无办法无决心的。在移动中如遇国民党向你们攻击,你们要有自卫的准备与决心,这个方针也早已指示你们了。我们不明了你们要我们指

---

① 《毛泽东年谱》中卷,第 230 页。

示何项方针,究竟你们自己有没有方针,现在又提出拖或走的问题,究竟你们自己主张是什么,主张拖还是主张走?似此毫无定见,毫无方向,将来你们要吃大亏的。"①

毛泽东真的生气了,发出这封电报后,当天又同朱德再电项英:"关于销毁机密文电是否执行,你应估计在移动中可能遇到特别可能,可能受到袭击,可能遭到损失,要把情况特别看严重些,在此基点上,除想尽一切办法克服困难外,必须把一切机密文件电报统统销毁,片纸不留。每日收发电稿随看随毁,密码要带在最可靠的同志身上,并预先研究遇危险时如何处置。此事不仅军部,还要通令皖南全军一律实行,不留机密文件片纸只字,是为至要。"②

1941 年 1 月 1 日,新四军军部致电毛泽东等,告以"我们决定全部移苏南",但对向苏南移动的具体路线未加说明。在此情况下,1 月 3 日,毛泽东同朱德复电叶挺、项英:"你们全部坚决开苏南,并立即开动,是完全正确的。"③

1 月 4 日,新四军军部和皖南部队 9000 余人由云岭分三路向南出发。按照 1940 年 12 月 28 日新四军军分会的决定,具体转移路线是:由云岭驻地先向南行进,绕道茂林,经三溪、旌德、宁国、郎溪,沿天目山麓至溧阳苏南根据地,然后待机北渡。1 月 5 日,叶挺、项英报告中央:新四军皖南部队于 1 月 4 日夜开动,5 日晨到太平、泾县间茂林地区。

毛泽东收到该电,顿觉情况严重,即于 1 月 7 日同朱德急电叶挺、项英,指出:"你们在茂林不宜久留,只要宣城、宁国一带情况明了后即宜东进,乘顽军布置未就突过其包围线为有利。"但是,皖南事变已经发生。新四军于 6 日行至泾县境内的丕岭一带后,遭到国民党军第三十一集团军总司令上官云相指挥的七个师八万余人的包围袭击,新四军被迫抗击,殊死奋战。战斗

---

① 《毛泽东军事文集》第 2 卷,第 600 页。
② 《毛泽东年谱》中卷,第 246—247 页。
③ 《毛泽东年谱》中卷,第 250 页。

至 14 日,除 2000 余人突围外,其余 6000 余人大部壮烈牺牲,一部被俘。在这次事变中,新四军政治部主任袁国平牺牲,军长叶挺在与顽军谈判中被扣,项英在后来突围中被叛徒杀害。

正当皖南激战的时候,1 月 9 日,刘少奇急电毛泽东等:"我江南遵令北移被阻,战况激烈,请向国民党严重交涉"。同日,刘少奇再电中共中央:项英、袁国平、周子昆等在紧急关头已离开部队,提议中央明令撤项职,并令饶漱石在政治上负责,叶挺在军事上负责,以挽危局。①

当天毛泽东收到刘少奇的告急电报,才知道皖南事变发生。于是立即紧急动员,采取了以下几项紧急措施:

第一,继续了解皖南新四军被围或突围的战斗情况,下达切实可行的战斗命令,鼓舞全体将士突围的斗志,尽可能地保存革命的骨干力量。1 月 9 日,毛泽东只是得知皖南已打起来了,但对具体情况不详,于是立即复电刘少奇:"九日电悉。你说项、袁、周已离开部队,我们尚未接到此项消息,他们何时离开的,现在到何处,希夷、小姚情形如何,军队情形如何,望即告我们。"第二天,刘少奇致电毛泽东等,转告叶挺、饶漱石 9 日电报内容,说明部队受敌包围的情况。刘少奇说:"他们应从泾县以北青弋江、宣城向郎溪东进才安全,而先向南行动,到茂林拖了许多天,致受敌包围"。② 毛泽东初步了解情况后,于 1 月 12 日同朱德、王稼祥通过刘少奇、陈毅致电叶挺、饶漱石:"你们当前情况是许可突围,如有可能,似以突围出去分批东进或北进(指定目标,分作几个支队分道前进,不限时间,以保存实力,达到任务为原则)为有利"。电报还提到"应注意与包围部队首长谈判"。③

第二,撤销项英职务。项英在事变发生的战斗中指挥失当,并于 1 月 9 日凌晨私离部队,10 日因突围不出而归队。并于当天致电中央,报告与袁国平等离队经过,表示"此次行动甚坏,以候中央处罚"。9 日,刘少奇在第一

---

① 参见《毛泽东年谱》中卷,第 251 页。
② 《皖南事变》(资料选辑),第 130 页。
③ 《皖南事变》(资料选辑),第 136 页。

次致中央的电报中就建议:"明令撤项职","无论如何,再不能让项继续负责了,早撤职一天,早好一天"。① 11 日,毛泽东等致刘少奇即转叶挺、饶漱石并全体同志电:"希夷、小姚的领导是完全正确的,望全党全军服从叶、姚指挥,执行北移任务,你们的环境虽困难,但用游击方式保存骨干,达到苏南是可能的。"②12 日,毛泽东主持召开了中央政治局会议,会议通过了毛泽东起草的撤销项英职务的决定:"中央决定一切军事,政治行动均由叶军长、饶漱石二人负总责,一切行动决心由叶军长下。项英同志随军北上。"并规定:"中央此决定向部队干部宣布。"③

第三,部署反击行动。1 月 12 日,刘少奇、陈毅向中央建议:为答复蒋介石对我皖南一万人之聚歼计划,"请朱、陈、罗准备包围沈鸿烈,我们准备包围韩德勤,以与国民党交换"。④ 13 日,毛泽东等复电同意,并指示:"限十天内准备完毕,待命攻击"。"如皖南部队被蒋介石消灭,我应坚决彻底干净全部消灭韩德勤、沈鸿烈,彻底解决华中问题"。⑤ 后因情况发生变化,这个军事反击计划没有实行。

第四,政治上由朱德、彭德怀、叶挺、项英联名于 1 月 13 日向全国发出《抗议皖南包围通电》,同时请周恩来、叶剑英等在重庆进行多种抗议活动。13 日,毛泽东等致电周恩来、叶剑英:"请向当局提出最严重交涉,如不立即解围,我们即刻出兵增助,破裂之责由彼方担负",并嘱立即散发《抗议皖南包围通电》。⑥

1 月 14 日,叶挺在谈判中被扣,皖南事变大规模的战斗结束了。1 月 13 日,毛泽东在其起草的致刘少奇、陈毅的电报中第一次提出"我全国政治上、

---

① 《皖南事变》(资料选辑),第 129 页。
② 《皖南事变》(资料选辑),第 133 页。
③ 《皖南事变》(资料选辑),第 135 页。
④ 《皖南事变》(资料选辑),第 137 页。
⑤ 《皖南事变》(资料选辑),第 139—140 页。
⑥ 《皖南事变》(资料选辑),第 138 页。

军事上立即准备大举反攻"。① 14 日，毛泽东又起草了致彭德怀、左权，刘少奇、陈毅等八路军、新四军各部将领及周恩来、叶剑英电，正式宣布："中央决定在政治上军事上迅即准备作全面大反攻，救援新四军，粉碎反共高潮"。该电还指出军事上全面大反攻的部署："除已令苏北、山东迅即准备一切，待命消灭韩德勤、沈鸿烈，同时发出最严重抗议通电，并向蒋介石直接谈判外，我华北各部须遵前令，提前准备机动部队，准备对付最严重事变。"②

当时，作为中原局书记的刘少奇，接到这些电报指示后，根据他了解的实际情况，经过深思熟虑，于 1 月 15 日向中央发出一份非常重要的电报，建议中央对皖南事变主要应从政治上进行反攻。

这份电报首先否定了刘少奇自己于三天前向中央建议过的军事反击计划。刘少奇提出了两个理由，一是当时提出包围韩德勤和沈鸿烈是为了救援皖南新四军，而现在叶、项已被俘，皖南新四军已全部被歼灭，已经来不及挽回损失了。二是当时是出于义愤，然"平心静气一想"，却应该"细心考虑"。

关于军事上全面反攻的不利情况，刘少奇讲了三点：第一，全国局面，国民党未投降，仍继续抗战。在此时，我党不宜因皖南事件与国民党分裂。第二，目前华中我占领地区很大，兵力不够，仍不能巩固。我们部队尚须休整补充，故以华中来看，能在半年、一年之内不发生大的战斗，对我为有利。第三，韩德勤现正利用水网，加筑工事，深沟高垒，屯集粮食，故我彻底消灭韩德勤甚为困难。山东的沈鸿烈的情况还不清楚。

接着刘少奇列举了目前能在军事上向国民党实行反攻的几招，指出，这几招均无胜利把握，亦无大利可图，且系进攻性质，对人民对部队，对统战朋友均无充分理由。在目前向国民党实行这种反攻和破裂，不独将引起中间分子的非议，即自己部队亦难长期在精神上维系不发生动摇。那时，国民党更可借此向我大举进攻，故实行全面军事反攻，对我不利，且有极大危险。

---

① 《皖南事变》（资料选辑），第 139 页。
② 《皖南事变》（资料选辑），第 146 页。

最后刘少奇提出了关于政治上进行反攻的可行办法:首先,向国民党提出严重抗议并发表宣言指出下列条件:(一)立即释放叶、项及所有被俘人员及全国所有被捕党员,不得杀害一人。(二)赔偿所有损失及抚恤死伤。(三)枪决上官云相等肇事凶手。(四)解决八路军、新四军过去所有一切悬案。其次,宣布在皖南事件未彻底解决前,华中我军决不再考虑北移之命令,如国民党再向我华中进攻,即认为国民党正式与我党破裂。再次,在全国全世界实行大的政治反攻,宣传抗议皖南事件,揭破国民党分裂行为,以孤立顽固派。如能请苏联对皖南事件表示态度则更好,全国各地党部及我军下级均公开要求中央下令停止合作,撤回各地办事处,实行军事反攻,以威吓国民党。刘少奇指出,这样,对我在政治上有利,在军事上稳健,使我能巩固华中阵地,以待变化。将来如须在军事上反攻,是可再找到其他理由的。①

刘少奇是当时处在斗争最前沿的党的主要领导人之一,所以最熟悉情况,最有发言权,他的意见和建议受到毛泽东的高度重视。

1月15日,就在刘少奇发出建议电报的当天,毛泽东在致周恩来、叶剑英的电报中指出:"中央决定发动政治上的全面反攻,军事上准备一切必要力量粉碎其进攻"。② 在表述上已经把政治同军事分开,并说明军事上是准备力量以粉碎敌人进攻。同一天,中央政治局召开会议,毛泽东在发言中强调,对于皖南事变,我们要实行全国的政治反攻,像前年我们反对第一次反共高潮时那样的非常强硬的态度。③ 1月18日,毛泽东同朱德、王稼祥致电刘少奇、陈毅等,同意刘少奇的建议,撤销包围韩、沈的计划,进一步说明党中央已经改变了原先在军事上立即大反攻的看法。1月19日,毛泽东同朱德、王稼祥致电彭德怀、刘少奇,明确指出了"在政治上全面揭破蒋介石之阴谋";"在军事上先取防御战";"在组织上拟准备撤销各办事处"。④ 至此,形

① 参见《毛泽东年谱》中卷,第256页。
② 《皖南事变》(资料选辑),第147页。
③ 参见《毛泽东年谱》中卷,第256—257页。
④ 《皖南事变》(资料选辑),第180页。

成了"政治攻势,军事守势"这一完整的、正确的反攻方针。

皖南事变发生后,蒋介石以国民政府军事委员会的名义于 1 月 17 日发布通令,诬蔑新四军为"叛军",宣布撤销新四军番号,将军长叶挺革职交军法审判,将第二次反共高潮推向顶峰。毛泽东紧紧抓住蒋介石发布这个反动命令的时机,实施"政治攻势,军事守势"的反攻方针,领导全党在政治上、军事上、组织上向蒋介石顽固派展开了有理、有利、有节的斗争。

1 月 18 日,毛泽东主持召开中央政治局会议,会议讨论通过《中央关于皖南事变的指示》和《中共中央发言人对皖南事变的谈话》两个文件,全面揭露了皖南事变的真相,向全国军民、爱国同胞和全世界主张正义之人士表明了中国共产党反对蒋介石内战的坚定立场。

为了直接对抗蒋介石"一一七"命令,1 月 20 日中共中央发表了由毛泽东起草的《中国共产党中央革命军事委员会命令》和《中国共产党中央革命军事委员会对新华社记者的谈话》。《命令》和《谈话》是对蒋介石政治上进行大反攻的重大措施。《命令》宣布了重建新四军和对重建新四军主要领导人的任命:陈毅为新四军代理军长,张云逸为副军长,刘少奇为政治委员,赖传珠为参谋长,邓子恢为政治部主任。《命令》对蒋介石宣布新四军为"叛军",解散新四军是一个针锋相对的还击。以后蒋介石只好默认了重建的新四军,这在政治上是一个重大胜利。《谈话》提出了著名的解决皖南事变的善后办法十二条:第一,悬崖勒马,停止挑衅;第二,取消一月十七日的反动命令,并宣布自己是完全错了;第三,惩办皖南事变的祸首何应钦、顾祝同、上官云相三人;第四,恢复叶挺自由,继续充当新四军军长;第五,交还皖南新四军全部人枪;第六,抚恤皖南新四军全部伤亡将士;第七,撤退华中的"剿共"军;第八,平毁西北的封锁线;第九,释放全国一切被捕的爱国政治犯;第十,废止一党专政,实行民主政治;第十一,实行三民主义,服从《总理遗嘱》;第十二,逮捕各亲日派首领,交付国法审判。① 以后,在打退第二次反共高潮的斗争中,政治上的斗争都是围绕蒋介石承认不承认十二条展开的。

---

① 　参见《毛泽东选集》第 2 卷,第 771—777 页。

逼迫蒋介石谈判十二条,这就使蒋介石由主动变为被动,一下子坐到了被告席上。毛泽东说:"用蒋介石的手破了一条缺口的国共关系,只有用我们的手才能缝好,我们的手即政治攻势,即十二条,除此再无别的妙法。"①在《命令》和《谈话》发表以前,蒋介石是进攻的,我们是防御的;这以后反过来了,蒋介石处于防御地位了。

当时在重庆同国民党进行谈判的周恩来,同国民党顽固派进行了针锋相对的斗争,卓有成效地贯彻了"政治攻势,军事守势"的方针。2月2日,毛泽东在延安杨家岭住地同本月1日离开重庆到达延安的叶剑英进行了长时间的谈话,叶剑英带来周恩来给中共中央和毛泽东的信,以及邓颖超送给毛泽东的照片,并向毛泽东汇报了皖南事变前后同国民党谈判斗争的情况。谈话中叶剑英介绍了1月18日重庆《新华日报》刊载周恩来题词的经过。

1月17日,就是在蒋介石发布"一一七"命令的当天晚上,周恩来再次向张冲提出严重抗议,并在电话中怒斥何应钦:"你们的行动,使亲者痛,仇者快。你们做了日寇想做而做不到的事,你何应钦是中华民族的千古罪人!"深夜,周恩来怀着极其愤慨和沉痛的心情为皖南事变死难烈士题写了"为江南死国难者志哀"的挽词和"千古奇冤,江南一叶,同室操戈,相煎何急"的挽诗,并告《新华日报》报馆将他的题词手迹制版登在被抽去的稿件的位置上,加快印刷,组织好发行力量,抢在次日各大报发出之前,送到广大读者手中。第二天凌晨,周恩来的题词手迹出现在山城的大街小巷的阅报墙上,报纸的销量从平时的1000份猛增到5000份。周恩来题词的发表,震撼了山城,在政治上给蒋介石一个沉重的打击。

毛泽东听完叶剑英的汇报,见到周恩来的题词后感慨万分。当晚,毛泽东即电周恩来:"(一)剑英本日上午十时抵延,畅谈五小时,收到来示,欣慰之至。报纸题字亦看到,为之神往。(二)小超同志照片收到,致谢。"②

中共对于蒋介石的"政治攻势"是从多方面展开的。如1月18日,刘少

---

① 《皖南事变》(资料选辑),第208—209页。
② 《毛泽东年谱》中卷,第266页。

奇在盐城发出通报,用铁的事实对蒋介石"一一七"命令逐条进行了有力的驳斥;1 月 19 日,由周恩来、叶剑英审定和修改的《新四军皖南部队惨被围歼真相》的重要文章,以传单的方式散发于重庆整个山城。再有像延安《新中华报》发表题为《抗议无法无天之罪行》的社论;冀中 800 万军民通电全国各报社并转全国同胞;苏北军民悲愤激昂发表《告同胞书》;八路军第五纵队黄克诚等通电全国;新四军将领就职通电和声讨亲日派的通电,等等。中共还通过同各界人士和一些国家的外交官及新闻记者的广泛接触,争取到国内外舆论的同情和支持,加强了对蒋介石的政治攻势。

　　毛泽东在领导实施"政治攻势,军事守势"反攻方针的过程中注意到根据不同的情况,辩证地运用"攻势"和"守势"的原则,同蒋介石展开有理、有利、有节的斗争。

　　1 月 25 日,毛泽东致电彭德怀、刘少奇、周恩来,指出:"我们一月二十日的策略,可以对付两种情势中之任何一种:如蒋业已准备全面破裂,我们便是以破裂对付破裂;如蒋并未准备全面破裂,我们便是以尖锐对立求得暂时缓和。"[1]这就是说,政治攻势也有个限度,这个限度要取决于蒋介石的态度。关于怎样掌握政治攻势的分寸,毛泽东指出:"蒋现在尚未提及八路与中共,故我们亦不提及整个国民党及中央军,八路及中共人员亦不公开出面,看蒋怎样来,我们便怎样去",强调"在这点上我们仍是防御的"。[2]

　　"军事上取守势"也不是被动的防御。毛泽东说:"在军事上先取防御战,必要时打出手,打到甘川去。"[3]即是说,先做积极的准备,根据形势变化,必要时转防御为进攻,这就是"守势中有攻势"的意思。中共中央对华北筹集七万机动兵力的计划坚持了很长一段时间,并不断督办。1 月 20 日,毛泽东在致周恩来、彭德怀、刘少奇的电报中明确指出:"目前我们在政治上取猛烈攻势,而在军事上暂时还只能取守势,惟须作攻势的积极准备,以备在四

---

①　《皖南事变》(资料选辑),第 191 页。

②　《皖南事变》(资料选辑),第 192 页。

③　《皖南事变》(资料选辑),第 180 页。

个月或六个月后能够有力的转入攻势。"①1 月 23 日,毛泽东在致彭德怀的电报中,曾提出一个军事行动的设想,即将晋东南交刘邓指挥,彭德怀亲率八路军总部及华北抽调的五万兵力与经费,在半年后西进作战,实行打。并指出,一经调动,即须有决心打到四川去,非打到四川不能夺取陕甘。这个设想,虽然后来没有实行,但是可以看出,毛泽东在领导实施"政治攻势,军事守势"方针时,仍想到在可能发生与蒋介石全面破裂的情况下打出去。

关于组织上"将各办事处逐步撤销",中共在实施中也是根据反攻方针的总原则,做到"撤中有不撤",没有完全断绝与国民党的联系。为保存革命骨干力量,避免不必要的牺牲,中共中央在事变发生后即想到要撤退八路军驻各地的办事处。1 月 13 日,毛泽东同朱德、王稼祥在一封指示电中指出:"为应付严重事变,华北准备机动部队应加紧,重庆、桂林、西安、洛阳各办事处,应即准备好对付蒋介石袭击"②1 月 18 日,中央书记处致电周恩来,具体指示周转告李克农,桂办应立即撤退,否则李克农会被拘押。李克农撤退后可返延安,密码、密件立刻烧尽。周恩来接电后马上做出部署,他通过和当时国民党桂林行营主任李济深的统战关系,请李济深对八路军桂林办事处人员予以保护。在毛泽东的关怀和周恩来的周密安排下,桂办的全体工作人员都安全转移,桂办全部撤退。对重庆办事处,中共中央曾多次指示:"你们应迅即回延","你们应要求他们发护照立即回延"。③ 毛泽东还曾指示周恩来,把放周回延开会作为一个谈判条件向国民党提出来。当时周恩来、叶剑英、董必武、邓颖超等在重庆实际上已被国民党监视起来了,随时都有被捕入狱的危险。1 月 27 日,毛泽东致电周恩来,指出:"办事处人员要打要杀权在他们,我们是每人都准备杀头的。如他们亦认为两军相交不斩来使,则放我们的人回延,否则由他们自便。"毛泽东在电报中还强调:"在他们没有宣布全部破裂以前(取消八路军番号、宣布中共叛变),我们办事处仍留少数

---

① 《皖南事变》(资料选辑),第 184 页。
② 《毛泽东年谱》中卷,第 255 页。
③ 《皖南事变》(资料选辑),第 190、193 页。

人不走,以待他们之觉悟"。① 这就是"撤中有不撤"的做法。周恩来遵照中央的指示精神,沉着自如地做了全面部署和安排。他在南方局会议上提出要向最坏的可能做准备,争取最好的结果。他有计划地部署了重庆办事处和新华日报社部分工作人员的撤退和转移工作。叶剑英就是 2 月初先行撤退回延安的重要领导人之一。周恩来对留下的工作人员进行革命的气节教育,号召大家与红岩共存亡,同顽固派斗争到底。1 月 27 日,正值旧历除夕,重庆办事处全体工作人员给中共中央、毛泽东等发去一封充满革命豪情的致敬电,表示在恶劣的环境中坚持斗争的决心。1 月 29 日,毛泽东同朱德复电,鼓励全体工作人员"光明就在前面,黑暗总会灭亡"。② 重庆办事处在周恩来的领导下终于闯过了反共恶浪,在国民党的心脏里坚持住了。

综观八路军驻全国各地的办事处,皖南事变后主动全部撤走的只有桂办一处,驻贵阳交通站是被国民党查封的。其他办事处则做了部分撤退和调整,仍坚持工作。事实证明,这样做对巩固抗日民族统一战线,推迟和防止国共关系破裂起了积极作用。

蒋介石原以为皖南事变后会得到日本的谅解,缓和日蒋矛盾,没想到日本不仅不响应,反而趁机发动了河南战役,向蒋介石原准备用来围攻华中新四军的汤恩伯部发动了进攻,迫使蒋介石仓促迎战。再加上中国共产党人在政治和军事两方面所进行的坚决的、策略的斗争,全国广大人民坚决反对国民党的倒行逆施,国际上反法西斯国家苏联、美国、英国也反对中国发生内战等,在这种极端孤立和狼狈的处境下,蒋介石被迫缓和了对中共的政治和军事进攻,不得不公开出面为自己的反共罪行辩护。1 月 27 日,蒋介石在国民政府纪念周上发表演说,他力图缩小事件的范围,把皖南事变这一抗日战争以来国共两党关系空前的严重事件,说成是一件极普通的平常事,是军令军纪问题,不牵涉党派和政治问题,借以推卸他的罪责。

对此,毛泽东指出:"蒋二十七日演讲已转入辩护(防御)态度,可见各方

① 《毛泽东年谱》中卷,第 261 页。
② 《毛泽东年谱》中卷,第 263 页。

不满,他已贼胆心虚。"①"蒋从来没如现在这样受内外责难之甚,我亦从来没有如现在这样获得如此广大的群众(国内外)。"②"军事反共事实上既已终结(虽然皖东与关中边区还在进攻),请注意蒋介石诸人如何处理国共关系。依我观察,他们非求得个妥协办法不可。"③

3月1日,国民参政会第二届第一次会议在重庆开幕。会上,国民党方面即动员一些小党派劝说中共参政员出席,并通过各种方式挽请中共代表到会,企图欺骗舆论,粉饰太平。为了击败国民党的这一阴谋,毛泽东等中共七参政员向国民党当局提出十二条善后办法(内容与中央军委发言人谈话所提十二条相同),明确表示在国民党政府未采纳实行以上条件之前,中共参政员碍难出席。

由于国民党拒绝答复中共方面提出的条件,中共参政员拒绝参加这次参政会。3月6日,蒋介石不得不亲自出马,在国民参政会二届一次大会第六次会议上,做关于中共七参政员不出席会议之演说,重弹军令、政令必须统一的滥调,攻击中共提出的解决时局善后办法十二条,但又不得不声称"以后决无'剿共'的军事,这是本人可负责声明而向贵会保证的"。会议以大会秘书处名义再次致电中共七参政员,促其出席会议。3月8日,毛泽东等中共参政员复电国民参政会,再次说明不出席参政会的理由。对此,毛泽东指出:"我们攻势(双十二条及不出席)结果,迫得蒋介石作正面回答,却把问题向全国公开了(供一切国民党报纸发表我们的十二条,同时暴露了蒋介石的真面目),蒋原欲把问题缩小,现在却扩大了(由军事问题扩大到政治问题、党派问题)。这些都是我们攻势的结果。"毛泽东同时还指出:蒋介石6日演说,是"一种阿Q主义、骂我一顿,他有面子,却借此收兵,选举必武为常驻委员及近日西安放人,似是这种收兵的表现"。④

3月18日,毛泽东在为中共中央书记处起草的关于时局的通知中指出:

---

① 《皖南事变》(资料选辑),第202页。
② 《皖南事变》(资料选辑),第207页。
③ 《皖南事变》(资料选辑),第206页。
④ 《毛泽东年谱》中卷,第282页。

"从何白'皓电'(去年十月十九日)开始的第二次反共高潮,至皖南事变和蒋介石一月十七日命令达到了最高峰;而三月六日蒋介石的反共演说和参政会的反共决议,则是此次反共高潮的退兵一战。时局可能从此暂时走向某一程度的缓和。"但是,由于《苏日中立条约》的签订和有消息说蒋介石派两个师绕道绥西进驻榆林,目的在夺取盐池,压迫绥德等原因,毛泽东起草的关于目前时局的通知,没有及时发出,暂时缓发。待后来,确定目前蒋介石不会掀起新的反共高潮,不会立即进攻陕甘宁边区之后,才宣告时局从此暂时走向某一程度的缓和。为此,4 月 26 日,毛泽东致电周恩来,告以见蒋介石时可表示"我党愿意同国民党继续团结抗日,惟望国民党改变对内政策"。① 至此,第二次反共高潮才算彻底被粉碎。

值得提出的是,皖南事变后,为继续同国民党合作抗日,中国共产党不计前仇,以民族大义为重,毅然配合国民党军与日军作战。1941 年 5 月 7 日,日军为解除晋西、豫北地区中国军队对其潜在威胁,向中条山地区发动了大规模的进攻。为此,国民党军要求八路军在军事上给以配合。

5 月 8 日,毛泽东在中央政治局会议上说,重庆国民党方面要刘为章同周恩来谈话,说昨日日军发动新的军事进攻,要求我们在军事上配合。会议决定由毛泽东起草复周恩来电。同一天,毛泽东根据政治局会议讨论结果,在为中共中央书记处起草的复周恩来的电报中指出:"对于国民党要求我们配合作战,须告以当然如此,不成问题"。②

次日,毛泽东等即致电八路军、新四军各部领导人,提出我军在配合国民党军作战中的方针:"仍按我军现在的姿态,巩固各根据地,耐心发展敌、伪、奸三种工作(这是极重要的),按当地情况许可,拔取敌伪某些深入我区的据点,在接近豫陕地区,应有相当部队配合友军作战,并极力发展统战工作,但不要乘机向国民党地区扩展,使蒋、桂各军放心对敌"。③ 5 月 10 日,

---

① 《毛泽东年谱》中卷,第 290 页。
② 《毛泽东年谱》中卷,第 295 页。
③ 《毛泽东年谱》中卷,第 295 页。

毛泽东致电周恩来:"已电总部拟其配合中央军作战计划"。①

为在战役中进一步减轻蒋介石对我恐惧起见,毛泽东于 5 月 12 日致电陈毅、刘少奇:在蒋介石令国民党军第十五集团军总司令何柱国部袭击陇海线,扰敌后路时,令彭雪枫、邓子恢所部,不要越过津浦线以西,仍在原地不动;令张云逸、罗炳辉所部不要扰击李品仙。②

5 月 14 日,毛泽东在致彭德怀的电报中,再次强调基本方针是"团结对敌,是配合作战"。并指出在周密考虑情况下,给以有计划的配合,主要配合区域是晋东南与冀南,其他作为次要配合区域(即按寻常状态作战)。③

当时有消息说,日军沿黄河增兵甚多,扬言渡河。又传敌于日前由平民抢渡,沿河民众甚为恐慌,西安粮价猛增,正在疏散,人心惶惶。为此,毛泽东在 5 月 14 日致彭德怀的另一封电报中,提出"我军于此时有在敌侧背给以打击以振奋国民党之必要"。④

由于八路军积极配合作战,部分国民党军也努力作战,战斗进行得非常激烈与艰苦。5 月 26 日,毛泽东在致周恩来的电报中指出:"卫立煌对我积极配合作战甚为兴奋"。⑤ 5 月 30 日,毛泽东电告彭德怀:"九个月来中央社第一次广播我军战绩,谓据洛阳讯,我军又截断正太路,车不通等语"。可见,八路军对中条山战役的配合作战是相当积极的。

但是,由于集结在中条山地区的大部分国民党军对日军缺乏作战准备,在日军进攻时,又采取各自为政,保存实力的避战方针,因此,虽然华北八路军主动出击,截断了同蒲路、正太路、平汉路和白晋路等日军交通线,给国民党军以有力的配合,国民党军仍不能挡住日军的进攻,大部分溃败下来,退出中条山地区,在三个星期内,就损失兵力七万余人,丧失了中条山附近地区的大片国土。

---

① 《毛泽东年谱》中卷,第 295 页。
② 参见《毛泽东年谱》中卷,第 295—297 页。
③ 参见《毛泽东军事文集》第 2 卷,第 641 页。
④ 《毛泽东年谱》中卷,第 295—297 页。
⑤ 《毛泽东年谱》中卷,第 302 页。

第三节　打退第三次反共高潮

　　在国民党第二次反共高潮被粉碎后,国际形势发生复杂变化,如日苏协定,德苏战争,尤其是 1941 年 12 月太平洋战争爆发后,随着英、美、苏等国进一步合作,国共关系也日趋好转。在此情况下,1942 年 8 月 14 日蒋介石约见周恩来,他向周恩来提出,拟在西安约毛泽东一谈。毛泽东也愿意在此时同蒋介石进行谈判。但周恩来认为,毛见蒋"时机尚未成熟",蒋对人"包藏祸心",对"约毛来渝开参政会后,借口留毛长期驻渝,不让回延"不能不防,"若如此,于我损失太大"。因此,提议由林彪出面,"不将话讲死,看蒋的态度和要解决的问题,再定毛是否出来。"①毛泽东权衡再三,又经过中央反复磋商,最终还是采纳了周恩来的意见。这是一次未实现的毛蒋西安谈判。

　　中国共产党对于这次谈判是寄于很大希望的,虽然毛泽东没有亲自出面,但是派出了林彪。林彪自苏联治伤回国正好充当此任,他此行谈判有双重身份,一是作为取得平型关大捷的八路军第一一五师师长,二是作为黄埔军校生。当时中共真诚地希望在抗战中找到一个团结的办法,所以在 1942 年经毛泽东修改审定的《中共中央为纪念抗战五周年宣言》表示出极愿团结的态度。但蒋介石视中共团结愿望为软弱可欺,在谈判中提出更加苛刻的

────────────────

① 《毛泽东年谱》中卷,第 402 页。

条件。所以这次谈判拖了很久，一直拖到第二年还是不能解决问题。实际上蒋介石根本不想解决问题，他想继续投机，希望那时候还能发生日苏战争，一旦日苏打起来，他就可以把八路军新四军全部赶到北边去，实现他原来的计划，所以蒋介石对谈判实行的是拖的方针。结果就拖出一本《中国之命运》，拖出一个第三次反共高潮。

蒋介石的《中国之命运》一书于 1943 年 3 月 10 日出版。该书借回溯中华民族发展的历史和中国近百年史，美化国民党，要人民把中国之命运寄托在国民党身上，为国民党蒋介石继续推行封建法西斯统治制造理论根据。该书公开攻击共产主义，把十年内战的责任推到共产党的身上，诬蔑共产党、八路军、新四军为"新式军阀"、"新式割据"，暗示两年内一定要解决共产党。4 月 22 日，毛泽东在致中央宣传部副部长何凯丰的信中说："《中国之命运》我已要陈伯达①写一意见（数千字，征引原文），送政治局各人看，看后再考虑办法。"②以后毛泽东党内会议曾多次提到这本书，如在 6 月 16 日的中央政治局会议上，毛泽东说，最近周恩来、林彪见蒋介石时，蒋说要照他的《中国之命运》一书所说的办，要共产党交出军权、政权。……国民党自蒋介石出版《中国之命运》一书后好转的可能很少。这也就是说由《中国之命运》所发起的反共宣传，是掀起又一次反共高潮的思想舆论准备。

正当国民党蒋介石反共声浪甚嚣尘上的时候，共产国际宣布解散。毛泽东曾经说过，蒋介石每次掀起反共高潮都有一定的国际背景。共产国际的解散，又被蒋介石视为掀起反共高潮的绝好机会。他们指使其在各地的特务，以及反动文人等，假冒"文化团体"、"民意机关"召开座谈会，发表演讲通电，叫嚣"马列主义已经破产"，"共产国际解散了，共产主义不适用于中国"，要求"解散共产党"，"取消陕甘宁边区"。长沙特务机关在通电中甚至提出"请毛泽东解散中国共产党及边区政府，即返湘潭原籍，做一个乡社自治员"。6 月 12 日，西安劳动营训导处处长、复兴社特务分子张涤非，召集所

---

① 陈伯达，当时任毛泽东的学习秘书。
② 《毛泽东年谱》中卷，第 434 页。

谓西安文化团体座谈会,通过他事先写好的攻击马列主义已经破产,要求解散中国共产党的反动电文。在重庆,国民党当局还禁止《新华日报》刊登纪念中国共产党成立 22 周年的社论,并派人监视报馆。

国民党蒋介石在对共产党发动思想、政治进攻的同时,对陕甘宁边区的军事行动也做了积极的准备。6 月 9 日,何应钦、白崇禧、胡宗南在陕西耀县举行军事会议,策划进行陕甘宁边区的作战方案。6 月 18 日,胡宗南在洛川召开军事会议,部署进攻陕甘宁边区,调动原担任河防的第一军和第九十军,开到邠州、洛川一带,准备和原来包围陕甘宁边区的两个集团军一起,分路闪击延安。7 月 2 日,胡宗南电令各部于 10 日前完成一切准备;待命行动。7 月 7 日,国民党军炮击边区鄜县柳林区。7 月 9 日,又炮击关中分区,国民党军武装进攻的形势一触即发。

为打退国民党蒋介石发动的第三次反共高潮,毛泽东领导全党全军首先在政治上运用舆论武器揭露国民党蒋介石破坏抗战,准备发动内战的阴谋,并掀起广泛的抗议运动。

毛泽东为中共中央起草的《中国共产党中央委员会为抗战六周年纪念》在 7 月 2 日的《解放日报》上发表。宣言指出四项主张,这就是加强作战,加强团结,改良政治、发展生产;告诫全党千百倍地提高警惕,学会同敌人特务机关作斗争的一切办法。

7 月 4 日,毛泽东致电董必武,要他把国民党发动反共高潮的情况告诉重庆各界,并通知各国大使馆。①

同日,朱德总司令致电胡宗南,揭露其调兵遣将策划内战的阴谋,并要求停止反共军事部署,号召团结抗日。7 月 6 日,朱德总司令又致电蒋介石、何应钦等,抗议国民党军进犯陕甘宁的挑衅行为,要求制止内战,呼吁团结。

但是,蒋介石不准在《新华日报》上发表中共中央纪念"七七"的文章和朱德总司令致蒋介石和胡宗南的电报。中共中央的"七七"宣言于 7 月 4 日送检,即被国民党新闻检查所扣留。7 月 6 日,国民党还以数重警哨岗封锁

---

① 　参见《毛泽东年谱》中卷,第 449 页。

新华日报社,不准刊登中共"七七"宣言。直到7月7日上午8时半,国民党才将特务撤出去。为此,毛泽东于7月6日再电董必武,要他立即把这些文章印成单行本散发。①

7月7日,中共中央政治局会议讨论关于对付国民党的反共宣传和进攻陕甘宁边区问题。毛泽东发言指出:此次蒋介石、胡宗南调集河边兵力积极准备进攻边区及国民党公开宣传取消中共,"取消边区",制造反共舆论的举动,是他们企图利用德苏及日苏的紧张关系,估计日本会进攻苏联,利用共产国际解散机会,实行军事压迫、政治阴谋,企图解散中共,取消边区,取消八路军的反动行为。我们过去两年来用不刺激国民党的"和国"政策,保持了两年多的比较平静,是正确的。现情况变化,就不适用了,而要采用以宣传对付他们的反共宣传,以军事对付他们的军事进攻。会议同意毛泽东的上述意见,做出以下四项决定:(一)在坚持统一战线,实行三民主义,拥护国民党政府和蒋介石的原则下,集中力量痛斥国民党反共分子的反动政策与挑起内战、破坏团结的"第五纵队"的行为。立即公布朱德总司令致蒋、胡的电报及反对西安特务张涤非制造反共宣传的新闻。延安各机关、学校、部队应配合学习"七七"宣言举行热烈的讨论。(二)于7月9日召开延安各界群众大会,纪念抗战六周年,在群众大会上表示坚持抗战。反对内战,坚持团结、反对分裂,并用大会名义发表通电。(三)进行军事上的作战准备,但后方机关不到必要时不要移动。(四)由中央书记处对各地发出一个内部通知,边区各地由西北局发出。②

第二天,毛泽东为中共中央书记处起草致各中央局、中央分局电,指出:"中央决定发动宣传反击,同时准备军事力量粉碎其可能的进攻。""各地响应延安的宣传,在七月内先后动员当地舆论,并召集民众会议,通过要求国民党政府制止内战,惩办挑拨内战之分子之通电,发来新华总社,以便广播,造成压倒反动气焰之热潮,并援助陕甘宁边区之自卫战争。其宣传方针,根

---

① 参见《毛泽东年谱》中卷,第449—450页。
② 参见《毛泽东年谱》中卷,第451—452页。

据延安民众大会通电之内容与口号。"①

7月9日,延安各界群众三万余人举行纪念抗战六周年大会,紧急动员全边区人民制止内战,保卫边区。大会发出呼吁团结、反对内战的通电。

同一天,毛泽东致电董必武,指出:"速将'七七'宣言,朱总致蒋、胡电、延安新华社揭穿西安特务假造民意新闻及延安民众大会通电(今发出)密印发各报馆、各外国使馆、各中间党派、文化人士,并注意设法寄往成都、桂林、昆明各界及地方实力派,是为至要。此种宣传品散发愈普遍则愈于我方有利,请用全部精力组织此事,并很机密地进行之。"②

7月11日,毛泽东为新华社起草题为《中共"七七"宣言在重庆被扣,张道藩③发出挑拨声明,外国记者纷纷询问内战危机》的新闻稿,揭露国民党当局禁止《新华日报》发表纪念中国共产党成立22周年的社论和刊登中共"七七"宣言的无理行径,以及国民党宣传机关对国民党军队准备进攻陕甘宁边区一事无法掩盖的窘境。

7月12日,《解放日报》发表毛泽东撰写的社论《质问国民党》。社论对蒋介石国民党不同力抵抗日本的侵略和惩办汉奸卖国贼,而极力反共、破坏团结抗战和准备进攻陕甘宁边区这种亲痛仇快的行径,提出严厉的质问和抗议。社论说:"我们正式向中国国民党中央提出抗议:撤退河防大军,准备进攻边区,发动内战,这是一种极端错误的行为,是不能容许的"。"这两种错误,都是滔天大罪的性质,都是和敌人汉奸毫无区别的,你们必须纠正这些错误。"④

在政治上揭露国民党蒋介石反共阴谋的同时,毛泽东指挥八路军在军事上也做了充分的准备,随时给进犯者以歼灭性的打击。当胡宗南部炮击陕甘宁边区关中分区驻军前沿警戒阵地的第二天,7月8日毛泽东电告彭德怀:"我已调晋西北四个团南开准备作战。"要彭德怀如在事变有可能发展至

---

① 《毛泽东新闻工作文选》,新华出版社1983年版,第104页。

② 《毛泽东新闻工作文选》,第105—106页。

③ 张道藩,当时任国民党中央宣传部部长。

④ 《毛泽东选集》第3卷,第909页。

两党破裂,发生内战时,再从五台、太行抽调十个大团(约两万人)西开接应陕甘宁边区。① 7 月 12 日,毛泽东又决定先从五台区调六个团由吕正操率领西进,至晋西北待命。并决定"不论蒋、胡此次是否实行进攻,此六个团西调计划不变更"。② 边区各县自卫军也充分发动起来,白天放哨,晚间巡逻,枕戈待命。工人们赶制刀矛,武装自卫军。农民们冒雨送公粮,支持保卫边区的八路军。整个边区都沸腾起来,同仇敌忾,秣马厉兵,积极准备迎击来犯者。

这时全国各地、国际舆论也都纷纷起来谴责蒋介石,要求团结抗日,反对挑动内战。如蒋介石的美国顾问、中国战区联军参谋长史迪威对蒋介石说,你如果打内战,我就把飞机带走。毛泽东在 7 月 13 日的中央政治局会议上说,由于近日盟军在西西里岛登陆,苏联打退德国攻势,重庆各国大使的干涉,而主要是我党动员广大群众对蒋介石、胡宗南调兵进攻边区与公开宣传"取消中共","取消边区"表示坚决的反抗,使国民党不得不暂时和缓进攻边区的形势。③

正因为毛泽东不仅在政治上进行针锋相对的斗争,采取舆论宣传攻势,而且在军事上进行了充分的准备,使蒋介石、胡宗南不得不暂缓对边区的进攻。7 月 10 日,蒋介石致电胡宗南"停止行动"。7 月 11 日,蒋介石、胡宗南致电朱德,表示无意进攻,借口说这是误会。7 月 12 日,胡宗南下令开始撤退一个师及两个军部(第一军及九十军),边区形势才逐渐的缓和下来。

7 月 13 日,毛泽东在致彭德怀的电报中指出:"我宣传闪击已收效"。"此次蒋之阴谋迅速破产,是我抓紧时机捉住反对内战、反对侮辱共产党两个要点,出其不意,给以打击。""望用一切方法克服困难,保持国共一年和平,我党即可能取得极有利地位。"④ 同时,毛泽东致电董必武,表扬他在重庆"工作很得力"。并指示董必武仍应密印散发延安民众大会通电,表示共产

---

① 参见《毛泽东年谱》中卷,第 453 页。

② 《毛泽东年谱》中卷,第 455 页。

③ 参见《毛泽东年谱》中卷,第 455 页。

④ 《毛泽东新闻工作文选》,第 106—107 页。

国际解散后,我方之强硬姿态,借以击退国民党之无耻反党宣传。这次关于蒋、胡秘密调兵准备进攻边区的情报,是西安周子健处提供的,为此毛泽东又电周子健,表扬他们"所得情报完全正确,帮助中央甚大"。同时也指示"为击破国民党的无耻反共宣传计,你们仍应将延安民众大会通电密发社会各方,不得停止不发"。①

胡宗南部对边区的军事进攻虽然被暂时制止,但斗争并没有结束。7月18日,《解放日报》发表题为《再接再厉消灭内战危险》的社论,不点名地批评蒋介石的《中国之命运》一书。《中国之命运》一出笼,毛泽东就指示陈伯达写文章给以批驳。陈伯达《评〈中国之命运〉》一文写出后,毛泽东立即进行审改,并且大力推广宣传。

周恩来与林彪于8月初回到延安。周恩来于8月16日写出题为《论中国的法西斯主义——新专制主义》的报告提纲。从理论上概括了蒋介石政权的基本特征,批判了蒋介石法西斯主义的政纲、策略及其组织活动方式,揭穿蒋介石借讨论中国命运之名,恶毒攻击中国共产党,企图分裂抗日统一战线,挑起新内战的罪恶阴谋。

为在全国发动反对中国法西斯主义的运动,毛泽东同周恩来于8月11日致电董必武指出:"边区军事虽稍缓和,但国民党的武装准备并未放松,其宣传斗争则更加紧,各地参议会、新闻、文化、妇女等团体请解散中共电,已有十多处,中央社更发反共社论专电动员舆论。""此间除继续广播《评〈中国之命运〉》各文外,拟于八九两月发动反对中国的法西斯主义的运动,通电全国,主张取消多种特务组织,严禁传播法西斯主义思想,以揭穿蒋记国民党实质,并教育自己。"②董必武和南方局根据毛泽东、周恩来的来电精神,在国民党统治区,通过八路军办事处、新华日报社以及地下党组织秘密印发各种关于批判中国法西斯主义的文章和资料,并译成英文在外国人士中散发。董必武还利用国民参政会等场合向社会各界人士揭露国民党当局加强法西

---

① 《毛泽东年谱》中卷,第456—457页。
② 《毛泽东年谱》中卷,第463页。

斯统治,企图消灭共产党的真相。这一次反法西斯主义的宣传运动,帮助广大人民认清国民党当局独裁统治的本质,提高广大人民的觉悟程度,不仅对抗战时期的民主运动起到推进作用,而且对抗战胜利后,当国民党挑起全面内战时,发动全国人民投入推翻国民党反动统治的斗争做了一定的精神准备。

针对《中国之命运》一书对于共产党的种种诬蔑和攻击,8 月 23 日,中国共产党发表了《国共两党抗战成绩的比较》和《共产党抗击的全部伪军概况》两份统计材料。材料以确凿的事实说明,共产党抗击了全部侵华敌军共 36 个师团 60 万人的 57%(35 万人),国民党抗击了 43%(25 万人)。共产党又抗击了全部伪军 62 万人(大部分是蒋介石军队投敌伪化)的 90%以上(56 万人),国民党仅仅牵制伪军不足 10%(广东方面的六万人,而且并不攻击他们)。在华北、华中 56 万伪军,均为共产党所抗击,国民党对之一枪不打。

毛泽东非常重视这两份材料,于 8 月 12 日同周恩来电嘱董必武:"请注意利用此有力文件作宣传"。① 这两份材料以无可辩驳的事实,深刻揭露了国民党从抗战以来,逐步由片面抗战到消极抗战,到积极反共的倒退过程,有力地论证了中国共产党及其领导的抗日军民始终坚持抗战、坚持团结、坚持进步的正确路线,深刻证明了只有中国共产党才是"中华民族忠实的卫士",是抗日战争的中坚力量,同样,也只有中国共产党才代表着中国的光明前途。新华社关于发表这两份重要材料的电讯说:"蒋介石先生在其所著《中国之命运》一书中曾说:'没有国民党就没有中国'。今观此二项材料,究竟真如蒋先生所说呢? 还是相反:没有共产党就没有中国? 必须辩之矣。"

9 月 6 日至 13 日,国民党五届十一中全会在重庆召开。会议尽管仍在大肆攻击中国共产党及其领导下的八路军新四军,但是迫于来之各方面的压力,不得不决定在抗战结束后一年召集所谓国民大会,制定所谓宪法。蒋

---

① 《毛泽东年谱》中卷,第 465 页。

介石在 13 日闭幕会上也不得不声称:"中共问题是一个纯粹政治问题,因此应该以政治方法来解决"。

9 月 18 日至 27 日,国民参政会三届二次会议在重庆召开。何应钦在会议的第四天所做的军事报告中,不顾事先答应不攻击中国共产党的许诺,诬蔑、攻击共产党八路军。中共参政员董必武向何提出质问,并据实驳斥。CC 分子捣乱会场,董必武当即声明退席,不再出席会议,以示抗议。但是,董必武仍被选为国民参政会驻会委员,虽然位置放在末位。毛泽东就此事在来电上批示:"反映国民党不敢破裂,但反共是继续的"。①

10 月 5 日,《解放日报》发表毛泽东撰写的社论《评国民党十一中全会和三届二次国民参政会》,对这次斗争作了全面的总结。由于在中共中央和毛泽东的正确领导下,全党全军本着抗战第一、团结为先的精神,按照有理、有利、有节的斗争原则,特别是以强大的宣传舆论攻势与军事行动相结合,使国民党顽固派第三次反共高潮的军事进攻在其发动之初就被打退了。

第四节 反顽斗争的理论总结

反顽斗争是抗日战争中的特殊斗争,而由此矛盾激化而表现为反磨擦的战争,既不同于土地革命战争时期同国民党军队的战争,更不同于抗日战

---

① 《毛泽东年谱》中卷,第 472 页。

争时期同日本帝国主义侵略军的民族解放战争。这种斗争有其不同于一般战争的特殊规律。在每一次打退国民党顽固派反共高潮后,毛泽东都进行了理论总结。如在第一次反共高潮被彻底打退的时候,1940 年 3 月 11 日,毛泽东在延安党的高级干部会上作题为《目前抗日统一战线中的策略问题》的报告,总结了抗日战争以来特别是打退国民党顽固派第一次反共高潮的全面的经验。如在打退第二次反共高潮之后,1941 年 5 月 8 日,中共中央政治局会议通过毛泽东起草的《关于我党在反对第二次反共高潮斗争中的教训》,其中包括了毛泽东在同年 4 月 2 日中央政治局会议上做的关于最近六个月来同国民党反共高潮作斗争的经验总结共八点内容。如在标志着国民党顽固派第三次反共高潮被制止的国民党十一中全会和三届二次国民参政会召开之后,1943 年 10 月 5 日毛泽东发表了为《解放日报》撰写的社论《评国民党十一中全会和三届二次国民参政会》,以大量的事实揭露和证明武汉失守以后国民党在华北、华中的反共军事磨擦没有断过,把最大的仇恨集中于共产党;而共产党则相忍为国,完全实践了 1937 年 9 月 22 日发表的共赴国难宣言中的四条语言,号召一切爱国的抗日党派和人民,警惕极端严重的投降危险和内战危险,为废除国民党一党专政而斗争。

由此可见,这些斗争经验的理论是在同国民党顽固派发动的一次次反共高潮的斗争实践中逐步总结而形成的。而在形成过程中,又克服了党内"左"右倾思想的干扰,并为抗日战争的实践所证明是完全正确的。所以它充分体现了毛泽东军事斗争策略的原则性和灵活性的统一,是延安时期毛泽东军事理论的重要组成部分。

一、反顽斗争的必要性和复杂性

反顽斗争是在抗日民族统一战线内进行的斗争,斗争的对象是过去的敌人,今天为盟友的国民党,斗争的目的不是为打倒国民党,而是为了制止分裂倒退,促进团结进步,巩固抗日民族统一战线,推动全国抗战的胜利发展。这就要求反顽斗争既要坚决有力，否则不能制止分裂倒退；又要有理有节，否则会影响抗战大局。因此，要顺利进行反顽斗争，就必须认清这种斗争的必要性和复杂性。

毛泽东指出："抗日战争胜利的基本条件，是抗日统一战线的扩大和巩固。"由于国民党推行反共反人民的政策，使抗日民族统一战线出现了动摇、妥协、分裂的危险，严重地危及中华民族抗击日本侵略的斗争。如何扩大和巩固抗日民族统一战线，有两种办法：一种是王明主张的"一切经过统一战线"，另一种就是毛泽东主张的"以斗争为达到团结一切抗日势力的手段"。

王明在 1937 年底就提出"一切经过统一战线"的主张，这是不对的。因为国民党是当权的党，所谓"一切经过"，就是一切经过蒋介石，蒋介石是不允许共产党存在的，因此"一切经过"的结果，必然是牺牲统一战线，将统一变成了混一，也就是将抗日民族统一战线变成名存实亡的东西。如王明主张，中国共产党在政权方面的重大措施必须经过蒋介石的中央政府批准，否则就不应该有所行动。照此主张，晋察冀边区政府永远也不能成立，因为蒋介石根本不承认它。如王明主张军队要实行七个统一，但是要做到统一编制，统一武装和统一待遇是根本办不到的，因为蒋介石眼里就只有自己的嫡系部队，他歧视杂牌军，对人民军队更是置于死地而后快。所谓统一指挥，统一作战计划和统一作战行动，在实际上也只是把自己的手脚束缚住，把人民军队"统一"到蒋介石的指挥下，任其消灭之。实践证明，如果真是按照王明的主张去做，就会将人民胜利的前途统统丧失掉。武汉失守前后，华中地区新四军丧失了大发展的"先机"，长江流域的局面基本上没有打开，党在华中地区的工作长期处于被动地位，进而导致了 1941 年 1 月新四军在皖南事变中的严重损失。这就是受王明这种右倾错误思想影响的结果。

毛泽东主张"以斗争求团结"的办法来巩固和扩大抗日民族统一战线。以蒋介石为代表的大地主大资产阶级对于人民革命力量的仇恨和残忍，不但为过去 10 年的反共战争所证明，更由抗日战争中的几次反共高潮中的磨擦战争所完全证明。任何的人民革命力量如果要避免被蒋介石所消灭，并迫使他承认这种力量的存在，除了对于他的反革命政策作针锋相对的斗争，便无他路可循。在皖南事变中,项英的错误导至失败便是证明。因此,毛泽东指出:"在抗日统一战线时期中,斗争是团结的手段,团结是斗争的目的。以斗争求团结则团结存,以退让求团结则团结亡"。① 对于国民党顽固派发动的军事进攻,实行坚决有力的反击和斗争是完全必要的。正如朱德在中国共产党第七次全国代表大会上作的军事报告中指出的那样:"如果中国人民不能挡住这股逆流,抵住这种袭击,也就不会有解放区战场及其与敌人的长期相持,中国的抗日战争也就不能坚持下来。"②

然而反顽斗争必须遵循又联合又斗争的民族统一战线的基本政策。因为在反顽斗争中,阶级矛盾与民族矛盾交织在一起,呈现出极其复杂的局面。抗日战争是民族战争,民族矛盾是主要矛盾,阶级矛盾处于从属的地位。在民族斗争中,阶级斗争是以民族斗争的形式出现的,这种形式,表现了两者的一致性。一方面,阶级的政治经济要求在一定的历史时期内以不破裂合作为条件;又一方面,一切阶级斗争的要求都应以民族斗争的需要(为着抗日)为出发点。反顽斗争实质上是一种阶级对阶级的斗争,是以往国共两党斗争的继续。因此反顽斗争就要服从民族斗争,服从抗日战争的大局。正是基于这种复杂的情况,中国共产党在抗日民族统一战线中,既不是一切联合否认斗争,也不是一切斗争否认联合,而是综合联合和斗争两方面的政策。即联合不能丧失原则,斗争不能影响抗战大局。毛泽东对又联合又斗争这一政策作过一个总的概括,他指出:"我党在整个抗日时期,对于国内各上层中层还在抗日的人们,不管是大地主大资产阶级和中间阶级,都只有一个完整的包括联合和斗争两方面的(两面性的)民族统一战线的政策。即使是伪军、汉奸和亲日派分子,除对绝对坚决不愿悔改者必须采取坚决的打倒政策外,对其余分子也是这种两面性的政策。我党对党内对人民所实行的教育,也是包括这两方面性质的教育,就是教导无产阶级、农民阶级和其他小资产阶级如何和资产阶级地主阶级的各个不同的阶层在各种不

---

① 《毛泽东选集》第 2 卷,第 745 页。
② 《朱德选集》,第 140 页。

同的形式上联合抗日,又和他们的各种不同程度的妥协性、动摇性、反共性作各种不同程度的斗争。统一战线政策就是阶级政策,二者不可分割,这一点不弄清楚,很多问题是弄不清楚的。"①正是由于党正确地解决了民族斗争和阶级斗争一致性的问题,正确地运用又联合又斗争的民族统一战线的基本政策,使反顽斗争不断取得胜利和成功。

如在皖南事变后的一段时间内,党内有些人对民族矛盾看得不清,至少是不够重视,甚至认为皖南事变是日蒋联合所为,因此,把国共关系的形势看得十分严重,认为国民党的这次反共就好像是大革命时期的四一二政变和马日事变的重演。毛泽东在《关于打退第二次反共高潮的总结》中指出:"在中国两大矛盾中间,中日民族间的矛盾依然是基本的,国内阶级间的矛盾依然处在从属地位。一个民族敌人深入国土这一事实,起着决定一切的作用。只要中日矛盾继续尖锐地存在,即使大地主大资产阶级全部地叛变投降,也决不能造成一九二七年的形势,重演四一二事变和马日事变。上次反共高潮曾被一部分同志估计为马日事变,这次反共高潮又被估计为四一二事变和马日事变,但是客观事实却证明了这种估计是不正确的。这些同志的错误,在于忘记了民族矛盾是基本矛盾这一点。"毛泽东继续指出:"在这种情况之下,指导着国民党政府全部政策的英美派大地主大资产阶级,依然是两面性的阶级,它一面和日本对立,一面又和共产党及其所代表的广大人民对立。而它的抗日和反共,又各有其两面性。在抗日方面,既和日本对立,又不积极地作战,不积极地反汪反汉奸,有时还向日本的和平使者勾勾搭搭。在反共方面,既要反共,甚至反到皖南事变和一月十七日的命令那种地步,又不愿意最后破裂,依然是一打一拉的政策。"毛泽东强调:"英美派的大地主大资产阶级既然还在抗日,其对我党既然还在一打一拉,则我党的方针便是'即以其人之道,还治其人之身',以打对打,以拉对拉,这就是革命的两面政策。只要大地主大资产阶级一天没有完全叛变,我们的这个政策总

---

① 《毛泽东选集》第 2 卷,第 784—785 页。

是不会改变的。"①一拉一打的政策就是又联合又斗争的政策。要实行这个政策，就需要在两条战线上展开斗争，既要反对右倾投降主义，又要防止"左"的错误倾向。实行这个政策，就是要迫使国民党蒋介石既不能消灭共产党，又不敢轻易投降日本，从而使抗日战争沿着人民胜利的结局发展下去。

二、反顽斗争的策略总方针

团结和争取绝大多数人站在进步力量这一边，打击和孤立最反动的敌人，这是中国共产党的一贯政策。在反顽斗争中，毛泽东正确运用这一政策，规定了发展进步势力、争取中间势力、反对顽固势力的策略总方针。毛泽东指出："抗日战争胜利的基本条件，是抗日统一战线的扩大和巩固。而要达此目的，必须采取发展进步势力、争取中间势力、反对顽固势力的策略，这是不可分离的三个环节，而以斗争为达到团结一切抗日势力的手段。"②这三条原则，实际上就是党的又联合又斗争的统一战线政策在抗日战争时期国内各阶级关系上的具体运用。

发展进步势力，就是发展无产阶级、农民阶级和城市小资产阶级的力量；就是放手扩大八路军新四军，坚持党对军队的领导，坚持持久战和人民战争的战略原则，绝对不允许国民党插手我们的军队；就是广泛地创立抗日民主根据地，建立"三三制"的抗日民主政权；就是发展共产党的组织到全国，反对国民党限共、溶共的反共政策；就是发展全国工人、农民、青年、妇女、儿童等等的民众运动，突破国民党的限制，既搞合法的，也搞地下的；就是争取全国的知识分子，就是扩大争民主的宪政运动到广大人民中间去。发展进步势力是抗日统一战线策略的三个环节中最基本的一环。这是因

---

① 《毛泽东选集》第 2 卷，第 781—782 页。
② 《毛泽东选集》第 2 卷，第 745 页。

为：第一，发展进步势力是争取中间势力、孤立顽固势力的首要条件。进步势力是革命的基本力量，只有发展进步势力，才有力量回击顽固派的进攻，阻止时局的逆转，也才有力量稳定中间派的动摇，争取中间势力，才能坚持抗日民族统一战线。第二，发展进步势力是改造国民党、改造国民党政府、改造国民党军队的基本条件，是变片面抗战为全面抗战的基本条件，是打倒日本帝国主义的基本条件。第三，发展进步势力是使抗日战争的胜利转变为人民的胜利的最重要保证。中国人民抗战的目的，不仅是为了打败日本侵略者，而且要把抗战的胜利引向人民的胜利。只有放手发展人民抗日力量，才能阻止国民党蒋介石抢夺抗战胜利果实，当他们敢于发动反人民的战争的时候，人民就有力量以革命战争粉碎其反革命的进攻，为新民主主义革命在全国的胜利奠定坚固不拔的基础。

发展进步势力，必须注意发展壮大共产党及其军队的力量。军队的力量是对敌斗争的物质基础，只有不断发展壮大自己军队的力量，才能从根本上达到有效对付顽固派进攻的目的。因此，当顽固势力大肆推行反共政策，策划向我进攻时，毛泽东在一系列指示中，总是反复强调，只有广大地发展革命武装力量并与全国工作相配合，才能制止投降与反共，才能巩固统一战线，争取时局好转。发展当然会引起磨擦，但只有发展军队力量，给磨擦者以打击，给武装进攻者以反攻，才能巩固自己，坚持阵地和克服投降危险。把发展壮大自身力量特别是军队的力量作为反顽斗争的重要环节，表明中国共产党人经过大革命失败教训后已完全成熟，对抗日战争下国共再次合作的性质、背景及发展趋势有着深刻的认识，并善于在此基础上正确规定自己的行动，这同大革命时期陈独秀的右倾机会主义反对发展自己的力量，反对发展革命的武装力量形成鲜明的对照。

发展进步势力是一个严重的斗争过程，不但须同日本帝国主义和汉奸作残酷的斗争，而且须同国民党顽固派作残酷的斗争，同时还须同党内右倾错误作坚决的斗争。因为不仅日本帝国主义把我们党领导下的人民抗日力量看成是他们的最危险的敌人，而且对于发展进步势力顽固派是反对的，中间派是怀疑的，因此必须经过严重的斗争，否则进步力量就无从发展。对待发展进步势力方针的不同态度,必然产生不同的后果。1940 年 5 月 4 日,毛泽东发出《放手发展抗日力量,抵抗反共顽固派的进攻》的指示,指出在一切日本占领区和战争区域,应不受国民党的限制,独立自主地放手扩大军队,坚决地建立根据地。在苏南的陈毅坚决执行发展进步势力的方针,除留守一部分军队坚持苏南阵地外,亲自率领主力部队渡江北上,先后取得郭村战斗和黄桥战役的胜利。而在皖南的项英,对执行这一方针犹豫、动摇、他把皖南新四军束缚在泾县到繁昌间横竖不到 100 公里的狭窄地区,处在敌顽包围圈中,以至发生了震惊中外的皖南事变,新四军损失惨重。陈毅和项英的例子证明,只有发展才能求生存,愈退让,顽固派则愈猖狂,进步势力则愈有被消灭的危险。毛泽东在党的七大上,把"放手发动群众,壮大人民力量,在我党的领导下,打败日本侵略者,解放全国人民,建立一个新民主主义的中国"作为党的基本路线提出来,更证明了发展进步势力的极端重要性。

争取中间势力,就是争取中等资产阶级争取开明绅士,争取地方实力派。这是一个极为重要的带有战略意义的任务。一方面,中间势力本身有力量,是我们反帝的同盟军,他们在一定时期和一定程度上还可以参加反封建的斗争。中间势力虽然没有取得过中央的统治权力,但有相当大的经济力量,特别是在政治上具有相当大的影响。另一方面,由于中国社会两头小而强,中间大而弱,所以对中间派势力的争取便成为对顽固派斗争时决定胜负的因素。因此,对中间势力的争取必须采取十分慎重的态度。

争取中间势力的斗争又是一个极为复杂的任务。争取中间势力同争取农民和小资产阶级不同。对于农民和小资产阶级,是当作基本同盟者去争取的,对于中间势力,则是当作反帝同盟者去争取的。而且对中间势力,即中等资产阶级、开明绅士和地方实力派三部分力量的争取,也是有区别的。对于民族资产阶级和开明绅士是当作一般同盟者去争取的,因为同盟不仅可以同我们联合抗日,而且还可以参加抗日民主政权(如李鼎铭先生),可以勉强参加对顽固派的斗争或在斗争中保持善意的中立。对于地方实力派则是当作暂时同路人去争取的,因为他们将除了同我们共同抗日外,只能在对顽固派的斗争中采取暂时中立的立场,他们是不愿意同我们一道建设抗日民主政权的。因此,对这三部分力量应采取不同的政策。争取中间势力只有在一定条件下才可能达到目的。这些条件是:第一,我们有充足的力量;第二,尊重他们的利益;第三,我们对顽固派作坚决的斗争,并能一步一步地取得胜利。

毛泽东在提出争取中间势力的严重任务的同时,还不断扩大中间势力的争取对象。他在1940年3月11日作的《目前抗日统一战线中的策略问题》的报告中,首先把中间势力划分为中等资产阶级、开明绅士和地方实力派三种人。就在这个报告中,毛泽东预见到:"顽固势力,目前就是大地主大资产阶级的势力。这些阶级,现在分为降日派和抗日派,以后还要逐渐分化"。① 这就是说,毛泽东在当时就已考虑到把抗日派从顽固派中分化出来,成为争取对象的中间势力。以后在反磨擦斗争中,毛泽东又多次强调自卫的原则,不应超出自卫的范围,"尤其对中央军应该注意此点,因国共合作主要就是同中央军的合作"。"只要中央军不打八路军,八路军决不打中央军"。并进而指出"中央军各级官长中只有一部分军官及政训系统是顽固派,其他多是中间派,也有一部分进步派,决不能把中央军看成都是顽固派"。② 这说明,毛泽东又把中央军中的一部分划为中间势力。5月4日,毛泽东在为中共中央起草给东南局的指示中,不仅明确指出:"在中央军和杂牌军中,应该广泛地展开统一战线的工作,即交朋友的工作",而且将争取中间势力的对象扩大到七种,即"民族资产阶级、开明绅士、杂牌军队、国民党内的中间派、中央军中的中间派、上层小资产阶级和各小党派"。③ 7月6日,毛泽东在杨家岭中央大礼堂召开的延安高级干部会议上作报告,他在分析中间势力还保存抗战积极性时,又明确指出:"中间势力的成分现在比前次更有了新的补充,把国民党中央军的大部分也放在里面了。"第二天,中共中央据此发出《关于目前形势与党的政策的决定》。这个决定又把中间势力

---

① 《毛泽东选集》第2卷,第748页。
② 《毛泽东年谱》中卷,第177页、第181页、第185—186页。
③ 《毛泽东选集》第2卷,第756—757页。

的范围扩大为:国民党的多数党员、中央军的多数军官、多数的杂牌军、中等资产阶级、中小地主及开明绅士、上层小资产阶级、各抗日小党派。

但是,毛泽东对扩大中间势力争取对象的工作并没有完结。他在总结1940年10月发生的苏北黄桥反磨擦战斗时,注意到由于陈毅的统战工作,使苏鲁皖游击军李明扬、李长江和税警团陈泰运严守中立的经验,以及在第一次反共高潮中华北朱怀冰三个师打八路军时,由于火线上的统战工作,其中有一个师的干部是黄埔系而没有参加反共的情况,还有王世英在山西与胡宗南中央军中的黄埔生高干进行统战工作的经验等,进一步提出把国民党军中的黄埔生也划入中间势力。11月16日,毛泽东同王稼祥、朱德就与黄埔生军人进行统战工作问题发出指示说:"我党我军中过去把黄埔生看作一个笼统的反共集团的传统观念是错误的、有害的,在目前严重时局,极须改正此观念,利用一切机会与黄埔生军人进行统一战线工作,不要刺激他们,而应以民族至上的观念来打动他们,使他们不肯投降日寇,使他们对反共战争取中立或消极态度。这对挽回危局有重大意义。"①毛泽东曾同黄埔四期生、当时在他身边作军事教育顾问的郭化若谈过关于争取黄埔生军人的工作问题。他说:"蒋介石是靠黄埔军校起家的,国民党军队的军官中有一大批黄埔生,你也是黄埔出来的,可以利用同学关系做说服工作,扩大抗日力量。"②在毛泽东的支持下,1941年10月4日"延安黄埔同学会"正式成立了。为了争取国民党军队中的黄埔同学,延安同学会接受重庆总会的指导,挂分会的牌子,公开申明是为了"加强团结,坚持抗战"。成立大会通过了会章,选举了徐向前、萧克、林彪、左权、陈赓、罗瑞卿、陈宏谟(国民党军驻延安联络参谋)、郭化若、陶铸、许光达、陈伯钧、宋时轮等15人为理事。"延安黄埔同学会"的成立,对于扩大中间势力的争取对象,促进团结,坚持抗战,有着重要的意义。

反对顽固势力,就是孤立顽固势力,在目前就是孤立以蒋介石为代表的

---

① 《毛泽东年谱》中卷,第226页。
② 《毛泽东和他的军事教育顾问》,第168—169页。

英美派大地主大资产阶级。蒋介石与汪精卫还不一样,他既有准备投降的一面,又有不愿意与共产党彻底决裂,尚能抗战的一面。因为英美派大地主大资产阶级在目前还愿意团结抗日,所以我们还有可能争取把他们留在抗日统一战线里面,这种时间越长久越好。忽视这种斗争政策,忽视同他们合作的政策,认为他们已经是事实上的投降派,已经就要举行反共战争了,这种意见是错误的。但是又因为他们在全国普遍地执行摧残进步势力的反动政策,不实行革命的三民主义,反对我们实行积极抗日,即只让我同他们一样实行消极抗日,并且企图同化我们,否则就加以思想上政治上军事上的压迫,所以我们又必须采取反抗他们这种反动政策的斗争策略,同他们作思想上政治上军事上的坚决斗争。这就是我们对付顽固派两面政策的革命的两面政策。换句话说,对待顽固派的孤立政策就是这种革命的两面政策、也就是以斗争求团结的政策。

反对顽固势力的斗争,应在思想上政治上军事上同时展开。如果我们能够在思想上提出正确的革命理论,如新民主主义论,对于他们的反革命理论给以坚决的打击;如果我们在政治上采取适合时宜的策略步骤,如反对中国的法西斯主义和拒绝出席国民参政会,对于他们的反共反进步政策给以坚决的打击;如果我们采取适当的军事步骤,如讨伐石友三部的战斗,对于他们的军事进攻给以坚决的打击;那末,就有可能限制他们实施反动政策的范围,就有可能逼迫他们承认进步势力的地位,就有可能发展进步势力,争取中间势力,而使他们限于孤立。同时,也就有可能争取还愿抗日的顽固派,延长其留在抗日统一战线中的时间,就有可能避免如同过去那样的大内战。所以,在抗日统一战线时期中,同顽固派的斗争,不但是为了防御他们的进攻,以便保护进步势力不受损失,并使进步势力继续发展;同时,还为了延长他们抗日的时间,并保持我们同他们的合作,避免大内战的发生。如果没有斗争,进步势力就会被顽固势力消灭,统一战线就不能存在,顽固派对敌投降就会没有阻力,内战也就会发生了。所以,反对顽固势力的斗争,是团结一切抗日力量、争取时局好转、避免大规模内战的不可缺少的手段,这已被一切经验所证明,是一个真理。

三、反顽斗争的军事原则

反顽斗争在军事上表现为特殊的战争,因为它是在抗日民族统一战线内发生的战争,所以必须十分讲究战争艺术、战争策略,绝不能粗心大意,乱打一气,以达到既不破裂统一战线,又能促进团结的目的。因此,毛泽东在指导反顽斗争的过程中,不仅制定了正确的政治策略,而且规定了正确的军事原则,这就是"有理、有利、有节"的三个原则。

1940年3月11日,毛泽东在《目前抗日统一战线中的策略问题》的报告中首次提出这三个原则。既然孤立顽固派的政策是洗脸政策,而不是杀头政策,所以在抗日统一战线时期,同顽固派的斗争,必须注意"有理、有利、有节"的原则。在反顽斗争初期,毛泽东就强调,对顽固派的倒行逆施的行为,必须与之作必要和坚决的斗争,不过方式方法要得当,把原则立场同方式方法的灵活性结合起来,以收到预期的效果。1939年6月10日,毛泽东在延安党的高级干部会议上作反对投降问题的报告中指出:"国民党五中全会后,在河北、山东,特别是边区所举行的破坏性与准备投降性的磨擦及武装斗争,是必须给以坚决抵抗的。这种抵抗是有用的,但必须严格站在自卫立场上,决不能过此限度,给挑衅者以破裂统一战线之口实。这种自卫的防御的反磨擦斗争之目的,在于巩固国共合作。为此目的,一定条件下缓和、退让也是必要的。"毛泽东还强调"统一不忘斗争,斗争不忘统一,二者不可偏废,但以统一为主,'磨而不裂'"。"严防挑衅,不要上当"。① 9月16日,毛泽东代表中共中央和中央社、《扫荡报》《新民报》三记者发表谈话,对蒋介石国民党向解放区的军事进攻提出严正警告,第一次公开、明确地宣布了"人不犯我,我不犯人;人若犯我,我必犯人"的著名军事原则,这就是说对待顽固派的军事进攻来而不往非礼也,但我们的办法是退兵三舍,后发制人。

---

① 《毛泽东文集》第2卷,第221—222页。

这些指示和提法,即体现了"有理、有利、有节"的三个原则。

第一是"有理",即自卫的原则。人不犯我,我不犯人;人若犯我,我必犯人。这就是说,决不可无故进攻人家,也不可在被人家攻击时不予还击,要做到后发制人,不先开第一枪。这就是斗争的防御性。同顽固派的斗争,首先要充分说理,要用各种方式,用确实可靠的事实到处揭破顽固派进攻的无理与我方的有理。同时要诚恳的劝告对方,警告对方,我们的忍让是有限度的,希望他们不要欺人太甚。我们应该在各种具体事实上明确表示愿意团结的立场。只有这样做,才能使大多数人看来,我们的反击是万不得已的,理在我们这一边。如果这种工作做得好,还可以促进对方内部发生分化与瓦解,一部分不愿意搞磨擦的人至少会对反共战争表示不坚决,这于反顽斗争的胜负有很大关系。1939 年 8 月 1 日,毛泽东出席延安各界追悼平江惨案死难烈士大会,并发表题为《用国法制裁反动分子》的演说。毛泽东首先对国民党顽固派屠杀革命同志、抗日战士提出抗议,他指出,现在应该杀死什么人? 应该杀死汉奸,杀死日本帝国主义者。但是,中国和日本帝国主义者打了两年仗,还没有分胜负。汉奸还很活跃,杀死的也很少。革命的同志、抗日的战士,却被杀死了。什么人杀死的,军队杀死的。军队为什么杀死了抗日战士? 军队是执行命令,有人指挥军队去杀的。什么人指挥军队去杀? 反动派在那里指使。这些反动派,他们是准备投降的,所以恭恭敬敬地执行了日本人和汪精卫的命令,先把最坚决的抗日分子杀死。因此,这件事非同小可,我们一定要反对,我们一定要抗议! 这样,就把我们为什么要开这样的大会,为什么要反对、要抗议的道理讲得清清楚楚,赢得全国舆论的同情和支持,并为下一步理直气壮地开展反顽斗争打下了基础。

第二是"有利",即胜利的原则。不斗则已,斗则必胜。为达此目的,要充分注意两条:一是要有准备,决不可进行无计划无准备无把握的斗争。战争是力量的较量,如果毫无胜利的把握,即使我们有充分的道理,也不要进行。而要冷静地分析彼我双方的力量,等待和争取有利时机的到来。反磨擦战争一旦发动起来,就要毫不动摇的以全力去争取胜利,彻底击破顽固派的进攻,迫使顽固派转入防御和退却。二是要懂得利用顽固派的矛盾,决不可同时打击许多顽固派,应择其最反动者首先打击之。顽固派中有各种不同的集团与阶层,从与帝国主义各国的关系上看,除亲日派外还有英美派,特务内部又存在不同的派系。他们在抗日和反共的程度上都有若干差别。这种差别即使很微小,也应当利用。我们应该仔细研究这种差别,选择最反动者作为打击的目标,对其余则采取中立的办法,从而使最反动者完全限于孤立无援的境地。这就是斗争的局部性。这样做,就可以树敌少,易于得到多数的同情,保证斗争的胜利。第一次反共高潮时,在华北冀南地区八路军集中打击石友三部,对鲁西北的高树勋和濮阳的丁树本采取钳制和孤立的办法;对游击总指挥孙良诚,则劝其不要卷入漩涡,以免牵涉误会;对杂牌军、暂编第八师、独立旅等进行申明,告以要消灭和进攻我军的是石友三,故我只打石友三,望勿生误会。结果石友三处于孤立无援的境地、为我各路大军紧紧包围。3 月 4 日,八路军发起打击石友三的卫东战役,毙伤其 3600 余人,石友三只好率残部从冀南跑到冀鲁豫去了。在冀西地区,八路军确定打击最反动的朱怀冰,对原来的东北军新二十四师,争取其向北不参加战斗;对鹿钟麟只消灭其特务机关部队,对鹿本人及其警卫部队则进行监视,不加杀害;对孙殿英及其所部,争取其中立,并尽力说服其离开战斗区域。3 月 5 日,八路军发起磁武涉林战役,到 9 日就打垮朱怀冰部,共毙伤顽军一万余人。在这次反磨擦斗争中,八路军巩固了临汾、屯留、平顺、漳河、大名之线、取得了很大的胜利。

第三是"有节",即休战的原则。在一个时期内把顽固派的进攻打退之后,只要他们没有举行新的进攻,我们就应该适可而止,使这一斗争告一段落。在接着的一个时期中,双方实行休战。这时,我们应该主动地同他们又讲团结,在对方同意之下,和他们订立和平协定,继续合作抗日。决不可无止境地每日每时地斗下去,决不可被胜利冲昏自己的头脑。这就是斗争的暂时性。在顽固派再举行新的进攻之时,我们再用新的斗争对待之。八路军在发动磁武涉林战役并取得胜利之后,即采取了休战的原则。毛泽东为避免同国民党中央军在该地域作大规模战斗、并争取其继续抗战,命令八路军停止追击朱怀冰残部,和国民党第一战区司令长官卫立煌进行谈判。八路军作了必要的让步,自动退出陵川、林县、长治、壶关、晋城、阳城、高平及豫北一带大片地区,双方议定以临屯公路及长治、平顺、磁县一线为界,该线以南为国民党军作战区域,该线以北为八路军作战区域,使国共在河北、山西的矛盾暂时得到了和平解决。

总之,对国民党顽固派的进攻,坚持"有理、有利、有节"的斗争,就能发展进步势力,争取中间势力,孤立顽固派,并使顽固派尔后不敢轻易向我进攻,不敢轻易同敌人妥协,不敢轻易举行大内战。1947 年 12 月 25 日,毛泽东在《目前形势和我们的任务》的报告中指出:由于我们在抗日战争时期,"坚决地执行了'发展进步势力,争取中间势力,孤立顽固势力'的政治路线,坚决地扩大了解放区和人民解放军。这样,就不但保证了我党在日本帝国主义侵略时期能够战胜日本帝国主义,而且保证了我党在日本投降以后蒋介石举行反革命战争时期,能够顺利地不受损失地转变到用人民革命战争反对蒋介石反革命战争的轨道上,并在短时期内取得了伟大的胜利。"①毛泽东把反对国民党顽固派进攻的策略总方针提到了我党在抗日战争时期的政治路线的高度,这就足以说明了这一方针的重要性,而且对于以后中国革命形势的发展也起到了至关紧要的作用。

---

① 《毛泽东选集》第 4 卷,第 1258 页。

第六章

坚持抗战，加强人民军队的建设

　　全国抗日战争时期，毛泽东总结了土地革命时期人民军队建设的经验，面对抗日战争的复杂环境，进一步运用人民军队建设的成功经验，并在实践中不断探索和发展，使人民军队建设理论更加完善、更加系统。毛泽东一方面始终坚持了人民军队在抗日民族统一战线中的无产阶级性质；一方面充分发挥人民军队在抗日战争中的巨大威力，使抗日战争的最后胜利得到了有力的保证。

第一节 加强党对人民军队的绝对领导

中国革命的人民军队，是由中国共产党绝对领导的。所谓"绝对领导"，就是只有、也只能由中国共产党来领导，任何别的党派都不能、也没有能力来领导。人民军队必须无条件地置于中国共产党的绝对领导之下，这是人民军队建设的一条根本原则，是毛泽东建军思想的核心内容。是人民军队从胜利走向胜利的根本保证。

人民军队是中国共产党缔造和领导的新型军队。中国共产党是无产阶级政党，它集中体现了无产阶级的革命性和先进性。党的阶级性决定了它所领导的军队的阶级性，中国共产党的领导决定了人民军队的无产阶级性质，决定了人民军队是执行党的政治任务的武装集团。对于中国共产党来说，是否坚持党对人民军队的绝对领导，关系到党对于革命战争的领导权和党的革命事业兴衰成败的大问题。因为"经验告诉我们，中国的问题离开武装就不能解决"。"在中国，离开了武装斗争，就没有无产阶级和共产党的地位，就不能完成任何的革命任务。"①对于人民军队来说，是否坚持服从中国共产党的绝对领导，关系到人民军队能否保持其无产阶级性质，坚持正确的建军方向的大问题。因为中国共产党的纲领、路线、方针、政策反映了中国

---

① 《毛泽东选集》第2卷，第544页。

工人阶级和广大人民群众的根本利益、代表了无产阶级的奋斗目标。人民军队只有坚决服从党的绝对领导,执行党的纲领、路线、方针、政策,做执行党的政治任务的工具,才能完成时代赋予的伟大历史使命。人民军队也只有坚决服从党的绝对领导,才能有效地把以农民为主要成分的军队,建设成为无产阶级性质的军队,坚定正确的政治方向,使自己成为政治觉悟高,作风硬,纪律严,战斗力强的执行革命的政治任务的武装集团。

毛泽东在领导人民军队的全部实践和理论活动中,始终贯穿的基本思想就是坚持党对人民军队的绝对领导。早在 1927 年 9 月,毛泽东在领导湘赣边秋收起义前就指导湖南省委成立前敌委员会,并亲自担任书记,直接领导负责组织工农革命军和领导起义的工作。起义失利后,毛泽东领导起义部队向井冈山进军。在进军途中,部队中有的人由于受雇佣军队思想的影响,加之战斗失利,生活艰难,出现了意志不坚定、动摇逃跑的现象。为了巩固部队,扭转局面,毛泽东在江西永新三湾村进行了我军建军史上具有伟大意义的"三湾改编"。在这次改编中,毛泽东从实际出发,把党对军队的绝对领导作为改编部队、建设新型人民军队的首要原则,创造性地提出把"支部建在连上"的原则,第一次实行班、排设党小组,营、团设立党委,由党的前敌委员会派党代表担任党支部书记或党委书记。整个部队由前敌委员会统一领导,毛泽东担任书记,从而使党对军队的绝对领导有了坚强的组织保证。1929 年 12 月,毛泽东根据中央九月来信的精神和红四军的实际情况,主持起草了红四军第九次代表大会决议案,即著名的"古田会议决议"。这个决议抓住了当时红军中存在的主要问题,在军队建设问题上突出强调了党的领导,并提出了实施党的领导的一系列制度和措施,明确党不仅要管党员,管政治工作,而且要管军事、管打仗,系统地解决了如何建设人民军队的一系列根本问题,成为人民军队建设史上的一个重要里程碑。坚持党对人民军队的绝对领导,使红军发展很快,在保卫中央革命根据地的战斗中,胜利地粉碎了国民党军队的一、二、三、四次"围剿"。然而,由于王明"左"倾教条主义者排斥了以毛泽东为代表的党的正确领导,在建军问题上套用外国的经验,把党的正确领导当作"游击主义"加以反对,使第五次反"围剿"不仅不能战胜敌人，反而丧失了除陕甘宁边区以外的一切革命根据地，极大地削弱了红军。这个错误是在 1935 年 1 月中央政治局在遵义召开扩大会议时纠正过来了。这个会议从组织上结束了王明的"左"倾教条主义路线在党中央的统治，确立了毛泽东在全党全军的领导地位，在革命危机关头，挽救了党，挽救了红军，挽救了中国革命。以后在长征途中又发生了张国焘右倾分裂主义和军阀主义的错误。张国焘反对红军长征北上，另立中央，破坏了党的领导和红军的统一，使红军一部分主力蒙受了重大的损失。然而在以毛泽东为代表的党中央的正确领导下，终于克服了这个错误，使革命转危为安，中央红军胜利到达陕北，完成了举世闻名的二万五千里长征。正如毛泽东所说："谁使长征胜利的呢？是共产党。没有共产党，这样的长征是不可能设想的。中国共产党，它的领导机关，它的干部，它的党员，是不怕任何艰难困苦的。谁怀疑我们领导革命战争的能力，谁就会陷进机会主义的泥坑里去。"[①]毛泽东还预言：在新的抗日民族革命战争阶段上，我们将引导革命走向完成，也将给东方和世界的革命以深刻的影响。

全国抗战爆发后，红军按照全国军队统一番号，先后改编为国民革命军第八路军，新编第四军。红军在改编中和实行改编后，如何坚持中国共产党对人民军队的绝对领导，这是新的历史坏境中加强人民军队建设面临的一个重大课题。

1937 年 7 月 13 日，周恩来、秦邦宪、林伯渠由上海前往庐山参加蒋介石召集的谈话会，实际上是卢沟桥事变发生后国共两党的首次谈判。为迅速建立应付大事变的统一战线，7 月 14 日中共中央向国民党南京政府表示："愿在蒋指挥下努力抗敌，红军主力准备随时出动抗日，已令各军十天内准备完毕，待令出动，同意担任平绥线国防。"[②]但蒋介石在红军改编后的指挥和人事问题上限制红军。本来在过去的一次庐山谈判时，蒋介石曾表示，三

---

① 《毛泽东选集》第 1 卷，第 150 页。
② 《周恩来传》，第 364 页。

个师以上的政治机关可以代行指挥权。① 这次庐山谈判,蒋介石改口了,他提出红军改编后各师直属行营,政治机关只管联络,无权指挥。7 月 13 日,毛泽东同张闻天致电周恩来等提出"为大局计,可承认平时指挥人事等政治处制度,请要求设正、副主任,朱正彭副。但战时不能不设指挥部,以资统率"。② 周恩来将此意见转告蒋介石,蒋介石仍坚持不设指挥部,并指定由国民党特务康泽任副主任,还要向各师派出参谋长、师以下(至连)派副职,甚至荒谬地要求毛泽东、朱德到国民党中去"做事"或出洋。所有这一切,最终目的就是要取消中国共产党对军队的绝对领导。周恩来当即严正表示:我党决不能接受这样的条件。在谈判陷入僵局的情况下,为使红军迅速出动华北抗日,中国共产党决定将红军自动改编成三个师一个军。7 月 28 日,毛泽东同张闻天致电周恩来、秦邦宪、林伯渠,提出中共中央对红军改编的意见:"八月十五前编好,二十日出动抗日"。"三个师以上必须设总指挥部,朱正彭副,并设政治部,任弼时为主任,邓小平为副主任"。电报特别指出:"不要康泽"。坚决顶住国民党企图削弱共产党领导的逆流。

正当红军加紧改编和准备出动参加华北防御战争之际,8 月 13 日,日军大规模进攻上海,南京告急。由于日军的进逼,蒋介石也急于调动红军开赴前线,所以在谈判中开始表现出较多的团结合作的愿望,同意不向红军中派遣国民党人员。并于 8 月 18 日,批准红军改编为国民革命军第八路军,任命朱德、彭德怀为正副总指挥。这样,在红军改编问题上共产党取得了完全的胜利。8 月 25 日中共中央军委发布了红军改编为国民革命军第八路军的命令:红军前敌总指挥部改编为八路军总指挥部,以朱德为总指挥,彭德怀为副总指挥;叶剑英为参谋长,左权为副参谋长;任弼时为政治部主任,邓小平为副主任。八路军下辖三个师:第一一五师,师长林彪、副师长聂荣臻,参谋长周昆、政训处主任罗荣桓;第一二○师,师长贺龙、副师长萧克,参谋长周士第、政训处主任关向应;第一二九师,师长刘伯承、副师长徐向前,参谋长

---

① 参见《周恩来书信选集》,第 135—136 页。
② 《周恩来传》,第 364 页。

倪志亮、政训处主任张浩。命令强调指出："各师改编为国民革命军后，必须加强党的领导，保持和发挥十年斗争的光荣传统，坚决执行党中央与军委的命令，保证红军在改编后成为共产党的党军，为党的路线及政策而斗争，完成中国革命之伟大使命。"①

毛泽东在中共中央政治局洛川会议上十分强调在民族解放战争中党对人民军队的绝对领导权。他指出，共产党在统一战线中必须坚持独立自主的原则，对国民党要保持高度的阶级警觉性，"防人之心不可无"。红军主力全部出动要依情况由我们自己决定，要留一部分保卫陕甘宁边区。红军的基本任务之一是争取民族革命战争的领导权。会议还在组织上进一步健全了中共中央革命军事委员会，成员增加为 11 人，毛泽东为主席、朱德、周恩来为副主席。会议期间，还决定设立中央军委前方委员会（后称华北军分委），朱德为书记，彭德怀为副书记。这样在组织上，从中央到前方、从总部到各师，保证了党对人民军队的绝对领导，保持了人民军队的无产阶级性质。

在第一次国内革命战争时期，国共两党曾进行过一次合作，那次合作的实践说明，共产党如果不掌握革命的武装，就没有无产阶级和共产党的地位，就不能完成任何革命任务甚至自己也会被消灭。毛泽东在总结这一段历史时指出，我们党从成立初期到 1927 年，乃至以后的一个时期，不懂得直接准备战争和组织军队的重要性，或是对此认识不足，致使大革命失败，得到了惨痛的教训，于是有了南昌起义、秋收起义和广州起义，进入了创造红军的新时期。他进而指出："没有这一时期的红军及其所进行的战争，即是说，假如共产党采取了陈独秀的取消主义的话，今天的抗日战争及其长期支持是不能设想的。"②而且更应该看到，就是在第二次国共合作，共同抗日中，蒋介石是被迫的，在国民党的抗战主张中，包含着在一定条件下同日本侵略者妥协，甚至向日本侵略者投降的危险性。而中国共产党及其领导下的人

---

① 《毛泽东文集》第 2 卷，第 35 页。
② 《毛泽东选集》第 2 卷，第 548 页。

民军队是坚持抗战,坚持团结,坚持进步;反对妥协,反对分裂、反对倒退的决定因素。因此没有共产党及其领导下的人民军队作支撑,中国的抗日战争要获得最后胜利将是不可能的。

在红军改编过程中,从总体上坚持了党对人民军队的绝对领导,但在局部的一些地方也发生了放弃或削弱党的领导的现象,使抗战力量遭受到一定的损失。如在抗战初期南方各地红军游击队在整编过程中发生的何鸣事件、傅秋涛等派出代表在武汉同国民党的谈判,项英在国民党江西省省党部纪念周上的一次演说等,都是犯了削弱党对军队的绝对领导的错误,有的已造成了损失,有的由于毛泽东等及时纠正,避免了更大的损失。在组建新四军过程中,蒋介石想通过叶挺来掌握新四军的阴谋,也被毛泽东识破和粉碎了,使新四军成为继八路军之后,又一支在中国共产党领导下的抗日武装。

王明的右倾错误主张"一切通过统一战线","一切服从统一战线",实际上就是要一切经过国民党,一切服从国民党;主张所谓"共同领导、共同发展、共同负责、共同胜利",实际上就是把领导权拱手交给国民党;主张对军队实行"统一指挥、统一编制、统一纪律、统一武装、统一供给、统一作战计划、统一作战行动",就是取消党对军队的绝对领导权,把人民军队统一于国民党的军令之下。如果按照王明这一套去做,势必葬送人民军队,抗日战争就不能取得胜利。1938 年 11 月,毛泽东在党的六届六中全会上针对王明放弃党对人民军队的领导的右倾错误指出:"共产党员不争个人的兵权(决不能争,再也不要学张国焘),但要争党的兵权,要争人民的兵权。现在是民族抗战,还要争民族的兵权。在兵权问题上患幼稚病,必定得不到一点东西。劳动人民几千年来上了反动统治阶级的欺骗和恐吓的老当,很不容易觉悟到自己掌握枪杆子的重要性。日本帝国主义的压迫和全民抗战,把劳动人民推上了战争的舞台,共产党员应该成为这个战争的最自觉的领导者。每个共产党员都应该懂得这个真理:'枪杆子里面出政权'。"在党与军队的关系问题上,毛泽东明确地指出:"我们的原则是党指挥枪,而决不容许枪指挥党。"①

党对人民军队的绝对领导，是通过政治上、思想上、组织上的全面领导来实现的。

一、政治上的领导

政治上的领导，就是用党的路线、方针、政策统一全军的思想、指挥全军的行动，使人民军队在复杂的斗争环境中，自觉为实现党的路线、方针而奋斗，把军队建设的各项工作同实现党在各个历史时期的总任务、总目标联系起来，纳入党的路线、方针、政策的轨道，同党中央在政治上保持高度的一致。这是实施党对人民军队绝对领导的核心，也是思想领导和组织领导的根本目的。战争是政治的继续，军队是执行政治任务的武装集团。"一个政党要引导革命到胜利，必须依靠自己政治路线的正确。"②"政治上的路线正确与否是决定一切的。党的路线正确就有一切，没有人可以有人，没有枪可以有枪，没有政权可以有政权。路线不正确，有了也可以丢掉。"③早在红军初期，毛泽东就明确指出："中国的红军是一个执行革命的政治任务的武装集团。"④强调要对红军加强政治领导，制止了当时有人主张军事领导政治、政治从属军事和司令部对外等脱离党的政治领导的单纯军事观点的错误倾向，防止了"以军队控制政权，离开无产阶级领导的危险"。在长征途中，张国焘以枪杆子要挟党中央，企图以枪治党。毛泽东等对此进行了坚决的斗争，避免了党和红军的分裂，使红军正确地执行了党的北上抗日的政治路线。中央红军到达陕北后，在同国民党谈判中，坚持"红军改名为国民革命军，并不能放弃工农主要成分与党的政治上组织上的领导，而要继续保障

---

① 《毛泽东选集》第 2 卷，第 546—547 页。
② 《毛泽东选集》第 1 卷，第 303 页。
③ 《毛泽东在外地巡视期间同沿途各地负责同志的谈话纪要》，1971 年 8 月。
④ 《毛泽东选集》第 1 卷，第 86 页。

之",抗日战争全面爆发后,克服了新军阀主义倾向和王明右倾错误,使人民军队永远听党的话,枪杆子永远握在党的手中,为实现党制定的全面抗战的政治路线而奋斗。历史经验证明,能否坚持党的政治领导直接关系到人民军队的政治命运和前途。

二、思想上的领导

思想上的领导,就是用马列主义、毛泽东思想作为人民军队一切工作的指导方针;用马列主义、毛泽东思想教育部队,提高官兵的政治思想觉悟,树立无产阶级世界观,自觉抵制和克服非无产阶级思想;坚持辩证唯物主义和历史唯物主义的思想路线,反对唯心主义和形而上学,保持人民军队在思想上的纯洁性。这是实施党对人民军队绝对领导的基础。毛泽东说:"掌握思想教育,是团结全党进行伟大政治斗争的中心环节,如果这个任务不解决,党的一切政治任务是不能完成的。"[①]由于人民军队的成员主要来自农村,还有相当一部分来自旧军队,因此在人民军队中存在着非无产阶级思想是必然的,党只有经常用无产阶级的先进思想教育军队,加强思想上的领导,才能确立和保持人民军队的无产阶级性质,成为完成党的政治任务的工具。早在红军初创时期,针对军队中存在着单纯军事观点、极端民主化、个人主义、流寇主义和盲动主义残余等错误思想。毛泽东亲自起草了《关于纠正党内错误思想》(即古田会议决议),确立了马克思主义的思想领导地位,具体指出了纠正方法,制定了详细思想教育制度和措施,不仅有效地克服了各种非无产阶级思想,而且为人民军队和长远建设奠定了思想理论基础。抗日战争时期,八路军新四军通过整风,对部队普遍进行了一次马克思主义的理论教育,极大地加强了八路军新四军的思想建设,对于保证抗日战争的胜利起了重要作用。

---

① 《毛泽东选集》第 3 卷,第 1094 页。

三、组织上的领导

组织上的领导，就是通过党在军队中的各级组织和干部，对部队实施集中统一的领导。这是实施党对人民军队绝对领导的根本保证。毛泽东在创建军队、确立党对人民军队绝对领导原则的同时，就着手组织建设，在长期的革命斗争和军队建设实践中，逐渐形成了一整套对军队实施绝对领导的组织制度。主要包括：一是建立党中央统一领导下中央军事委员会对全军领导的最高组织层次。人民军队的最高领导权和最高指挥权集中于党中央和中央军委，一切行动听从党中央和中央军委的指挥，任何人都不能凌驾于党中央和中央军委之上，不许向党闹独立性，打自己的旗号。二是在军队中建立各级党的组织。连队建立党支部，营以上建立党的委员会，实行党委、支部领导制度，以发挥各级党委的核心领导作用和党支部的战斗堡垒作用。同时建立各级党代表制度，连设政治指导员，营设政治教导员，团以上单位设政治委员，主要负责党的各级政治工作，并在团以上单位建立政治机关，作为党在军队工作的专门机构，以便开展党的工作，保证党对各级军事组织的领导。这样在军队中，党的组织，党的代表和党的政治机关这三种形式同军队指挥系统相适应，构成了军队中党的领导的完整的组织系统，同军事指挥机关起着对党的领导共同负责的作用。

在军队内部建立起完整的党的组织体系的同时，毛泽东还给人民军队规定了具体的组织领导方法，即实行党委统一集体领导下的首长分工负责制。部队的一切重大问题，除在紧急情况下可由首长临机处置，事后向党委报告外，一般都必须由党委集体讨论决定，决定后按照首长分工负责落实。这种制度充分体现了人民军队的性质和建设规律：第一，保证统一领导。军队的一切组织，一切部门、一切人员都必须在党委领导下，不能和党委并列，更不能凌驾于党委之上，这就使各级党委在所属部队具有最高领导权，使党对军队的领导，不仅从原则上，而且在组织体制上得到保证。第二，保证集体领导。军队中的一切重大问题必须由党委集体讨论,按照少数服从多数的原则作出决定,不得由个人或少数人专断。这样,不仅利于集中集体的智慧,防止决策的主观性和片面性;还有利于发展和纠正错误,防止坏人坏事和各种非组织活动发生。第三,保证党的领导落实到实处。军队是武装集团,必须实行首长制,由首长分工负责贯彻落实党委的决定,才能真正完成党的各项任务。

在全国抗战时期,由于根据国民革命军的统一编制,实行单一首长制。在此种情况下,为加强党对军队的领导,中共中央于红军改编前即作出规定,在师以上及独立行动之部队组织军政委员会。中共中央明确指出,军政委员会是党的组织,它指导全部的军事和政治及党的工作,并向中央或上级军政委员会负责。同时还决定,在团以上政治机关中设党务委员会,连队建立党支部。各级军政委员会和党委会的任务是:1. 领导党的一切工作,保证党在部队中的绝对领导;2. 依靠党的工作和组织基础,保证上级每一任务完成;3. 对于干部的审定和保证;4. 监察党的道德和党的纪律之执行。1941年2月7日,中央军委又颁布了《军政委员会条例》,规定在军、师、旅、团及纵队、支队、军区、分区、等各级成立军政委员会,作为各级集体领导机关。这种由上而下的、一整套的各级党的组织机构的建立,从根本上保证了党对军队的绝对领导的实现。

根据抗日根据地分散全国各地的情况,1942年9月1日,毛泽东主持中共中央政治局会议,通过《关于统一抗日根据地党的领导及调整各组织间关系的决定》,规定军队除保持军队系统上下级隶属关系和接受本系统上级直接领导外,还要接受所在地区地方党委的一元化的领导。中共中央代表机关(中央局、中央分局)及各级党委(区党委、地委)为各该地区的最高领导机关,各地军事政策与军事行动的大政方针,须交党委讨论,但具体军事行动由部队首长决定。分局、区党委、地委书记兼任军区、分区(师或旅)政委,另设副书记管理党委工作。如军区、分军区政委被选为分局、区党委、地委书记则可设副政委专管军队工作。这一组织制度,是在抗日战争残酷复杂的环境中,加强党对军队领导的又一重大措施,进一步从组织上保证了党对军队的绝对领导。

在抗日战争中，坚持党对军队的绝对领导，除了出现过王明为代表的右倾错误和"红军改编后某些个别分子不愿严格地接受共产党的领导、发展个人英雄主义、以受国民党委任为荣耀（以做官为荣耀）等等现象"之外，一般是做得好的。军队中的大政方针，重大战役无不报告党中央和中央军委，像平型关战役和百团大战的那样大战更是事先向延安党中央和毛泽东报告过的。但由于抗日战争的环境十分复杂，各抗日根据地和部队又多分散于偏僻地区，交通十分不便，有时也出现这样和那样的问题。为切实加强党对军队的领导，毛泽东在实践中不断总结经验，逐渐完善起一整套科学的领导制度。比如如何理顺中央军委和前方八路军总部的指挥关系。俗话说"将在外，君命有所不受"，但这并不是说在前方的将领可以不听从中央军委的指挥，而是说前方的情况瞬间变化很快，应给予前方将领在执行中央军委命令的前提下有根据敌情变化临时处理具体问题的权利。中央军委除在大政方针上对部队具体的问题不应干涉太多。为解决这一问题，1938 年 3 月 8 日，毛泽东致电朱德、彭德怀、陈光、罗荣桓、贺龙、萧克、关向应、刘伯承、徐向前、邓小平、聂荣臻，指出"甲、军委指导只提出大的方针，由朱彭根据此方针及当前情况作具体部署。军委有时提出具体作战意见，但是建议性质，是否切实情况，须由朱德按当前敌情加以确定，军委不加干涉。乙、关于敌我位置，作战情况等，除总部随时向军委报告外，各师给总部报告之电报，应同时发给军委一份，使军委充分了解情况"。① 这里有两种情况，一种是军委对总部的，另一种是军委和总部同时对下面的。后者有下面一个例子：

1938 年 3 月 1 日，第一一五师直属队路过隰县以北的千客庄，因部分人员穿着缴获来的日本军大衣，当地驻防的阎锡山第十九军的哨兵以为日本兵来了，开枪误伤了师长林彪。政治部主任罗荣桓立即报告八路军总部和中央军委。当日 24 时，中央军委主席毛泽东与军委参谋长滕代远联名致电罗荣桓："林彪职务暂时由你兼代"，但同一天在毛、滕发电前数小时，八路军

----

① 《毛泽东军事文集》第 2 卷，第 190 页。

总部已决定,由第三四三旅旅长陈光代理师长职务。这就发生矛盾了。好在罗荣桓并不在乎能不能兼代林彪的职务,仍然挑起了负责第一一五师全面工作的重担。从时间上来看,毛泽东3月8日的电报似乎是针对这件事而言的,但这封电报的实际意义不限于此,它对如何加强党对军队的绝对领导,提供了一个科学的上下级之间的指挥关系,即首先下级必须执行上级的命令,这就是电报里所说的"随时向军委报告","使军委充分明了情况",军委充分明了情况的目的,就是能对敌我情况作出客观的判断,下达正确的命令。其次是在执行上级命令的前提下,下级可依据实际情况作出执行此命令的具体部署,上级对此可提出具体意见,但仅做参考,不可干涉过多。因为最了解实际情况的还是在前方的人,而且最终执行命令的也是在前方的人。所以八路军各级指挥员在坚决执行中央军委的战略总方针的前提下,都有制定战役部署的权力,这对于以分散为特点的独立自主的山地游击战显得更加必要和重要,这也是中央军委的正确领导使八路军各部能取得不断胜利的原因之一。

第二节　建立强有力的人民 军队的政治工作

人民军队的政治工作,就是中国共产党为对军队实施领导而在军队中进行思想工作和组织工作,它为保持人民军队的性质和正确的政治方向提供了根本保证，为激发人民军队官兵积极完成党的各项任务提供了根本保证，人民军队的政治工作是人民军队的生命线，是人民军队区别于其他军队的一个显著标志。毛泽东等在创建和领导人民军队的实践中，以马克思主义为理论基础，建立了一整套具有中国特色的军队的政治工作制度，提出了一系列军队的政治工作的原则和方法。毛泽东军队政治工作思想在他的军事思想中具有极其重要的地位。

始终高度重视政治工作，是毛泽东等为人民军队建设确立的优良传统。早在 1924 年到 1927 年的时代，那时中国共产党和国民党合作组织新制度的军队，在部队中普遍设立了党代表和政治部，开展政治思想工作，这种制度在中国历史上是没有的，靠了这种制度使军队面目焕然一新，充满了奋勇向前的革命精神，对保证北伐的胜利发挥了巨大威力。毛泽东指出："一九二七年以后的红军以至今日的八路军，是继承了这种制度而加以发展的。"[①]同年 9 月，毛泽东领导湘赣边秋收起义，经过著名的三湾改编，在部队中建立了党的各级组织和党代表制度，党支部建在连上，实行军队的民主主义。随后，在创建井冈山革命根据地，深入土地革命斗争的实践中，毛泽东逐步提出和制定了红军打仗、筹款、做群众工作的三大任务，红军的三大纪律八项注意、官兵平等、军民团结的内外关系及正确的俘虏政策等一系列重要原则。1929 年 12 月，毛泽东起草的《关于纠正党内的错误思想》即古田会议决议，总结了红军两年多来的政治工作的经验教训，初步解决了红军政治工作的性质、地位作用、方向任务、内容及作风等一系列问题，规定了人民军队政治工作发展的基本方向，把红军初创时期逐步提出的政治工作的方针、原则进一步系统化、理论化，奠定了人民军队政治工作的基础。1935 年 1 月遵义会议确定了毛泽东在红军和党中央的领导地位，红军政治工作重新走上健康发展的道路，有力地保证了红军由国内革命战争向民族战争战略转变的顺利实现。全国抗战爆发后，在中国共产党的倡导下建立抗日民族统一战线，实现了国民党和共产党的第二次合作，革命形势和任务发生了重大变

---

① 《毛泽东选集》第 2 卷，第 380 页。

化。中国工农红军相继改编为八路军和新四军,军队政治工作遇到了许多新情况、新问题。如国民党及其军队由过去的敌人变成今天的友党、友军;民族矛盾和阶级矛盾错综复杂地交织在一起,而且民族矛盾上升为主要矛盾;革命的主要敌人是具有现代装备的日本帝国主义军队;统一战线环境下各种不良影响对人民军队的侵袭和腐蚀,等等。在这样的条件下,军队政治工作的中心就是坚持党对人民军队的领导,抵制各种腐朽思想的侵蚀,最大限度地调动官兵的抗战热忱,保持和发扬红军的优良传统,使八路军、新四军成为一切抗日部队的楷模,成为实现党的全面抗战主张,争取民族解放的有力工具。在抗战时期,毛泽东极其重视八路军、新四军的政治工作,把独立自主开展革命的政治工作作为加强人民军队建设的一个重要方面来抓,在一系列的指示中,进一步阐述了政治工作的地位和作用,规定了政治工作的原则和内容,使人民军队政治工作理论得到了极大的丰富和发展。

抗日民族统一战线建立后,一部分共产党员包括军队中的一些干部,在同国民党的合作中丧失了自己的独立性,产生了右倾麻痹思想,出现了一些投降主义倾向,这于革命有极大危害。早在全国抗战爆发之前,毛泽东就指出:在抗日民族统一战线中,是"使无产阶级跟随资产阶级呢？还是使资产阶级跟随无产阶级呢？这个中国革命领导责任的问题,乃是革命成败的关键"。① 全国抗战爆发后,1937 年 8 月中共中央在洛川会议上着重强调了党对抗日战争的领导责任和坚持统一战线中的独立自主原则。

继洛川会议后,中共中央常委于 8 月 27 日在洛川召开座谈会,议题中心就是讨论统一战线中"共产党吸收国民党抑国民党吸收共产党",亦即谁影响谁的问题。这次会议由当时在党中央负总责的张闻天主持。他在发言中说:投降主义危险在增长,统一战线愈发展,右倾危险性愈增长。我们党本身也有右倾危险的因素。一是农民成分多,容易受人欺负和引诱。女人、金钱、地位的诱惑很大,人家灌米汤,就轻易相信人家。另一个因素是缺乏斗争经验,我们有土地革命的丰富经验,但其他斗争的方式就不熟悉,而国

---

① 《毛泽东选集》第 1 卷,第 262 页。

民党有相当经验,钱、人、地位都有。① 朱德在发言中说:从边区到国民党统治区去工作的同志,"自己要有阶级觉悟与马克思主义的认识,否则糊里糊涂<会>被人吸引<过去>","个别<同志>是应警觉,酒色财气,富贵功名的难关要打破……有了革命的环境,革命的理论,革命的阶级,我们是能争取吸引国民党的胜利。"②

毛泽东在座谈会上也作了重要发言,他说:无产阶级的政治和组织程度要比资产阶级的高,所以统一战线由无产阶级提出。在联合抗战的情况下,要把民族革命和社会革命贯通起来。在统一战线的长期过程中,国民党有计划地从各方面影响和吸引共产党及红军。我们要提高政治警惕性,要使农民和小资产阶级跟随我党走。国民党内有些人动摇于国共两党之间,这对我们吸引国民党是有利的,共产党吸引国民党的条件是存在着的。两党之间互相吸引的问题,要在斗争中解决。统一战线成功后,主要危险是右倾机会主义,要注意在党内加强教育。③

洛川座谈会尖锐地提出共产党与国民党谁吸引谁的问题,分析了共产党与国民党的各自条件,指出共产党是有条件吸引国民党的,但要经过斗争。统一战线建立后,要提高共产党的政治警觉性,反对右倾机会主义。

毛泽东从洛川返回延安后的第二天,9月1日,在中央一级积极分子会议上作关于中日战争爆发后的形势和任务的报告时,在宣传洛川会议精神时又一次提出是"资产阶级追随无产阶级,还是无产阶级追随资产阶级(国民党吸引共产党,还是共产党吸引国民党)"的问题,指出必须反对即将成为全党主要危险的右倾机会主义即投降主义。④

实际情况是在抗日统一战线建立后,红军中确有些共产党员对于参加国民党政权引以为荣,对国民党所实行的升官发财,酒色逸乐的引诱丧失警惕。对此,总政治部于1937年8月1日,发出《关于新阶段的部队政治工作

① 参见《张闻天传》,第392页。
② 《朱德传》,第401页。
③ 参见《毛泽东年谱》中卷,第16—17页。
④ 参见《毛泽东年谱》中卷,第18页。

的决定》,指出红军改编后政治工作的基本任务之一就是保证中国共产党对红军的绝对领导。为纠正在参加政府问题上的右倾错误,中共中央政治局于9月25日召开会议,张闻天、毛泽东、张国焘、何凯丰、郭洪涛、李富春、吴亮平、王首道参加,讨论共产党参政问题。毛泽东在发言中指出:目前时局需要有一个抗日统一战线的政权,我们要明确提出参加这样的政府,不是提出参加国民党政府。在日本占领区域,我们可以建立许多小块政权,南方各地也有小块苏区政权,在这些地方,要以共产党为主体组织政权。在战区的地方政府,如果能够实行抗日纲领,同时国民党政府又不反对,在这种情况下,共产党员可以去参加。① 总之,毛泽东的意思,参加政府是为了抗日,是为了坚持党的领导,而不是为了升官发财,贪图享受。会议最后通过以中央书记处名义发出的《中共中央关于共产党参加政府问题决定草案》。草案主要是根据毛泽东的意见起草的。它明确指出:"在党中央没有决定参加中央政府以前,共产党员一般地不得参加地方政府,并不得参加中央的及地方的一切附属于政府行政会议及委员会。这种参加徒然模糊共产党在人民中的面目,延长国民党的独裁统治,推迟统一战线的民主政府之建立,是有害无利的。"但"共产党在没有公开参政以前,参加全国国民大会之类商讨民主宪法与救国方针的代议机关,在原则上是许可的"。草案强调"在原有红军中苏区中及一切游击区中,共产党绝对独立领导之保持,是完全必要的,共产党员不许可在这个问题上发生任何原则上的动摇"。②

在红军改编为国民革命军之后,新军阀主义倾向也有所抬头。这种倾向表现在军队中的某些个别分子不愿意严格地接受共产党的领导,发展个人英雄主义,以受国民党委任为荣耀等现象上面。红军改编为八路军开赴前线后不久,八路军一位高级指挥员回延安见毛泽东,见面时先递上一张名片,上面印着"国民革命军少将××"的字样。毛泽东见后心里很不高兴,就询问他前方的情况,有些问题他答不上来。毛泽东就批评他说,你这个"少

---

① 参见《毛泽东年谱》中卷,第24页。
② 《中共中央文件选集》第11册,第345—347页。

将"还不如"芝麻酱"和"豆腐酱"。毛泽东的这个严厉的批评给这位同志敲响了警钟，帮助他扫除了以受国民党委任做官为荣耀的思想灰尘。

还有个别军队中的党员干部自持老资格，对党有功，经不住酒色逸乐的引诱，甚至犯下了不可饶恕的罪行。1937 年 10 月 5 日，当时任抗日军政大学第三队队长的黄克功，对陕北公学女学生刘茜逼婚不成，开枪把她打死。经抗大副校长罗瑞卿向中央领导报告批准，陕甘宁边区高等法院将黄克功逮捕收监。在审理这个案件期间，延安各单位围绕这一案件组织了讨论。有的同志认为黄克功是井冈山时期就参加革命的红军战士，英勇善战，屡立战功，很快就被提升为旅长，他经过二万五千里长征的磨炼，是红军的重要干部，对党是有功的，因此主张给他一个戴罪立功的机会。有的同志认为，黄克功自恃有功，无视法纪，杀人者必须偿命。黄克功本人也写信给中央，他说，如果死刑必须执行的话，希望死在与敌人作战的战场上，不死在自己的法场上。他要求给他一挺机关枪，由执法队督阵，要死在向敌人的冲杀中。最后，经边区高等法院判决，仍判处黄克功死刑。

对黄克功案件的讨论和处理实际上就是一次生动的政治思想教育，它说明，不管是谁，不管他的职位有多高，过去的功劳有多大，一旦犯下了不容赦免的罪行，就必须受到应有的惩罚。这是八路军的严明纪律，不这样做就会失去群众，失去最后胜利的可靠保证。

在公审大会上，当着黄克功及到会群众，除宣布法庭判决外，还宣布了毛泽东于 10 月 10 日致陕甘宁边区高等法院院长雷经天的信。信中说："黄克功过去斗争历史是光荣的，今天处以极刑，我及党中央的同志都是为之惋惜的。但他犯下了不容赦免的大罪，以一个共产党员红军干部而有如此卑鄙的，残忍的，失掉党的立场的，失掉革命立场的，失掉人的立场的行为，如为赦免，便无以教育党，无以教育红军，无以教育革命者，并无以教育做一个普通的人。因此中央与军委不得不根据他的罪恶行为，根据党与红军的纪律，处以他极刑。正因为黄克功不同于一个普通人，正因为他是一个共产党员，是一个多年的红军干部，所以不得不这样办。共产党与红军，对于自己的党员与红军成员不能不执行比一般平民更加严格的纪律。当此国家危急革命紧张之时,黄克功卑鄙无耻残忍自私至此程度,他之处死,是他的自己行为决定的。一切党员,一切红军指战员,一切革命分子,都要以黄克功前车为戒。"①

为适应抗日战争的新形势,抵制各种非无产阶级思想的侵蚀,毛泽东除着力加强部队中的政治思想工作外,还立即恢复了曾一时取消的部队中的政治委员制度,加强政治思想工作的力度,确保人民军队的无产阶级性质。

1937 年 8 月 25 日,中共中央革命军事委员会发布命令,宣布中国工农红军改编为国民革命军。但是,因受国民党干涉,改变命令虽然任命任弼时为八路军政治部主任、邓小平为副主任,但取消了政治委员,并将八路军下辖三个师的政治部改为政训处,原政治部主任改为政训处主任。为统一并加强后方部队的政治工作的领导,10 月 16 日中央军委作出关于成立总政治部的决定,并任命任弼时为主任,总政治部副主任邓小平未回军委以前由毛泽东亲自兼代其职。②

总政治部成立后,任弼时曾派黄克诚到八路军第一一五师检查政治工作。黄克诚在检查中发现部队取消政委制后,政治工作显著削弱,军阀习气开始滋长,师部首长都赞成恢复政治委员制度。黄克诚返回总政治部向任弼时做了汇报。任弼时当时就要黄克诚将到部队检查的情况及建议起草一份报告交来。

10 月 19 日,朱德、彭德怀、任弼时联名将《恢复军队政治工作及执行党代表制意见》报告中央。意见说明红军改编后,政治工作的地位和职权降低,政治工作已开始受到若干损失;而在指挥人员方面,有个别同志因改单一领导不大接受他人意见,多数单一首长感到自己能力不够,致使部队建设也受到某些损失。因此,建设恢复党代表制度和政治部。

这一建议同毛泽东的想法是完全一致的。10 月 22 日,毛泽东即同张闻天复电朱德、彭德怀、任弼时、邓小平并告周恩来:"关于恢复政治委员及政

———————

① 《毛泽东书信选集》,人民出版社 1983 年,第 110—111 页。
② 参见《中共中央文件选集》第 11 册,第 368 页。

治机关原有制度,我们完全同意,请即速令执行。惟党代表名义不妥,仍应名为政治委员。将来国民党采用党代表制时,我军方可改为党代表"。① 10月24日,朱德、彭德怀、任弼时在五台发布命令:"为加强党在军队中的领导,保持党和红军光荣传统……特决定军队中<恢复>政治委员及政治机关原有制度,团以上<及>独立营设立政治委员。""各师政训处立即改为政治部,各团政训处改为政治处"。由于及时恢复军队中的政治委员及政治机关制度,使一度削弱的八路军政治工作得到加强和提高。

当时在华北战场上,八路军与国民党军形成鲜明的对照。八路军越战越勇,并取得像平型关战役这样重大胜利。而国民党军却节节败,其重要原因之一,就是未能建立以革命的政治纲领和革命思想为指导,以团结、巩固、提高部队战斗力为目的的革命政治工作。9月29日,毛泽东在《国共合作成立后的迫切任务》一文中尖锐指出:"现在国民党军队的制度还是老制度,要用这种制度的军队去战胜日本帝国主义是不可能的。""中心任务是改变军队的政治精神和政治工作。""中国共产党领导的红军,在今天,对于整个抗日战争,还只能起先锋队的作用,还不能在全国范围内起决定性的作用,但是它的一些政治上、军事上、组织上的优点是足供全国友军采择的。这个军队也不是一开始就像现在的情形,它也曾经过许多的改造工作,主要地是肃清了军队内部的封建主义,实行了官兵一致和军民一致的原则。这个经验,可以供全国友军的借鉴。"②

10月25日,毛泽东在和英国记者贝特兰的谈话中,进一步明确而完整地提出了人民军队政治工作的三大原则。他说:"八路军更有一种极其重要和极其显著的东西,这就是它的政治工作。八路军的政治工作的基本原则有三个,即:第一、官兵一致的原则,这就是在军队中肃清封建主义,废除打骂制度,建立自觉纪律,实行同甘共苦的生活,因此全军是团结一致的。第二、军民一致的原则,这就是秋毫无犯的民众纪律,宣传、组织和武装民众,

---

① 《中共中央文件选集》第11册,第377页。
② 《毛泽东选集》第2卷,第370—371页。

减轻民众的经济负担,打击危害军民的汉奸卖国贼,因此军民团结一致,到处得到人民的欢迎。第三、瓦解敌军和宽待俘虏的原则。我们的胜利不但是依靠我军作战,而且依靠敌军的瓦解。"①之后,毛泽东在《论持久战》中又一次强调:"军队政治工作的三大原则:第一是官兵一致,第二是军民一致,第三是瓦解敌军。这些原则要实行有效,都须从尊重士兵、尊重人民和尊重已经放下武器的敌军俘虏的人格这种根本态度出发。那些认为不是根本态度问题而是技术问题的人,实在是想错了,应该加以改正才对。"②毛泽东提出的人民军队政治工作的三大原则,是历史唯物主义的基本原理在中国革命军队建设和革命战争中的运用,是人民军队区别于剥削阶级军队和一切旧式军队的根本标志,是人民军队无产阶级性质和为人民服务根本宗旨的体现。实行这些重要原则,就能使人民军队达到"团结自己,战胜敌人"的根本目的,而成为既有强大战斗力又有强大政治感召力的"胜利之师"。

这里要特别提一下瓦解敌军的原则,这是一条容易被忽视的战胜敌人的重要原则。实际上早在井冈山斗争时期,毛泽东就宽待俘虏问题明确规定了四条:第一,不打、不骂、不杀、不虐待。第二,不搜腰包。第三,伤者治疗。第四,走留自愿。留者欢迎,走者一律发放路费。这对瓦解敌军,产生了重大影响。土地革命战争时期,中央革命根据地第一到第四次反"围剿",就俘虏19.8万人,占歼敌总数的38.5%。1931年12月14日,在中共秘密党员的策动下,国民党军第二十六路军官兵1.7万余人在宁都举行起义,起义部队随即加入红军,改编为中国工农红军第五军团,极大地增强了红军的力量。在全国抗日战争时期,毛泽东指出:"对于日本士兵,不是侮辱其自尊心,而是了解和顺导他们的这种自尊心,从宽待俘虏的方法,引导他们了解日本统治者之反人民的侵略主义。"③他把"努力于瓦解敌军和争取敌军的士兵"④作为缩短战争时间的有效方法之一。1941年4月,毛泽东在修改审

① 《毛泽东选集》第2卷,第379页。
② 《毛泽东选集》第2卷,第512页。
③ 《毛泽东选集》第2卷,第503页。
④ 《毛泽东选集》第2卷,第471页。

定陕甘宁边区施政纲领时，把瓦解敌军的原则作为施政纲领的一个重要内容，用法律形式把它规定下来。毛泽东亲自起草的施政纲领第十二条指出："对于在战斗中被俘虏的敌军及伪军官兵，不问其情况如何，一律实行宽大政策，其愿意参加抗战者，收容并优待之，不愿者释放之，一律不得加以杀害、侮辱、强迫自首写悔过书。其有在释放后又连续被俘者，不问被俘之次数多少，一律照此办理。国内如有对八路军、新四军及任何抗日部队举行攻击者，其处置办法仿此。"①

但是，要完全作到这一点是件很不容易的事情，尤其是对于日本士兵。当时日本军队具有很强的"武士道"精神，特别是战争初期，其官兵因没有打过败仗而骄狂自信，加上对天皇的迷信，傲慢自尊，轻视中国人。因此，想在战场上俘虏日本士兵非常困难。如在华北战场开战三个月后，才由八路军第一次捉到了三名日军俘虏。随着整个战争形势的变化，加上八路军日益深入的敌军工作，日军战斗意志大大减退，许多士兵对军官的残酷压迫也日益不满而开始进行反抗。以后日军被俘的人数逐渐增多，如1943年一年间，八路军在华北战场上即俘虏日军430人，另外有90名日军自动投降。当年在山东与河北交界的馆陶还发生了日本警备队士兵的暴动。1940年，日本共产党领袖野坂参三(冈野进)进入延安后，在八路军总部负责指导对日军的瓦解工作。当时，八路军还在延安创办了"日本工农学校"，许多日军俘虏在这一学校学习过。毛泽东对于这所学校曾给以极大关注和具体指导。1942年8月，在延安举行了"日本士兵代表大会"，由日军18个师团的俘虏代表参加。接着又召开了全华北的"日本人反战团体代表大会"。在华日本人反战团体有"反战联盟"和"觉醒同盟"两个组织。通过教育和训导，八路军成功地使许多被俘的日本官兵转变了立场。经过教育，多数俘虏被释放回日本军队中，从而扩大了八路军优待俘虏政策的影响。当时也有一些俘虏因同情八路军或担心回去后会遭受迫害而留在解放区，正是他们组成了被称为"日本八路"的特殊战斗部队。这些日本人经常奔走在战斗第一线，

---

① 《毛泽东年谱》中卷，第292页。

向日军进行喊话宣传,发送联络信件,有些人还牺牲在战场上,成为中国人民永远纪念的朋友。

对待伪军,八路军新四军采取了削弱其战斗意志,争取他们对抗日的同情,帮助和争取反正的方针。主要做法有:给伪军建立红黑簿即做好事记在红簿上,做坏事记在黑簿上,一笔一笔记清,德威兼施;争取一部分伪军作革命两面派,表面在敌营垒,暗中为八路军新四军服务;同时动员家属做工作,派专门人员打入伪军下层开展工作,等等。提出对反正的伪军保证按抗日的友军待遇,给以抗日番号,不缴枪、不编散,一视同仁,共同抗日,使部分伪军动摇犹豫,以至丧失战斗意志,时刻想反正,以免"秋后算账"。

八路军新四军对待国民党的俘虏更是采取优待的政策。毛泽东指出:"对敌军、伪军、反共军的俘虏,除为群众所痛恶、非杀不可而又经上级批准的人以外,应一律采取释放的政策。其中被迫参加,多少带有革命性的分子,应大批地争取为我军服务,其他则一律释放;如其再来,则再捉再放;不加侮辱,不搜财物,不要自首,一律以诚恳和气的态度对待之。不论他们如何反动,均取这种政策。"①

1940 年 10 月 4 日,陈毅率新四军反击韩德勤进攻的黄桥战役打响,6 日战斗结束。这一战役新四军取得歼灭韩德勤部 11000 余人的胜利,俘虏了大批国民党官兵。对俘虏的国民党官兵怎么办? 毛泽东等于 10 月 2 日致电陈毅,指出:俘虏兵只释放少数坏分子,其余一概补充自己,加以训练,增强部队的战斗力。下级军官也应留下一部分稍带革命精神的,其余不论如何反动,一概不杀,加以优待和释放。由处理黄桥国民党军俘虏一事,引起毛泽东的注意,他认为在对待俘虏的问题上中央应该有一个明文规定。10 月 16 日,毛泽东在中共中央政治局会议上提出关于对待反共俘虏的问题。会议经过讨论决定:对反共俘虏今后原则上一律不许杀害,也不要他们自首,而应加以优待。会议还决定由毛泽东起草关于对待反共俘虏的指示。10 月 18 日,毛泽东起草了这个指示。指示说:"任何国内反共派向我进攻被我捕

---

① 《毛泽东选集》第 2 卷,第 767 页。

获之俘虏官兵、侦探人员、特务人员及叛徒分子，不论如何反动与罪大恶极，原则上一概不准杀害。这一政策是孤立与瓦解反共派的最好办法，应使全党全军从上至下有普遍深入的了解。"①

1943 年新四军在反磨擦战斗中俘虏了国民党江苏省主席韩德勤。3 月中旬，在新四军对日军的反"扫荡"作战中，韩德勤率总部特务营和保安第三纵队王光夏等部，西渡运河，侵入新四军淮北根据地的中心地区，经多次劝说，警告其退出，均无效。由于韩部捕杀根据地的地方工作人员，收缴地方武装枪支，抢掠财物等，遂引发新四军与韩部的冲突，在冲突中韩德勤被新四军第四师所部俘获。3 月 18 日，陈毅、饶漱石报告毛泽东："韩德勤已于 18 日晨被我俘虏，其部队大部被我击散，现韩被押，我们装着不认识，拟即混在俘虏中释放，如何？"次日，毛泽东同刘少奇复电陈毅、饶漱石："巧（18 日）午电悉，同意你们对韩某处置，混在俘虏中释放，但最好能把他放到津浦路以西去。"②但由于奉蒋介石之命星夜援韩的国民党军第三十一集团军总司令王仲廉部，在韩被俘后行动不明，释韩暂停几天。后韩德勤在俘虏中公开了身份。3 月 25 日，陈毅亲自从新四军军部到达第四师师部，主持与韩德勤谈判。3 月 27 日，陈毅致电中共中央，建议在蒋介石对韩德勤问题下决心之前（即以汤恩伯换撤韩德勤），主动送韩出境，以利用国民党反共派内部矛盾。3 月 29 日，中共中央书记处复电，同意陈毅所提办法处理韩德勤问题，并指示陈毅，无论如何必须与韩德勤订立一合作抗日密约。于是新四军在 4 月 1 日与韩德勤签订了《新四军陈毅军长与韩德勤会谈备忘录十条》，并划定活动区域。当天，发还人枪，礼送韩德勤出境。此后，华中地区磨擦事件逐渐减少，这与释放韩有一定关系。

在抗日战争时期，为了加强瓦解敌军工作的组织领导，中共中央还专门设立了敌区工作委员会。1937 年秋，总政治部就设立了敌工科。1940 年 5 月扩大为敌工部，团部设敌工股，连部设敌工小组。由于八路军成功地开展

① 《毛泽东年谱》中卷，第 213 页。
② 《毛泽东年谱》中卷，第 430 页。

了瓦解敌军的政治工作,据统计,八年抗战中投诚的日军和反正的伪军(不计国民党反共军)共达18.4万余人,这对削弱日、伪军的战斗力,争取抗日战争的胜利起了重要作用。

1944年4月,中共中央西北局召开高级干部会议。这次会议总结了反对张国焘分裂主义和王明"左"倾教条主义斗争的经验,进一步解决了"党指挥枪"这一重大原则问题。会上中央军委总政治部副主任、陕甘宁晋绥联防军副政治委员兼政治部主任谭政作了《关于军队政治工作问题》的报告,这个报告是在毛泽东的授意与主持下由谭政起草的,它在有关人民军队政治工作的文献中占有突出的地位。

当时中央军委总政治部正在彻底检查部队的政治工作,从整个政治工作的方向、制度、作风进行全面检讨。在谭政起草前,毛泽东曾召集陕甘宁晋绥联防军领导人贺龙、徐向前、萧劲光、谭政等讨论军队政治工作问题。初稿写出后,毛泽东作了修改,加写了3000字左右,并要谭政将修改稿送周恩来审阅,以及向当时在中央党校学习的各抗日根据地的主要领导人征求意见。这个报告继承古田会议决议精神,全面总结了大革命时期,特别是土地革命时期和抗日战争以来军队政治工作的丰富经验,从理论和实践的结合上阐明了政治工作的一系列根本性问题。

(一)高度概括了政治工作的基本原则,科学阐述了政治工作是人民军队生命线的深刻含义。毛泽东在修改报告时加写了如下重要文字:"中国共产党从它参加与领导中国民族民主革命以来,从它参加与领导为这个民族民主革命而战的革命军队以来,就创设了并发展了军队中的革命的政治工作。这种政治工作的基本原则,是以民族民主革命的纲领教育群众,是以人民革命的精神教育军队,使革命军队内部趋于一致,使革命军队完全服从革命政党的政治领导,提高军队的战斗力,并进行瓦解敌军、协和友军的工作,达到团结自己,战胜敌人,解放民族,解放人民的目的,这就是我们的军队和其他军队的原则区别。我们说,共产党的革命的政治工作是革命军队的生命线,就是指的这个意思。""如果我们的军队没有共产党领导,如果没有共产党领导的革命的军事工作与革命的政治工作,那是不能设想的。没有共产党的领导,就不可能有彻底拥护人民利益的军事工作与政治工作,而如果没有这种军事工作与政治工作的军队,就不可能是彻底拥护人民利益的军队。八路军新四军在抗日战争中所以能够如此英勇坚持,艰苦奋斗,再接再厉,百折不回,其根本原因就在这里。"①

（二）指明了整个军队的方向就是政治工作的方向,政治工作的任务只能根据我军的基本任务与当前具体任务去定,不能在军队基本任务与当前具体任务以外再有所谓政治工作的独立任务。报告指出,政治工作就是以革命精神教育军队,从思想上、政治上与组织上去保证这些任务完成。如果在这方面强调政治工作的独立性、特殊性,把政治工作任务与整个军队任务分离开来,这是不对的,这也是产生政治工作任务与军事工作目标不一致,使政治工作脱离实际,显得空虚的原因,具体地说,毛泽东军队政治工作的目的就是要保证党对军队的绝对领导,保证人民军队坚持无产阶级性质和全心全意为人民服务的宗旨,保证完成党赋予人民军队的各项任务。这一根本目的,就明确地规定了人民军队政治工作的基本方向和光荣使命。这也就是说,人民军队全心全意为人民服务的方向,决定了人民军队政治工作的方向也必然是全心全意为人民服务的,这一建军方向在不同历史时期有其不同的表现形式,使政治工作也表现出不同形式。在抗日战争时期,人民军队建设方向和目标,主要表现打败日本帝国主义,而政治工作的方向和目标就是为了巩固部队,为了抗日民族解放战争的胜利。

（三）提出了政治工作的总方针以及正确处理各方面关系的具体方针和原则。政治工作的总方针就是"团结自己,战胜敌人",人民军队的内部必须是团结的方针、合作互助的方针。在团结自己、战胜敌人的总方针下,人民军队内部争议的问题,只应该是思想倾向和政策方针的原则性的争论,只应该是正确原则克服不正确原则的争论。通过这种争论,达到巩固党的领导,巩固官兵关系,军民关系及其他各种关系,以提高军队的战斗力,借以达到团结自己战胜敌人的目的。在人民军队内部工农出身的干部与知识分子出

---

① 《毛泽东年谱》中卷,第506—507页。

身的干部,老干部与新干部,外来干部与当地干部都是互相尊重,互相帮助,很好地团结起来。对同志、士兵、对人民、朋友用"王道"是尊重、说服。而对敌人用"霸道",是打击、消灭。报告指出,八路军新四军今天的任务包括作战、生产和做群众工作三大项,为着团结自己,战胜自己,战胜敌人,为着实现这三大任务,过去红军的三大纪律八项注意的精神必须恢复,军党之间、军政之间、官兵之间、军民之间、上下级之间、军事工作与政治工作之间以及各部分军队之间的关系,必须竭力改善,并建立在巩固的基础之上。必须在八路军、新四军一切部队,无条件地服从共产党及其代表机关的政治领导,才能使军队不走偏方向,达到协和全国军民,打倒日本帝国主义的目的。

(四)分析了政治工作中存在的缺点,强调要发扬人民军队政治工作的优良传统。报告指出,在目前的军队政治工作中存在着四种毛病:一是形式主义;二是平均主义;三是重号召不重组织,以一般号召代替具体指导;四是孤立主义。报告明确指出:形式主义的作风、平均主义的作风、空喊的作风和孤立主义的作风,本质上都是小资产阶级的作风,都是主观主义教条主义的作风,这种作风同共产党的作风、人民军队的作风是不相容的。政治工作存在着这样的作风,就会减弱它的革命性,即使党的路线是正确的,政治工作方向是正确的,如果这些作风不改变,仍然无法完成政治工作的任务。

(五)提出了改进政治工作组织形式与工作制度的思想及其基本原则。报告把政治工作组织形式与工作制度区分为基本的与临时的两大类。指出,带基本性质的,应当固定下来,带临时性质的,则不应当固定,而应当依据具体工作的性质去选择,依据环境与任务的变更而变更。在工作中,应当创造新的组织形式和建立新的工作制度,不应当留恋已经陈旧的东西。凡属便利于组织和发扬广大战士积极性,借以完成一定任务的组织形式与工作制度,应当充分利用,予以发扬;如果某种组织形式与工作制度不便于组织与发扬广大战士的积极性,不便于完成任务,就不应当采用,已经采用的就应当废止,而代以新的东西。

1944 年 4 月 20 日,中共中央宣传部、中央军委总政治部联合发出关于学习谭政《关于军队政治工作问题》报告的通知,指出这个报告"是八路军、新四军政治工作问题的全面总结，其中关于发扬成绩、纠正缺点部分及组织形式、工作制度部分、都是八路军、新四军全体适用的；关于边区经验部分，亦值得全军重视"，这个报告"不但特殊地解决了军队政治工作问题，而且也一般解决了我党历史经验、领导方法与工作作风上的许多问题，为全党干部所应注意"。①

第三节 进行军队的整顿和整训

为坚持党对军队的绝对领导，保持人民军队的无产阶级性质，永远保证军队的统一，提高军队的战斗力，毛泽东一贯主张要不断对军队进行整顿和整训。在延安时期，特别是抗日战争进入相持阶段时期，部队有较多的作战间隙时间，这对军队进行整顿和整训提供了有利条件。八路军新四军通过整顿和整训，使部队的素质大幅度地提高，自身也得到了空前的发展。

一、思想上的整顿——延安整风

军队的整顿，主要分思想上和组织上两个方面，毛泽东说："为要从组织

---

① 《毛泽东年谱》中卷，第507页。

上整顿,首先需要在思想上整顿,需要展开一个无产阶级对非无产阶级的思想斗争。"①人民军队内的各种非无产阶级思想起着损害党的组织的作用。1929 年 12 月,毛泽东在古田会议上指出:"首先,要指出极端民主化的危险,在于损伤以至完全破坏党的组织,削弱以至完全毁灭党的战斗力,使党担负不起斗争的责任,由此造成革命的失败。"②全国抗日战争爆发后,毛泽东在谈到自由主义的危害时指出:"它是一种腐蚀剂,使团结涣散,关系松懈,工作消极,意见分歧。它使革命队伍失掉严密的组织和纪律,政策不能贯彻到底,党的组织和党所领导的群众发生隔离。"③因此,损害党的组织的根源是各种非无产阶级思想,只有克服这些非无产阶级思想,达到思想统一,才能保证人民军队组织上的统一。

毛泽东在建军实践中,在各个历史时期都提出了需要克服的非无产阶级思想的内容,主要有自由主义、个人主义和主观主义、官僚主义、宗派主义等等。他指出:"我党一切领导同志必须随时拿马克思主义的科学的领导方法去同主观主义的和官僚主义的领导方法相对立,而以前者去克服后者。""必须广泛地深入地提倡马克思主义的科学的领导方法。"④人民军队受各种思想侵害从而产生了腐蚀斗志、涣散组织的各种非无产阶级思想,才使思想整顿成为必要。在平时,部队的思想整顿是通过部队的政治思想工作来完成的,但在延安时期,不仅坚持日常的政治思想工作,而且集中一段时间,在全党、全军普遍开展了一次马克思主义教育运动,即整风运动。这是部队进行思想整顿的特点和主要内容。

延安时期全党普遍整风是从 1942 年初开始的。毛泽东为什么要在这个时候发动一场全党普遍的整风学习运动呢?

首先,从 1941 年开始,抗日根据地进入最困难的时期。八路军百团大战后,日军进攻抗日根据地的兵力达到侵华总兵力的 75% ,并实行残酷的烧

---

① 《毛泽东选集》第 3 卷,第 875 页。
② 《毛泽东选集》第 1 卷,第 88 页。
③ 《毛泽东选集》第 2 卷,第 360 页。
④ 《毛泽东选集》第 3 卷,第 902 页。

光、杀光、抢光的"三光"政策，制造无人区，企图从根本上摧毁根据地的生存条件。而国民党顽固派又于1941年初期制造震惊中外的皖南事变，断绝向八路军提供粮饷，并对根据地实行经济封锁，使根据地的财政经济和军民生活发生了极大困难，并将在今后的几年中进入更加困难的时期。如何克服困难呢？党先后制定和实行了"十大政策"，而在这十大政策中，又以生产和整风两项为具有决定性意义的环节。为克服极端困难，迫切需要党和军队加强自身建设，整顿党的作风，军队的作风，使全党全军达到思想上、组织上更加统一和巩固，这对于激励精神战胜困难、有着决定性的作用。

其次，全国抗日战争爆发后，随着民族革命形势的高涨，中国共产党的党员人数由1937年的四万人，发展到1940年的80万人，增加了19倍。同样八路军、新四军也得到长足的发展。八路军总兵力由1938年底的15.6万人，发展到1940年底的40多万人，新四军总兵力由1938年底的2.5万人，发展到十万多人。这些新增加的党员或部队中的党员战士，大多数出身于农民和其他小资产阶级，没有经受过严格的党内生活锻炼和严格的革命斗争考验，往往把小资产阶级和其他非无产阶级的思想、感情、作风带进党内来。正如毛泽东指出的，"他们都不免或长或短地拖着一条小资产阶级的尾巴进党来。"这些非无产阶级思想未能及时克服，当教条主义披着马列主义的外衣，装腔作势地发表议论时，这些人就容易受骗上当，成为教条主义的思想俘虏。因此，在全党进行一次普遍的马克思主义教育运动，就是十分必要的了。

再次，1941年苏德战争、太平洋战争爆发后，总的形势有利于国内局势的缓和。日本帝国主义由于忙于太平洋战争，尽管把主要力量用于对付抗日根据地，毕竟力不从心，无法把十几个抗日根据地一口吞下去。国民党顽固派虽然没有停止制造磨擦，但由于国际关系的变化，它的政治态度不得不有某些变化，致使新的反共高潮在短时间内发动不起来。这样就造成比较多的作战空隙时间，为开展军队内普遍整风运动赢得了一个相对稳定的环境。

1942年2月1日，毛泽东在中共中央党校开学典礼上作《整顿学风党风文风》的报告(新中国成立后,编入《毛泽东选集》第三卷时,题目为《整顿党的作风》)。毛泽东的这个报告,标志着全党普遍整风的开始。

毛泽东在报告中提出全党普遍整风的任务,他提出:"我们的学风还有些不正的地方,我们的党风还有些不正的地方,我们的文风也有些不正的地方。所谓学风有些不正,就是说有主观主义的毛病。所谓党风有些不正,就是说有宗派主义的毛病。所谓文风有些不正,就是说有党八股的毛病。""反对主观主义以整顿学风,反对宗派主义以整顿党风,反对党八股以整顿文风,这就是我们的任务。"

关于主观主义,毛泽东指出:"我们党内的主观主义有两种:一种是教条主义,一种是经验主义。""但是在这两种主观主义中,现在我们党内还是教条主义更为危险。""对于马克思主义的理论,要能够精通它、应用它,精通的目的全在于应用。""真正的理论在世界上只有一种,就是从客观实际中得到了证明的理论,没有任何别的东西可以称得起我们所讲的理论。""我们所要的理论家是什么样的人呢? 是要这样的理论家,他们能够依据马克思列宁主义的立场、观点、和方法,正确地解释历史中和革命中所发生的实际问题,能够在中国的经济、政治、军事、文化种种问题上给予科学的解释,给予理论的说明。"

1941 年 5 月 19 日,毛泽东在延安干部会议所作《改造我们的学习》的报告中,提出改造全党学习方法和学习制度的任务,批判了理论脱离实际的主观主义。报告明确指出,马克思列宁主义的理论联系实际的基本原则是党的指导思想,是党的一切工作的指针;把理论和实际统一的问题同党性问题联系起来,尖锐地批评理论脱离实际的"这种反科学的反马克思列宁主义的主观主义的方法,是共产党的大敌,是工人阶级的大敌,是人民的大敌,是民族的大敌,是党性不纯的表现。大敌当前,我们有打倒它的必要"。报告还对实事求是的学习态度作了著名的论述:"'实事'就是客观存在着的一切事物,'是'就是客观事物的内在联系,即规律性,'求'就是我们去研究。我们要从国内外、省内外、县内外、区内外的实际出发,从其中引出其固有的而不是臆造的规律性,即找出周围事变的内部联系,作为我们行动的向导。"①这个报告对当时党的高级干部的整风学习指出了明确的方向。但是,这个报告的深刻含义并没有被当时负责党的宣传工作的同志所理解,所以直到全党普遍整风开始后,即 1942 年 3 月 27 日才在延安《解放日报》上发表。

关于宗派主义,毛泽东指出:"由于二十年的锻炼,现在我们党内并没有占统治地位的宗派主义了。但是宗派主义的残余还存在的,有对党内的宗派主义的残余,也有对党外的宗派主义的残余。对内的宗派主义倾向产生排内性,妨碍党内的统一和团结;对外的宗派主义倾向产生排外性,妨碍党团结全国人民的事业。"防止克服党内关系上的宗派主义,就应该提高共产主义精神,"以党的利益高于个人和局部的利益为出发点","使党达到队伍整齐、步调一致的目的,以利战斗"。防止克服党内外关系上的宗派主义,就要求共产党员"密切联系群众,而不要脱离群众,学会尊重党外人士,看人家的长处,而切忌妄自尊大"。

毛泽东在指导人民军队进行组织整顿的时候,特别强调要反对军队内部的宗派主义倾向。毛泽东分析认为,中国由于封建的分割,地主或资产阶级的集团或政党,谁有枪谁就有势,谁枪多谁就势大。因此,中国存在着宗派主义、闹独立性等思想的深厚土壤。这些思想倾向不可避免地会反映到人民军队建设中来。同时,毛泽东还分析了人民军队大多数来自农民,其中还有相当一部分人员来自旧军队和封建地主武装,有的原来就是占山为王的"山大王",他们旧军队的一套作风也必然随之带来。而且就我军活动和生活的环境来说,也长期处于分割状态,一个根据地就是一个"山头",再加上接受马克思主义教育不够,所以在一部分军队同志中比较容易产生宗派主义、山头主义倾向,这也是毛泽东十分强调要反对军队内部宗派主义倾向的理由。

关于党八股,毛泽东指出:"党八股是藏垢纳污的东西,是主观主义和宗派主义的一种表现形式。它是害人的,不利于革命的,我们必须肃清它。"对

---

① 《毛泽东选集》第 3 卷,第 800—801 页。

于这个问题,毛泽东没有展开讲。而在2月8日中共中央宣传部和中共中央出版局联合召开的宣传工作会议上,毛泽东发表题为《反对党八股》的演说,就此作了进一步的阐述。他在演说中,特别指责了党八股的罪恶,宣布了党八股的罪状:第一,废话连篇,言之无物。这是主观主义的本色。第二,装腔作势,借以吓人。这是主观主义加上宗派主义的表现。第三,无的放矢,不看对象。乱讲乱说一顿,似乎是下决心不要人听不要人看。第四,语言无味,像个瘪三。语言非常贫乏,很多民间的、古代的、外国的好东西都不愿吸收。第五,甲乙丙丁,开中药铺。不提出问题,不分析问题,不解决问题,只是按事物的外部标志加以分类。第六,不负责任,到处害人。写文章作报告时轻率从事,毫无责任心。第七,流毒全党,妨害革命。第八,传播出去,祸国殃民。最后这两条说明党八股之害如不除去其结果的严重性。

毛泽东在报告的最后还提出了整风的根本方法:"我们反对主观主义、宗派主义、党八股,有两条宗旨是必须注意的:第一是'惩前毖后',第二是'治病救人'。""对待思想上的毛病和政治上的毛病,决不能采用鲁莽的态度,必须采用'治病救人'的态度,才是正确有效的方法。"①

军队的整风是随着全党的整风逐步深入而进一步展开的。2月10日,延安军事学院根据中共中央《关于增强党性的决定》,并贯穿以反对主观主义、宗派主义的基本精神,在全校开始进行普遍而深入的检查。3月23日,八路军野战政治部在太行召开宣教工作会议,根据中共中央的精神,对宣教工作作一彻底的清算,反对党八股,加强宣教工作。4月2日,八路军总政治部召集各部长会议,研究如何布置讨论中共中央关于整风的指示。4月12日,八路军野战政治部发出《关于整风运动周的指示》,指出"党中央与毛泽东号召整顿三风这是我党思想上的一种改造运动,全军应以极大力量进行,以彻底肃清主观主义、教条主义、宗派主义、党八股等恶劣倾向的残余。野政特决定自'五一'至'五七'为全军整顿三风运动周"。5月1日,八路军野战总政治部又发出《关于整顿三风的补充指示》,把整风运动周的时间延长

---

① 《毛泽东选集》第3卷,第827—828页。

为三个月("五一"至"八一")，必要时各地区各兵团尚可根据自身的时间酌量延长。同时，为响应中共中央所号召的整风运动，又通令全军各单位，召开各种干部会议，由负责同志传达毛泽东同志的报告，根据传达进行讨论和检查，可以酌量停操、停课、减少工作，以便集中进行。检查的范围普遍包括学风、党风、文风。但是，学校和教育部门应该特别侧重反对排内性和排外性的宗派主义和本位主义的倾向。宣传文化部门和报馆剧团等，应该特别反对党八股。除在延安的中央军委直属系统，军事机关、学校、驻军各部队外，八路军驻地的部队也都先后开展了整风运动，新四军直属队也于 6 月 4 日成立了整风检查总委员会，领导和推动整风学习。

6 月 16 日，中央军委与总政治部正式发布了《关于军队中整顿三风的学习与检查工作的指示》，进一步明确军队整风的重要意义和具体方法。指示指出："我八路军、新四军，是党完成中国革命最重要的一支力量。这支力量是由朱毛红军发展起来的，长期在毛泽东同志直接领导下，但过去一个时期的主观主义曾经给部队一些影响，在我们部队里三风不正的现象是存在的，特别是'老子天下第一'，宗派主义思想更为明显。抗战后部队的扩大，新的成分加入了我们的部队，加之统一战线的环境中，我们的部队是又被带来了一些非无产阶级(包括资产阶级的影响和小资产阶级的劣根性)的思想意识，所以在部队中必须热烈的来响应党中央和毛泽东同志整顿三风的号召，更好的来团结巩固及改造我们的部队。"指示强调："反对军事领域中的教条主义与经验主义、肃清地主资产阶级军事理论对于我们的恶劣影响，克服军事理论与军事学习的落后，不让非马列主义的思想存在于我们的部队中，使我们军队干部的思想能够正确的蓬勃发展起来。这对于克服目前困难，迎接将来光明，这对于进行目前游击战争与准备将来正规战争，都有头等的重要意义。"①

指示还明确了军队整风的基本原则和具体方法：因为军队是战斗的组织，所以我们整顿三风，是为了团结我们的力量，不是为了涣散自己的力量；

---

① 《中共中央文件选集》第 13 册，第 396—397 页。

是为了更好地进行战斗,不是为了妨碍战斗,一切有害于团结的言论和行动必须立即纠正,学习文件与检查工作均应适应战斗环境。务求不松懈战斗的警惕性,不妨碍战斗的准备与进行。为此军队整风可利用战斗空隙时间,特别利用青纱帐起后可能的战斗空隙;集中力量于主要干部(团营以上首长及相等的机关领导干部),务求在主要干部中弄通;先在师一级弄好,然后到旅到团;利用轮训制度,对距离较远的部队,可组织工作团;军队中学习委员会与检查委员会一律不民选,由首长指定之;向上级首长写信批评某负责人,某领导机关,该上级首长应作解答。为发现错误与缺点,上级首长可发动干部写信;在适当的会议上应允许批评,但当其批评是错误时,应立即加以解说,以免涣散军心;一切不负责的小广播,会外批评,信口开河,组织集体上诉等,均应禁止,以免削弱战斗力,等等。

全国抗日战争时期,八路军新四军通过整风,注意解决政治工作中存在党风、学风、文风不正的问题,比如宣传工作着重解决教条主义、主观主义等问题;干部工作着重解决宗派主义和提拔使用干部方面的片面性问题;党的工作着重解决党的团结以及民主作风、重视党员权利等问题;锄奸工作着重解决不依靠群众、搞神秘化、逼供信问题;群众工作,着重解决军队与政府、军队与人民群众的关系问题,等等,使部队干部特别是各级领导干部普遍受到了一次深刻的马克思主义教育,特别是实事求是的思想路线的教育。通过整风全军出现了生气勃勃、团结一致的新局面,为夺取抗日战争的胜利在思想上奠定了坚实的基础。

二、组织上的整顿——精兵简政

延安时期军队的组织整顿主要是贯穿了精兵简政的方针。这个方针主要是党外人士李鼎铭首先提出来的。1941 年 11 月 6 日至 21 日陕甘宁边区召开了第二届参议会。在开幕那天毛泽东发表了重要讲话,号召共产党人和党外人士实行民主合作,希望党外各参议员本着知无不言、言无不尽的精神,对抗日救国大计提出意见和建议。当时还是米脂县参议会会长的李鼎铭听了毛泽东的讲话,深受感动,他带头响应毛泽东的号召,根据边区群众这些年来经济负担过重的实际情况,与其他十名参议员一道向会议提出一个有关财政问题的提案,要求"政府应彻底计划经济,实行精兵简政主义,避免入不敷出,经济紊乱之现象"。提案理由是"军政之建立,必须以经济力量为基础。在今日人民困苦,资源薄弱之状况下,欲求不因经济枯竭而限制军政发展,亦不因军政发展而伤害经济命脉,惟有政府彻底计划经济,实行精兵简政主义,量入为出,制定预算,以求相依相助,平衡发展之效果"。提案还提出解决财政困难的五项办法,其中第三项是:"在财政经济力量范围内和在不妨碍抗战力量条件下,对于军事应实行精兵简政主义加强战斗力,以兵皆能战,战必能胜为原则,避免老弱残废滥竽充数等现象"。①

这个当时被编为 81 号的提案一经提出,在参议会上立即引起反响,有的赞成,有的反对。反对意见认为:"提倡精兵主义,部队就不能发展","要裁减政府工作人员,民主政权如何巩固发展",甚至还有人以李鼎铭是党外人士,怀疑他提出精兵简政的动机是否纯洁。但是,毛泽东看到这个提案后,却给予了肯定。他用红笔把其中的重要段落圈起来,又把它抄在自己的笔记本上,旁边还加了一段批语:"这个办法很好,恰恰是改造我们机关主义、官僚主义、形式主义的对症药。"②

毛泽东采纳李鼎铭的提案是必然的。"兵贵精,不贵多"这是毛泽东在建军实践中,历来坚持的原则之一。全国抗日战争爆发后,中国共产党直接领导的八路军、新四军仅有五万人。党赋予这支人民军队的任务是,深入敌后开展游击战争,在战略上配合正面战场,经过持久战战胜日本侵略者。面对上百万装备精良、训练有素的日本侵略军,要完成如此伟大的任务,这支军队无疑需要有很大的发展。但是敌后恶劣的生存环境又从物质上限制了我军的发展,为解决这一矛盾,中共中央、中央军委为我军规定了稳定发展,

① 《陕甘宁边区的精兵简政》(资料选辑),求实出版社 1984 年版,第 7—8 页。
② 李维汉:《回忆与研究》(下),中共党史资料出版社 1986 年版,第502 页。

建设精兵的发展道路。值得提出的,项英在抗日战争初期也提出了精兵简政主义,但是这与建设精兵的道路是有实质区别的。项英的精兵主义的实质是不敢发展、害怕得罪国民党,是右倾错误的表现。在红军改编出师抗日时,陕北主力红军在改名的同时进行了缩编。缩编的意义,是改变过去庞大的不统一的编制,加强人民军队抗日的战斗力。根据中共中央的部署,最后主力红军缩编为八路军三个师,大大减少了机关,加强了作战部队,使出师抗日的八路军成为一支比较精干的部队。八路军在敌后推进,组织武装敌后广大群众开展抗日游击战争的过程中,自身也得到了较快的发展。为保证质量,更能适应敌后困难复杂的环境,中共中央,中央军委不断发出指示,强调我军的发展要以精干为前提,把提高质量放在首位,并及时采取相应措施,调整机构,加强整训,使数量的发展与质量的提高得以协调进行。1937年 3 月,周恩来在谈到新四军建军工作时提出,要"以强大为原则,也就是说,第一要精,第二要发展。我们不能忽略精的方面,因为我们的扩充是有限的。我们要使一个人有十个人的用处,一个干部当一百个干部用"。① 抗日战争进入相持阶段后,日军加强了对华北敌后根据地的进攻,由于敌人的"扫荡"、封锁和蚕食,根据地出现困难。1940 年 6 月 29 日,八路军首长发出关于坚持长期抗战必须提高部队质量加强军政民团结的指示,强调根据地工作要着眼于长期坚持,勿图快一时,对于人力、物力、财力都要作长期打算,勿使枯竭。八路军华北各部队,除山东、冀南外,一般应停止扩大,各地区(山东在内)要整编现有部队,归并不充实的部队,加强军事、政治质量,整编后求得经常保持满员。同年 8 月 20 日,中共中央又发出关于各抗日根据地内节省人力物力坚持长期抗战的指示,要求各抗日根据地,党政军民学脱离生产之人数与全国人口(不固定的游击区和敌占区不在内)之比例不能超过百分之三;军队人数(不脱离生产者不在内)与党政民学脱离生产者之人数之比例至多应为二比一,即两个军人一个文人;军队内(军队之后方机关学校计算在内)应有六成枪支,即缺乏武器的部队必须予以精简。

---

① 《周恩来选集》上卷,第 106 页。

　　从当时情况来看，毛泽东所以肯定精兵简政的提案，原因主要有两点：一是提案切中时弊，指出了我们的毛病；二是提案找到了对症药，也就是解决问题的办法。什么是我们的毛病？就是当时根据地存在着"鱼大水小"的问题。"鱼大"就是脱产人员太多，"水小"就是人民负担过重。以陕甘宁边区为例：1937年边区刚刚成立时，党政军脱产人员仅1.4万人；1938年也仅1.6万人；到1939年一下增加到4.9万人；1940年剧增到6.1万人；1949年已上升为7.3万人。这已大大超过了1940年8月20日中共中央规定的各区域抗日根据地党政军民学脱产人员不能超过全区人口总数的3%的数字，实际已达5.4%，这势必加重人民的负担。1941年6月发生边区一农民借雷电劈死人说怪话的事情，就是部分群众对负担过重产生不满情绪的反映。在李鼎铭提出精兵简政的提案前，毛泽东已经在探索解决矛盾，克服毛病的对症药，把"开源"与"节流"（缩编）两个方面逐渐地结合起来。所以，毛泽东采纳李鼎铭的提案是必然的。

　　11月7日，中共中央革命军事委员会发出关于抗日根据地军事建设的指示。指示指出："敌寇对我抗日根据地的残酷'扫荡'，我军人力、物力、财力及地区之消耗，使敌后抗日根据地的敌我斗争，进入新的更激烈的阶段。""在这一阶段中，我根据地的军事建设，必须适合新的客观环境。每个根据地的军事机构应包含三个部分：（1）主力军，（2）地方军，（3）人民武警（即不脱离生产的自卫队及民兵）。在根据地建立时期，集中主要注意力于主力军之扩大与巩固是正确的；然而最近敌我形势改变了，因此目前军事建设的中心注意力，应放在地方军及人民武警的扩大与巩固上，而这方面恰恰是我们的弱点所在。我们的观点还停留在前一段上（抗日战争与过去国内战争不同，没有集中最大力量对敌进行消灭战的可能）。由于人力物力的限制及运动战的可能绝对减少，主力军应采取适当的精兵主义，其工作重心是提高其政治军事技术的质量，缩编与充实编制。项英在前一段就主张精兵主义是错误的，但如我们在现在阶段还不提出主力的精兵主义，也将犯错误。"指示还指出精兵的比例："无论将来有无大的变动，在山地根据地内主力军与地方军（人民武警不在内）数量上的比较，一般应以2与1之比为原则。在平原根据地内则以 1 与 1 之比为原则。在某些困难的区域(如冀东、大青山、苏南),应当打消主力军与地方军的区别,全部武装地方化。至于人民武装(不脱离生产的自卫队),应当包括人民的最大多数,其中之骨干(即民兵、模范自卫队及青抗先或青年自卫队)数量应超过地方军与主力军之全部数量。而每个根据地脱离生产者全部数目(包括党、政、军、民、学),仍只能占我统治区全人口百分之三左右。"①

12 月,中共中央发出了关于实行精兵简政的指示。这之后,毛泽东在著文、讲话和发指示时又多次阐明了实行精兵简政的必要性和重要性。他针对主观主义、教条主义认识事物凝固不变的特征,教育全党的认识要跟上形势发展的需要,要具体问题具体解决。1942 年 9 月 7 日,毛泽东在为延安《解放日报》写的社论《一个极其重要的政策》中运用了一个非常恰当的比喻,把这个问题说得很清楚。他说:"气候变化了,衣服必须随着变化。每年的春夏之交,夏秋之交,秋冬之交和冬春之交,各要变换一次衣服。但是人们往往在那'之交'不会变换衣服,要闹出些毛病来,这就是由于习惯的力量。目前根据地的情况已经要求我们褪去冬衣,穿起夏衣,以便轻轻快快地同敌人作斗争,我们却还是一身臃肿,头重脚轻,很不适于作战。"他还特别指出机构精简后,部队整编后,精小能取庞大的道理。他说:"何以对付敌人的庞大机构呢?那就有孙行者对付铁扇公主为例。铁扇公主虽然是一个厉害的妖精,孙行者却化为一个小虫钻进铁扇公主的心脏里去把她战败了。柳宗元曾经描写过的'黔驴之技',也是一个很好的教训。一个庞然大物的驴子跑进贵州去了,贵州的小老虎见了有些害怕。但到后来,大驴子还是被小老虎吃掉了。"②毛泽东希望八路军、新四军都是孙行者和小老虎,从而战胜那日本妖精或驴子,办法就是"变一变",精兵简政,我们的身体变小了,便更加扎实些,我们就会变成无敌了。

特别值得提出的,毛泽东运用唯物辩证法认识精兵简政的必要性,对于

① 《中共中央文件选集》第 13 册,第 212—213 页。
② 《毛泽东选集》第 3 卷,第 881—883 页。

全面地认识精兵简政政策的实质有着不可估量的深远意义。如毛泽东谈到当时的困难情况，一再强调我们的困难是接近胜利的困难，是胜利前夜的困难，也就是所谓"黎明前的黑暗"。那么为克服这种困难的精兵简政政策，也不是消极的政策，而是积极的政策；不是单纯的撤并机构、裁减人员的政策，而是为了积蓄力量，提高工作效率，迎接抗日战争的最后胜利的政策。如毛泽东"衣服必须随着变化"的理论，季节常变，衣服常换，说明精兵简政不应是一朝一夕的突击任务，而是一项长期性的工作，我们的工作机构、我们的部队应随时适应环境，环境变了，工作机构、部队编制也应相应改变，不然会生毛病的。在毛泽东的领导下，延安时期的精兵简政一直在思想上开展着反对两种倾向的斗争。一方面反对不精不减的倾向；另一方面也要反对精简主义的倾向，也就是反对做落后群众的尾巴，一味地要精要简，成为拆伙解散，瓦解力量，取消抗战。精兵简政虽说需要随季更衣，但并不等于不要穿衣，而是要将衣服穿得更合体，更加漂亮。

早在陕甘宁边区开始实行精兵简政的同时，毛泽东就多次指示全国各敌后根据地也要进行精兵简政。1942 年 1 月 20 日，毛泽东同朱德、王稼祥电示聂荣臻、萧克，指出解决平西问题的关键是实行精兵简政，使党政军民脱离生产的人数不超过平西我区人口的 3%，以减轻人民负担及粮食困难。4 月中旬，毛泽东致电返延途经山东的刘少奇。委托他召开山东分局和山东军政委员会联席会，以精兵简政。7 月 30 日，毛泽东在中共中央政治局会上提出要在敌后根据地日益增长的困难环境下，必须使各根据地负责同志深刻认识精兵简政与整风的重要性。他指出：精兵简政问题，如果想不到敌后严重的必然趋势就是缩小，现在不想到几个月后适应环境的主动步骤就会手忙脚乱，敌后变化会是突然的，所以要主动地定出办法。提在全党面前的问题是如何渡过敌后的困难。精简比例是：在脱离生产的人员中，军队占 70%，党政民学占 30%；全部脱产人员占老百姓人数的 3%。要按这个比例，主动地、彻底地、有计划地执行。① 会议委托王稼祥起草指示性的电报通知

---

① 参见《毛泽东年谱》中卷，第 396 页。

华北、华中各根据地。10 月 28 日,毛泽东电示周恩来:边区"实行整党、整军、整政、整财、整民、整学、整关系,大整顿、大检查,可减缩万余人,经济问题有办法,困难可克服。敌后亦大施精简,统一领导,亦可克服困难"。①

毛泽东对各敌后抗日根据地的精兵简政的要求,不是一刀切的,而是根据不同情况区别对待,并帮助分析特殊地区的特殊情况。如对华中,根据"因各党、政、军机关除个别的部分外,均系新建立,还有部分不但机关组织不庞大,而且有些至今尚未建立"的情况,毛泽东在 1942 年 8 月 4 日致电陈毅的电报中,一方面指出"现在华北、山东须下绝大决心实行彻底的精兵简政,否则到了明年必不能维持","内战时还可以有长征,现在则绝不能有长征";另一方面承认华中情形略有不同,"你们又刚在四月底开过扩大会议还很不久,也不必急于更改。"②但总的认为华中的扩军计划总数还是太大了,所以,同其它地区一样要实行精兵简政的总方向是相同的。

抓住典型,对于搞得好的及时总结推行,以点带面,这是毛泽东一贯的工作方法。1942 年 9 月 7 日,毛泽东为《解放日报》撰写社论《一个极其重要的政策》,表扬了"晋冀鲁豫边区的领导同志,对这项工作抓得很紧,作出了精兵简政的模范"。并从这个好的经验中总结出精兵简政要同各项工作结合起来,要达到精简、统一、效能、节约、反对官僚主义五项目的,要各根据地仿效实行。但对于搞得不够的地区也提出批评和改进意见。1943 年 8 月 5 日,毛泽东起草了中共中央书记处致晋察冀分局的电报,指出:"你们应实行精简,在这个政策上迟疑不决,就将遇到不可克服的困难。你们现在只有九十万人口的比较巩固的根据地,其它能收公粮的九十万人口是处在游击区中,而你们连马匹折口计算尚有八万多人脱离生产,这是决不能持久的。目前你们应即下决心减去三万,只留五万","如果明年更困难,再准备从五万中减一万"。③ 晋察冀边区根据毛泽东的指示,除吕正操部 6000 人西移外,

---

① 《毛泽东年谱》中卷,第 411 页。
② 《文献和研究》,1983 年第 2 期,第 1 页。
③ 《毛泽东年谱》中卷,第 462 页。

再从北岳区调 4000 人西移，总计一万人西移，其余两万人在本地安插。保证了边区渡过敌后抗战最困难的年月，并逐步从恢复进入再发展时期。

根据中共中央和中央军委的指示和部署，八路军新四军各部队及各级领导机构普遍进行了精简整编，缩小了机关，充实了连队。有的还撤销了各纵队的指挥机构，并将主力旅与军分区合并，减少了指挥层次，加强了地方部队。军队经过精简整编，各级组织更加精干，指挥更加灵便，不仅大大提高了战斗力，而且减轻了根据地人民的负担，使我军更加适合于敌后抗战所处的艰难环境的要求，同时也促进了群众性游击战争的广泛开展。不仅是军队，而且从中央机关到地方政府都开展了普遍的彻底的精兵简政，以陕甘宁边区为例，进入 1943 年后，效果越来越显著。同年 2 月 9 日，毛泽东在致电周恩来、林彪的电报中说："边区财政难关已渡过，现党政军积累资产值边币五万以上（合法币二万万五千以上）"。"当前任务（生产与教育），整顿三风，精兵简政、统一领导诸问题，都获得圆满解决，气象一新，各事均好办了。"到 1944 年初大检查（点验）的时候，陕甘宁边区政府和驻军部队基本上达到了毛泽东提出的精简、效能、统一、节约、反官僚主义的目的，为迎接抗日战争的最后胜利奠定了良好的组织和物质基础。

三、两次较大规模的军队整训

对军队进行严格训练，严格要求是履行人民军队根本职能的客观要求，是提高部队战斗力的根本途径。毛泽东非常重视对军队的严格训练，严格要求。早在红军初创时代，他在《井冈山的斗争》一文中就指出："普通的兵要训练半年一年才能打仗。"针对红军训练不足的情况，提出要"设法避开一些战斗，争取时间训练"。[①] 他认为要使红军成为铁军，军事技术的提高，是绝顶重要的。一贯主张应当用大力进行一切可能的与必要的军事训练与政

---

① 《毛泽东选集》第 1 卷，第 64 页。

治训练。到了抗日战争时期,面对强大的日本帝国主义和复杂的环境,毛泽东更强调对军队进行严格训练,在政治整训基础上加强军事整训。如卢沟桥事变爆发后不久,中共中央军委主席团为红军出动华北作好充分准备,于7月14日发出命令,命令红军各部军事训练着重实地战斗、夜间动作、袭击战斗、防空技术、长途行军、无后方作战等项。各军事学校增加抗日战争课程。各部都要对干部及兵员教授东北四省及华北五省地理,教授日本现状等,以适应抗日战争的形势。进入相持阶段后,相对来说部队有了较多的作战间隙时间,这为加强部队整训提供了有利条件。在全国抗日战争时期,八路军新四军除日常对部队的不断整训外,进行了两次比较大规模的集中整训。

第一次整训是在1939年至1940年间。在这段时间里八路军、新四军有了较大发展。1938年底,八路军总兵力为15.6万多人,新四军为2.5万人。到1940年底,八路军扩大到40万多人,新四军扩大到十万多人。由于发展很快,部队中新成分大量增加,政治质量有些下降。加上战争频繁,许多部队未经很好地教育与训练,干部的组织指挥能力和部队的战术技术水平比较低,与日益复杂的斗争环境的要求不相适应。同时,由于部队长期分散活动,容易受到周围非无产阶级思想的侵蚀,军阀主义、游击主义等不良倾向在滋长。为克服这些问题,提高部队的战斗力,巩固抗战以来挺进敌后的发展成果,中共中央军委、八路军总部于1939年2月、6月和1942年2月连续发出指示,要求对全军各部队进行普遍整训,以巩固和加强党在部队中的绝对领导,加强政治思想工作,加强内部团结,发扬人民军队的光荣传统,克服军阀主义和游击习气,使部队在思想上、政治上、组织上大大提高一步。并要求在政治整训的基础上,加强军事整训。军事整训的重点为游击战的战术和射击、投弹、刺杀等技术训练。在政治、军事整训的基础上,再进行编制整顿,健全部队中的各种规章制度。

这次整军,是在中共六届六中全会之后进行的,八路军各部队按照中央军委的指示和总部的部署,分别利用作战间隙时间进行整训。各部队在整训中首先学习中共六届六中全会精神,学习毛泽东的《中国革命和中国共产党》和党的基础知识,健全党的组织生活,开展批评和自我批评,注意纯洁内部,吸收先进分子加入党的组织,加强党的队伍建设,从而使部队中共产党员的数量、质量都得到提高。据一些部队的统计,经过整训后,主力团中的共产党员人数占部队人数一般都在 40% 左右,地方团也达到了 30%。在整顿党的组织的同时,对部队普遍进行了形势教育、阶级教育、光荣传统教育和政策纪律教育,使全体指战员进一步明确自己所负担的历史使命,坚定抗战必胜的信心。在政治整训的基础上,全军普遍进行了军事整训,开展了投标、射击、刺杀、爆破、土工作业和单兵、班、排、连的技术训练。在军事整训的基础上,又进行了组织整编。根据八路军总部的计划,1939 年整编 50 个团。整编中除加强充实原有的各主力旅以外,还组建了许多新旅。在这一阶段中,主要是八路军进行整训,新四军还处于发展阶段,仅在发展过程中,根据部队的实际情况进行了必要的整理工作。这次整军是贯彻中共六届六中全会关于巩固华北战略方针的一项重大措施,通过整军,加强了党对军队的领导和政治思想工作,提高了部队的战斗力,促进了部队的发展,对战胜进入相持阶段后的极端困难局面,坚持抗战,巩固敌后根据地,起了重要作用。

第二次整训是在 1944 年。抗日战争进入 1944 年,形势越来越好。世界反法西斯战争已开辟第二战场,苏联红军已大举进攻,美国对日进攻也更加积极,无论是欧洲战场和亚洲太平洋战场,反法西斯阵线一方都取得了战略反攻的重大胜利。在中国战场,各敌后抗日根据地军民开始向日寇发起局部反攻作战。为适应战争形势发展需要,为将来在反攻时夺取大城市与交通要道,最后驱逐日军出中国,并对付国民党方面来的可能的突然事变,现有的军事力量和部队的军政素质是不能胜任的。但是由于各种条件所限制,一般地不可能与不应该采取迅速扩大军队的政策,所以只有加紧整训现有军队,在现有物质基础上和战斗生产间隙中,把我军的军事训练和政治工作极大地提高一步,准备将来使我军发展一倍至数倍的条件。为此目的,1944 年 7 月 1 日中共中央发出经毛泽东修改审定的《关于整训军队的指示》。在该指示起草过程中,毛泽东曾写信给陈毅、刘伯承、聂荣臻,征求他们的意见,信中说:"此件根据你们意见补充了,虽长三千字,但较充实些。惟其中民兵、干部训练方法等项具体办法是否恰当,请再一阅提出意见,凡不大妥者均请指明,以便修改。"①

指示指出:"在一年内,主要是今年秋冬两季,在不妨碍战斗和生产条件下,由各局各委作出全盘计划,由军区军分区负责执行,利用一切可能间隙轮番整训部队。有特别便利条件者,几个团或一个团为单位分批集中整训,无此条件者,以营为单位分批集中整训,总使一年内,整个八路军新四军都得到一次有效的大整训。"②

整训内容分军事与政治两方面。军事整训就是练兵,并总结带兵与养兵的经验。练兵内容,以技术为主,战术为辅。练兵方法,第一,实行群众运动的方法,改变过去少数人包办的作风,而变教育为广大群众自己的事业,使群众(干部、战士、杂务人员)自觉学习,自动研究,互相帮助,互相比赛;各个人,各大小单位的群众都关心自己个人与单位的教育成绩,生怕成绩落在其他同志与其他单位的后面;使到处成为操场,到处成为课堂,时间抓得很紧,人人不甘落后;使官教兵、兵教兵、兵教官。第二,实行学用一致的方法,改变过去教条主义的练兵方法。过去的教条主义练兵方法,是使书本成为教育的唯一根据,结果使教育停止在书本范围以内,把宝贵的现实经验置之不问。此次练兵必须纠正这种错误,不是不要书本,而是正确地运用书本,将书本上不合实用的加以删削,而将书本上没有包括的东西(我们的具体经验)加入进去,并且不断地吸收新的经验。总之,练兵内容要切实用,不是为练兵而练兵,而是为战胜敌人而练兵。第三,练兵的领导方法是,开展普遍动员,使每一个战士都了解练兵的必要。要使骨干与群众相结合,要创造和发现典型例子,将其经验介绍给全体。要总结经验,发动竞赛,奖励积极分子,推动练兵活动深入开展。政治整训主要是对政治工作须作一次彻底的有计划的改造。根据古田会议决议和谭政关于军队政治工作的报告,用检

---

① 《毛泽东年谱》中卷,第523—524页。

② 《中共中央文件选集》第14册,中共中央党校出版社1992年版,第263页。

讨错误缺点，发扬优良成绩，发扬模范连队的经验，奖励战斗英雄，劳动模范，模范工作者与模范学习者的方法，达到改造政治工作的目的。

指示还指出：这次整训，不但要整训全部主力军与游击队，而且要整训全部民兵与自卫军。在整训民兵与自卫军中，应总结民兵与自卫军的斗争经验，重新整理其编制，不足者扩大之，落后者提高之，缺乏干部者补充之，在不违农时及劳动与战斗相结合的原则下，达到全民皆兵的目的。民兵自卫军的整训方法，亦须实行群众运动，学用一致，骨干与群众相结合，介绍典型经验，发动竞赛，开英雄大会与模范学习者大会，奖励优良成绩等。务须改变各级军政机关对民兵自卫军工作指导和帮助不足的现象。

同年 8 月 22 日，毛泽东同刘少奇、陈毅致电饶漱石、张云逸、赖传珠，提出对华中新四军整训工作的意见：（一）华中部队整训应着重练兵、带兵、养兵、用兵四大项，而以练兵为中心。这四项是当务之急，能在一年内解决得好，我军战斗力可提高数倍，便利去应付战局变化的需要。（二）关于培养团级干部，军部可办团级训练队，吸收离职的旅、团级干部，并选一部分优秀的营级干部参加，时间不宜太长，以提高干部的指挥艺术为中心。（三）关于特种兵人员，如工兵之类，可在各抗大开办。①

遵照中共中央和中央军委的指示，八路军、新四军各部从 10 月份开始陆续进行了整训。一般都先进行政治整训。在政治整训中，全军重温了古田会议决议，学习了谭政关于军队政治工作的报告。在学习的基础上，各部队召开连队民主大会，领导干部带头检查管理教育上的缺点错误，并领导战士进行自我检查，以克服部队中军阀主义不良倾向。然后再进行拥政爱民、人民军队本质的教育，并广泛开展尊干爱兵活动。政治整训使部队精神面貌发生了很大变化，增强了官兵团结和军民团结，部队更加巩固，战斗意志更加坚强。

各部队在政治整训结束后，迅速进行了军事整训，开始了以投弹、射击、刺杀和土工作业等技术练兵为主的群众练兵热潮。在练兵中实行能者为

---

① 参见《毛泽东年谱》中卷，第 539 页。

师,官兵互教,有的还成立了互助组。干部编到班里同战士一道训练,帮助战士,向战士学习。各部队高级干部,不分文武,一律参加练兵,下操五天至七天,身体太差者在操场边旁观。在技术练兵的基础上,各部队根据自己的作战经验,结合对敌斗争任务,进行近战、夜战、村落战、攻坚战等战术训练。有的部队还召开了表彰模范的各种会议,组织观摩,开展竞赛活动,推动练兵运动开展。在主力军、地方军实施大整训的同时,各地群众武装也在不违农时,不妨碍生产的原则下,以行政村自然村为单位进行了政治和军事的大整训。这次整训,时间虽定为一年,但是主要是1944年10月至1945年2月共4个月,这是整训的中心关节。1944年冬则要训练好一部分武工队,一部分游击队及一部分主力,准备到年底及第二年春去接替其他部队,分期集中训练。总之通过这次大规模的整训,八路军、新四军以及我党领导下的各地抗日武装力量的军政素质进一步提高,为军队大发展、为此后实现战略大反攻,夺取抗日战争的最后胜利奠定了重要思想、物质基础。

第四节　发展军队的生产事业

军队作为战争的主要工具,其职能就是打仗或准备打仗,这是古今中外概无例外的。但是,作为中国共产党创建的人民军队,一切从人民的利益出发,其职能不仅仅限于打仗。军队参加生产,这就是人民军队与一切旧军队的又一原则区别。部队要吃、要喝、要穿、这些都与寻常百姓一样。衣食住行装备,是军队的物质营养,如何解决? 旧军队是靠吃"皇粮",靠搜刮人民,以种种名义向人民索取军费,或举借外债。当官的又千方百计地克扣军饷,剥削士兵,中饱私囊。而中国共产党领导的人民军队靠自己动手生产,实行军民兼顾、官兵一致的原则来解决给养装备问题。

早在红军初创时期,毛泽东就规定红军"除了打仗消灭敌人军事力量之外,还要负担宣传群众、组织群众、武装群众,帮助群众建立革命政权以至建立共产党组织等项重大的任务"。① 所以当时红军就执行着打仗、做群众工作、筹款这个军事、政治、经济三位一体的任务。到了全国抗日战争时期,"筹款"这项任务逐渐改为"生产",即利用战斗和训练的间隙,从事粮食和日用必需品的生产,达到军队自给、半自给之目的。当时由于日、伪军的对敌后抗日根据地的疯狂"扫荡"和国民党政府全部停发八路军、新四军的军饷,再加上华北各地连年遭受水、旱、虫等自然灾害,使各敌后抗日根据地的面积缩小,军队人数下降,财政经济陷于极端困难的境地。有的根据地军民甚至不得不以野菜、野果充饥。毛泽东说:"最大的一次困难是在一九四〇年和一九四一年,国民党的两次反共磨擦,都在这一时期。我们曾经弄到几乎没有衣穿,没有油吃,没有纸,没有菜,战士没有鞋袜,工作人员在冬天没有被盖。"②抗日根据地面临着严重的经济困难,能不能克服这一严重的困难,关系着抗日军民生死存亡的大问题,关系着抗日战争能不能胜利的大问题。毛泽东指出:"战争不但是军事的政治的竞赛,还是经济的竞赛。我们要战胜日本侵略者,除其他一切外,还必须努力于经济工作"。③ 在这严峻的历史关头,毛泽东在实践中发展军队生产事业,逐步提出"自己动手,克服困难,发展经济,保障供给"的正确方针,并且首先从军队,继而在各抗日根据地掀起了群众性大生产运动。

此前在1938年,当时抗日根据地的各种困难刚刚显露的时候,毛泽东

① 《毛泽东选集》第1卷,第86页。
② 《毛泽东选集》第3卷,第892页。
③ 《毛泽东选集》第3卷,第1024页。

就敏锐地预见到将要遇到严重的经济困难。12 月 8 日,他在后方军事系统干部会上作关于贯彻中共六届六中全会的指示进行检查工作的动员报告中指出:后方工作在六中全会总的指示下,要克服困难,要增加力量。检查工作,要在五个方面进行检查,即工作、学习、生产、统一战线和党的生活。生产即生产运动。我们现在钱虽少但还有,饭不好但有小米饭,要想到有一天没有钱,没有饭吃,那该怎么办? 无非三种办法,第一饿死;第二解散;第三不饿死也不解散,就得要生产。我们来一个动员,我们几万人下一个决心,自己弄饭吃,自己搞衣服穿,衣食住行统统由自己解决,我看有这种可能。①12 月 12 日,毛泽东在抗大干部晚会上作报告,再次提到生产运动的问题。他说:在工作方面,六中全会一共说了 15 条,其中一条就是关于物质保证。以后我们要自己种地自己动手。② 12 月 14 日,中共中央书记处会议专门讨论了生产运动的准备问题,决议成立中央财政经济部。12 月 20 日《新中华报》发表社论,提出了"广泛开展生产运动","保证各个地区物质供应自给自足"的号召,要求发动各级党、政、军及各群众团体中的全部工作人员,各部队的指战员"一面工作,一面生产,把工作与生产联系起来",并且指出:"只有这样才能支持长期抗战,才能保障战时物质供给。"

在这之前,毛泽东已指示八路军留守兵团,要学会搞生产,把生产、学习与战斗结合起来抓。1938 年,留守兵团召开第一次党代表会议,即把生产作为部队三大任务之一。因此,部队开展生产运动要早于地方党政机关和学校团体。当时的生产,主要是为了改善部队生活,如:种菜、养猪、打草鞋、纺纱织布等,规模不很大。从 1939 年开始,毛泽东正式动员全党全军普遍地开展生产运动。

1939 年初延安举办了陕甘宁边区农产品展览会。1 月 25 日,毛泽东到会参观并讲话。他说:今天开边区农产品展览大会意义是很大的。现在跟日本帝国主义打仗,是需要多方面的努力,前方有将士的英勇抗战,而这些

---

① 参见《毛泽东年谱》中卷,第 98—99 页。
② 参见《毛泽东年谱》中卷,第 98—99 页。

将士们要饭吃、要衣穿，这就要依赖后方努力生产来解决。边区在过去生产运动已有一些成绩，这次农展会就是成绩的代表。前方努力打仗，后方努力生产，打下去，一定可以打垮日本的。毛泽东指出：在我们边区，不仅老百姓要如此做，其他如学校、党政机关及部队都要参加生产运动。1939 年开始的时候，就开这样的大会，全边区的各机关学校部队和 200 万老百姓大家联合起来，全体动员，为完成生产任务而斗争。第二天，中共中央书记处召开会议，专门讨论了 1939 年的生产运动。2 月 2 日，中共中央召开了延安党政军生产动员大会。毛泽东在会上作报告指出：今天开生产动员大会意义是很大的。要继续抗战，就需要动员全中国的人力物力。要发动人力，就要实行民权主义；要动员物力，就要实行民生主义。今天的生产动员大会，也就是实行民生主义的大会。陕甘宁边区有 200 万居民，还有四万脱离生产的人员，要解决这 204 万人的穿衣吃饭问题，就要进行生产运动。这四万人在过去，不知道怎样生产，也没有功夫生产，而事实上也不必要生产。在中共苏区，各机关粮食多得很，因而也不必要工作人员去生产。同时，那时候的环境是非常紧张的，处在包围战争的环境中，各机关都很忙，部队在战争中。现在是处在新的抗日战争的环境中，在历史所造成的落后经济的陕北，显然的，经济是较困难了，因此，就要自己来解决生活问题。现在虽同样是战争环境，但着与过去是不同的，各机关的工作虽然一样很忙，但在新的环境，即在国内和平，对外战争的环境中，工作忙的程度也有些不同。讲到经验，现在也有了。毛泽东指出：去年留守兵团部分地进行了生产运动，他们日常生活改善了，冬天解决了鞋袜问题。过去有部队的战士冻足冻手，现在这种现象消灭了，这也是进行生产运动之功。所以无论部队机关，这种生产运动必须开展起来，大家种菜喂猪，办合作社，进行一场伟大的经济战线上的斗争。

毛泽东在大生产动员中主要阐述了大生产运动的必然性，可能性极其重大意义，指出不仅边区全体部队官兵，而且机关干部、学校学生都要自己动手，投入生产运动。

生产动员大会后，延安军民热烈响应毛泽东的号召，掀起了轰轰烈烈的大生产运动。每天天不亮，人们就争先恐后地扛起镢头、铁锹，一溜一行地奔向山岗,钻进深沟,在开荒整地了。毛泽东看到自己身边的警卫班战士也在进行生产动员,就一再叮咛:"订生产计划,可不要忘了我啊!我不能远去,你们就在近处给我分一块地,我也好开荒种菜。"战士们说:"主席工作很忙,身体又弱,就不用参加生产了,我们青年人加把劲就把主席的那部分赶出来啦!"毛泽东摇摇头,坚决地说:"不行!不行!大生产运动是党中央的号召,我应当和同志们一样,参加生产劳动。自己动手,克服困难嘛!"在毛泽东的坚持下,警卫战士商量了一下,就在毛泽东住的窑洞下面,给毛泽东划了一块地。毛泽东和普通劳动者一样,在分配给他的那块地里及时播种、浇水、施肥、锄草。毛泽东自己动手,亲自参加劳动生产的事迹传出后,边区军民受到了极大鼓舞,大家纷纷表示,一定要以实际行动,搞好生产,多打粮食,粉碎敌人的经济封锁。许多人也积极要求为毛泽东代耕。可是毛泽东总是说:"我有我的生产任务。"到了秋季,人们纷纷给毛泽东送来代耕粮,代耕粮堆得像小山一样高,但毛泽东还是坚持参加生产,并给自己制定了个人生产计划,督促自己去完成。

当时在延安的其他中央领导同志如周恩来、朱德、任弼时等也都积极参加生产和领导生产。各部队官兵,上至司令员、政委、下至普通战士,也无一例外都积极投入大生产运动。当时,有些外国记者来到延安参观,他们亲眼看到从共产党高级干部,部队首长一直到普通战士一律参加生产劳动,感到十分惊奇。有一名记者来到中共中央办公厅门前,看见一位中央部长挑着一担马粪匆匆走过去,惊奇万分,连连赞叹:"了不起!了不起!一定要写出来让全世界都知道。"

毛泽东十分重视对大生产运动的领导,不仅身耕示范,树立榜样,而且以后他每年都要布置任务,总结经验,展示成绩,以不断提高群众的生产积极性。1940年2月10日,中共中央和中央军委向全军发出《关于开展生产运动》的指示。指示通过了1939年一年延安军委直属机关及后方留守部队生产运动取得了很大成绩:平均解决了两个月的粮食,一套夏衣、全部冬季鞋袜。给养大大改善,大部能维持菜蔬肉食,商业利润除总合作社外,全部约12万元以上。使机关部队学校在物质艰难状态下,解决了可能和必须解决的困难,弥补了公费的短缺。指示要求:现当阳春开始,应就这一经验在前线部队中广泛开展起来。依不同环境、不同部门、不同劳动条件,规定生产方向和生活方法:

1. 在比较巩固的地区,一般可按延安的经验,同时进行农业、商业、手工业生产,普遍发展喂猪种菜等事业,达到改善生活、克服困难,节省公费之目的。

2. 在不巩固地区,可经由地方党政府与当地群众订约,组织军民生产协作,由军队酌量抽派人力牲畜,帮助农民耕作,由农民供给驻军以一定比例的粮食马料。

3. 行止无定的部队,应利用战斗间隙,普遍无代价的在自己地区之内,帮助农民春耕及各种农作劳动,进一步与群众打成一片,以便用另一种方式取得农民对军队自愿与踊跃输助。

4. 部队经营商业必须采取慎重态度,要有统一的组织与管理,规定经营范围,红利支配,严密监督,不可放任,否则可能促成政治上的蜕化,干部的腐化,资本主义影响的生长,危险性很大。

5. 生产运动要有广泛深入的政治动员,与政治任务紧密联结,提高劳动热忱和政治积极性,要有合理的组织工作与实践从事指导的生产委员会,监督管理这一运动的进行。

6. 提出一面战斗(非战斗机关是一面工作)、一面生产、一面学习的口号,三者合一,我们就能战胜一切。

指示指出,如能依照上述各项坚决努力,我们相信一定会有成绩的。共产党领导的军队不怕任何困难,我们将以自力更生的精神,战胜物质困难,完成党的军事、政治任务。①

遵照中央军委的指示,全军各部队凡有条件的都开展了生产运动。

1940 年王震率领八路军第三五九旅,响应党中央和毛泽东的号召,开赴南泥湾垦荒种地,成为大生产运动的一面旗帜。他们在资金缺乏,工具极端

① 参见《中共中央文件选集》第 12 册,第 289—291 页。

困难的情况下,发扬自力更生艰苦奋斗的精神,一面动手开挖窑洞解决住宿问题,一面勘察荒地,学习耕作技术,制作生产工具。从旅长王震到公勤员,随军家属,人人动手,开荒种地。经过几年的苦干,用自己的双手把一个荒无人烟的南泥湾改造成了"陕北的好江南",部队生活得到很大的改善,而且为根据地战胜经济困难,为军队屯田,粮足兵强,树立了光辉的榜样。1943年10月,毛泽东同任弼时、彭德怀等去南泥湾视察第三五九旅屯垦和大生产的情况,该旅第七一八团团长陈冬光向毛泽东汇报了生产情况。他说,部队刚到南泥湾那一年,平均每人种五亩地,粮食不够吃,连队生活很困难,今年每人种了30多亩地,可以"耕二余一"。我们也养猪、养羊、养鸡、养鸭,团里还办起了纺织厂、铁工厂、木工厂、鞋工厂、农具厂。不仅解决了吃穿问题,而且吃得好,住得好,用得好。我们已经达到两个人一头猪,一人两只羊,粮食积余一年。毛泽东听了非常满意。第三五九旅除了保证生产自给外,还向边区政府交纳了300万斤公粮。一位70多岁的老汉感慨地说:"自古当兵吃粮,如今咱八路军不但不让我们纳粮,还给政府交公粮,这真是开天辟地头一回新鲜事啊!八路军真是我们贴心人。"

1942年12月,毛泽东在陕甘宁边区高干会议期间,亲自组织收集和整理经济组织和财政方面的历史的和现状的材料,为会议撰写了题为《经济问题与财政问题》的长篇书面报告,共十章。其中第八章的一部分即"关于发展军队的生产事业"。在这一章里,毛泽东通过列述八路军留守兵团五年生产总结和第三五九旅三年生产总结和1943年农业生产计划的材料,总结了军队生产自给所取得的巨大成绩和取得这种成绩的原因:是依靠了干部们的积极领导和战士们的劳动热忱才达到的。干部们是自觉地为了克服革命过程中的困难而去积极地指导生产运动的,战士们也是自觉地为了克服革命过程中的困难而去参加劳动生产的。没有这两种人的自觉性,没有为了神圣的革命需要去做的感觉,是无法完成这种艰苦的生产任务的。为使军队生产事业健康地发展下去,文章接着指出了在军队生产运动中存在的缺点,这些缺点,如不改变则"将转过来妨碍党与革命的利益"。这些缺点是:

第一,一部分军队及一部分机关学校,为了要迅速解决迫切的自给问题,比较地或特别地重视了商业,轻视了农业与工业。毛泽东指出:"他们不知道只有农业与工业是产生价值的,商业不过是流通过程,它本身并不能产生任何的价值。"因此要求一切部队、一切机关学校都要将重点逐步转移到农业、工业与运输业上去;而在我们的条件下,特别重要的是农业。

第二,缺乏统一的计划与统一的检查。于是各自为政,闹独立性的事也发生了;破坏政策原则、破坏政府法令的事也发生了;侵害人民利益的事也发生了;各个经济单位之间不但没有协助,反而互相斗争,互相妨碍的事也发生了;瞒上不瞒下,瞒上又瞒下,打埋伏,说谎话的现象也发生了;极端浪费,一掷千金,但求铺张,不求实效的现象也发生了;尤其严重的,是在一部分干部之间发生了贪污赌博等极恶劣的现象。有个别的干部是被物质所诱惑,完全腐化了。因此今后必须着重于照顾全局,掌握政策,对所属各单位的生产活动一定要有统一的计划,统一的检查,必须严申纪律,轻者批评、重者处罚,决不可纵容,必须毫不犹豫地开展经济工作中的整顿三风。

第三,对于生产活动负行政指挥责任的同志不大去管,仅仅委托于供给机关或总务处去管。这是由于还没有懂得经济工作的重要性的缘故,或者中了董仲舒们所谓"正其谊不谋其利,明其道不计其功"这些唯心的骗人的腐治之毒,还没有去掉得干净。我们不能饿着肚子去"正谊明道",我们必须弄饭吃。因此要求各级党部、政府、军队、学校的主要负责同志必须同时充分地注意经济工作的领导。

第四,在生产任务的分配上,没有上下级的分工,从旅部到连队,都允许经营商业,毫无限制,因而发生许多毛病。今后一般的商业、工业与运输业应集中在旅部、独立工作区域的团部及上级机关,对外贸易还必须统一于物资局的指示下,使其分工明确,责职清楚。

毛泽东根据对生产运动中成绩和缺点的总结,接着又从八个方面规定了新一年的生产具体任务。其中强调指出:"选择政治上与工作能力上比较更强的干部去管理各部门的生产与供给工作。现有的经济干部须加以审查,不称职及犯贪污腐化错误的人必须调动工作,有些特别严重的并须予以应有的处罚。""为着鼓励各部分生产人员与工作人员的积极性起见,应允许从他们的生产结果中支出相当部分去改善他们的生活,除此以外,一律应做到统筹分配,免除苦乐不均的弊病。""厉行军民兼顾的原则,军队、党部、政府的经济活动应与人民的经济活动取得协调,一切损害人民利益引起人民不满的事均不许作。""部队的政治工作的中心内容,就是保障部队生产计划与教育计划的完成及在实施这两项计划时保障自己部队与党政民发生正确的关系,保障自己部队上下级的正确关系,保障经济干部的纯洁。"①

根据地的军队生产是这样,那么游击区的军队生产如何呢?1945 年 1月 31 日延安《解放日报》发表毛泽东写的题为《游击区也能够生产,也必须生产》的社论,回答了这个问题。

社论首先列举了晋察冀几个游击区也能够进行生产的例子,其结果"使得大家的给养有了改善,每人每日增加到五钱油和盐,一斤菜,每月半斤肉。而且几年没有用过的牙刷、牙粉和识字本,现在也都齐全了"。继而以晋察冀的实践为证,说明在人口稠密的地方也有土地,具体办法是:"第一,平毁封锁墙沟;第二,平毁可被敌人利用的汽车路,在其两旁种上庄稼;第三,利用小块荒地;第四,协助民兵,用武装掩护,月夜抢种敌人堡垒底下的土地;第五,与缺乏劳动力的农民优耕;第六,部队化装,用半公开的形式,耕种敌人据点碉堡旁边的土地;第八,协助农民改旱地为水地;第九,利用自己活动的村庄,到处伴种。"说明游击区不仅可以进行农业生产,而且还可以进行手工业及其他生产。说明游击区军队从事生产,不仅不影响作战,还可以提高部队战斗力。如第二军分区第四区队,从春耕开始时就派出专门部队去打击敌人。从 1942 年 2 月至 9 月初,作了 71 次战斗,攻下了朱东社、上庄、野庄、凤家寨、崖头等据点,毙伤敌伪 165 名、俘伪军 91 名,缴了三挺轻机枪、101 支长短枪。说明游击区尽管还没有减租或减租不彻底,但人民群众同样有生产的积极性。因此,毛泽东号召一切解放区党政军工作人员,特别是游击区工作人员,要从思想上完全认识到解放区既能够也必须进行生产,开展

① 《毛泽东军事文集》第 2 卷,第 689—695 页。

这样的生产运动，我们的一切问题就都可以解决了。①

当然，在战争条件下，要求各部队进行生产，要采取不同的标准。1945年1月10日，毛泽东在陕甘宁边区劳动英雄和模范工作者大会上作题为《两三年内完全学会经济工作》的讲话，指出，第一标准是在后方边区部队内实行，即粮食被服和其他一切，全部自给，即自给100%不领政府一点东西。这是最高标准，是在几年内逐渐达到的。前方要作战，不能采取这个标准。前方可设立第二、第三个标准。第二个标准是在巩固区内实行，即除粮食被服两项由政府供给之外，其他如油（每人每日五钱）、盐（每人每日五钱）、菜（每人每日一斤至一斤半）、肉（每人每月一斤至二斤），柴炭费、办公费、杂支费、教育费、保健费、擦枪费、旱烟、鞋子、袜子、手套、毛巾、牙刷等，一概生产自给，约占全部费用的50%，可以在两三年内逐渐做到。第三个标准，是在边沿区和游击区内实行的，他们不可能自给50%，但是可能自给15%—25%。能够这样，也就很好。②

发展军队生产事业，进行大生产运动，使根据地军民战胜了严重的物质困难，为夺取抗日战争的胜利奠定了物质基础。到了1945年，抗日战争即将胜利的前夕，解放区军民不断扩大，但物质困难仍十分严重，在没有任何外援的情况下，部队的大部分物质供给仍然要靠自力更生。1945年4月27日，延安《解放日报》发表毛泽东撰写的社论《全军生产自给，今年应是普遍推行的一年——兼论整风与生产的历史重要性》。再次强调了军队自给的重要性和必要性。

毛泽东首先肯定了军队实行"统一领导，分散经营"的原则，是解放区在当前条件下组织一切经济生活的正确原则，并强调指出，在目前物质极端困难的情况下，应在该原则的指导下，大家动手克服困难，切不可将一切物质供应责任都由上面领导机关负起来，这样既束缚了下面广大人员的手足，而又不能满足下面的要求。社论说："解放区的军队，已经达到了九十多万。

---

① 参见《毛泽东军事文集》第2卷，第751—753页。
② 参见《毛泽东选集》第3卷，第1017—1018页。

为着打败日本侵略者,还需要扩大军队到几个九十万。但是我们还没有外援。就是假定将来有了外援,生活资料也只能由我们自己来供给"。社论预见,在不久的将来,我们需要集中必要的兵团,这种集中行动的大兵团,不但不能生产自给,而且需要后方的大量的物资供给,只有留下来的地方部队和地方兵团,还能照旧一面作战一面生产。照此看来,为适应战争形势的需要,迎接抗日战争的最后胜利,全军应趁目前时机,在不妨碍作战和训练的条件下,一律学会完成部分的生产自救的任务。

毛泽东再次阐述了军队生产自给的重要意义,指出,军队的生产自给,在我们的条件下,形式上是落后的、倒退的,实质是进步的,具有重大历史意义的。在形式上,我们违背了分工的原则。但是,在我们的条件下——国家贫困、分裂以及分散的长期的人民游击战争,我们这样做,就是进步的了。因为采用了这一办法,才使我们的军队克服了生活资料的困难,增强了战士的身体素质,减轻了人民的负担,因而取得人民拥护,并足以支持长期战争,足以扩大军队,扩大解放区,最后达到消灭侵略者,解放全中国的目的。

毛泽东还指出,军队生产自给,不仅能达到上述目的而且还能对军队建设起到积极推动作用,如(一)改善官兵关系。官兵一道生产劳动,亲如兄弟了。(二)增强劳动观念。我们目前的条件,还只许可我们采取动员制,还不能采取征兵制。动员来的兵要经过长期的军队生活、将减弱他们的劳动观念。生产自给以来,劳动观念加强了。(三)增强纪律性。在生产中执行劳动纪律,不但不会减弱战斗纪律和军人生活纪律,反而会增强它们。(四)改善军民关系。部队有了家务,侵害老百姓财物的事就少了,或者完全没有了。在生产中,军民变工互助,更增强了他们之间的友好关系。(五)军队埋怨政府的事也会少了,军政关系也好了。(六)促进人民的大生产运动。军队生产了,机关生产更显得必要,更有劲了。毛泽东最后号召:"目前正当春耕时节,希望一切解放区的领导同志、工作人员、人民群众不失时机地掌握生产环节,取得比去年更大的成绩。特别是那些还没学会生产的地区,今年应更大地努一把力。"①

军队参加大生产运动发展军队生产事业，实行军队生产自给，不仅创造了大量的物质财富，保证部队的给养装备，提高了部队的战斗力，密切了军民关系，增强了胜利的信心，而且培育形成了人民军队自力更生、艰苦创业的精神，促进了部队自身建设，为最后战胜日本帝国主义和夺得民主革命在全国的胜利奠定了坚实的基础。毛泽东关于这方面的一系列重要指示，是延安时期毛泽东军事思想的一个重要内容，对于推动人民军队现代化建设具有重要现实意义。

第五节　密切军队与人民群众的关系

延安时期，党领导八路军新四军在艰难困苦的条件下，之所以能够坚持抗战，取得最后胜利，这与人民群众的支持是分不开的。全心全意为人民服务，是人民军队的唯一宗旨。这个宗旨是人民军队本质的表现，是我军一切行动的准则，是建军的根本方向，也是人民军队区别于其他一切旧式军队的根本标志。

军队与人民群众的关系，这是毛泽东的一贯思想。在红军初创时期，毛泽东领导的秋收起义部队命名为"中国工农革命军"，就是强调这支军队是

---

① 《毛泽东军事文集》第 2 卷，第 790—794 页。

为工农求解放的队伍。1927年,毛泽东在古田会议决议中明确指出:红军必须树立为人民打仗,为人民建立革命政权的无产阶级思想。到了抗日战争时,毛泽东在总结红军建设的丰富经验的基础上,把人民军队的宗旨逐步简洁明确地概括为"为人民服务"五个字,并多次阐述了这个宗旨。

1940年1月16日,毛泽东在边区第二届农工展览会开幕典礼上指出:"政府的人如不同老百姓结合,事情就办不好。""这里有八路军,但八路军也就是老百姓,故军队不要忘本,本就是工农。""八路军有两条规矩,一条就是官兵合作,一条就是军民合作,大家亲亲密密团结起来,日本一定打倒的。"①

1944年9月8日,毛泽东出席中央警备团为张思德举行追悼会。张思德是中央警备团战士,9月5日在安塞石峡峪烧木炭时牺牲。毛泽东题写挽词:"向为人民利益而牺牲的张思德同志致敬"。并在会上发表了《为人民服务》的著名演讲,他说:"我们的共产党和共产党所领导的八路军、新四军,是革命的队伍。我们这个队伍完全是为着解放人民的,是彻底地为人民的利益工作的。""因为我们是为人民服务的,所以如果我们有缺点就不怕别人批评指出。不管是什么人,谁向我们指出都行。只要你说的对,我们就改正。你说的办法对人民有好处,我们就照你的办。""只要我们为人民的利益坚持好的,为人民的利益改正错的,我们这个队伍就一定能够兴旺起来。"同年9月18日,毛泽东出席中共中央办公厅在中央大礼堂举行的招待八路军留守兵团全体模范学习代表及从敌后转战归来参加整训的各个部队战斗英雄代表的大会并讲话。在讲话中再一次指出:"我们的军队,是真正人民的军队。我们的每一个指战员,以至每一个炊事员、饲养员,都是为人民服务的。我们的军队要和人民打成一片。与人民利益适合的东西,我们要坚持下去,与人民利益矛盾的东西,我们要努力改掉,这样我们就能无敌于天下"。他在最后指出:"我们的军队一向就有两条方针:第一对敌人要狠,要压倒它,要消灭它;第二对自己人、对人民、对同志、对长官、对部下要和,要团结。这是党中央和西北局的方针,也是全体人民所要求的方针。我们的心和全中国

---

① 《毛泽东年谱》中卷,第159—160页。

人民的心紧紧地结合在一起，一定要打倒日本帝国主义，解放中华民族！"①

　　1945年4月24日，毛泽东在向党的七大提交的《论联合政府》的书面报告中，对我军的宗旨做了深刻、明确而具体的表述："这个军队之所以有力量，是因为所有参加这个军队的人，都具有自觉的纪律；他们不是为着少数人的或狭隘集团的私利，而是为着广大人民群众的利益，为着全民族的利益，而结合，而战斗的。紧紧地和中国人民站在一起，全心全意地为中国人民服务，就是这个军队的唯一宗旨。"这一宗旨表明，全心全意为人民服务是人民军队建设的方向和准则，是我军一切工作的出发点和落脚点。

　　"在这个宗旨下面，这个军队具有一往无前的精神，它要压倒一切敌人，而决不被敌人所屈服。不论在任何艰难困苦的场合，只要还有一个人，这个人就要继续战斗下去。

　　"在这个宗旨下面，这个军队有一个很好的内部和外部的团结。在内部——官兵之间，上下级之间，军事工作、政治工作和后勤工作之间；在外部——军民之间，军政之间，我友之间，都是团结一致的。一切妨害团结的现象，都在必须克服之列。

　　"在这个宗旨下面，这个军队有一个正确的争取敌军官兵和处理俘虏的政策。对于敌方投诚的、反正的、或在放下武器后愿意参加反对共同敌人的人，一概表示欢迎，并给予适当的教育。对于一切俘虏、不许杀害、虐待和侮辱。

　　"在这个宗旨下面，这个军队形成了为人民战争所必需的一系列的战略战术。他善于按照变化着的具体条件从事机动灵活的游击战争，也善于作运动战。

　　"在这个宗旨下面，这个军队形成了为人民战争所必需的一系列的政治工作，其任务是为团结我军，团结友军，团结人民，瓦解敌军和保证战斗胜利而斗争。

　　"在这个宗旨下面，在游击战争的条件下，全军都可以并且已经是这样

①　《毛泽东军事文集》第2卷，第730页。

做了:利用战斗和训练的间隙,从事粮食和日用必需品的生产,达到军队自给、半自给或部分自给之目的,借以克服经济困难,改善军队生活和减轻人民负担。在各个军事根据地上,也利用了一切可能性,建立了许多小规模的军事工业。"①

由此可见,我军一切都是全心全意为人民服务的,都可以从这个根本宗旨上面找到出发点和落脚点。为人民而战的人民军队,必然会赢得人民群众的拥护和支持,人民群众会以各种实际行动乃至生命去支持它的作战。"兵民是胜利之本","战争的伟力之最深厚的根源,存在于民众之中"。② 人民群众的力量是最强大的政治力量,人民军队得到人民群众的拥护和支持,这就是它具有强大战斗力和充分发挥这种战斗力的根本原因。

抗战以来,一般来说,我们的军队和政府、和人民群众基本上是团结的、关系是融洽的。但是,在一段时间内,由于边区财政和物质的困难,一部分政府工作人员和群众滋长着忽视拥护军队的观念,只考虑本身的困难,不了解和不照顾军队的困难。而在军队方面,由于纪律教育松懈,军阀主义残余思想作怪,也出现了不尊重政府,或是违犯群众纪律、脱离群众的不良现象。对于由此发生的矛盾纠纷,有时双方都不能主动承担责任,严于责己,因而影响了军政关系、军民关系。

毛泽东对于这种情况极为重视,他亲自做工作,协调军政、军民关系。一般发生纠纷的时候,毛泽东对军队的同志要求严格一点,要军队的同志多作自我批评,主动承担责任。1940 年 8 月 13 日,毛泽东在为中共中央军委起草的对野战政工会议的指示精神指出:"在政权及地方(党)未建立起来的地方军队政治机关应负全责建立起政权及地方党,而在建立的过程中必须严格实行党的政策。在政权及地方党已建立完备的区域,军队不应干涉地方政权及党的工作而应尊重他们,成为遵守法令的模范。应当与军队中破坏对居民纪律的行为,不爱护根据地,浪费人力物力,不尊重政府及地方党

---

① 《毛泽东选集》第 3 卷,第 1039—1040 页。
② 《毛泽东选集》第 2 卷,第 509、511 页。

以及一切脱离党的政策的行动,作严格的斗争。"在同一指示中,毛泽东还强调:"在军队党与地方党的关系中,应更多更严格的要求军队党员责任,如遇争论纠纷,应更多的责备军队党。"①

1939 年冬,八路军留守兵团政治部主任莫文骅到警备第四团检查工作,看到部队很困难,战士去向老乡借锅做饭,有的老乡不借给,炊事班去老乡家做饭,有的老乡把烟囱堵起来。莫文骅就此向边区政府反映情况,要求帮助。毛泽东知道后,把莫文骅和边区政府的一个领导同志找去,对他们说:军民关系有问题,军队应先从军队方面找原因。军队要先检查做了哪些对不起政府、对不起人民的事了。军队要拥护党,拥护政府,爱护人民群众,地方才能拥护军队,人民才会照顾子弟兵。经过毛泽东亲自做工作,军政、军民关系得到了改善。

1940 年下半年的一天,毛泽东在杨家岭会见留守兵团的一些领导同志。毛泽东说:今天请各路诸侯来,谈谈军政、军民关系问题。当时有人反映部队有些怨气,老百姓态度不够好,有的老百姓动不动就拉着部队同志来要见毛主席。毛泽东听了以后,耐心开导大家说:开天辟地以来,只有军管民,老百姓见了军队就跑,现在老百姓敢批评军队,这是大好事。从古到今,哪有老百姓批评军队的? 你们懂得历史,你们说说看,是不是这样? 如今变成了民管军,这多么好啊! 我看军队有群众当老师,你们做军队工作的,才不会犯大错误,边区才有希望。② 毛泽东的一席话,说得大家心悦诚服,并深深受到了教育。

为进一步克服军队中以脱离群众为特点的军阀主义倾向,加强军队的思想建设和组织建设,毛泽东于 1942 年 1 月 23 日致信中央军委政治部副主任谭政和留守兵团政治部主任莫文骅,指示他们"将红四军九次大会决议多印数千份,发至留守部队及晋西北部队,发至连长为止,每人一本,并发一通知,叫他们当作课材加以熟读(各级干部均需熟读)。"留守兵团接到这一指

---

① 《中共中央文件选集》第 12 册,第 449 页。
② 参见莫文骅:《二十年打个来回》,广西人民出版社 1988 年版,第 200 页。

示后,即克服纸张严重缺乏的困难,用自己造的纸大批地印发"古田会议决议(1929 年 12 月)"给各部队,并于 4 月 6 日向各部队发出训令,指出:"中国共产党红军第四军第九次代表大会决议案,不仅对当时中国红军的建军有很大的意义与决定作用,就是在今天八路军新四军的建设上,仍然有着伟大的实际意义"。"今后的留守兵团及保安部队,要把这个决议当作改进我们工作的指南,不论上自高级指挥员和政治人员,下至科员干事排长,都要熟读地灵活地应用这个决议到我们的工作中去。读这个决议的时候,应该把它的条文作为检查我们过去与现在工作中优缺点的提纲和指南,而不是死板地把它当做教条"。训令还具体规定,如斗争经验比较缺乏而没有阅读这个决议文化程度的同志,主要的教育方法:(一)上课;(二)讨论;(三)熟读。(文化程度很低者,当文化课上)。教授方法,多采取启发式,多打比方,说故事,多举例,切忌教条式地宣读。教育期定为 4 月 15 日至 7 月 1 日。① 部队在深入学习古田会议决议的同时,随即掀起了促进军政、军民关系的热潮,获得了显著效果。

　　1942 年 10 月 25 日,毛泽东修改贺龙准备在中共中央晋绥分局高干会议和西北局高干会议上作的关于整军问题的报告提纲,该报告讲三个问题:一、为什么要整军;二、整军的内容;三、怎样进行整军。毛泽东在修改时并写了两段话:"对政府与人民中的缺点,即使怎样的严重,亦应该善意的提议,而不能恶意的报复与攻击,才是一个革命军人对待革命政府与革命人民的正当态度,不然就是军阀的态度。"毛泽东针对提纲中提出的怎样进行整军的十点要求,写道:"凡此所讲,我们相信是一定能够在全军执行的。因为我们八路军有很好的品质,我们是全国最好的军队,我们是共产党领导的军队,是与人民结合一起的军队,是有光荣历史传统的军队,克服自己的弱点,完成整军的任务。"②

　　在这次大规模的整军活动中,中共中央西北局决定在 1943 年春节期

---

① 参见《解放日报》,1942 年 4 月 15 日。
② 《毛泽东军事文集》第 2 卷,第 686—687 页。

间,留守兵团各部队和边区政府同时发动拥政爱民和拥军优抗运动开展起来了。实际上拥军优抗这一条,早在 1941 年 5 月 1 日颁布的,经毛泽东多次修改最后由他审定的《陕甘宁边区施政纲领》中就作出了明确规定:"提高边区武装部队的战斗力,保障其物资供给,改善兵役制度及其他后方勤务的动员制度,增进军队与人民的亲密团结。""加强优待抗日军人家属的工作,彻底实施优抗条例,务使八路军及一切友军在边区的家属得到物质的保障与精神上的安慰。"①1943 年 1 月 15 日,边区政府发布关于拥护军队的决定:1943 年 1 月 25 日至 2 月 25 日为全边区拥军活动月。并规定,今后每年春节前后,都要隆重慰问驻军。边区政府主席林伯渠于同一天在《解放日报》上发表代论文章《造成拥军热潮,增强拥军工作》,要求"各级政府务于拥军运动月内对今后拥军工作的改进和转变,在思想和组织上打定新的基础。这是边区人民的一件大事,同时也是巩固边区的一个重要步骤"。在拥军运动月的第一天,八路军留守兵团司令部和政治部发布关于拥护政府爱护人民的决定,政治部还作出从 2 月 5 日至 3 月 4 日为边区军队拥政爱民运动月的决定。并规定今后每年春节前后,要向地方政府和人民贺年,增进军民感情。2 月 1 日,陕甘宁晋绥联防军司令员贺龙为《解放日报》撰写代论文章《开展拥政爱民运动》,要求"各地驻扎部队本着整风精神,彻底检查与地方政民运动之后,有一个新的转变,将过去一些不正确的态度,完全转变过来"。同日留守兵团公布了《拥政爱民运动公约》。这样,以两个决定为内容,从 1943 年春节开始,以后每年春节期间便开展拥政爱民,拥军优抗运动月。这一运动又很快发展到其他抗日根据地,成为密切军民关系的优良传统延续下来。

　　1943 年 2 月 5 日,农历正月初一,春节。延安群众一早就敲锣打鼓,扭起秧歌到枣园给毛泽东拜年。毛泽东走出窑洞,迎接前来拜年的群众。成千上万的人,一层一层地围成一个大圆圈,给毛泽东拜年的秧歌队就在里面一个接一个的演唱着:"正月里闹元宵,金匾绣开了;金匾上绣咱毛主席,领

---

① 《中共中央文件选集》第 13 册,第 90—91 页。

导主意高"。毛泽东同朱德等群众一起,坐在广场上欣赏演出。当表演到精彩的地方,他们就和群众一起热烈地鼓掌和欢笑。毛泽东看到短小活泼、鼓舞群众生产的新秧歌剧"兄妹开荒"演出的时候,不禁连连点头,表示满意。十几个秧歌队整整表演了三个多小时,每个节目演出后,毛泽东都同群众一起热烈鼓掌。他还亲自走到演员跟前,亲切、热烈地一个一个地握手,称赞说:"你们演得很好,谢谢你们!"下午,毛泽东热情接待远近村庄前来拜年的群众。他亲自给客人们倒茶拿烟,与客人们亲热地谈笑着。在谈笑中,毛泽东十分关心群众生产,他问大家能不能做到"耕三余一",并指出在大生产运动中主要是把劳动力组织起来,搞变工互助。这一年2月19日,是农历正月十五元宵节。毛泽东邀请了枣园村的24位60岁以上的老人来作客,为他们集体祝寿。毛泽东祝贺各位老人老当益壮,永远健康! 还希望他们传播种庄稼的丰富经验,教育和带领年轻后生,大大地发展生产,丰衣足食,过更好的日子。

上述就是陕甘宁边区开展拥政爱民、拥军优抗在第一年运动月中出现的许多生动景象中的一幕。以后每逢新春佳节,全国各抗日根据地到处都涌现一片军爱民、民拥军,军民鱼水情,亲如一家人的新气象。

1943 年 10 月 1 日,《解放日报》发表毛泽东起草的《中共中央政治局关于减租、生产、拥政爱民及宣传十大政策的指示》,要求各根据地准备在第二年春节期间"普遍地进行一次拥政爱民和拥军优抗的广大规模的群众运动。军队方面,重新宣布拥政爱民公约,自己开检讨会,召集居民开联欢会(当地党政参加),有损害群众利益者,实行赔偿、道歉。群众方面,由当地党政和群众团体领导,重新宣布拥军优抗公约,举行热烈的劳军运动。在拥政爱民和拥军优抗的运动中,彻底检查军队方面和党政方面各自在一九四三年的缺点错误,而于一九四四年坚决改正之"。毛泽东指示说:"以后应于每年正月普遍举行一次,再三再四地宣读拥政爱民公约和拥军优抗公约,再三再四地将各根据地曾经发生的军队欺压党政民和党政民关心军队不足的缺点错误,实行公开的群众性自我批评(各方面只批评自己,不批评对方),而彻底改正之。"①

在毛泽东的领导下，各抗日根据地都掀起了轰轰烈烈的"双拥"运动，不仅使军政、军民关系有了显著的改善，而且大大促进了军队建设。军政一致，为保卫和建设边区，争取抗日战争的胜利，创造了重要条件。

---

① 《毛泽东选集》第 3 卷，第 913 页。

第七章
夺取抗日战争的最后胜利

经过中国人民的持久抗战和世界反法西斯力量的联合打击,日本侵略者日益走向衰败,其国内的人力和物力已难以支持这样长久的战争。毛泽东早就预见到日本侵略者必将失败的命运,抓住有利形势,及时部署局部反攻。在世界反法西斯力量的配合下,指挥解放区军民展开对日军的最后一战,以夺取抗日战争的最后胜利。

第一节 向日军展开局部反攻

1943年2月,苏联红军取得斯大林格勒战役的胜利,开始了战略反攻,使世界反法西斯战争的形势发生了根本变化。

作为军事战略家的毛泽东在1942年下半年就预见到这一形势的发展。他在10月12日,延安《解放日报》上发表《红军的伟大胜利》一文中指出:斯大林格勒"这一战,不但是苏德战争的转折点,甚至也不但是这次世界反法西斯战争的转折点,而且是整个人类历史的转折点"。"斯大林格勒这一战将停止法西斯的进攻,这一战是带着决定性的"。"拿破仑的政治生命,终结于滑铁卢,而其决定点,则是在莫斯科的失败。希特勒今天正是走的拿破仑道路,斯大林格勒一役,是他灭亡的决定点"。[1] 10月14日,延安《解放日报》发表毛泽东写的社论《历史教训》。社论评述了斯大林格勒战役中8月23日至10月9日期间苏联红军的正确战术和十分激烈勇猛的抵抗。指出:"整个苏德战争已经证明:只要人们不对法西斯讲慈悲,就是说,多一点勇气,法西斯就会失败的,这就是历史的教训。""日本的实力与他的野心之间的矛盾,也是一定要把日本法西斯压得粉碎。"[2]

---

[1] 《毛泽东选集》第3卷,第885—888页。
[2] 《毛泽东年谱》中卷,第407页。

　　10月16日,延安《解放日报》又发表毛泽东写的社论《评柏林声明》。社论抨击柏林发言人于10月12日的正式声明。所谓"守势不应被看作将来的作战计划"是完全的谎言,"希特勒的旧军队是疲惫不堪了,精锐部分已经耗完"。而"日本的情况稍有不同,他的实力还可以举行一个进攻","但是不论怎么样,世界形势已起了根本的变化,一切法西斯国家都已丧失了主动地位,不管德国或日本,都是如此,也不管日本采取这样或那样的政策,都是如此。"①

　　几乎是每隔一天,毛泽东就写出一篇军事时评,在五天之内就连续发表了三篇这样的军事著作,其效率之高,令人惊叹。同时也可以看出,毛泽东对当时国际反法西斯斗争形势的估计是乐观的,心情是振奋的。他从1942年11月开始至1943年1月止(仅据现在掌握的档案材料——笔者注),为了解和研究国际国内形势和有关国家的军事情况,在百忙之中亲手大量地抄录了中央社和塔斯社、合众社、路透社、同盟社等一些外国通讯社关于中国和其他一些国家的报道,这些国家是:美国、法国、西班牙、苏联、德国、英国、南斯拉夫、葡萄牙、罗马尼亚、土耳其、芬兰、澳大利亚、瑞士、意大利、匈牙利、日本。这为毛泽东能写出很精彩的国际评论,提供了大量丰富的素材。

　　毛泽东在1942年下半年,不仅对国际反法西斯斗争形势,而且对国内抗日战争的形势和国共关系的估计也是比较乐观的,所以在八、九月份引发了一次未实现的毛蒋西安谈判:这种乐观的估计,还充分表现在7月7日发表的经毛泽东修改审定的《中共中央为纪念抗战五周年宣言》上。宣言指出:"世界战争中胜败谁属,已很明显,今年打败希特勒,明年打败日本,我们应有此信心,应为这个目标而共同奋斗。"②

　　关于"今年打败希特勒,明年打败日本"的口号,是根据五、六月份苏英和苏美会谈确定在1942年在欧洲开辟第二战场而提出来的。实际上,欧洲

---

① 《毛泽东年谱》中卷,第407页。
② 《中共中央文件选集》第13册,第409页。

第二战场的开辟一直拖到 1944 年 6 月才实现,所以在 1942 年不可能打败希特勒,1943 年更不可能打败日本。为此,毛泽东对于这个口号一再做出解释。1943 年 3 月 16 日,毛泽东在政治局会议上说,德国是今年被打坍还是明年? 首先要估计到第一种可能;第二种可能,即今年不能打坍,第二条战线未能建立等,也要估计到。这两种可能性是哪一种,现在还不能定。关于何时打败日本的问题,毛泽东指出,中国抗战有打七八年的可能,我们还要坚持打两年到两年半。① 应当说毛泽东这个估计是相当准确的。4 月 30 日,毛泽东主持中共中央书记处会议,会议通过毛泽东为中央书记处起草的关于解释"今年打垮希特勒,明年打垮日本"问题给中央局和中央分局的电报。电报于 5 月 1 日发出,其中说:"当苏联提出 1942 年打败德国时,是以英美约定于 1942 年建立第二条战线为根据的,在当时不但可以而且应该提出此种口号,以为动员努力之目标。但当英美没有开辟第二条战线又无新的约定时,就不应继续宣传此种口号。""当苏联根据英美约定提出上述口号时,我党亦提出 1943 年打败日本的口号,这也是不但可以而且是应该的。但当英美没有履行诺言因而去年打败德国没有实现时,我党即不应继续宣传此种口号,而应向群众解释今年所以还不能打败日本的原因,鼓励群众坚持努力争取胜利。"电报还指出:"各中央局及分局须作出长期坚持打算,准备再作两年至三年的极端艰苦斗争,并须准备或有的意外变化。"②

到 1943 年下半年,世界反法西斯战争形势进一步发展。7 月 10 日,美英联军在意大利西西里岛登陆,意大利法西斯头子墨索里尼很快被赶下台。9 月,意大利政府向同盟国投降,德、意、日法西斯联盟就此瓦解。在太平洋战场,美军继在中途岛海战中击败日本海军联合舰队,攻入瓜达尔卡纳尔岛,转入战略反攻后,9 月,中、美、英在缅甸也开始反攻。日军已丧失战略上的主动地位。

同年 7 月 1 日,毛泽东在中共中央办公厅为纪念中国共产党成立 22 周

① 参见《毛泽东年谱》中卷,第 429 页。
② 《中共中央文件选集》第 14 册,第 36—37 页。

年和全面抗战六周年举行的干部晚会的讲话中,对当时世界反法西斯战争和中国抗日战争形势作了分析。他指出,世界战争的形势已经有了根本的转变,苏军在斯大林格勒的巨大胜利、英美盟军在北非的胜利、美军在太平洋战争的胜利以及中国的六年艰苦的全面抗战是这一根本转变的主要因素。现在法西斯侵略阵线已丧失了战争的主动权,同盟国已掌握了战争的主动权。今后的问题是彻底打垮法西斯。而解决这个问题要分两步:先消灭德国法西斯,再消灭日本法西斯。

关于中国抗日战争的形势,毛泽东说,六年来也起了根本的变化,人民觉悟了,中国有了很大的进步。经过这次世界反法西斯战争和抗日战争,必然要创造出一个更加进步的中国,这就是大方向。毛泽东还进一步指出,有了方向还要有政策。就全国来说,我们向国民党政府提出四条建议:一是加强作战,二是加强团结,三是改良政治,四是发展生产。至于抗战胜利以后,那还是我党去年"七七"宣言中提出的希望与各党各派继续合作、共同建国的方针。对于敌后抗战,毛泽东指出,要继续加强对敌斗争,坚决粉碎敌之"扫荡"、"蚕食"。几年来我们创造了许多新东西,例如生产运动、土地政策、"三三制"、精兵简政、拥政爱民、拥护军队、整顿三风等,这些政策还要继续执行一切为了战胜敌人,为了克服现在的困难,迎接将来的光明。①

到1943年底,国际上又召开了一系列重要会议。如10月19日,在莫斯科开始举行的苏、美、英三国外长会议,拟定了关于普遍安全的宣言,并邀请中国参加这一宣言。10月30日,三国外长与中国驻苏大使在这一宣言上签字。为此,11月5日,毛泽东代表中国共产党和中国人民致电斯大林、苏共中央和苏联全体军民,一方面热烈庆祝十月革命26周年,庆祝红军在反法西斯战争中的伟大胜利;一方面庆祝莫斯科三国会议及中国参加的四国宣言的伟大成功。11月6日,毛泽东在中央办公厅为庆祝十月革命26周年举行的晚会上的讲话中,肯定了三国外长莫斯科会议所取得的成功,并指出:"不久的时间内,我们将看得见第二战场的实行开辟,从东西两面夹击希特

①   参见《解放日报》1943年7月1日。

勒而打败他,决定地解决欧洲的问题。欧洲问题解决,就是折断了整个法西斯的脊骨与右手,剩下日本帝国主义这个左手,也就不难打断了。"毛泽东在讲话中表示,中国共产党、八路军、新四军将同全国军民一齐努力,打败日本帝国主义,建立自由平等的新国家。①

没过几天,11 月 22 日至 26 日,罗斯福、丘吉尔、蒋介石又在开罗举行美、英、中三国首脑会议,讨论联合对日作战计划,作出在滇缅公路发动对日作战的决定,并签订《开罗宣言》。宣言表示三国的宗旨是:剥夺日本从 1914 年以来在太平洋上所夺得或占领的一切岛屿,把日本侵占的领土如满洲、台湾、澎湖群岛等归还中国,等等。

紧接着,11 月 28 日至 12 月 1 日,斯大林、罗斯福、丘吉尔又在德黑兰举行苏、美、英三国首脑会议,讨论对德作战中的一致行动和战后和平问题等,签订了《德黑兰总协定》和《德黑兰宣言》。总协定规定美英等国应于 1944 年 5 月发动诺曼底登陆战役,开辟欧洲第二战场。

毛泽东是如何看待开罗会议和德黑兰会议的呢? 这从他 12 月 16 日同彭德怀在复邓小平的电报中可以看出。毛泽东说:"开罗会议,打击了日本诱降(但未最后放弃),堵塞了蒋介石寻求妥协之门,给与澎湖、台湾、满洲支票,可能招致日寇正面进攻之祸。德黑兰会议决定开辟欧陆第二战场,与蒋希望尽快在太平洋反攻相违背。故蒋此次由开罗飞返重庆不及前次废约之大吹大播、兴高采烈了。"毛泽东指出:"时局于抗日革命是极为有利的,但困难仍在增加(如开罗会议可能促使日本财阀间军阀间各派别之矛盾减少而较前更妥协团结,坚持持久战争等),特别处于敌后之华北须有充分准备,再坚持三五年,防止在德黑兰、开罗会议及苏联不断胜利下,引起轻敌,放松长期准备。"

上述说明,毛泽东对当时世界反法西斯战争和中国抗日战争形势的分析是十分精辟的,并具有相当准确的预见性。

在世界反法西斯战争形势日益有利于中国的抗日战争的情况下,敌后

———————————

① 参见《毛泽东年谱》中卷,第 479 页。

各抗日根据地在中共中央的正确领导下,渡过极端困难时期,自1943年起开始先后进入恢复和再发展的阶段。华北的山东、北岳、冀东、太行、太岳、晋西北、冀鲁豫等根据地军民,坚决地进行反"扫荡"、反"蚕食"斗争,成功地运用袭击、伏击、地雷战、地道战等作战形式,给日、伪以有力的打击. 华中的敌后抗日根据地军民,在1943年这一年中,就与日、伪军作战4500次,粉碎日、伪军千人以上的"扫荡"30多次,毙伤俘日、伪军3.6万余人,争取伪军反正9300余人,攻克据点200余处,逐步扭转了华中敌后抗战的困难局面。华南的东江、琼崖抗日根据地军民也在这一年里,先后粉碎日军对东莞、宝安沿海地区和海南岛地区的围攻、"扫荡"和"清乡",使根据地得到进一步的巩固和扩大。在这个时期,共产党领导的人民武装力量得到了恢复和加强,变得更为主动。从华北到华中、华南,共产党领导的各抗日部队逐步地联系起来,变成了纵贯南北的钢铁长城,在各条战线展开英勇的游击战争。至1943年底,华北方面的日军不得不被迫停止向抗日根据地进攻。

一、把敌人挤出去

当抗战形势刚开始对我有利的情况下,毛泽东就提出"把敌人挤出去"的口号,使某些条件较好的根据地开始了向敌人的局部反攻。

为加强晋西北根据地建设,中共中央于1942年10月成立晋绥分局,以关向应、贺龙、林枫、周士第、甘泗淇等九人为委员,关向应为书记,林枫为副书记。当林枫从延安返回晋西北时,毛泽东当面指示:要把敌人挤出去。10月31日,毛泽东致电林枫,指出:"晋西北只有人口七十万至一百万,望检查如此迅速缩小的原因,与周、甘商讨积极开展游击战争向敌人挤地盘的具体方案(即具体的,积极的全面的反'蚕食'斗争)。必须振奋军心民心,向敌取积极政策,否则地区再缩小前途甚坏。"后来,张稼夫也要调到晋绥分局去工作了,临行之前,毛泽东约他谈话。毛泽东说,你要回晋绥去了,晋绥的情况有变化,全国的情况也有变化。我们的解放区也就是敌后根据地,开始的时候是很小的。毛泽东一边说一边拿过来一个茶壶作比喻。他指着茶壶底说,原来我们的解放区像茶壶底,比较小,后来发展得很大,像茶壶的肚子;现在又缩小了,到了茶壶盖子了。全国各地的根据地都是这种形势,晋绥根据地更严重。现在你们的党委就住在黄河边上,有时还跑过河来,地区人口缩小到 100 万了。毛泽东停了停又说,黄河这边是陕甘宁边区,黄河以东才是你们晋西北的地盘嘛!现在敌人把你们的地盘挤得很小,据说连临县的三交镇也有了敌人的"维持会"。那么你们为什么不把敌人挤出去呢?敌人的社会基础无非是地主阶级,你们应当针锋相对,发动农民群众,武装农民群众。接着,毛泽东着重讲了对敌斗争的政策和领导工作方法问题,指出晋绥分局今后工作的方针。①

1942 年底,晋绥分局召开高干会议,传达和研究贯彻毛泽东的指示。在毛泽东的号召下,晋西北根据地军民立即开展了"把敌人挤出去"的斗争。经过四个月的时间,全区共摧毁 827 个自然村的"维持会",在 535 个自然村建立或恢复了抗日政权,到 1943 年上半年,晋西北根据地基本上已将敌人挤出据点或交通线。

二、发展河南,缩毂中原

由于敌强我弱的形势还没有根本改变,所以刚开始的局部反攻,首先表现在内线以集中适当兵力作战与分散的群众性游击战相结合,拔除日、伪在抗日根据地周围的据点,把敌人挤出去,缩小敌占区,扩大解放区。

1944 年,世界反法西斯战争继续朝着有利方向发展。在欧洲战场上,苏军继续给德军以连续毁灭性的打击,完全掌握了战争的主动权。6 月 6 日,美英盟军在法国诺曼底登陆,开辟了欧洲第二战场,加速了德国法西斯的灭亡。在亚洲、太平洋战场,美军向马利亚纳群岛和菲律宾进逼,并轰炸日本

---

① 参见张稼夫:《党的路线、方针、政策的威力》,载《人民日报》1983 年 12 月 14 日,第 5 版。

本土,危及其本土和海上交通的安全。与此同时,英军和中国的印缅远征军正向印缅战场的日军展开大规模反攻,使日本法西斯陷入了被动局面。在此情况下,毛泽东考虑在战略上以一部主力打到外线去,远离老根据地,向河南、湘粤边和苏浙皖边进军,开辟新区,建立全面反攻的前进基地,把内线与外线有机地结合起来,从而为将来实行全面反攻创造了条件。

毛泽东一向重视河南,因为河南地处中原,是联系西北、华北、华中的枢纽,具有极其重要的战略意义。日军为了扭转被动局面,并为在海上交通被切断时,能够保持本土和东南亚的联系,摧毁中国和美军在中国的空军基地以消除对其本土的威胁,于 4 月 18 日,发动河南战役,开始了打通大陆交通线作战。国民党军队毫无准备,在日军进攻下迅速溃败。4 月 22 日,毛泽东致电滕代远、邓小平并转杨得志、苏振华、黄敬,指出:"日军打通平汉铁路战役,一部已由中牟渡河,其主力似集结博爱、孟县、济源地区,准备向黄河以南侵犯。我军应乘日军南犯后方空虚时,开展豫北地方工作,以便将来可能时开辟豫西工作基地。"①至 5 月 9 日日军打通了平汉铁路,并向豫西发动进攻,国民党军队退到洛宁、篙县以西的伏牛山区。5 月 11 日,中共中央书记处致电华中局并转鄂豫边区党委、北方局并转冀鲁豫分局,指出,敌人已大举向河南进攻,河南平汉路以东及河南大部地区已成敌后地区。河南地方党员在目前情况下应该起来参加与领导河南人民抗战,应该组织抗日游击队及人民武装,建立根据地,保卫家乡。电报还要求各地迅速派出干部深入河南敌后,组织和领导人民开展抗日游击战争。②

在中共中央发展河南、绾毂中原的战略部署下,八路军、新四军先后派出部队向河南敌后进军。7 月,八路军太岳区、冀鲁区分别派出一部分兵力南下,恢复了新黄河以东的水东根据地,开辟新黄河以西的水西根据地,在14 个县建立了抗日政权,扩大了豫东根据地。新四军第五师也于 7 月先后派出几批部队开辟豫南,挺进豫中,后来在汝南、竹沟、信阳、舞阳之间建立

---

① 《毛泽东年谱》中卷,第 509 页。
② 参见《中共中央文件选集》第 14 册,第 231—232 页。

七个县的抗日政权,开辟东西长达 70 余公里、南北近百公里的抗日根据地。7 月 25 日,中共中央还在关于发展河南敌后抗战的政策指示中指出,河南情况复杂,关键在于正确执行党的各项政策,要更灵活地去适应具体情况,要善于插入敌顽空隙地区和边沿区,发动群众抗日运动,建立抗日武装和民主政权,实行减租减息;同时要求我军厉行节约,遵守三大纪律,与人民同甘共苦;并注意容纳和吸收当地专门技术人才及知识分子为民主政权服务。① 8 月,新四军第四师主力从淮北区西进,在肖县、永城、宿县地区,建立了八个县的抗日政权,恢复了豫皖苏抗日根据地。9 月初,太行军区派出以皮定钧和徐子荣率领的豫西抗日独立支队,进入豫西,在箕山和嵩山地区开展抗日游击战争。10 月 14 日,毛泽东为中央军委起草给新四军第五师政治委员郑位三、师长李先念等的电报,告知"中央已决定派戴季英、王树声、刘子久、陈先瑞等从陕北率两个老团并大批干部进入河南活动,建立河南人民解放军,为解放河南而斗争"②。

在毛泽东的直接指导下,10 月底,河南军区建立,王树声任司令员,戴季英任政治委员。河南新解放区的开辟,扩大了华中与华北、陕北战略区的联系,对于坚持中原抗战、控制中原战略要地,具有重要意义。

三、组织南下支队进行南征

1944 年下半年,日军打通了平汉线后,继续向粤汉铁路和湘桂铁路沿线的国民党军进攻,国民党军接连败退,湘、粤、桂等省大片国土沦入敌手。为增强华南人民抗日武装力量,创建新解放区,扩大对日军战略反攻的前进阵地,毛泽东于 9 月 1 日主持中共六届七中全会主席团会议,正式决定派遣王震、王首道、谭余保诸同志率八路军第一二〇师第三五九旅主力步兵十个连

---

① 参见《中共中央文件选集》第 14 册,第 289—290 页。
② 《毛泽东军事文集》第 2 卷,第 731 页。

及干部四个连到六个连,挺进华南,建立抗日革命根据地。动身前,干部集中在中央党校训练了一个时期,主要学习、研究党的方针、政策。10月3日,毛泽东主持中共六届七中全会主席团会议,讨论了发展河南工作以及调部队和干部去河南、湘赣的问题。10月7日毛泽东在中共六届七中全会主席团会议上指出:今后主要发展方向是南方,江南、湖南、河南,同时要注意东北,还要准备苏联打日本。毛泽东提出,在干部配备上,主要是注意南方,同时注意东北。①

10月25日,毛泽东在中央党校大礼堂给即将南下去前线的干部作报告。首先讲时局问题。毛泽东说,在中国,现在有两个东西,一个没有希望,这就是国民党。它消极抗日,积极反共,政治腐败,经济衰竭,正在一天天垮下去。另一个大有希望,这就是我们。中国要胜利,日本要赶走,中国人民要解放,只有靠我们。我们一天比一天壮大,不仅数量多了,质量也提高了,全国人民现在都望着我们。同志们要到敌后去开辟工作,和你们闹麻烦的很多:第一个是日本,第二个是国民党。对于国民党,你不能气一上来就要打倒它,要照顾大局,这个大局就是大敌当前,日本人站在面前。我们要尽量发展自己的力量。抗战以来,我们中央就是这个政策。特别是最近这一个时期,河南、湖南、广东、广西、福建、浙江,就需要发展。所以我们现在就分别派人出去,头一批叫做湘、鄂、豫,就是粤汉、平汉这两条铁路。第二批是长江下游,第三批是山东。现在可以发展的根据地还有很多地方。全国人民希望我们胜利。

毛泽东还通过总结党内、军内的历史经验,着重指出加强党内团结和党与人民群众团结的极端重要性。他说,同志们这次出去,要能够团结广大党外群众。一个共产党员,要像柳树一样,插到哪里就在哪里活起来。但是柳树也有缺点,就是随风倒,软得很,所以还要学松树。松树的劲大得很,到冬天也不落叶子。柳树有灵活性,松树有原则性。斯大林说过,共产党员是特殊材料制成的,什么是特殊材料呢? 就是松树和柳树结合起来,像柳树那样

---

① 参见《毛泽东年谱》中卷,第549页。

可亲,人人喜欢,像松树那样坚定,稳当可靠。这样人民群众就会成群结队地围绕在我们身边。毛泽东反复指出,我们的前途是光明的,但也有很多困难。这一回你们是去长征的,一直到湖南、广东,要准备饿饭,没有房子住,生病受伤没人抬担架,要有克服各种意想不到的困难的精神准备。毛泽东最后说,我讲的许多话,有一个原则就是为人民服务.我们整个党和军队,就是为人民服务的,为了人民的利益,我们准备牺牲一切包括生命。为中国人民解放,为我们整个民族解放,我们应该这样做。①

10 月 31 日,毛泽东主持中共六届七中全会,讨论八路军第一二〇师第三五九旅主力南征的区域和组织机构等。决定由王震、王首道率领的干部和部队在湖南湘水和资水之间以衡山为中心建立根据地;由王震、王首道、贺炳炎、廖汉生、王恩茂等八人组成军政委员会,以王首道为书记;部队用"湖南人民抗日救国军"名义(第三五九旅主力组成的南征部队出征前,命名为八路军独立第一游击支队,通称南下支队;进入湖南攻占平江后改称湖南人民抗日救国军),以王震为司令员,王首道为政治委员;增派第三五九旅第七一八团随同出发。

11 月 1 日,毛泽东同朱德、刘少奇、周恩来、任弼时等出席八路军南下支队在延安东关机场举行的誓师大会;首先检阅南下支队的指战员。检阅后,毛泽东讲话。他说,你们这次到南方去,到敌人的后方去插旗帜,并辟新的敌后抗日根据地,这是一个光荣而又艰巨的任务。你们会遇到许多困难,但是前途是光明的。你们要以最大的毅力去克服各种困难,上下一心,团结一致要像"王者之师"那样,遵守三大纪律八项注意,真正做到纪律严明,秋毫无犯。要同群众打成一片,忠实地为人民服务。最后他祝全体指战员身体健康并取得远征的胜利。②

八路军南下支队于 11 月 9 日从延安出发,开始南征。南征一直是在毛泽东的关怀和指导下进行的。

---

① 参见王首道:《忆南征》,人民出版社 1983 年版,第 9—10 页。
② 参见《忆南征》,第 14 页。

12 月 2 日,王震、王首道请示毛泽东:"可否取道敌、阎交界线通过?"毛泽东即复电指出:"阎锡山在孝义兑九峪线筑工增兵,防我甚严,你们不可引起冲突,只可在其防线以外通过。"①当毛泽东得知南下支队过太岳时正逢大雪,多人受冻,脚部冻伤成残废者 30 多人,又缺少放哨大衣的消息后,即给高岗、陈云批示:"请急为处置为盼。"②南下支队经过 50 天行军,安全渡过黄河。12 月 30 日,毛泽东驰电祝贺,并嘱王震、王首道:遇安全处宜略作休息,然后前进。一入湘鄂交界,局面将较紧张,一切望依据环境决定。③

1945 年 1 月,南下支队进抵湖北大悟山与新四军第五师会师。经过短期休整后,南下支队于 2 月分批渡过长江,向湖南进发。在这过程中,毛泽东亲自修改了《湖南人民抗日救国军司令部布告》,布告说明湖南人民抗日救国军入湘是为了开展民族战争,号召三湘人民起来保乡卫国。毛泽东于 2 月 11 日将修改稿电告王震、王首道,并指示他们,布告待到达株洲、醴陵地区张贴为宜。第二天,毛泽东仍不放心,再致电王震、王首道:昨电发后,继思布告暂不宜发表。待你们到达目的地,根据地已选好,部队已摆开,情况已明了之后,再行发表为宜。要"稳重前进,不要太急"。你们似宜全部进到衡阳附近,选定一处作中心,然后向各县扩展。④

3 月 26 日,南下支队进占湖南平江县城,并改称湖南人民抗日救国军,由四个大队扩编为六个支队,同时报请中共中央批准,先在湘鄂赣边建立立脚点,然后再继续南进。毛泽东就进占平江之前的情况于 3 月 30 日先复一电,指出:"你们跳跃前进及留一营于鄂南设小后方之计划是很好的,你们究以衡阳、宝庆(今邵阳)为中心或以郴州、宜章为中心建立根据地,待你们南进后看情形再定。"并嘱:"十分注意纪律教育,做到秋毫无犯,团结一切好人"。入湘后可相机公开号召。⑤ 3 月 31 日,毛泽东收到南下支队已进占平

---

① 《忆南征》,第 14 页。
② 《毛泽东年谱》中卷,第 563 页。
③ 参见《毛泽东年谱》中卷,第 567 页。
④ 参见《毛泽东年谱》中卷,第 578 页。
⑤ 《毛泽东年谱》中卷,第 586 页。

江的电报,即复王震、王首道电:"同意你们在湘北工作一时期,建立联系南北之中间根据地,然后再南进,但要注意策略,勿主动进攻顽军,待其来攻,然后打击之,站在自卫立场上。"①5 月 4 日,毛泽东又电示王震、王首道:"湘鄂赣边区根据地必须创立,以为南北枢纽。"并告八路军游击第二支队(即第三五九旅第二梯队)、游击第三支队(即陕甘宁晋绥联防军警备第一旅),中共七大后即可由延安出发赴湘。② 随即湘鄂赣边区临时党委、行政公署和湘鄂赣军区成立,王震任军区司令员,王首道任湘鄂赣边区党委书记兼军区政治委员。

6 月 7 日,毛泽东在延安为即将南下的第三五九旅第二梯队和警备第一旅送行。他在营以上干部会上讲话指出,这次有两个旅,还有很多干部,要到前方去,这是关于中华解放的问题。我今天代表全党向你们赠送的礼物就是"由小到大,一定胜利"。你们这次出去,能不能胜利,决定于军民关系、军政关系、官兵关系的好坏和政策的正确与否.你们要同人民团结得像一家人,有了正确的政策就到处无敌。6 月 18 日,这两支队伍组成八路军游击第二、第三支队,在张启龙、文年生率领下,由延安出发南下。

同时,毛泽东于 6 月 15 日为中央军委起草致王震、王首道电,提出:"以三个月左右时间　直进至湘粤边,在赣州、韶州、梧州、桂林、衡州五点.之间创造游击区及根据地,与广东部队靠拢打成一片,启龙、文年等亦以八个月左右时间进至同一地区,建立南方局面"。③ 6 月 24 日,毛泽东为中共中央起草致湘鄂赣区党委、湖南人民抗日救国军电,强调:现在距日军崩溃时间短促,在湘中建立根据地,在目前是可能的,在日军崩溃后要继续坚持,将是困难的,不能与广东力量打成一片,违背着在南方一翼建立局面的战略意图。电报指出:你们现有主力及张启龙、文年生后续部队,均应取道敌占区向南,(取道敌顽接合部,走之字路),直至湘粤边,和东江部队联系。尔后将

---

① 《毛泽东军事文集》第 2 卷,第 759 页。

② 参见《毛泽东军事文集》第 2 卷,第 795 页。

③ 《毛泽东军事文集》第 2 卷,第 797 页。

兵力与干部分散在粤赣边、湘桂边,建立五岭根据地,以便在日军崩溃、国民党发动内战时,能够依据五岭山脉坚持并发展。①

遵照中央的指示,王震、王首道率部继续南进,于 7 月进抵平江西南的桃花山。7 月 22 日,毛泽东致电王震、王首道:"你们的唯一任务是争取月前一刻千金的时间,在粤北湖南创立五岭根据地,并与广东我军连成一片。"②8 月 4 日,毛泽东为中共中央起草致广东区党委电,告知王震、王首道部一个月内可到湘粤边,文年生、张启龙部四个月内可到湘粤边,广东区党委应立即加强北江及小北江各部的兵力及领导,并从东江纵队派出一支有力支队,于半月至一个月内到达湘粤边宜章、乐昌地区,准备与王震、王首道会合,开创湘粤边根据地。③

湖南人民抗日救国军和广东东江纵队,遵照中央的指示,南北对进,但遭到国民党顽军的围攻、阻击,难以实现会合。正在这时,日本投降,引起了时局的迅速变化。为战胜顽军的围攻、阻击,达到保存自己的目的,经中共中央军委批准,湖南人民抗日救国军结束南征,而选择路线北上,与新四军第五师靠拢。正在南下的游击第二、第三支队,进到河南新安地区时,正值日本投降,也结束南征,旋即奉命转赴东北了。

南下支队在毛泽东的直接关怀指导下,向湘粤边进军,历时近一年,转战七省、行程 7900 余公里,克服了严寒酷暑和山河险阻,作战 74 次,英勇地打击了日伪军,粉碎了国民党顽军的围攻、阻击,到达了目的地。虽然由于抗战形势发生根本变化,未能实现创建五岭根据地的战略意图,但保存了基本力量,开创了湘鄂赣边抗日根据地,扩大了中国共产党和八路军的影响,对策应根据地和解放区内线的攻势作战,对于夺取抗战的最后胜利,具有重要的战略意义。

---

① 参见《毛泽东军事文集》第 2 卷,第 801—802 页。
② 《毛泽东军事文集》第 2 卷,第 809 页。
③ 参见《毛泽东军事文集》第 2 卷,第 814 页。

四、开辟苏浙解放区

日军在盟军的反攻下,为紧缩兵力,以便在大陆与英美决战,拟抢先占领京沪杭三角地带和东南沿海要地,防止美军可能在该方面的登陆,于 1944 年 9 月 9 日攻占温州,并相继占领福州,控制了闽、浙沿海地区,国民党军在日军的攻击下纷纷西撤。在此情况下,中共中央于 9 月 27 日指示华中局:"我军为了准备反攻,造成配合盟军条件,对苏浙皖地区工作应有新发展的部署,特别是浙江工作应视为主要发展方向。"①接着,中央确定新四军第一师(包括第十六旅)担负南进任务,浙东游击纵队接应苏浙边南下的部队,浙南游击队向浙闽交界沿海敌后发展。于是华中局命粟裕率领两个团先行过江,南下开辟苏浙解放区。10 月 24 日,中央军委复电华中局:"同意粟裕率两个团南下发展苏浙,必要时还应从一、二两师再调一部去。""新四军(除五师外)在最近的任务,是向南(苏浙)向西(豫东、皖北)发展,除现在派出之部队外,将来仍须派遣部队南进、西进。""美军有在杭州登陆可能,十分注意发展宁波、杭州、上海三角区工作,以便配合美军作战。"②

毛泽东感到,如果这时美军在杭州湾登陆的话,中共在那一带的工作还很薄弱,很不适应需要。为了配合美军登陆及准备夺取杭州、上海、苏州、南京等大城市,毛泽东于 11 月 2 日,同刘少奇致电饶漱石、张云逸、赖传珠,提出除粟裕带两个团南进外,请考虑"设立苏浙军区,以粟裕为司令员,谭震林为政委,统一指挥苏南及全浙,将来必要时设立中央分局领导之"。③ 中共中央在 11 月 26 日致华中局的电报中还指出:"新四军西进南下两个任务中,应以南进发展苏浙皖地区为主要任务,江北兵力应尽可能抽调向南。"④

① 《中共中央文件选集》第 14 册,第 357 页。
② 《中共中央文件选集》第 14 册,第 386—387 页。
③ 《毛泽东军事文集》第 2 卷,第 733 页。
④ 《中共中央文件选集》第 14 册,第 404 页。

毛泽东关于南下发展苏浙皖的战略决策,可追溯到 1941 年 2 月 1 日他起草的关于华中三个战略地区的指示电报。华中的三个战略地区是指鄂豫陕边、江南根据地、苏鲁地区。毛泽东在这封电报中对江南根据地(包括苏南、皖南、浙东和闽浙赣边四个方面)规定的战略任务是准备出天目山,向黄山及赣东北发展,创立和恢复芜宁地区和沪杭甬地区以及闽浙赣边区的根据地,而且苏鲁战区应作为向南发展的策源地。毛泽东当时还强调"过去项英错误的南进政策,用在今后就是正确的"。① 但是,当时由于皖南事变造成的严重损失,华中局进入抗日战争最艰苦的阶段,以致这个指示一时未能付诸行动而成为一个远景规划。而到了现在,抗日战争逐步进入局部反攻的阶段,作为局部反攻的突破口,这个战略计划又重新被提出来。

新四军第一师主力在师长粟裕率领下,于 1944 年 12 月 27 日渡过长江,1945 年 1 月上旬于长兴地区与第十六旅会合。遵照中央军委的指示,1 月13 日,苏浙军区成立,粟裕任司令员,谭震林任政治委员,随即确定进军部署,向日、伪军展开进攻。但是,当苏浙军区在实施战略展开的时候,受到国民党军第三战区所部的围攻和阻击,在不得已的情况下,苏浙军区被迫自卫,于 1945 年上半年在天目山取得了三次反顽作战的胜利,巩固与发展了苏浙皖边区抗日根据地。新四军第一师部队南下苏浙边的斗争,是毛泽东指挥领导下对日军局部反攻、外线作战的又一突破口,它扩大了我军在江南的抗日阵地。虽然美军最后没有实现登陆作战,但支援了盟军的战略计划,对彻底粉碎日军的最后抵抗有重要意义。

五、准备夺取敌占城市和交通要道

根据国际国内的形势,中共中央确定 1944 年的斗争方针是,继续团结国民党共同抗日,集中力量打击日、伪军,巩固与扩大抗日根据地。1944 年

---

① 《毛泽东军事文集》第 2 卷,第 621—623 页。

4 月 12 日,毛泽东在中共中央西北局高级干部会议上的报告中指出:"现在的任务是要准备担负比较过去更为重大的责任。我们要准备不论在何种情况下把日寇打出中国去。为使我党能够担负这种责任,就要使我党我军和我们的根据地更加发展和更加巩固起来,就要注意大城市和交通要道的工作,要把城市工作和根据地工作提到同等重要的地位。"①

为迎接抗日战争的最后胜利,中共中央除了部署力量,用内外线结合的方法对日、伪军进行局部反攻外,在 1944 年还提出了夺取敌占城市和交通要道的战略任务。

毛泽东在 1944 年上半年以相当的精力为中共中央起草了《中央关于城市工作的指示》这一重要文件。该指示开宗明义地指出:"不占领大城市与交通要道,不能驱逐日寇出中国。""过去人们以为从大城市与交通要道驱逐日寇的任务,似乎只有国民党才能胜任,现在必须改变此种观点,认为有些只有依靠我党才能胜任,有些主要依靠我党才能胜任,依靠国民党是无望的。""因此各局各委必须把城市工作与根据地工作作为自己同等重要的两大任务,而负起夺取所属一切大中小城市与交通要道的责任来。""一方面发展与巩固根据地,依据现有基础,建设比现在强大得多的军队与地方工作;又方面,争取城市及交通要道的千百万群众,瓦解与争取伪军伪警,准备武装起义,以俟时机成熟,就可使二者相互配合,里应外合地进攻日寇,占领大城市与交通要道。里应外合的思想,是我党从大城市驱逐敌人的根本思想。""由于中国的特殊条件,城市武装起义,常常只有在响应城外进攻军队的条件下,即在里应外合条件下,才有胜利可能(例如一九二七年上海起义)而没有城外军事行动配合的单独城市起义,是很难胜利的。""各局各委必须把争取敌占一切大中城市与交通要道及准备群众武装起义这种工作,提到极重要的地位,改变过去不注意或不大注意城市工作与交通要道工作的观点,唤起全党注重此项工作,认真地细心地总结经验,研究办法,组织机关,配备干部,进行工作,以期在今年下半年及明年上半年,就能收获显著成绩,

---

① 《毛泽东选集》第 3 卷,第 945 页。

准备配合世界大事变,在时机成熟时,夺取在有我强大军队与强大根据地附近的一切敌占城市与交通要道。"①指示还提出了要实现这个伟大任务,必须解决的关于思想、关于计划与组织、关于工作方向、关于工作方法、关于干部、关于经费等具体问题。

总之,这是一个十分重要的文件,它在 1944 年 6 月 5 日中共六届七中全会第二次全体会议上被讨论通过。毛泽东在这次会议上还对他起草的这个指示作了说明。他说,日军这次大规模进攻,目的在于打通粤汉、平汉两路,消灭蒋介石野战军,其进攻可能造成四种变化:一是国民党大大削弱,美国增加援助后恢复战斗力;二是国民党大大削弱,美国暂时不增加援助,但不投降;三是国民党大大削弱后,一部分投降,一部分继续抗战;四是完全投降。在一、二种情况下,美国、国民党、共产党三股力量对日反攻收复大城市,届时我们应争取起决定作用。他还指出,占领大城市和交通要道这个任务的提出,是以下情况作为出发点,即共产党领导的军队抗击了四分之三的敌军,根据地人口有 8000 多万,整风和生产取得了成效,国民党在精神上物质上都下降,汤恩伯一败如水,英美舆论和民主政团同盟都同情我们,国民党内部有分化。现在如不提出这个任务,则我们在抗战中将犯大错误。②为保证贯彻执行这个指示,这次会议还决定成立由刘少奇等 14 人组成的中央城市工作委员会,彭真为主任,并建议中共七大的议程增加城市工作一项。

与这个指示相联系,毛泽东此时还提出,要打败日本帝国主义,需要工业的重要思想。这是毛泽东于 5 月 22 日在中共中央办公厅为陕甘宁边区工厂厂长及职工代表会议的代表举行的招待会上的讲话中提出来的。城市意味着工业,不夺取城市不能战胜日本帝国主义,同样道理,不发展工业也不能最后战胜日本帝国主义。毛泽东认为,最后打败日本帝国主义当然主要依靠军事力量,但决不能忽视经济力量。共产党员要进入城市,做城市工

① 《中共中央文件选集》第 14 册,第 243—252 页。
② 参见《毛泽东年谱》中卷,第 518 页。

作,就必须学习工业技术,学习经济工作。把各条战线各种形式的斗争有机地结合起来,才能有效地打败敌人。

为了最后驱逐日军出大城市和交通要道,并对付可能的突发事变,7月1日,中共中央发出关于整训部队的指示。该指示是经毛泽东修改审定的。遵照该指示精神,八路军、新四军以及党领导下的一切抗日军队,从10月开始,利用作战间隙,陆续开展了冬季大练兵运动。全军通过政治、军事整训,进一步加强了党的领导和部队的组织性、纪律性,提高了干部、战士的政治觉悟和战术技术水平。在军事训练中,加强了射击、投弹、刺杀、爆破、木工作业等技术训练和近战、夜战、攻坚战等战术训练,为适应新的作战环境、为实行全面反攻做好了切实而有效的准备。

第二节　在党的七大上对抗战军事理论的系统总结

1945年,世界反法西斯战争和中国抗日战争正处于胜利的前夜。此时,中国共产党领导的解放区战场已发起了对日伪军的局部反攻,使日军占领的大多数中心城市和交通要道都处在了八路军、新四军的包围之中。而在国民党战场,一贯推行消极抗战积极反共政策的以蒋介石为代表的大地主大资产阶级反动势力,却制定了消灭共产党和民主势力的反动方针,在美帝国主义的支持下,妄图独吞抗战胜利果实,把中国拉回到半殖民地、半封建社会的老路上去。这样,在中日民族矛盾行将解决的时候,国内的阶级矛盾又日益尖锐起来。即在打败日本侵略者以后,在中国人民面前存在着两种前途的斗争。

为迎接抗日战争大反攻的到来,夺取抗日战争的最后胜利,并在抗战胜利后为建设一个新的人民共和国而奋斗,中国共产党于4月23日至6月11日在延安召开了第七次全国代表大会。毛泽东在中共七大上作《论联合政府》的政治报告,精辟地回答了中国共产党应该采取何种方针政策以保证中国走向光明前途这一重要而迫切的问题。《论联合政府》的第三章题为"抗日政治中的两条路线"。朱德在中共七大上作了题为《论解放区战场》的军事报告。这两个报告,从共产党全面抗战路线和国民党消极抗战路线的历史对比中,全面地总结了抗日战争的经验,系统地阐述了关于"人民的军队、人民的战争、人民的战略战术"等基本原则,把毛泽东军事理论提高到了一个新的阶段。

一、抗战八年

毛泽东在报告中,首先通过总结中国抗日战争走着曲折道路的历史经验,指出在抗日战争中存在着两条路线,即"一条是能够打败日本侵略者的,一条是不但不能打败日本侵略者,而且在某些方面说来它是在实际上帮助日本侵略者危害抗日战争的"。朱德说:"这两条路线,不仅表现在政治上,而且表现在军事上",即"两条不同的军事路线"。① 从压迫人民,奴役士兵出发,从消极抗战以至观战、专靠外援出发,从保存实力,准备内战出发,从排除异己、破坏团结出发,就构成了一条反人民的失败主义的单纯防御的军事路线,这是国民党战场连战皆败的症结所在。与此同时,从全民总动员、团结一切抗日力量,积极打击日本侵略者出发,从团结军民、团结官兵出发,

---

① 《朱德选集》,第154页。

从团结一切友军出发,从积极打击敌人增强自己的战略战术出发,这样就构成了一条中国人民的抗日的军事路线,这是解放区战场获得胜利的原因。毛泽东指出:"两条路线:国民党政府压迫中国人民实行消极抗战的路线和中国人民觉醒起来团结起来实行人民战争的路线,很久以来,就明显地在中国存在着。这就是一切中国问题的关键所在。"①

为了说明这个两条路线的斗争是一切中国问题的关键,毛泽东在报告中回溯了中国军民的抗日战争的历史过程。

中国人民的抗日战争,是在曲折的道路上发展起来的。这个战争,还是在 1931 年"九一八"日本侵略者占领东三省以后就开始了。1933 年,中国共产党向一切进攻革命根据地和红军的国民党军队提议:在停止进攻,给予人民以自由权利和武装人民这样三个条件之下,订立停战协定,以便一致抗日。但是国民党当局拒绝了这个提议,并继续"围剿"革命根据地和红军。1934 年至 1936 年,长江南北各地的红军主力,经历了千辛万苦,移到了西北,并和西北红军汇合在一起。就在这两年,中国共产党适应新的情况,决定并执行了抗日民族统一战线的新的完整政治路线,以团结抗日和建立新民主主义共和国为奋斗目标。1935 年 12 月 9 日,北平学生群众,在中国共产党领导之下,发动了英勇的爱国运动,并把这种爱国运动推广到了全国各大城市。1936 年 12 月 12 日,国民党内部主张抗日的东北军和第十七路军,联合起来,勇敢地反对国民党当局的对日妥协和对内屠杀的反动政策,举行了有名的西安事变。同时,国民党内的其他爱国分子,也不满意国民党当局的当时政策。在这种形势下,国民党当局被迫放弃了内战政策,承认了人民的要求。西安事变的和平解决成了时局转换的枢纽:在新形势下的国内合作形成了,全国的抗日战争发动了。

从 1937 年 7 月 7 日卢沟桥事变到现在,伟大的抗日战争已进行将近八年了。"在这八年当中,抗日战局经过了复杂的变化。但是变化不管怎样复杂,其发展过程,仍没有超出毛泽东同志在《论持久战》中所指出的三个阶段

---

① 《毛泽东军事文集》第 2 卷,第 764 页。

的预见,这就是敌人的进攻阶段,敌我的相持阶段,我方的反攻阶段。这三个阶段还没有走完,我们现在正处在第三阶段的前夜。"①

第一阶段,是从 1937 年七七事变,到 1938 年 10 月间武汉失守。在这个阶段中,国民党政府的对日作战是比较努力的,曾有相当数量在前线的国民党军队及地方系军队对日军进行过积极的抵抗,虽然又有另一部分国民党军队,遇到敌人不加抵抗即溃退下来。在这个时期内,日本侵略者在大举进攻和全国人民民族义愤的高潮,使得国民党政府政策的重点还放在反对日本侵略者身上,这样就比较顺利地形成了全国军民抗日战争的高潮,一时出现了生气蓬勃的新气象。这时期国民党政府政策的转变,是为共产党人和全国人民所欢迎、所赞助的。可惜,国民党政府这种转变,并没有彻底。中国共产党在抗战一开始就指出,如果没有全面的人民战争,就不可能进行胜利的抗战。但国民党政府既然继续保持反人民的制度和立场,因此就不能进行这样的人民战争,这就给了日本侵略者的进攻以很大的便宜。日本侵略者就是利用了国民党战场上的这种弱点,仅仅在 15 个月内就打到了广州、武汉,囊括华北、华中的大片土地和华南的要地。

可是,就在这第一阶段,与日本侵略者的进攻方向相反,八路军、新四军却向着敌后挺进。八路军第一一五师进入晋察冀地区,第一二〇师进入晋西北地区,第一二九师进入晋东南地区。1938 年八路军更向东进,一部进入冀鲁豫平原和冀鲁平原,一部进入冀中平原,一部进得更远,到冀东配合了 20 万人民的抗日大起义。1938 年春,新四军继八路军之后开赴前线,进入华中敌后,在长江两岸发动抗日游击战争。同年冬,东江纵队于广州沦陷后在当地起义,之后,琼崖沦陷后,当地人民在共产党领导之下组织游击队从事抗战。在这一阶段八路军初出马的时候,即在平型关进行了全国抗战中第一次的对敌歼灭战,并取得胜利。上述事实说明,当敌人向我进攻,而国民党军队大批退却的时候,八路军和新四军则以无比英勇的姿态向敌后反攻,取得不断胜利,牵制敌人,建立战略根据地,创造了解放区,并在精神上

---

① 《朱德选集》,第 137 页。

振奋了全国人民抗战的意志,在事实上证明了亡国论是错误的,而人民战争必将获得最后胜利。

第二阶段,亦即战略相持阶段,是在武汉失守之后开始的。从这时起,日本侵略者停止了向国民党战场的战略进攻,逐渐地将其主要军事力量移到解放区战场;同时,针对国民党政府的失败情绪,声言愿意和它谋取妥协的和平,并将卖国贼汪精卫诱出重庆,在南京成立伪政府,实施民族的欺骗政策。也是从这时起,国民党政府开始了它的政策上的变化,将其重点由抗日逐渐转移到反共反人民。在国民党统治区内,国民党政府将一切民主党派,首先和主要地是将中国共产党,打入地下。在国民党统治区各个省份的监狱和集中营内,充满了共产党人,爱国青年及其他民主战士。从 1939 年起直至 1943 年秋季为止五年之内,国民党政府就发动了三次大规模的"反共高潮"。震动中外的"解散"新四军和歼灭皖南新四军 9000 余人的事变,就是发生在这个时期内。因此,在这几年内,国民党战场实际上没有严重的战争。日本侵略者的刀锋,主要地向着解放区。

解放区的战争,是伟大的真正全面的人民战争。所谓相持阶段,实即解放区与敌人的相持。解放区与敌人的长期反复的最残酷的战争,构成了这个阶段的特点。到 1943 年,侵华日军的 64% 和伪军的 95% ,为解放区军民抗击;国民党战场所担负的,不过日军的 36% 和伪军的 5% 而已。解放区人民在这个阶段中所进行的战争,其无比的英勇,无比的坚忍,实为中华民族永久增光。如果没有解放区战场,又如果没有解放区战场这种与敌人相持的战争,如果解放区战场的战争不能在最困难的条件下长期坚持下来,那末敌人就会继续长驱西南,西北进攻,而国民党的反人民的政治机构及其军队,则又必然招架不住,那就不会有什么相持阶段,抗日战争的局面早已是不堪设想的了。1944 年,日本侵略者进行打通大陆交通线的进攻的时候,国民党军队表现了手足无措,毫无抵抗能力。几个月内,就将河南、湖南、广西、广东等省广大区域沦于敌手,造成国民党统治区在抗日战争以来空前未有的危机。但是,正当国民党战场无力招架的时候,解放区战场却渡过了 1941 年至 1942 年的严重困难,向敌人举行了有力的反攻。敌人向国民党战场进攻,而解放区战场则向敌人进攻,这是 1944 年以来的新形势,是抗日战争相持阶段后期的特点。

由于国民党政府把应该做的不做,不应该做的做得很努力,这种倒行逆施的结果,使国民党军队愈来愈弱。而解放区的情形则与此恰恰相反,那里的八路军、新四军、华南抗日纵队等,愈战愈强,收复了很多失地,渡过最严重的难关,现在转到了新的发展与扩大阶段。现在中国共产党领导的中国解放区,已有 9550 万人口。其地域,北起内蒙,南至海南岛,大部分敌人所到之处,都有八路军、新四军或其他人民军队的活动。这个广大的中国解放区,包括 19 个大的解放区,其地域包括辽宁、热河、察哈尔、绥远、陕西、甘肃、宁夏、山西、河北、河南、山东、江苏、浙江、安徽、江西、湖北、湖南、广东、福建等省的大部分或小部分。毫无疑义,现在抗战的重心,是在解放区战场,而不在国民党战场。

第三阶段,是我方的反攻阶段。现在我们所进行的抗日战争已处在大反攻阶段的前夜了。怎样来准备和进行反攻呢? 毛泽东在《论联合政府》的政治报告已在政治上说明了一切。朱德在其《论解放区战场》的军事报告中指出:"解放区人民的长期英勇战斗及其各种建设,是真正替这种中国大陆上的大反攻造成了可能的基础,是给这种中国大陆上的大反攻做了最大的准备。"①在将来的反攻中,解放区战场乃是大反攻的战略出发点和大反攻的最前面的战略基地。因为那里集中了广大的人力(将近百万的正规军,200余万民兵、近千万自卫军),那里保护和发展了巨大的经济力量(相当大量的粮食生产、公私工业和家庭手工业的经营),那里具有特殊的地理位置(沦陷区的大城市、铁路以及许多海岸在解放区包围中或控制下),那里有重要的战略据点(华北山地、平原和华中平原都是便于对敌大反攻的地带,而华北更为进出东北、内蒙的枢纽),在那里特别是有着解放区人民在持久战争中已锻炼出的极坚强的战斗意志,而民主政治的实施则提供了便利于大反攻的政治条件。所以任何人如果轻视解放区战场对于中国人民解放事业和反

---

① 《朱德选集》,第 141 页。

法西斯同盟国共同事业所具有的巨大意义及其所已获得的伟大成就,如果轻视解放区九千余万英勇战斗人民的重要性,必将犯很大的错误。

二、论解放区战场

通过对中国军民抗日战争历史过程的回顾,可以看出,正是由于中国存在两种不同的抗战路线,便形成了两种战争,即人民的全面战争和反人民的片面战争;形成了两个战场,即解放区战场和国民党战场。正如毛泽东在《论联合政府》的报告中所指出的:"中国的抗日战争,一开始就分为两个战场:国民党战场和解放区战场。"①

解放区战场在抗日战争初期,便牵制了日军很多兵力,造成了使日军不能全力西进的形势,随后又变成为与日军作战的主要战场,在抗日战争中形成了重要的和决定的战略地位,变成为抗日的重心。八路军、新四军和华南抗日纵队,在创造解放区战场的持久作战过程中,所蒙受的苦难和牺牲,是说不尽的,写不完的。朱德在《论解放区战场》的军事报告中,例举了一些概括的数字,充分说明了解放区战场军民做出的光荣牺牲和取得的伟大成绩。

根据不完全的统计,在 1937 年 9 月到 1945 年 3 月的七年半的时间里,八路军、新四军和华南抗日纵队,总计对敌大小战斗 11.5 万余次,击毙和杀伤日、伪军 96 万余名,俘虏日、伪军 28 万余名,争取投诚反正日、伪军十万余名。缴获敌人武器:炮类共计 1028 门,机枪共计 7700 余挺,步马枪 43 万余枝。攻克敌碉堡 3.4 万余座,攻克敌据点 1.1 万余个。在 1944 年中原战役以前,八路军、新四军和华南抗日纵队抗击侵华日军的 64%,抗击伪军的 95%。

解放区战场取得如此优异的战绩,甚至可以从敌军方面的反映看出来。例如 1943 年 6 月敌华北派遣军总部公布:"从今年一月到五月与共产军交

① 《毛泽东军事文集》第 2 卷,第 772 页。

战次数为五千五百二十四次之多,其兵力达五十六万七千四百二十四人之众。"又如,敌华北派遣军司令部,1943 年度的综合战果报道说:"敌大半为中共军,与蒋军相反,在本年交战一万五千次中,和中共的作战占七成五。在交战的二百万敌军中,半数以上也都是中共军。在我方所收容的十九万九千具敌遗尸中,中共军也占半数。但与此相比较,在我所收容的七万四千俘虏中,中共军所占的比率则只占一成五。这一方面暴露了重庆军的劣弱性,同时也说明了中共军交战意识的昂扬。……因此,华北皇军今后的任务是更增加其重要性了。只有对于为华北致命伤的中共军的绝灭作战,才是华北皇军今后的重要使命。"①

由此可见,解放区战场军民,其抵抗是极端英勇的,其牺牲是极端壮烈的。中国人民付出了上述的伟大牺牲,获得了下列代价,即创造了遍于华北、华中、华南19 省地区的解放区,解放人口共计 9550 万。到 1945 年 4 月,八路军、新四军及华南抗日纵队全军正规军总数发展到 91 万,民兵 220 万以上。这些数字,明白指出解放区战场人民战争的伟大发展,与国民党战场的溃败形成极其明显的对照。

若问八路军、新四军和华南抗日纵队缺乏武器,特别是缺乏新式武器,又无外援,并且遭受了国民党反动派的夹击,为什么解放区在极其残酷的战争,竟能日益壮大起来? 毛泽东在他的报告中关于"人民战争"的部分,就是回答了这个问题。

他指出:"这个军队之所以有力量,是因为所有参加这个军队的人,都具有自觉的纪律;他们不是为着少数人的或狭隘集团的私利,而是为着广大人民群众的利益,为着全民族的利益,而结合,而战斗的。紧紧地和中国人民站在一起,全心全意地为中国人民服务,就是这个军队的唯一的宗旨。"②在这里,毛泽东明确阐述了人民军队为人民的宗旨。这一宗旨,充分体现了我军无产阶级性质的、有着严格纪律的、同人民群众保持血肉联系的新型人民

---

① 《朱德选集》,第 148—149 页。
② 《毛泽东军事文集》第 2 卷,第 769 页。

军队的本质。这一宗旨,规定了我军建设的方向和准则,是我军团结战斗的思想基础,也是我军不断发展壮大,战无不胜的力量源泉。

在这个宗旨下面,毛泽东进一步论述了由这个宗旨决定的我军的六大特征:第一,这个军队具有一往无前的精神,它要压倒一切敌人,而决不被敌人所屈服。不论在任何艰难困苦的场合,只要还有一个人,这个人就要继续战斗下去。第二,这个军队有一个很好的内部和外部的团结。在内部——官兵之间,上下级之间,军事工作、政治工作和后勤工作之间;在外部——军民之间,军政之间,我友之间,都是团结一致的。第三,这个军队有一个正确的争取敌军官兵和处理俘虏的政策。对于敌方投诚的、反正的、或在放下武器后愿意参加反对共同敌人的人,一概表示欢迎,并给予适当的教育。对于一切俘虏,不许杀害、虐待和侮辱。第四,这个军队形成了人民战争所必需的一系列的战略战术。它善于按照变化着的具体条件从事机动灵活的游击战争,也善于作运动战。第五,这个军队形成了人民战争所必需的一系列的政治工作,其任务是为团结我军,团结友军,瓦解敌军和保证战斗胜利而斗争。第六,在游击战争的条件下,全军都可以利用战斗和训练的间隙,从事粮食和日用必需品的生产,达到军队自给、半自给或部分自给之目的,借以克服经济困难,改善军队生活和减轻人民负担。在各个军事根据地上,利用一切可能性,建立许多小规模的军事工业。

关于人民军队的体制,毛泽东指出,这个军队之所以有力量,还由于有人民自卫军和民兵这样广大的群众武装组织,和它一道配合作战。没有这些群众武装力量的配合,要战胜敌人是不可能的。它将自己划分为主力兵团和地方兵团两部分,前者可以随时执行超地方的作战任务,后者的任务则固定在协同民兵、自卫军保卫地方和进攻当地敌人方面。这种划分,取得了人民的真心拥护。如果没有这种正确的划分,例如说,如果只注意主力兵团的作用,忽视地方兵团的作用,那么,在中国解放区的条件下,要战胜敌人也是不可能的。

朱德在他的报告中从政治、经济、军事三个方面,总结了在这个宗旨下解放区抗战的经验。

在政治上,就是以实行民主政治和改善人民经济生活的方法,实现了全民总动员和巩固的民族团结,合千百万人之心为一心,同仇敌忾,造成人民战争的真正基础。没有真正的民主政治和对人民经济生活的改善,就不可能有人民战争,国民党统治区证明了这一方面。而解放区则证明了另一方面:实行了民主政治和对人民经济生活作了改善,就必须实行人民战争。就是:(1)把解放区人民的抗战积极性和民族自信心发扬到最高度,纵使在敌人空前残酷的烧光、杀光、抢光"三光"政策之下,战斗意志仍然能够坚持下来。(2)把军民团结和官兵团结发扬到最高度,并普遍推行了拥政爱民和拥军优抗的运动。(3)实现了政治的统一、军队的统一以及政治与军事的统一,而打破了敌伪的"总力战"。(4)能够在极困难条件下,实行精兵简政的政策,加强战斗单位,去对付敌之包围袭击,任何组织都能于根据地发生变化时,继续与人民一起,坚持斗争,指导斗争。(5)能够以深入的政治工作去动摇敌军军心和瓦解与争取伪军。(6)能够有效地以地下工作方法,去争取敌占区有民族意识的广大人民,使敌军自首自新政策失其效果。

经济是作为政治、军事、文化的基础的东西。改善人民的经济生活,首先的和主要的,就是实行减租减息,而另方面,又规定交租交息,这是保证农民占人口80%—90%的解放区在经济上坚持抗战的基础。就是这样:(1)把农民的生产积极性发扬起来,纵使在敌人不断"扫荡"下面,仍然使生产不致中断。(2)才能发动农民实行领导互助(组织变工队、换工班等),造成各解放区群众生产运动的热潮,提高了劳动生产率,不但发展了农业(这是各解放区现阶段的主要生产部门),而且发展了家庭手工业和手工工场,走向自给自足和丰衣足食的目标。(3)公营工业和工商合作事业才能够获得人民真正的合作,并因此而有了发展的真正基础。(4)阐述了军民的生产合作,并配合了精兵简政、军队生产和节约政策来减轻人民负担,节省人力物力,以支持长期斗争,减少了浪费,使民力有喘息机会,使物力得到积蓄。(5)各解放区就能够努力在经济上相互调剂,救灾恤邻,以克服灾荒,救活民命数百万人,而达到坚持斗争的目的。

军事是和政治、经济相关联的东西。人民战争的基本内容就是群众战,而有了上述的一切政治上和经济上的东西,才有实行这种群众战的可能。毛泽东在《论持久战》中指出:"动员了全国的老百姓,就造成了陷敌于灭顶之灾的汪洋大海,造成弥补武器等等缺陷的补救条件,造成了克服一切战争困难的前提。"这就是八路军、新四军和华南抗日纵队八年来在解放区战场所实行的战略战术的出发点,由此创造了解放区战场抗日人民战争的全套战略战术。这种群众战的特点,就是不但有人民大众在政治上、经济上的协力,而且有人民大众在军事作战上的协力。这种战争不是军队单独进行的,而是以人民大众共同作战的灵活配合来进行的。这种战争是主力兵团与地方兵团的配合作战,是正规军与游击队、民兵和人民自卫军的配合作战。就是这样:(1)能够实行内线与外线的灵活作战,夹击敌人。(2)能够对于敌人的包围实行反包围,对于敌人的"扫荡"实行反"扫荡",对于敌人的"蚕食"实行反"蚕食",对于敌人的封锁实行反封锁。(3)能够对敌人力争战略指挥和战役指挥的主动权,力求摆脱被动地位,而反转逼敌处于被动。(4)能够以反复穿插打破敌之"反转电击",以分散隐蔽、灵活转移、寻求敌之弱点,打破敌之纵深包围。(5)能够以我之集中,歼灭敌之分散,以我之分散,袭击敌之集中。(6)能够以军民大破坏,打破敌之封锁分割,以民兵和封锁之小部队相结合之地雷战,打破敌之梳篦搜索。(7)能够以数个地区之配合出击,援助友邻区,打破敌之合围"扫荡",坚持平原游击战以援助山地,坚持山地游击战以支持平原。(8)能够使主力灵活转移,进行或准备适时之胜利反击,地方军则就地坚持,就地游击,与敌人扭打纠缠,困扰消耗敌人。(9)能够创造武装工作队的斗争方式,成为到敌占区开辟工作、恢复工作的锐利武器。敌人把"扫荡"带至我之根据地,我武装工作队把各种抗日斗争的方式带到敌人营垒去动摇敌人心脏,并创造了非武装斗争与武装斗争相结合的办法。

总之,一切为着前线,一切为着打倒日本侵略者和解放中国人民,这就是中国解放区全体军民的总口号、总方针。这就是真正的人民战争。只有这种人民战争,才能战胜民族敌人。国民党之所以失败,就是因为它拼命地反对人民战争。

朱德在总结解放区抗战的经验时最后指出:"所有上述这一切,都是我们解放区在中国共产党和毛泽东同志领导下进行抗日人民战争的经验,都是从中国共产党和毛泽东同志的正确政策及抗日人民战争中产生出来的东西。如果我们离开了党和毛泽东同志的政策,如果我们离开了人民群众,则在强大的敌人面前,上述的一切都不可能存在。我们不但不能压碎敌人,并且早就被敌人所压碎了。"①

三、中国人民抗战的军事路线

前面已经指出,在抗日战争中存在着两条不同的军事路线。一条就是共产党的军事路线,也就是"毛泽东同志的军事路线"②总括地说,就是人民军队的路线,人民战争的路线。这正是使抗战胜利的路线。另一条就是国民党的军事路线。国民党的军事学生,浸染了德意日法西斯的思想,其最大的特点,就是使军队高压在人民身上,使军官高压在士兵身上。在民族强敌面前,这种军事思想,等于解除自己的武装,使作战陷于失败。

朱德在《论解放区战场》的军事报告中,进一步阐述了毛泽东的军事理论,他把中国人民抗战的军事路线具体归结为以下几个方面:

(一)建军的原则

我们的军队是人民的军队,是把人民组织起来,武装起来,训练起来,保卫人民利益,替人民服务的军队。人民的军队,因为和人民一体,对外就能有效地保卫祖国,对内就能保卫人民的民主自由的权利。人民的军队,内部是民主的,是官兵一致的,它对军队以外的人民,也是民主的,是军民一致的,所以能够一扫军阀制度。我们八路军、新四军从其前身即内战时期的红

---

① 《朱德选集》,第153—154页。
② 《朱德选集》,第156页。

军建军以来,即具备了民族的、人民的、民主的特点。它是民族的,因为它始终站在反对外国侵略者的立场,具有保卫祖国的至高无上的热情。它是人民的,因为它是从人民当中来,始终是为人民的解放和幸福而奋斗。它是民主的,因为它是军民一致和官兵一致的;因为它一扫军阀制度,成为为人民的民主政治而奋斗的工具。它的战斗力,它的不可战胜,就是由于它具备了这三大特点。这三大特点,事实上也即是建军的三原则。归根到底,一个总的原则,即是从人民出发,为人民服务。因为它是为人民服务的军队,是人民的军队,因此也就能够把保卫祖国当成自己的神圣职责,是具有最高度政治觉悟的军队,是真正有战斗力的军队。

(二)兵役问题

人民的军队,当兵的和当官的都是自愿来的,不论是八路军、新四军现在所实行的那种志愿兵制,或者将来新民主主义的联合政府所要实行的义务兵制,都是建筑在与人民的意志相符合的基础上的。加入我们八路军、新四军的,都是为了抗日救国,为了实现新民主主义的新中国而自愿来的。他们里面,有一部分是共产党员,而最大部分则是非共产党员。由于八路军、新四军与人民密切结合,它的兵源永不枯竭。

(三)怎样养兵

人民军队的养兵方法,是从爱护人民,爱护士兵出发的。既注意军队的精神营养,也注意军队的物质营养。精神营养,就是加强思想教育,抗战爱民教育,用革命的进步的思想贯注于军队中。物质营养:第一,是在不过分加重人民负担的原则之下,去保养军队、扩大军队。在环境困难的时候,如象1942年,我们在敌后则以精兵简政,实施了兼顾军民的原则。第二,是在官兵平等待遇的原则之下,规定部队人员的待遇,军官以身作则,与士兵共甘苦。只有能够代表士兵的利益,能体贴士兵疾苦的军官,不脱离士兵群众的军官,才是一个好的军官,这就是养兵的原则。第三,是在战斗和训练的间隙,实行军队自己生产,解决军队自身的物质需要,来减轻人民的负担。首长亲自动手,是发动军队生产的一个重要方法。军队自己生产之后,民众负担大为减轻,军民之间更加团结,军队生活更加改善,部队更加巩固,训练更加有效,战斗更加积极,并为养兵的经费开辟了无穷的源泉。我军的这种养兵方法,乃是中国军队史上空前的大改革。这种改革,正是人民军队内部生活、同时又是其外部生活(与人民关系)的特点。

(四)怎样带兵

人民军队的带兵方法,是把士兵当成自觉的战士。首先是废除打骂制度,承认官兵人格平等,只有职务的区别,不允许有军官压迫士兵或上级军官压迫下级军官的行为。我们的士兵是为人民当兵,而不是为军官当兵。我们主张极严格的军事纪律和群众纪律,这个纪律是建筑在自觉的基础之上的,官兵一体服从纪律,绝无例外。其次就是开展尊干爱兵运动。尊干爱兵就是说士兵要尊重干部,干部要爱护士兵。这一运动,大大地加强了部队的团结,提高了官兵的积极性,使军队的各方面工作有飞跃的进步。

(五)怎样练兵

人民军队的练兵方法,是用自觉自动的方法,练兵分三方面:一是练智力。提高指战员的政治觉悟、军事知识和科学文化水平。除此之外,还加上生产教育。这不仅帮助了生产运动,而且灌输了劳动观念,使我们的军人不会变成"兵痞子"、"二流子",即使将来战争结束,仍是社会上有用的人才。二是练体力。打仗是格斗,是角力,所以体力锻炼很重要。增强体力,首先要吃饱穿暖,其次才是各种体力操练,使士兵锻炼出强健的体格。三是练技术、练战术。我们有了政治觉悟,再加上体力好,技术好,就可以打更大的胜仗。在我们的军队中已创造了官教兵、兵教官、兵教兵、官教官,以及知识分子与工农分子互相帮助、互相学习的教学相长的新教育办法。抗战以来，许多军事专家加入我们的军队，这对于我军战斗力的提高有很大的作用。我们要尊重军官和军事干部的特殊技能的传授。为了将来的反攻，我们从现在起，就要学习掌握新的技术，最重要的就是学习炮兵技术。我们还要提高战术，注重实践总结，注重野战演习，全面提高部队战斗力。

（六）怎样用兵

人民军队的用兵方法，是随机应变，变化无穷。我们的用兵主张，可概括为：有什么枪打什么仗，对什么敌人打什么仗，在什么时间地点打什么时间地点的仗。也就是根据部队武器装备，根据敌情，根据时间地形各种条件，这就是实事求是的唯物主义的用兵新法。这几条用兵通则，还围绕着军队与广大人民结合的特点。一方面是以军队的作战去援助各种人民的斗争，另一方面又是用各种人民的斗争（政治的、经济的、文化的、交通的、军事的）去配合军队作战。军队与人民的这种全面配合一直贯彻到战场上、战役上、战斗上去，这是我们进行人民战争所创造出来的新兵法。我们需要吸收各国的军事理论与经验，但我们不机械搬用它。北伐战争、土地革命战争和八年来的抗日战争，已经产生了合乎中国人民需要的正确的军事学，这是又有理论又有实际的军事学。朱德指出："毛泽东同志的许多军事著作，便是这种新军事学的代表作品。这些著作中的思想，过去可以根据国内革命战争时期的各种战例，现在则可以根据国民党战场与解放区战场的各种战例，来证明它的正确性。抗日战争的实践，是检验和证明毛泽东同志的军事理论之正确的尺度。"①

---

① 《朱德选集》，第 169 页。

（七）军队中的政治工作

八路军、新四军既把为人民服务、保卫祖国作为宗旨,则政治工作便成为这种军队的灵魂。我军政治工作的特点是:第一,提高官兵的政治自觉性,发扬他们爱国,爱人民和改造自觉的热情;第二,团结本军和友军;第三,团结军队与人民,提高人民保卫祖国和民主主义的政治觉悟,帮助人民的文化教育工作;第四,从政治上心理上瓦解敌伪,使之丧失战斗力;第五,巩固和提高军队本身的战斗力,保证命令之执行,深入政治、军事、文化、生产各方面的学习。这五个方面工作,又是互相关联、互相一致的。我们的军队之所以是人民的军队,所以能达到官兵团结和军民团结,我们进行的战争之所以是人民的战争,所以能进行人民的战略战术,所以能打胜仗,都是和这种政治工作不能分开的。

（八）军队的指挥

八路军、新四军的指挥机关,层层节制,有职有权,内部一致,号令统一,下级则有机动的余地,所以上下团结。其特长之一,就是各部分军队之间的互相配合,协同动作。上级有命令的时候,当然决无推诿,就是上级没有命令,也能自动配合。主力军和地方军、游击队、民兵自卫队之间的协同动作也很好。所以各军之间,皆能团结。八路军、新四军的参谋机关,是真正能够工作的机关。今后为了准备反攻,必须更加健全参谋工作。大兵团的作战,在现代的条件下,不能光靠个人的指挥,而要靠指挥机关来指挥。我们的参谋机关,还必须加强自己的业务,首先要加强侦察与通信工作,力求情报的确实与迅速。

（九）强大的主力与强大的后备

解放区部队分为主力军、地方军、民兵自卫军三大类。民兵和自卫军是不脱离生产的，主要担任保卫自己家乡的任务。民兵一经组织起来之后，就配合正规军作战，或者自己独立作战。解放区人民的生产运动，民兵保卫的功劳很大，敌后许多据点的收复，民兵的围困起了很大作用。民兵的主要武器是地雷，此外还有步枪、手榴弹和各种原始武器，以及土制掷弹筒。为了自己解决武器，许多地方开了"军火田"，即在这种公共田地上耕种的收入，主要用于制造弹药、地雷等军火。同时民兵自卫军还普遍地担任着生产任务，这样使战斗与生产结合，武力与劳力结合，实施此种任务，便改造了农村中的许多旧有形态。地方军站在主力兵团和民兵之间，它担任一个县或几个县的保卫任务，不仅担任反"扫荡"的较大军事任务，而且还为保护人民日常利益而战斗，如掩护收割耕耘，抢救灾荒之类。我们是根据地方军生于斯、食于斯、祖宗坟墓于斯的乡土热情，加强它去完成保护地方的抗战任务。主力在战斗中常处于不时集中、不时分散的状态中，主力必须与地方军、民兵相结合，才能使自己更强大，更有力地打击敌人。主力军、地方军、民兵互相结合，这样造成了三者的有机联系。在最严重情况下可实施主力地方化、群众化的原则，以达到有利的分散；反之，如在情况便利发展时，则民兵、地方军又可在一定条件下集结起来，配合主力或转化为主力，去完成更大的发展任务。毛泽东在政治报告中指出："八路军、新四军及其他人民军队，每到一地，就应立即帮助本地人民，不但要组织以本地人民的干部为领导的民兵和自卫军，而且要组织以本地人民的干部为领导的地方部队和地方兵团。然后，就可以产生有本地人领导的主力部队和主力兵团。这是一项非常重要的任务。如果不能完成此项任务，就不能建立巩固的抗日根据地，也不能发展人民的军队。"①

毛泽东和朱德的报告，全面系统地总结了抗日战争的经验，他们提出的

---

① 《毛泽东选集》第 3 卷，第 1091—1092 页。

关于人民的军队、人民的战争和人民的战略战术等一系列建军原则,阐述的建军思想,对加强人民军队建设具有长远的指导意义。

第三节　对日军的最后一战

在中共七大前后,世界反法西斯战争继续向胜利方向发展。5月2日,苏联红军攻占柏林,希特勒于柏林失落前夕自杀身亡。5月8日,德国最高统帅部的代表正式签字,宣布无条件投降。意大利在这以前早已宣布投降,其法西斯头子墨索里尼也在4月被游击队逮捕,随即为人民法庭判处死刑。在欧洲反法西斯战争胜利结束后,7月17日至8月2日,中、美、英三国在波茨坦举行会议,通过《波茨坦公告》,敦促日本投降,但日本政府对此公告采取不理睬的态度,继续举行顽抗。在这种情况下,8月6日,美国在日本本土广岛投下第一颗原子弹。8月8日苏联政府根据雅尔塔会议精神,对日宣战,同时宣布参加《波茨坦公告》。第二天,苏联百万红军分三路,进攻侵占中国东北的日本关东军。同一天,美国在日本长崎投下了第二颗原子弹。

苏联出兵和美国投掷原子弹,对日本帝国主义的投降起到加速作用,使中国抗战出现了空前有利的形势。当时,在中国战场上,国民党军队的主力分布在西南、西北地区,远离抗日前线,更未作充分的准备。但是,八路军、新四军根据中共中央"削弱日伪,发展我军,缩小敌占区,扩大解放区"的指导方针,从5月开始就向日、伪发动了大规模的攻势。

当时中共中央在七大上规定解放区的军事任务是：

一、扩大解放区，缩小敌占区。凡是敌人占领的地方，本"天下兴亡，匹夫有责"之义，都要去收回。对此，毛泽东指示："在目前条件下，解放区的军队应向一切被敌伪占领而又可能攻克的地方，发动广泛的进攻，借以扩大解放区，缩小沦陷区。但是同时应当注意，敌人在目前还是有力量的，它还可能向解放区发动进攻。解放区军民必须随时准备粉碎敌人的进攻，并注意解放区的各项巩固工作。"①实际情况，在1944年一年中，我军就在敌后收复县城16个，在1945年头4个月中，收复县城12个。这说明日寇自顾不暇，而我军则在锻炼中更加强大了。在这种情形之下，依照毛泽东的指示，集中较大兵力，向可能收复的地区发动进攻，是有利的，这可以减少敌人对我的进攻，并逐渐准备由游击战向运动战的转变。

二、扩大人民武装，消灭与瓦解敌伪军。为了抗战的胜利和制止内战的危险，主力军、地方军、游击队、民兵都还要扩大，不过必须在不过分加重人民负担的条件下进行。毛泽东特别强调扩大人民武装的重要意义："一个新中国还是一个老中国，两个前途，仍然存在于中国人民的面前，存在于中国共产党的面前。""即使把日本帝国主义打败了，也还是有这样两个前途。"②为了争取新中国的实现，为了争取中华民族的光明前途，就要有强大的人民武装，并且要加紧去做消灭与瓦解伪军的工作。对于伪军的政策不能简单化。对于死心塌地为敌作伥，屡次劝告无效的伪军，应该干脆地加以消灭；对于具有民族意识，但被国民党内反动派所蒙蔽而投敌的一部分伪军官兵，则要宣传争取，把他们从万恶的泥潭中挽救出来。

三、为准备反攻，要在现有的基础上，加强正规兵团、地方兵团与民兵自卫军的训练。对于主力兵团向运动战转化，要在适当的集中作战进攻敌人的过程中，逐渐锻炼和学习。民兵的训练，也须注意。民兵应普遍制造各式地雷，学会各种爆炸方法，使成为普遍的爆炸运动。

---

① 《毛泽东选集》第3卷，第1090页。
② 《毛泽东选集》第3卷，第1026页。

四、提高军事技术。为着占领反攻，必须有新式的装备，从现在起就要注意提高军事技术，以便到时能够使用。我们已经缴获一些炮，现在就应好好学习炮兵技术和研究现代战争的战术。

五、加强指挥机关。要加强参谋工作，使其能够胜任地担负起现况下的军队指挥，同时准备战局之扩大。要讲求更强有力地应付伟大反攻的考验。要加强政治工作，鼓励士气，提高士气，加强军事学习，保证能胜利地应付敌后现有情况，并能于情况剧烈变更时，有把握地去迎接新的战斗。要针对目前的实际作适当部署，还要对将来的变化有远见，预先有打算，这是政治工作的新任务。要加强后勤工作，诸如供给、卫生、兵工等事项，要使其能应付现在战局的需要，并对反攻之需要有打算、有准备，以期大动用时不致匮乏，这是后勤工作的方向。我们指挥机关将来需要极其大量的优秀的干部，我们要把许多好干部输送到军队中去。

六、准备大反攻的物质基础。全军动员起来，进行生产与节约，储蓄粮食和物资；自己努力，筹集大反攻所需要的物资。到将来集中作战时，可以有备无患。

七、加强优待抗属、抗恤伤亡、安置残废军人及退伍军人的工作。

八、八路军、新四军及其他人民军队内部必须有很好的团结，并在这个基础之上去团结广大的友军。团结与进步是不可分的。应切忌自满，切忌骄傲；自满与骄傲是山头主义的来源之一。谦虚谨慎，自我批评，山头主义就会减少，军内军外和团结就会加强，我们就是无敌的了。

解放区今后的军事任务，总的取向也即是必须准备的中心战略任务，概括地说，就是毛泽东早在抗战初期所已指出的：八路军、新四军要准备在抗战后期实行从抗日游击战争到抗日正规战争的战略转变。现在已临到在实际工作中去准备实现的时机了。全军指战员必须善于在思想上、工作上准备实行这种转变，以迎接这抗日大反攻的战斗。

在中共中央统一部署下，晋察冀军民从5月12日开始，先后发动察南战役、雁北攻势、子牙河战役，消灭日、伪军两万余人。晋冀鲁豫军民从5月17日开始，先后进行东平战役、安阳战役、阳谷战役，收复16座县城和许多据点。

山东军民于 6 月初讨伐伪军厉文礼部,经过十几个战役,消灭日、伪军三万余人,解放县城九座。晋绥军民从 6 月 19 日开始,围困静乐并对公路线的日军展开进攻,把敌人挤到铁路沿线狭窄地区。新四军从 5 月下旬开始至 7 月初结束,发动了宿南战役,巩固了涡河以北阵地,并使津浦铁路以西新四军控制的八个县联成一片。随后,从 6 月中旬开始发动睢宁战役,解放睢宁县城等许多据点,解放 20 万人口。此外,苏北、苏中、淮南、鄂豫皖等地的新四军也向日、伪军进行了攻势作战,扩大了抗日民主根据地。总之,至 1945 年 8 月,全国抗日根据地遍布 19 个省区,面积近 100 万平方公里,人口一亿多,控制县城100 多座,把日、伪军基本上都压缩到了主要城市、交通线和沿海地区。而解放区武装力量又获得了更大发展,军队达 93 万多人,民兵达 220 万多人。

苏联出兵中国东北和美国投下两枚原子弹后,使中国尚未展开预定的战略反攻,就迎来了日本政府宣布投降。在这一历史转折关头,中国解放区战场上八路军、新四军迅速展开了为时不长的战略反攻作战。

8 月 9 日,毛泽东发表《对日寇最后一战》的声明,对苏联政府宣布对日作战,表示热烈欢迎。指出:"对日战争已处在最后阶段,最后地战胜日本侵略者及其一切走狗的时间已经到来了。在这种情况下,中国人民的一切抗日力量应举行全国规模的反攻,密切而有效地配合苏联及其他同盟国作战。八路军、新四军及其他人民军队,应在一切可能条件下,对于一切不愿投降的侵略者及其走狗实行广泛的进攻,歼灭这些敌人的力量,夺取其武器和资财,猛烈地扩大解放区,缩小沦陷区。必须放手组织武装工作队,成百成千队地深入敌后之敌后,组织人民,破击敌人的交通线,配合正规军作战。必须放手发动沦陷区的千百万群众,立即组织地下军,准备武装起义,配合从外部进攻的军队,消灭敌人。""中国民族解放战争的新阶段已经到来了,全国人民应该加强团结,为夺取最后胜利而斗争。"①毛泽东还在当天举行的中共七届一中全会第二次会议上说,现在同苏联红军配合作战,是痛苦的。我们要对日本军队放手进攻,这不会犯冒险主义,要学习较大规模的作战。如

---

① 《毛泽东军事文集》第 2 卷,第 817—818 页。

果在战略上今天还不放手就会犯错误。①

1945 年 8 月 10 日凌晨,日本裕仁天皇在御前会议上批准外务省提案,表示日本政府愿意接受波茨坦宣言,准备无条件投降,唯一要求是保留天皇。当天,日本政府经过瑞士、瑞典政府向交战各国发出乞降照会。8 月 14 日,日本政府照会美、英、苏、中四国政府,表示接受波茨坦宣言。8 月 15 日,日本天皇裕仁以广播《终战诏书》的形式,向公众宣布无条件投降。

8 月 10 日傍晚,延安新华通讯社新闻台从路透社、合众社收译到十万火急的电报:"日本投降了!""日本天皇已经接受盟国条件,宣布投降!"在场的新华通讯社副社长吴文焘飞步走出窑洞,赶往社长秦邦宪的住处,真不巧,秦邦宪刚好外出。吴文焘连忙摇动挂在墙上皮盒子里的电话机,接通了毛泽东的电话。吴文焘向毛泽东报告收译到的电报内容,兴奋地说,日本投降了! 毛泽东听到后,第一句话就说:"噢,那好啊!"随即嘱咐新华社有新情况时,继续报告。不一会儿,秦邦宪在毛泽东处给新华社打电话,要他们在电话机旁等候中央指示。

约在半夜时分,新华社就得到从枣园传来的由毛泽东亲自起草,并以八路军总司令朱德的名义发出的勒令敌伪向八路军、新四军投降的延安总部第一号命令,由新华社向全国广播。命令要求各解放区武装部队"向其附近各城镇交通要道之敌军及其指挥机关送出通牒,限其于一定时间向我作战部队缴出全部武装,在缴械后,我军当依优待俘虏条例给生命安全之保护。……各解放区所有抗日武装部队,如遇敌伪武装部队拒绝投降缴械,即应予以坚决消灭"。②

8 月 11 日,延安总部又连续发出六道命令,命令晋绥解放区贺龙领导的武装部队、晋察冀解放区聂荣臻领导的武装部队、冀热辽解放区的武装部队向蒙古和东北进军;命令山西解放区的武装部队肃清同蒲铁路沿线和汾河流域的日、伪军;命令各解放区的武装部队,向一切敌占交通要道展开进攻。

---

① 参见《毛泽东年谱》中卷,第 617 页。
② 《解放日报》1945 年 8 月 11 日。

但是,8月11日蒋介石也连续下达了三道所谓命令,一是要解放区武装部队"就地驻防待命",不得向敌伪"擅自行动";二是要他的嫡系部队"积极推进","切勿松懈";三是要伪军"切实负责维持地方治安",抵抗人民军队受降。

当天,毛泽东起草了中共中央关于日本投降后的中国共产党任务的决定,指出:"苏联参战后,日本已宣布投降。国民党积极准备向我解放区'收复失地',夺取抗日胜利的果实。这一争夺战,将是极猛烈的"。"目前阶段,应集中主要力量迫使敌伪向我投降,不投降者,按具体情况发动进攻,逐一消灭之,猛力扩大解放区,占领一切可能与必须占领的大小城市与交通要道,夺取武器与资源,并放手武装基本群众,不应稍有犹豫"。"国共谈判将以国际国内新动向为基础,考虑其恢复,延安对美国与国民党的批评暂时将取和缓态度。但各地对蒋介石绝对不应存在任何幻想,必须在人民中揭露其欺骗,对蒋介石反动内战和危险,应有必要的精神准备,但目前阶段主要注意力应集中于解决敌伪,勇敢、坚决、彻底夺取最大胜利。"①

针对蒋介石企图抢夺抗日胜利果实的反动行径,毛泽东于8月13日在延安干部会议上指出:"抗战的胜利应当是人民的胜利,抗战的果实应当归给人民。"②并指出对付蒋介石发动反共内战的策略;一方面要尽力争取和平,反对内战;另一方面面对帝国主义和反动派不抱幻想,不怕威吓,坚决保卫人民的斗争果实,努力建立无产阶级领导的、人民大众的、新民主主义的新中国,"我们的方针是针锋相对,寸土必争"。③

根据毛泽东的指示和朱总司令的命令,八路军、新四军以及各解放区武装部队,毫不迟疑地向日伪军发起全面反攻,积极配合苏、美等同盟军队行动,边开进、边动员、边补充、边作战,勇敢、坚决、彻底地夺取最大胜利。

八路军晋察冀军区集中六个军五个区的兵力,从8月11日开始,向北平发起攻击。第二天从三面形成对北平的包围,并一度攻占北平东郊的通

① 《中共中央文件选集》第13册,第228—230页。
② 《毛泽东选集》第4卷,第1129页。
③ 《毛泽东选集》第4卷,第1126页。

县飞机场。8月中旬,冀中军区集中13个团的兵力,向天津发动进攻,并一度攻占天津西火车站。八路军对平、津的进攻虽然没有成功,但牵制了日军主力。在伪"蒙疆联合自治政府"首府张家口方向,日军在苏蒙联军的威胁下产生了动摇,八路军晋察冀军区部队乘势攻占了张家口。八路军晋绥军区从8月12日开始,以一部向绥远省会归绥(今呼和浩特市)进攻,一部向山西省会太原进攻。8月15日,八路军攻入太原市郊区。但由于日本第一军司令部与阎锡山部勾结,在太原市区坚守,八路军停止攻击太原,转而解放了晋西的和晋北的大部分县城。八路军晋冀鲁豫军区部队从8月中旬开始,在晋东南、冀南、豫北和鲁西南地区展开反攻,占领了当地大部分县城,随后又攻占冀南重要城市邯郸,切断了平汉铁路、陇海铁路,造成极为有利的战略形势。八路军山东军区部队从8月11日开始反攻,全军区的部队编成八个师、12个旅,在十万民工的支援下,向驻山东的日军第四十三军和当地伪军展开全面进攻。8月17日,八路军攻占华北重要军港威海卫,随后又占领烟台,解放了除青岛以外的整个胶东半岛。新四军部队于8月11日作出向南京、上海等大城市进攻的部署。在上海的中共地下组织积极配合,发动工人准备起义。然而位于宁沪一带的日军集中兵力守卫各大城市,南京伪政权和伪军又接受蒋介石的命令,拒不向新四军缴械,于是中共中央于8月12日提出"江南大城市不作占领的打算",①要求新四军停止执行攻击南京、上海等大城市的命令,改向中小城市和广大乡村发展。长江南北新四军部队根据这一方针,迅速全面出击,占领了大量县城。

至9月2日日本帝国主义政府正式签字投降时,八路军、新四军以及各解放区武装部队采取攻势,从日、伪手里共收复了烟台、威海卫、龙口、益都、张家口、集宁、丰镇,以及苏中、皖中和南京、太湖、天目山之间的许多县城150多个,解放了全国大片土地。至此,中国人民抗日战争胜利结束,中国的革命进入了一个新的历史阶段。

---

① 《毛泽东军事文集》第3卷,第4页。

附　录

八载干戈仗延安

——抗战时期的毛泽东

　　"八载干戈仗延安。"这句话引自陈毅 1945 年 4 月为中共七大开幕作的一诗。全诗为："百年积弱叹华夏，八载干戈仗延安。试问九州谁做主？万众瞩目清凉山。""八载干戈"即"八年抗战"的意思。这里要说明一下，实际上中国抗日战争应从 1931 年九一八事变算起，到 1945 年 8 月抗战胜利一共是 14 年。为什么说"八年抗战"呢？这是指全国抗战，或是说全面抗战是从 1937 年七七事变开始的。"仗延安"简单说就是"仰仗延安"、"依靠延安"的意思。"延安"当然是指中国共产党。"仗延安"换句话说，也就是中国共产党是中国人民抗日战争中的中流砥柱。那么指毛泽东是否合适？从遵义会议毛泽东开始成为中共中央的领导核心。张闻天曾说，抗日战争时期延安作出的重大决策几乎都是经过毛泽东之手的，所以讲抗战时期的毛泽东和讲抗战时期的中国共产党是一致的。

　　胡锦涛在纪念中国人民抗日战争暨世界反法西斯战争胜利 60 周年大会上的讲话中指出："中国人民能够赢得抗日战争的胜利，以落后的武器装备打败经济实力和军事装备远比自己强大的侵略者，绝不是偶然的。"其中一个重要原因，就是"中国共产党以自己的坚强意志和模范行动，在全民族抗战中发挥了中流砥柱的作用。以毛泽东同志为杰出代表的中国共产党人，把马克思列宁主义同中国革命具体实际相结合，创立和发展了毛泽东思想的科学理论,对抗日战争发挥了重要的思想和战略指导作用。中国共产党坚持抗战、反对妥协,坚持团结、反对分裂,坚持进步、反对倒退,成为引导全民族抗战走向胜利的一面旗帜。中国共产党积极倡导、促成、维护的抗日民族统一战线,最大限度地动员了全国军民共同抗战,成为凝聚全民族力量的杰出组织者和鼓舞者。中国共产党坚持全面抗战路线,制定正确的战略策略,实施动员人民、依靠人民的路线政策,提出持久战的战略总方针和一整套人民战争的战略战术,开辟广大的敌后战场,成为坚持抗战的中坚力量。中国共产党人以自己最富于牺牲精神的爱国主义、不怕流血牺牲的模范行动,支撑起全民族救亡图存的希望,成为夺取抗战胜利的民族先锋"。我们学习这段讲话,觉得概括得十分精辟,这里面每个论断都有着极其丰富的内容。

在1995年纪念抗日战争胜利50周年之际,新华社记者曾经约我谈抗战中的毛泽东,以消除流传的对抗战中毛泽东的一些误解。当时有些什么误传呢?主要是说毛泽东共产党在抗日战争中为了保存实力,"游而不击"。2005年我访问台湾,看到国民党档案中有这样的文字,说毛泽东共产党在国共合作的抗战中执行的是"一四五政策",即一分抗日,四分反对资产者,五分扩展自己的实力。我认为产生这些误解或误传,如不是别有用心、恶意中伤外,就是接触档案有限,不了解实际情况。我曾经在中央文献研究室毛泽东研究组工作,接触过有关的文献资料,这弥足珍贵的文献资料披露的历史事实,可以充分说明中国共产党是中国人民抗日战争中流砥柱论断的正确性,以及毛泽东对第二次国共合作和抗日战争胜利作出的伟大贡献。

在全国抗日战争爆发之前,毛泽东在军事上就提出直接对日作战的抗战准备论,以反对国民党的动摇,坚定必然抗战的信念。所以在卢沟桥事变发生后,组织红军出兵抗日最积极的就是毛泽东。7月15日,毛泽东连续两次致电彭德怀等,命令红军各部"出动应作真实准备,需迅速",并具体指示要加紧训练夜间动作、袭击战斗、防空技术、长途行军、无后方作战,熟悉东北四省和华北五省地理等项。还具体关照红军出发要备足刺刀、工具、高射炮、手榴弹、子弹等。他还向国民党方面提出了红军主力的参战方案。7月

16 日,毛泽东同朱德又致电彭德怀等,甚至不待充分准备,即国民党政府不许可红军主力参战的条件下,就急于要派出 3000 多人编成一个游击师,先行奔赴华北战场抗战。① 但后来为什么八路军主力要到 8 月 22 日才开始分批出动呢? 这主要是国民党方面造成的。因为国民党不允许八路军设指挥部,而且要派人来领导八路军,并要毛泽东、朱德出洋。这样的条件中国共产党是绝对不能接受的。当时红军兵力只有四万人,武器装备极差,只能在战略上配合国民党军作战,而国民党却想把红军放在最危险的地方打硬仗,想借日军之手削弱红军。如果照国民党的如意算盘去做,使红军独当一面,单独与日军作战,红军势必会丧失有生力量。没有革命本钱,谈何抗战。所以红军出兵拖了些时间,这个责任完全在国民党方面。

在中国军队对日作战的主要战略方针上,毛泽东在 1935 年底就提出"中国革命战争还是持久战"。在持久战战略总方针下,首先是运动战,其次是游击战。红军坚持首先是运动战、其次是游击战这个战略方针,一直到北平、天津失陷。在这之前,毛泽东强调"红军特长在运动战,防守非其所长"②,是主张"主力出动后集中作战,不得分散"、"担任绥远方面之一线"③作战。只是在平、津失陷后,毛泽东才改变红军在国内战争时期擅长的运动战的战法,正式提出"在整个战略方针下执行独立自主的分散作战的游击战争"④,开始确立以游击战为红军抗日的战略方针。因为平、津失陷对于毛泽东的影响很大,数十万国民党军如此不堪一击,实在出乎毛泽东的意料。虽说此次平、津失陷,是由于华北当局动摇不定,没有抗战决心所致,但是敌强我弱确实是个严峻的事实。国民党军虽说战斗力不如红军,但无论从人数和武器装备上都要优于红军许多。加上当时抗日民族统一战线尚未最后形成,红军的编制、指挥、给养等问题都未解决,而且出兵行动要受到国民党方

---

① 参见《毛泽东年谱 1893—1949》(中卷),人民出版社、中央文献出版社 1993 年版,第 4 页。

② 《毛泽东年谱 1893—1949》(中卷),第 2 页。

③ 《毛泽东年谱 1893—1949》(中卷),第 6 页。

④ 《毛泽东年谱 1893—1949》(中卷),第 8 页。

面的很大牵制。在这样的条件下,面对来势凶猛的强大敌人,红军能否独当一面,能否集中兵力进行运动战,确实是毛泽东不得不重新慎重考虑的大问题。因此,毛泽东在此时提出游击战战略方针便是顺理成章的事。

游击战本是毛泽东十分熟悉的作战形式,现在又逐步把它提高到战略方针的地位,这说明是抗日战争的客观形势对它的需要。后来,朱德曾对此说过:"抗日游击战争,并非谁能故意制造出来的东西,同时也没有力量能够把它取消。它是一种时代的产物。"但是,即使这样,也不能说在抗日战争中毛泽东只是主张游击战,而反对运动战。完整地表述毛泽东的战略思想,应该是"基本的是游击战,但不放松有利条件下的运动战"。事实上在太原失陷之前,华北抗日战场基本是运动战和游击战并举,只是进入相持阶段才以运动战为主、游击战为辅。对此,毛泽东在1938年2月会见美国记者王公达时作过解释:我们从来主张运动战、阵地战、游击战三者的配合。但在半殖民地的民族解放战争中,特别是在地域广大的国家,游击战无疑在战略上占着重大的地位。可见在条件许可的情况下,毛泽东绝不会一般地排除运动战的。他同意并支持打平型关战役和百团大战,就是灵活实施八路军独立自主山地游击战战略方针的生动例子。

平型关战役和百团大战是抗日战争时期八路军单独进行的两次规模较大的著名战役。这两次战役八路军虽然取得了胜利,但也付出了一定的伤亡代价。毛泽东究竟是怎样看待这两次战役的,是支持还是反对,成为人们比较关注的问题。八路军这两次最大的战役,作为全军的最高统帅,毛泽东事先都是知道的,如果他极力反对的话,是不可能实现的。实际情况,毛泽东对这两次战役的胜利表示了极大的振奋。就在打响平型关战役的当天,毛泽东也提出过一个如何打好这次战役的方案,并在第二天致电朱德、彭德怀:"庆祝八路军取得的第一个胜利"①。他对百团大战的评价是"敌我相持阶段中一次更大规模的反扫荡的战役反攻"。他还说,"百团大战各地方都

---

① 《毛泽东年谱1893—1949》(中卷),第25页。

要干,要继续下去"①。但也毋庸讳言,毛泽东对这两次战役某些环节是有些看法的,但是枝节问题,是从总结战争经验的角度上来说的。

毛泽东对待百团大战有点同马克思、恩格斯对待巴黎公社起义的态度相似。当年在敌强我弱、力量悬殊的形势下,马克思、恩格斯本不赞成巴黎公社起义。但巴黎公社一旦举起了起义的旗帜,他们就义无反顾地支持这次起义,因为这毕竟是场革命。不同的是,毛泽东对百团大战从来没有表示过不赞成的意见,只是提出关于百团大战不要说是大规模的战役进攻,现在还只是游击性的反攻的意见。也就是说,毛泽东仅是指出在百团大战宣传上的问题,一旦战役打响了,毛泽东是坚决支持的。同样的道理,因为这毕竟是抗击日军的一次大战役。

抗日民族统一战线,是全国各族人民包括港澳台同胞、海外侨胞进行抗日救亡的基本组织形式,是坚持抗战和夺取胜利的根本保证。国共合作是抗日民族统一战线的基础。国共合作抗日的局面来之不易,毛泽东对国共合作抗战的评价很高。他认为国共两党统一战线宣告成立,"这在中国革命史上开辟了一个新纪元。这将给予中国革命以广大的深刻的影响,将对于打倒日本帝国主义发生决定的作用"。这不是口头上说说而已,而是付诸实际行动。这里介绍几件事,说明毛泽东是怎样维护国共合作、团结抗战的。

一是真诚对待国民党抗日军队。在山西抗战中,阎锡山曾调拨一部分国民党军队归八路军指挥。1937 年 10 月 4 日,毛泽东就此事致电朱德等并告八路军各师负责人,指出:"我们对于国民党交给我们指挥之部队,应采取爱护协助态度,不使他们担任最危险的任务,不使他们给养物资缺乏。对作战应使他们主要打几个小胜仗,对动员民众应详告以政策、方法,对他们多取商量,表示殷勤爱护之意,力戒轻视、忽视、讥笑、漠不关心及把他们置于危险地位等错误态度。"②毛泽东对国民党抗日军队的真诚态度,与蒋介石把八路军、新四军视为眼中钉,极力想削弱其力量的态度,形成鲜明对照。毛

---

① 《毛泽东年谱 1893—1949》(中卷),第 207 页。
② 《毛泽东年谱 1893—1949》(中卷),第 27—28 页。

泽东就很重视团结国民党军的工作,在 1940 年总结第一次反磨擦斗争的经验时,毛泽东曾多次指出:"尤其对中央军应注意此点,因国共合作主要是同中央军的合作。"①"我全体干部在加强对一切军队的团结说服工作中,要特别着重对中央军的团结说服工作。"②后来,毛泽东又提出团结和争取黄埔生军人的问题,使抗战势力不断巩固扩大。

二是帮助国民党军队打游击战。当毛泽东得知阎锡山想与八路军配合,在五台山打游击的消息时,立即表示同意,并对阎锡山这一举措甚为佩服和感谢。他请彭雪枫转告阎锡山:"游击战争主要应处于敌之翼侧及后方,在山西应分为晋西北、晋东北、晋东南、晋西南四区,向着进入中心城市及要道之敌人,取四面包围袭击之姿态,不宜集中于五台山脉一区,集中一区是难以立足的。"资财集中于五台一处是不妥当的。"五台山脉应使之成为重要的游击区域之一,现在就应加紧准备,可双方派人查看,并计划一切,不宜迟缓。"毛泽东还告之:"游击战争除军事部署以外,最主要的是紧密依靠乡村广大人民群众,只有如此,才能取得最后胜利。"③毛泽东毫无保留地道出了游击战争的真谛、实质和方法,表达了八路军对国民党友军的坦诚胸怀。这以后毛泽东还指示叶剑英等帮助国民党军队举办游击训练班,讲授游击战争的基本原则和具体战法。

三是不与国民党军队争地盘。毛泽东在 1940 年 4 月布置敌后工作时提出"上山下水"的问题。过去国内战争时期同国民党军队作战,我们采取的是上山主义,现在同日本侵略军作战,刚开始时我们也采取的是上山主义,如华北的太行山、山西的吕梁山、山东的沂蒙山都是八路军同日军作战的战场和抗日根据地。但后来,尤其是南方南岭一带,一些偏僻的地方都成为国民党的游击区了,国民党军队也要上山,这时我们怎么办? 如果继续坚持上山势必与国民党造成争地盘的局面。于是毛泽东适时提出"我们不要上山,

① 《毛泽东年谱 1893—1949》(中卷),第 177 页。
② 《毛泽东年谱 1893—1949》(中卷),第 181 页。
③ 《毛泽东年谱 1893—1949》(中卷),第 23 页。

而要下水,深入敌后活动"①,就是要避免同国民党军发生争地盘的问题。毛泽东还进一步指出,凡是有友军的地方,我们都不要去;凡是没有友军而被日军侵占的地方,都是我们发展的方向和进军的目标。新四军东进正是采取的这种战略方针。

四是配合国民党军正面战场同日军作战。大家知道毛泽东的《论持久战》在当时就很有名气,后来被誉为世界十大军事名著之一,在国民党内部也产生了很大的影响。当《论持久战》刚发表时,周恩来曾把《论持久战》的基本精神向白崇禧作了介绍,白崇禧甚为赞赏,认为这是克敌制胜的最高战略方针。后来白崇禧又把它向蒋介石转述,蒋介石也十分赞成,在蒋介石的同意下,白崇禧把《论持久战》的精神归纳成两句话:"积小胜为大胜,以空间换时间",并取得周恩来的同意,由国民政府军事委员会通令全国,作为抗日战争中的战略指导思想。这以后,白崇禧任桂林行营主任时,还特地要广西干部学习毛泽东的《论持久战》。

毛泽东作为战略家、军事家,在抗日战争中的战争实践,主要是制定战略方针,指导全国的敌后战场乃至全国的抗日战场,并用战报的形式向敌后战场的八路军、新四军指挥部提出具体战役的打法,有时是命令,有时是建议。对于国民党军的正面战场,毛泽东虽然不负指挥责任,但关系抗战全局,不能不十分关注。他一方面对于正面战场的几次重大战役直接或间接地提出自己的建议和意见,一方面指导八路军、新四军配合国民党军作战,以使战争胜利。

毛泽东对国民党军正面战场的配合,主要体现在对几次重大战役的出谋划策和指导八路军、新四军对国民党军的支持上。

在全国抗战刚开始时,毛泽东不仅积极准备红军早日出动抗日,而且还通过周恩来等在南京国防会议上向国民党当局提出如何防御日军进攻的整套作战方案。1937 年 8 月 4 日,毛泽东在延安凤凰山窑洞里同张闻天一起商讨对国防问题的意见,并于当天把商量的内容电告周恩来、朱德、叶剑英。

---

① 《毛泽东年谱1893—1949》(中卷),第188页。

关于全国抗战方案,毛泽东提出设三条防线:甲,第一防线张家口、涿县、静海、青岛等处,重点在张家口,应集中第一次决战兵力。乙,第二防线保定、大同、马厂、维县等处,应集中优势兵力,相机增援第一线并准备第二线决战。丙,至太原、石家庄、沧州等处仅能作为第三防线,决不能只顾此线而不集中兵力于第一、二线。丁,目前关键是第一防线。毛泽东强调:"总的战略方针暂时是攻势防御,应给进攻之敌以歼灭的反攻,决不能是单纯防御。将来准备转变到战略进攻,收复失地。"①可惜,国民党军在实际上没有照毛泽东提出的设三条防线来抵御日军的进攻。

忻口会战是抗战初期华北战场上战斗最激烈、持续时间最长、战绩最显著的一次会战,也是国共两党合作抗日配合较好的一次会战。在忻口会战之前,当毛泽东得知国民党军的作战方案时,就明确指出国民党在晋东方面的防御力量薄弱,"敌占石家庄后将向西面进攻,故龙泉关、娘子关两点需集结重兵,实行坚守,以使主力在太原以北取得胜利"。毛泽东还具体指出:"此战役之关键在于以下三点:(一)娘子关、龙泉关之坚守。(二)正面忻口地区之守备与出击(出击是主要的)。(三)敌后方之破坏。"为帮助国民党军实现这一作战方案,毛泽东提出以八路军第一一五师主力北越,从东线袭击敌人后方交通线,与第一二〇师主力在西线之行动配合,阻止日军向山西正面的进攻。他估计:如此,则第一一五师"因转移和作战频繁,要准备付出相当之代价,即应准备减员二千至二千五百"。毛泽东认为,八路军作出这样大的牺牲,这在支持忻口会战、坚持华北抗战之较长久的战略目的,也是值得的。

毛泽东还十分关注徐州会战。当日军占领南京后,就开始部署华北方面军和华中派遣军各一部,沿津浦铁路,采取南北对进的方针夹击徐州。为争夺这一战略要地,国民党军和日军都向该地区调集了大量军队准备徐州会战,这样就造成华北和江南敌友兵力都相对减少的情况。为牵制和打击日军,配合国民党军徐州会战,毛泽东适时提出八路军向冀鲁平原挺进,新

———————

① 《毛泽东年谱 1893—1949》(中卷),第 9 页。

四军向大江南北挺进,在南北两个敌后战场广泛开展敌后游击战争。1938年2月4日,毛泽东重提创建冀东根据地的雾灵山计划,准备派出5000人奔赴华北冀东敌后战场。① 由于八路军在北面冀鲁平原开展广泛的平原游击战争,新四军在南面依据河湖港汊开展游击战争,极大地牵制了南北对进的日军。如在江北的新四军第四支队在津浦铁路南段,淮河流域协同国民党军联合行动,牵制南路日军,并通过周恩来向国民党当局建议,抓住南路日军的弱点,打响了著名的台儿庄战役。

日军于台儿庄战役失败后,调整部署,增加兵力,正式下达了徐州作战的命令。此时蒋介石在台儿庄大捷的刺激下,为了扩大战果,也从各战区调集了大批军队,以图徐州决战,这正好中了日军的下怀。当时李宗仁认为,在此四面受敌的平原地带与日军进行战略决战,违背长期消耗战的既定方针。但蒋介石没有听从他的意见。当时《大公报》提出徐州会战是准战略决战。毛泽东反对这种错误的论调,他明确指出:"《大公报》否认持久战,提倡准决战的论调,我们认为是不对的。徐州决战只应该是某种程度的战役决战,而决不应该看作战略决战,必须准备在徐州决战失败后仍有充足力量为保卫武汉而战。"②结果事实也对《大公报》这种速胜论调作了无情的回答。5月间,国民党兴师60万人的徐州会战终告失败,而接踵而至的是武汉危机。战争形势发展完全证实了毛泽东的意见是正确的。徐州会战之所以历时四个多月,并取得台儿庄大捷,一方面是国民党军第五战区广大抗战官兵流血牺牲英勇作战,另一方面也是同毛泽东部署八路军、新四军在南北敌后战场开展游击战的战略战役的支持分不开的。

徐州失守后,毛泽东强调敌之主要进攻方向在武汉,在华北、西北则无法多顾及,因此,保卫武汉,重在发动民众,军事则侧重在袭击敌后,务须避免不利的决战。1938年5月26日,毛泽东致电八路军总部、新四军军部等,指出:"我们的口号是:保卫武汉,保卫广州,保卫西北,坚持华北游击战争。"

---

① 《毛泽东年谱1893—1949》(中卷),第47页。
② 《毛泽东年谱1893—1949》(中卷),第69—70页。

"华北游击战争还是广泛开展的有利时机,目前应加重注意山东、热河及大青山脉。"[①]6 月 15 日又发出"以放手发展游击战争并争取部分运动战"[②]的指示。根据毛泽东的指示,八路军、新四军在华北、山东、江淮流域广泛开展游击战争,以配合国民党军武汉保卫战。然而究竟能否确定地保卫不失,不决定于主观的愿望,而决定于具体的条件。当武汉事实上不可守的情况下,毛泽东赞同蒋介石放弃大武汉的决断,而批评王明把武汉当做中国的马德里的说法。事实上武汉最终被放弃了,但保住了中国抗战的大后方。武汉保卫战使日军军力资源受到很大的损耗,日军的战略进攻达到了顶点,从此开始逐步走下坡路了。武汉失守,标志着抗日战争战略防御阶段的结束,战略相持阶段的到来。

为维护国共合作抗日的局面,巩固抗日民族统一战线,毛泽东非常重视同国民党顽固势力的斗争。首先,国民党顽固派的反共活动都是客观事实。比如在抗日战争时期国民党顽固派发动的三次反共高潮,这不是主观上愿意不愿意的事情,而是由国民党的阶级本性所决定的必然要发生的客观事实。其次,这种斗争是完全必要的,这也是同党内王明右倾错误的主要分歧所在。以放弃斗争求团结,团结亡;以坚决斗争求团结,团结存。试想如果一切经过国民党,那么共产党全面抗战路线如何实行?试想如果让国民党"溶共"政策得逞的话,共产党没有实力了,甚至不存在了,共产党全面抗战主张又如何实现?因此毛泽东主张"人不犯我,我不犯人;人若犯我,我必犯人",而且规定这种斗争是以不破裂统一战线为前提,以有理、有利、有节为原则是完全正确的。正是因为毛泽东坚持团结、反对分裂,坚持抗战、反对投降,支持进步、反对倒退,才使抗日民族统一战线一直坚持到抗日战争的最后胜利,没有半途而废。应当说,第二次国共合作基本上是成功的,这是取得抗日战争胜利的重要保证。

1941 年 1 月发生的皖南事变,是国民党顽固派蓄意制造的一起惨案,是

---

① 《毛泽东年谱 1893—1949》(中卷),第 73 页。

② 《毛泽东年谱 1893—1949》(中卷),第 78 页。

抗日战争中国民党挑起的最大的一次反共事件。在这次事件中,江南新四军除2000多人突围以外,其余的6000多人大部分壮烈牺牲,军长叶挺被无理扣押,副军长项英惨遭杀害。这些抗日将士不是牺牲在同日军厮杀的战场上,而是惨死在国民党顽固派的屠刀下。当时周恩来就写下"千古奇冤,江南一叶;同室操戈,相煎何急"的挽诗,向国民党当局提出最严重的抗议!毛泽东得悉这一事件,十分震惊。但他审时度势,特别是日军发动豫南战役后,使他认识到此刻还不是国共分裂的时候,于是对国民党采取"政治攻势、军事守势"的方针,一方面打击了国民党顽固派,一方面维护了国共合作的抗战大局。就在皖南事变后不久,又发生了日军向国民党军进攻的中条山战役。当国民党军向八路军发出求援的电报后,毛泽东的回答是:"当然如此,不成问题。"①就在国民党宣布新四军为"叛军"后不久,八路军在完全断饷断弹的情况下,仍自动配合国民党军队作战。这最能说明毛泽东能捐弃前嫌、不计私仇,以抗日大局为重的政治家的宽阔胸怀,也最能证明八路军和新四军是真正抗日的人民军队,中国共产党确实是抗日战争中的中流砥柱。

至于毛泽东和敌后抗日战场,毛泽东领导八路军、新四军和其他一切抗日武装进行的游击战争所取得的辉煌成果,这些更是有目共睹的事实。上述一切说明,毛泽东在国共合作抗战中,对中国人民抗日战争的胜利作出了伟大贡献,是中国人民抗日战争英明的领导者和指挥者,是中国历史上当之无愧的伟大的民族英雄。

(节录自2009年7月7日,中国人民抗日战争纪念馆举办的民族精神大讲堂第七讲"八载干戈仗延安——抗战时期的毛泽东"刘益涛讲座内容)

---

① 《毛泽东年谱1893—1949》(中卷),第295页。

主要参考文献

1.《毛泽东选集》第 2、3 卷，人民出版社 1991 年版。

2.《毛泽东文集》第 1、2 卷，人民出版社 1993 年版。

3.《毛泽东军事文集》第 2 卷，军事科学出版社、中央文献出版社 1993 年版。

4.《毛泽东书信选集》，人民出版社 1983 年版。

5.《毛泽东新闻工作文选》，新华出版社 1983 年版。

6.《周恩来选集》上卷，人民出版社 1980 年版。

7.《刘少奇选集》上卷，人民出版社 1981 年版。

8.《朱德选集》，人民出版社 1983 年版。

9.《任弼时选集》，人民出版社 1987 年版。

10.《邓小平文选（一九三八——一九六五年）》，人民出版社 1989 年版。

11.《陈云文选（一九二六——一九四九年）》，人民出版社 1984 年版。

12.《彭真文选（一九四一——一九九〇年）》，人民出版社 1984 年版。

13.《薄一波文选（一九三七——九九二年）》，人民出版社 1992 年版。

14.《张闻天选集》，人民出版社 1985 年版。

15.《王稼祥选集》，人民出版社 1989 年版。

16. 延安《新中华报》（1939.2.7—1941.5.15），人民出版社 1982 年影印版。

17. 延安《解放日报》（1941.5.16—1945.8），人民出版社 1954 年影

印版。

18. 中共中央文献研究室编:《毛泽东年谱(一八九三——一九四九)》中卷,人民出版社、中央文献出版社 1993 年版。

19. 中共中央文献研究室编:《周恩来年谱(一八九八——一九四九)》,人民出版社、中央文献出版社 1989 年版。

20. 中共中央文献研究室编:《朱德年谱》,人民出版社、中央文献出版社 1989 年版。

21. 中共中央文献研究室编:《任弼时年谱》,中央文献出版社、人民出版社 1993 年版。

22.《董必武年谱》,中央文献出版社 1991 年版。

23. 中央档案馆编:《中共中央文件选集》第 11—15 册,中共中央党校出版社 1991 年版。

24. 中央统战部、中央档案馆编:《中共中央抗日民族统一战线文件选编》(下),档案出版社 1986 年版。

25. 中国科学院历史所第三所编:《陕甘宁边区参议会文献汇辑》,科学出版社 1958 年版。

26. 中央档案馆编:《皖南事变》(资料选辑),中共中央党校出版社 1982 年版。

27.《陕甘宁边区政权建设》编辑组编:《陕甘宁边区的精兵简政》(资料选辑),求实出版社 1984 年版。

28.《延安整风运动(资料选辑)》选编组编:《延安整风》,中共中央党校出版社 1984 年版。

29. 中共中央党史研究室:《中国共产党历史》第一卷,中共党史出版社 2002 年版。

30. 军事科学院军事历史研究部编著:《中国人民解放军战史》第二卷,军事科学出版社 1987 年版。

31.《聂荣臻回忆录》中卷,战士出版社 1983 年版。

32.《王首道回忆录》,解放军出版社 1987 年版。

33.《粟裕战争回忆录》,解放军出版社1988年版。

34.《萧劲光回忆录》,解放军出版社1987年版。

35. 李维汉:《回忆与研究》(上、下),中共党史资料出版社1986年版。

36. 莫文骅:《二十年打个来回》,广西人民出版社1988年版。

37. 金城:《延安交际处回忆录》,中国青年出版社1986年版。

38. 金冲及主编:《毛泽东传(1893—1949)》,中央文献出版社1996年版。

39. 金冲及主编:《周恩来传(1898—1949)》,人民出版社、中央文献出版社1989年版。

40. 金冲及主编:《朱德传》,人民出版社、中央文献出版社1993年版。

41. 章学新主编:《任弼时传》,中央文献出版社、人民出版社1993年版。

42. 程中原:《张闻天传》,当代中国出版社1993年版。

43.《彭德怀传》,当代中国出版社1993年版。

44.《陈毅传》,当代中国出版社1991年版。

45. 樊昊:《毛泽东和他的军事教育顾问》,人民出版社1993年版。

46. 张水良:《抗日战争时期中国解放区农业大生产运动》,福建人民出版社1981年版。

47. 廖国良等:《毛泽东军事思想发展史》,解放军出版社1991年版。

后　记

　　本书是 20 世纪 90 年代我在中央文献研究室毛泽东研究组工作的时候，应中国延安精神研究会之约，以《延安时期毛泽东的战争实践和军事理论》为题写成的。2005 年，为纪念中国人民抗日战争和世界反法西斯战争胜利 60 周年，由中共党史出版社以《激流勇进——毛泽东抗战理论与实践》的书名出版。十年过去了，2015 年为纪念中国人民抗日战争和世界反法西斯战争胜利 70 周年，该书得以重印发行。这次重印除文字、注释方面的订正外，在附录里增补了《八载干戈仗延安——抗战时期的毛泽东》一文，这是 2009 年 7 月 7 日我在中国人民抗日战争纪念馆举办的民族精神大讲堂上的一篇讲稿。我觉得这篇讲稿浓缩了本书的主要内容，特别是毛泽东的抗战实践部分，值得向读者推荐。

　　最后，谨向对本书重印给予支持和帮助的中共党史出版社的领导和编辑同志表示衷心的感谢！

刘益涛

2015 年 6 月 5 日